나만이 알아주는 나

18세기 개인의 발견 **2**

조 귀 명 평 전

나만이 알아주는 나

송혁기 지음

글항아리

머리말

동계 조귀명이라는 분을 처음 만난 건, 한문 공부의 맛을 조금씩 알아가며 전공 서적을 탐독하던 1991년 『한국 근대문학사의 쟁점』이라는 책에서였습니다. 거기 실린 여러 글 가운데 유독 조귀명이라는 낯선 작가가 강렬하게 눈에 들어왔습니다. 이종호 선생님의 독특하고 유려한 필치 덕택이기도 했지만, 조선시대에 탈주자학적 문예 인식을 표방한 작가가 있었다는 사실이 신선하게 다가왔습니다. 이후 여러 연구자의 논문을 통해 그 문학론과 산문 작품의 실체를 일부나마 접하면서 조귀명이라는 작가에 대한 관심을 이어갈 수 있었습니다.

조귀명과의 두 번째 만남은 10여 년 뒤 박사 논문을 준비하던 2003년에 이루어졌습니다. 18세기 초반의 문학비평 자료를 섭렵하고 산문 논의의 지형도를 그려나가는 작업을 시작하면서 꼭짓점으로 삼은 세 작가가 이의현, 신유한, 그리고 조귀명이었습니다. 당송 고문의 미의식을 섬세하게 심화하고자 한 흐름과 선진양한 고문에서 발견한 독특한 미적 요소를 추구한 흐름, 그 어디에도 속하지 않고 기질과 취향을 근거로 자신만의 깨달음을 강조하는 자리에 조귀명의 문학론을 놓았습니다.

문학비평 자료를 넘어서 작품 전반을 읽으며 조귀명을 본격적으로 만나게 된 것은 그로부터 다시 10여 년이 지난 2016년부터입니다. 박경남 선생님의 제안으로 박동욱, 하지영 선생님과 함께 한국학중앙연구원의 "한국인물평전" 프로그램에 지원하여, 공동 연구자 4인이 각각 유한준, 이용휴, 신유한, 조귀명의 평전을 집필하기로 했습니다. 조귀명의 문학을 제대로 만나보고 싶은 오랜 바람을 실천할 수 있겠다 싶어 제안에 응하긴 했으나, 황급히 꾸려 지원한 과제가 덜컥 선정되는 순간부터 기쁨보다는 걱정이 앞섰습니다. 기존 연구에 인용된 일부 작품을 제외하고는 문집 대부분이 번역되어 있지 않다는 점, 그리고 '평전'이라는 집필 형식에 부응할 만큼의 사전 준비가 거의 없다는 점 때문이었습니다. 게다가 공교롭게도 과제의 시작과 동시에 소속 학교에서 감당하기에 버거운 보직을 연달아 맡는 개인 사정까지 겹쳐서 공부 시간을 확보하기 어려워졌다는 점도 큰 난관이었습니다.

조귀명 본인이 남긴 글을 하나하나 살피는 데에서 출발하는 것 말고는 달리 길이 없었습니다. 시간을 쪼개어 조귀명의 문집을 읽어나가던 4년여의 기간, 대학원에서 맡은 강의 중 주제에 맞는 세 개의 교과목을 조귀명 문학에 초점을 맞추어 진행했습니다. 그리 많은 작품을 다루지는 못했지만, 연인원 35명의 대학원생과 함께 조귀명이 건네는 이야기들에 찬찬히 귀 기울여보는 것은 참으로 소중하고 감사한 경험이었습니다.

조귀명과의 만남에 더 길고 깊게 함께한 분들은 물론 평전 집필을 함께 기획하고 공부해온 공동 연구원들이었습니다. 대상 인물들의 흔적을 좇아 강원도와 일본 등지로 답사를 다닌 순간들은 이미 아름다운 추억이 되었습니다. 유난히 추웠던 지난겨울, 주말마다 숙식을 같이 하며 집중하여 집필을 마무리하는 시간을 가졌습니다. 그 덕분에 조귀명과의 만남이 조금은 더 깊어질 수 있었습니다.

이 책을 쓰면서 계속 염두에 둔 것은 학술적 엄밀성과 대중적 확장성의 조화입니다. 기존 연구 성과를 적극적으로 반영하고 서술 내용의 근거가 되는 원문을 주석에 일일이 밝혔으며, 참고문헌과 찾아보기 등을 전문 서적에 준하여 갖추었습니다. 그와 동시에, 본문은 가능한 한 평이한 문체로 서술했고 흥미로운 구성과 친근한 소제목을 통해 가독성을 높이고자 했습니다.

대상 인물에 대한 이해의 깊이, 시대 배경과 주변 인물들에 대한 고찰의 넓이, 그리고 집필자로서 제기하는 평론의 무게 등을 기준으로 할 때, 이 책은 '평전'이 갖추어야 할 자격에 미치지 못합니다. 다만 이 책을 통해서 제가 만난 조귀명이라는 작가를 이 시대의 독자들도 만날 수 있기를 바랄 뿐입니다. 오늘날 일반인들에게 기억나는 조선시대 문학 작가를 꼽으라고 하면 몇 명이나 댈 수 있을까요? 특히 소설과 시가를 제외한 산문 문학의 경우는 더욱 빈약한 것이 사실입니다. 조귀명이라는 매우 독특하고 정채로운 작가 한 분을 거기에 더하는 데에 이 작은 책의 가치를 두고자 합니다.

육신의 질병으로 인한 지독한 아픔을 평생 겪은 조귀명은, 남과 다른 관점으로 독창적인 깨달음을 추구함으로써 그 무엇으로도 대체될 수 없는 자신만의 문학을 이루었습니다. 오늘 내가 보는 것은 과연 나의 눈으로 보는 것이며 내가 듣는 것은 과연 나의 귀로 듣는 것일까? 내가 가치 있다고 생각하는 것, 내가 욕망하고 달려가는 목표는 과연 나의 머리와 마음에서 나온 것일까? 300년 전에 떠난 조귀명을 만나면서 다시 묻게 되는 이 질문들을, 독자분들과 나누기 원합니다.

원고 완성이 늦어진 데다가 제출 이후에도 여러 차례 번거롭게 수정을 요청했음에도 친절하게 반영하고 오히려 격려해주신 글항아리 이은혜 편집장님께 진심으로 감사드립니다. 원고를 꼼꼼하게 매만지고 도판을 찾아 더해주신 덕에 책이 모양을 갖추게 되었습니다. 강의 시간에 함께 조귀명의 글을 읽은 대학원생들을 일일이 떠올리며, 초고를 나누어 교정해준 김현민, 최정윤, 남윤지 조교에게 대표로 고마움을 전합니다. 불교 부분을 검토해준 김재욱 동학, 서화에 대한 질문에 답해주신 류승민 선생님, 그리고 눈 수술을 앞둔 상황에서도 원고를 읽고 중요한 조언을 해주신 김영진 선생님께 특별한 감사의 인사를 올립니다. 이 책을 처음부터 끝까지 완독해준 첫 번째 독자는 21년째 저의 곁을 지켜주고 있는 아내입니다. 참으로 과분한 사랑과 배려를 받으며 여기까지 올 수 있었음에 감사하고, 지금도 여전히 서로 더 알아가고 더 친밀해져가고 있음에 더욱 감사합니다.

조귀명의 초상은 남아 있지 않습니다. 거울에 비친 자신의 모습을 묘사한 글을 통해 유추해보고 삼종형인 조현명의 초상으로 미루어 가늠해보아도, 조귀명의 얼굴은 머릿속에 잘 그려지지 않습니다. 자신을 알아줄 이가 세상에 드물다 말하고, 먼 훗날 자신을 알아줄 사람을 기다린다는 상투적인 표현마저 비웃으면서 자신을 알아줄 이는 자신뿐이라고 자부한 조귀명입니다. 하지만 자신의 모든 것이었던 작품 한 편 한 편마다 빼곡히 담아놓은 자신만의 깨달음들을 300년 뒤에 누군가가 하나둘 발견하는 것을 본다면, 그 보이지 않는 얼굴에 찰나의 미소가 스칠지도 모를 일입니다.

2021년 5월
수락산이 창에 들어오는 별내의 작은 방에서
송혁기

차
례

머리말 _005

__1장__ 투병 속에 문학을 꽃피우다

1 서문을 받지 못한 문집 _017

꿈속의 영령이 건넨 한마디 말 | 서문을 써주지 않은 이유 | 그래도 인정할 수밖에 없는 것 | 서문은 받지 못한 채 떠났지만

2 책과 서화에 빠진 병약한 젊은이 _031

청교의 명문가 자제 | 집안의 경영자, 어머니 심 부인 | 병약한 영재로 자라다 | 젊은 날의 독서와 글쓰기 | 소중한 이들의 죽음을 마주하다 | 나를 아는 이 누구일까

3 산수를 유람하고 교유를 넓히다 _059

과거 응시의 뜻을 접다 | 서울에서 함양으로, 다시 청풍으로 | 교유를 넓히고 문학을 논하다

4 세상에 나서자마자 세상을 떠나다 _075

형님을 잃고 다시 서울로 | 천거로 세상에 나가다 | 마음은 금강산을 노닐건만 | 갑작스러운 죽음, 그 이후

2장 폐쇄적 탐닉과 문학적 자부 사이

1 늘 곁에 있는 병과 죽음을 사유하다 _091

병과 함께 태어나서 병과 함께 살아가다 | 너무 이른 죽음에 던지는 질문 | 의원에게 보낸 편지 | 죽음의 슬픔에서 건져올린 문학

2 서화를 만지다, 마음을 만지다 _108

신사임당의 포도 그림 | 몰래 서첩 감추는 아이 | 취미는 취미일 뿐이다 | 조선의 서화를 평하고 꿈꾸다 | 그림에 쓰다, 글로 그리다 | 대상을 닮은 그림, 대상을 넘어선 그림 | 물아物我와 진환眞幻의 경계를 넘어

3 나의 생각으로 문학을 논하다 _142

산문을 전공으로 삼은 비평가 | 조선의 산문, 무엇이 문제인가 | 문학적 전범은 필요할까 | 도문일치道文─致의 관념을 부정하다 | 자신만의 깨달음을 담는 것이 문학이다 | 그래서 나는 이렇게 쓰련다

3장 주어진 진리가 아닌 나만의 깨달음으로

1 새로움은 어디에서 오는가 _161

늘 곁에 있지 않기에 소중하다 | 내 마음에 맞는 길에서 만나는 새로움 | 나의 뜨락은 작지 않다

2 아니다, 나는 그렇게 생각하지 않는다 _170

당연한 것은 과연 당연할까 | 한 걸음 더 내딛어 열리는 시야 | 역사를 읽다, 역사로 들어가다 | 역사 속에서 역사를 평하다

3 이단의 경계를 넘나들며 _192

이단, 세계를 읽는 또 다른 길 | 이단의 성인聖人, 노자 | 격분한 유자가 논하는 마음 | 불가와 유가가 만나는 자리 | 말 없는 말과 글 없는 글 | 마음 깊은 곳의 불교

4장 살아 있는 언어로 나의 문학을 이루다

1 문장가로 살아가기 _235

아버지의 꿈 | 청탁과 대작, 그리고 공적인 글쓰기

2 붓끝에서 살아나는 인물 형상들 _242

대책 없이 매력적인 사람 | 그의 삶에 나의 삶을 담다 | 평범한 이의 비장한 아름다움 | 적군마저 감동시킨 열사 | 이 사람을 어떻게 평할까

3 오래된 가지에 새 꽃을 피우다 _274

상투적인 표현을 경쾌하게 뒤집다 | 거문고의 꿈, 거북이의 꿈 | 의례적인 문체에 새로움을 담다 | 관수觀水와 애련愛蓮을 넘어 달관으로

4 여기 간천자가 있음을 알게 하리라 _305

조귀명, 그를 기억하는 이들 | 홀로 우뚝 선 간천자 | 오늘의 자운을 위하여

주註 _323
동계 조귀명 연보 _363
저작 연도에 따른 작품 목록 _371
참고문헌 _379
찾아보기 _385

제 1 장

투병 속에
문학을
꽃피우다

아아!
나의 일곱 척 몸뚱이를 아는 자 이러하지만
나의 한 치 마음을 아는 자는 그 누구인가?
위로 하늘이 나를 알고
아래로 내가 나를 알며
친구 중엔 덕중이 열에 일고여덟 나를 알고
형제로는 치회 형이 열에 대여섯 나를 안다.
노자는 말했지.
나를 아는 자가 드물면 나는 귀해진다고.
아아!
이 조귀명 한 사람을 아는 자 세상에 드물구나.

1

꿈속의 영령이 건넨 한마디 말

맑은 시내에 솔바람 소리 처량한데

음습한 골짝에 외로운 무덤 하나.

조자가 묻힌 이곳

가을 언덕 두른 건 흰 구름뿐.

내 동쪽 고개에서 찾아오니

묘지 어귀에 해는 벌써 기울어

눈물 흘리며 황량한 무덤 오르는 길에

가을 낙엽만 어지러이 날리네.

서글퍼하며 빈집으로 돌아와

적막하게 남긴 향기 떠올리는 밤

꿈에 나타난 영령이 부탁하는 말

남긴 글에 서문을 써달라고.

허나 노을 옷 입고 홀연 위로 날아가

더 이상 그 맑은 말 들을 수 없었지.

문 열고 슬픈 눈으로 멀리 바라보니

새벽 산에 자색 기운이 맺혀 있구나.

淸谿颯萬松, 陰壑有孤墳.

趙子葬其中, 秋原繞白雲.

余自東嶺來, 墓門日已曛.

泣涕陟荒丘, 寒葉落紛紛.

悽愴歸空齋, 寂寞想餘芬.

英靈發微夢, 請余序遺文.

霞衣忽上征, 淸言不可聞.

開戶悄遠望, 曉山凝紫氛.[1]

　　어느 가을날, 작가는 몇 해 전 세상을 떠난 이의 무덤을 찾아 청계산을 올랐다. 솔숲 사이로 불어오는 쌀쌀한 바람을 맞으며 걸어가는 길, 음습한 골짜기에 어느새 어둠까지 내려앉아 더 을씨년스럽다. 하염없이 눈물이 흘러내리는데 맞아주는 것은 사방에 흩날리는 무심한 낙엽뿐이다.

　　그렇게 돌아와 빈집에서 잠을 청하자, 이번에는 떠난 이의 영령이 작가를 찾아온다. 그런데 이 영령, 자신의 문집에 서문을 써달라고 한마디 하더니만 홀연 날아올라 하늘 저편으로 사라져버린다. 꿈이다. 그러나 몹시 생생한 그 목소리가 귓전에 맴돌아 괜히 문을 열어본다. 그사이 밝아오는 새벽 산 저 너머로 신비로운 자색 기운이 흩어지지 못한 채 맺혀 있다.

「황경원 초상」, 종이에 색, 48.0×30.9cm, 18세기, 국립중앙박물관.

1741년 황경원黃景源(1709~1787)이 지은 시다. 그가 이토록 마음 아프게 추모한 이는 45년의 길지 않은 생을 살다 간 조귀명趙龜命(1693~1737)이다. 조귀명이 황경원의 부친인 황기黃璣의 행장을 쓴 인연이 있기는 하지만, 두 사람은 연배가 15년 이상 차이 나고 교유한 기간도 길지 않았다. 그런데 무엇이 황경원의 마음을 이토록 아프게 했을까? 꿈에까지 나타나서 건넨 한마디, 자신의 문집에 서문을 써달라고 한 영령의 말이 황경원의 속내를 읽을 수 있는 단서다.

서문을 써주지 않은 이유

이로부터 5년 전인 1736년, 그러니까 세상을 뜨기 한 해 전에 조귀명은 황경원을 비롯해 이천보李天輔(1698~1761), 남유용南有容(1698~1773) 등에게 자신이 평생 쓴 글을 모은 문집에 서문을 써달라고 부탁했다. 문과에 급제하지 못한 조귀명은 내세울 만한 공적인 업적도 없이 재야의 문인으로 살았지만, 자신의 글에 대한 자부심만큼은 대단했다. 당시는 조귀명의 나이 44세로, 문장가이자 비평가로서의 명성이 알려지면서 따르는 이가 적지 않던 시기였다. 이런 가운데 이들 세 사람에게 자신의 글을 보이고 서문을 부탁한 것이다.

조선의 지식인들은 평생 쓴 글을 모아 문집을 만드는 일에 매우 중요한 의미를 부여했다. 특히 당대에 중용되어 경세제민의 업적을 쌓은 경우가 아니라면 사후에 그 사람을 기억하게 하는 것은 결국 그가 쓴 글뿐이라고 생각했다. 그래서 어떤 글을 남기고 어떤 글은 제외시킬지, 어떤 부분을 어떻게 다듬고 고칠지 신중에 신중을 기했다. 이런 과정은 고인이 된 뒤 자제들에 의해서 이루어지기도 했지만, 조귀명처럼 생전에 본인이 직접 남길 글을 추려서 문집을 엮는 이도 적지 않았다.

더욱이 그 문집의 앞에 놓일 서문을 누구에게 받는가에 따라 문집의 격이 달라진다고 여겼다. 그래서 어떻게든 당대에 명성과 지위가 높거나 학덕과 문장이 뛰어난 인물에게 서문을 받기 위해 애쓰는 것이 일반적이었다. 다만 전혀 관계가 형성되지 않은 인물에게 의뢰하는 일은 거의 없고, 의뢰받은 사람 역시 그 관계에 의해서 저자의 장점을 부각시키는 방향으로 서문을 쓰기 마련이었다. 비슷한 내용의 의례적인 서문이 많은 것도 이 때문이다.

조귀명이 서문을 부탁한 황경원, 이천보, 남유용은 모두 조귀명보다 연하로서 당시 20~30대에 불과했고 문과 급제 전이라 본격적인 관직생활을 시작하지 않았다. 사회적 지위나 학문적 업적이 높은 인물들이 아니라 문학에 뛰어나다고 이름이 알려진 젊고 전도유망한 인물들이고, 노론계 유력 가문의 신진 사인들이라는 공통점을 지닌다. 조귀명 본인은 정치에 직접 관여하지 않

「이천보 초상」, 비단에 색, 50.1×35.0cm, 덴리대.　「남유용 초상」, 비단에 색, 97.3×60.0cm, 1748, 국립중앙박물관.

앗지만 그의 집안이 탕평을 주도하는 소론계였다는 점을 고려할 때, 차세대 문단을 이끌 이들에게 그야말로 문학 자체로 인정받고자 하는 조귀명의 의도를 읽을 수 있다.

　그러나 조귀명의 기대와는 달리, 세 사람 중 누구도 조귀명의 부탁을 들어주지 않았다. 문집 서문 의뢰를 거절하기란 관례상 쉽지 않았고, 그럴 경우라도 자신의 상황이 허락하지 않는다거나 그럴 만한 자격이 없음을 이유로 완곡하게 입장을 전달하는 것이 대부분이다. 그에 비해 이들 세 사람이 문집 서문을 써줄 수 없다며 전해온 이유는 일반적이지 않았다.

이천보는 조귀명이 깨달은 바가 남달리 매우 깊어서 세상 밖에 홀로 서서 조물자와 함께 노니 그 글로 인한 명성이 이미 높다고 인정했다. 그러나 명성이 난다는 것은 조귀명에게 병이 될 수밖에 없으므로 자신까지 나서서 그 병을 더 중하게 만들 수는 없다는 논리로 서문 쓰기를 거절했다. 원고를 오래 가지고 있을 수 없어 돌려준다고 하면서, 그럼에도 불구하고 굳이 서문을 원한다면 자기로서는 "이것은 간천乾川(조귀명의 호) 조석여趙錫汝(조귀명의 자)의 글이다. 이 글은 요즘 사람의 글도 아니고 옛사람의 글도 아니다. 단지 그 사람됨과 같을 뿐이다"라는 말 외에는 쓸 수 없다고 했다. 조귀명이 글 잘하는 것으로 이름나는 것을 경계하면서 뭐라 규정지을 수 없는 독특한 문학세계를 자신이 감당할 수 없어서 서문을 써주지 못하겠다는 말이다.[2]

남유용이 밝힌 이유는 좀더 구체적이다.

> 외람되게도 저에게 문집 서문을 부탁하셨습니다만, 그대의 남은 생이 얼마나 될지 알 수 없어도 50~60대가 되고 난 뒤에 써드려도 늦지 않을 듯합니다. '정체靜諦'편을 보았는데 좋은 부분도 있기는 하나 그 많은 글 가운데 '도道'의 근원을 조금이라도 언급한 것이 없다는 점이 안타깝습니다. 좋은 부분도 그대가 깨우친 묘경妙境에 그칠 뿐입니다. 혼자 말하고 혼자 즐기는 거라면 상관없습니다만 후학들이 그 글에 매혹되어 참으로 훌륭한 말이라 여겨 즐기고 익힌다면 도에 나아가는 데 방해가 될 수밖에 없지 않겠습니까? 도를 아는 선비들이 이것으로 그대의 수준을 가

늠하려들면 어쩌시려 합니까? 저는 그것이 걱정됩니다. 그
대의 문집에서 이런 말들을 없애고 나서야 제 서문을 얻
으실 수 있을 것입니다. 어떠신지요?[3]

　남유용이 적시한 「정체靜諦」는 불교적 사유가 담긴 아포리즘이
다. 조귀명이 유가儒家의 도로 나아가지 않고 불교적인 내용을 언
급하는 데에 그쳤다는 점을 문제 삼았으며, 특히 이 글을 후학들
이 읽었을 때 일어날 부작용을 우려했다. 유가, 그중에서도 주자
학에서 추구하는 도는 세상 이치에 대한 탐구와 내면 성정의 성
찰을 통해서 깨달을 수 있으며, 성인聖人이 남긴 글을 통해 스스
로 성인으로 나아갈 것을 골자로 한다. 그런데 그 길에서 벗어난
이단의 사상을 매력적으로 표현한 글이 유통된다면 후학들의 도
학 공부에 방해가 될 것이라는 논리다. 이런 부분을 삭제하지 않
는다면 자신은 서문을 써줄 수 없다고 직설적으로 말했다.
　황경원 역시 남유용과 크게 다르지 않은 생각을 두 차례의 서
신을 통해 구구절절이 피력했다.

그대의 학문을 보건대, 유가, 불가佛家, 도가道家 삼교의 도
를 합하여 하나로 하고자 힘쓰니 이 얼마나 잘못된 일입
니까. 석가나 노자의 학설 속에 있는 현묘玄妙함과 고원高
遠함은 유가 성인의 책에도 다 들어 있습니다. 그러니 세상
의 배우는 자들이 성인의 책을 밝혀서 그 도를 구한다면,
석가나 노자의 학설이 없다 하더라도 그 현묘함과 고원
함에 충분히 도달할 수 있을 것입니다. 뿐만 아니라 석가

「호계삼소도虎溪三笑圖」, 종이에 엷은색, 112.0×47.0cm, 조선시대, 국립중앙박물관. 중국 육조시대의 고승 혜원慧遠과 시인 도연명陶淵明, 도사 육수정陸修靜의 고사를 그린 이 그림은 유·불·도 삼교의 회통을 상징한다. 조귀명 역시 삼교를 통합하고자 한다 하여 비판을 받곤 했다.

나 노자의 학설 중에서 도에 가까운 것이야말로 실은 도에 해가 되는 지점입니다. 따라서 군자가 만일 그 비슷한 것을 취하여 성인의 도에 합치시킨다면, 그 해로움은 더욱 심각할 것입니다.[4]

이어서 황경원은 양주楊朱, 묵적墨翟에 대한 맹자의 비판을 거론하면서 학술이 다른데도 억지로 합치려 하는 것은 미혹된 일일 뿐이라고 했다. 그러고는 생생한 비유를 들어서 조귀명을 비판했다.

지금 어떤 사람이 승려의 복장인 가사袈裟를 입고 그 위에다 도사들이 즐겨 입는 우의羽衣를 겹쳐 입고, 그 위에 또 선비가 입는 심의深衣를 덧입고는, 도사의 황관黃冠을 머리에 쓰고 승려의 석장을 손에 짚고서 선비의 패옥 소리를 쟁쟁 울린다고 생각해보십시오. 그대가 보시기에도 참으로 괴이한 몰골이 아니겠습니까. 그런데 지금 그대가 학문으로 삼고 계신 것이 이와 같습니다. 『화엄경』의 문장과 『도덕경』의 문장과 『시경』, 『서경』을 비롯한 육경의 문장을 나란히 앞에다 벌여놓고 교대로 입으로 외며 말하기를, "나는 석가의 무리가 아니요, 노자의 무리도 아니요, 공자의 무리도 아니다. 석가, 노자, 공자의 도를 합하여 하나로 하는 사람이다"라고 한다면 참으로 잡스러울 뿐입니다. 세상에 그것을 능히 합일시킨 사람이 있다고는 들어보지 못했습니다.[5]

황경원이 보기에 조귀명의 학문은 어설픈 삼교회통三教會通에 불과하며, 이는 애초에 불가능한 일이다. 이 편지에도 불구하고 여전히 서문을 간절히 부탁해온 조귀명에게 황경원은 "겉으로는 삼교를 통합한다고 말하지만, 내면의 종교를 깊이 숨기고 부처의 교목으로 이름 붙이려 하지 않을 뿐이지 실제로는 불교에 들어간 것"이라며 직격탄을 날렸다.[6]

초점이나 표현 방식에서 다소의 차이는 있지만 세 사람이 조귀명의 서문 쓰기를 거부한 공통된 이유는 조귀명의 글에 담긴 이단 사상 때문이었다. 유가, 주자학에서 벗어나는 사상에 깊이 빠져들고 그것을 글로 남기는 것 자체를 꺼리던 18세기 전반 조선의 지적 풍토를 볼 수 있는 대목이다. 이 세 사람이 비교적 젊은 나이이고 학자보다는 문장가로 더 이름났으며, 당시 지적 조류에 가장 빨리 반응할 수 있는 서울 지역의 명문가 자제들이었음에도 불구하고 이러했음을 미루어보면, 조귀명이 당시에 얼마나 이색적인 인물이었는지를 여실히 알 수 있다.

그래도 인정할 수밖에 없는 것

한편 이들이 공통으로 인정하고, 혹은 그 때문에 우려하기도 한 점이 있다. 조귀명의 글이 매우 독창적이고 매력적이라는 사실이다. 그런 면에서 황경원이 첫 번째 서신의 서두에서 말한 다음의 내용은 단순히 의례적인 수사로만 읽히지 않는다.

나만이
알아주는
나

그대의 문장은 스스로 터득한 기발함을 바탕으로 삼아 독창적 견해의 오묘함으로써 표현하시니, 깊이 새기면서도 널리 말하며 정밀하고 독실하면서도 자유자재합니다. 그대가 말씀하신 '허깨비 같으나 허깨비가 아니다'라는 것은, 사람들의 논평을 기다리지 않아도 스스로 알고 계심이 분명합니다. 그런데 제가 또 어찌 감히 그 장단점을 의론하고 그 고하를 비교하여 그대가 말씀하시려는 뜻을 가려 막을 수 있겠습니까.[7]

황경원은 훗날 조귀명을 추억하면서 그가 문장을 지을 때 반드시 자신만의 생각을 펼쳤지 고인의 말을 답습한 적이 없다고 평했다. 18세기 인물들을 논평하는 『병세재언록幷世才彦錄』을 쓴 이규상李奎象(1727~1799)은 18세기 전반기 최고의 문장가 여덟 명을 꼽으면서 그중에서도 가장 뛰어난 인물로 황경원과 조귀명 두 사람을 들었다.[8]

조귀명이 당시를 대표할 작가라는 평은 『영조실록』에도 여러 번 보이며, 정조 역시 이채로운 작가로 평했다.[9] 훗날 송백옥宋伯玉(1837~1887)은 고려 말부터 영조대까지의 우리나라 산문 작가를 선정해 대표 작품을 모은 『동문집성東文集成』을 편집했는데, 조귀명의 글 41편을 수록하면서 역시 독보적인 작가로 높이 인정했다.[10]

서문은 받지 못한 채 떠났지만

50~60대가 된 뒤에 서문을 써주어도 늦지 않은 것 아니냐는 남유용의 말이 무색하게, 조귀명은 바로 이듬해에 세상을 떠나고 말았다. 이천보와 남유용은 서문 대신 고인을 추모하는 제문祭文을 써야 했고, 조귀명의 문집은 그로부터 4년 만에 결국 서문이 달리지 않은 채로 조현명趙顯命(1690~1752)에 의해 간행되었다. 이후 11년이 더 흐른 1752년, 이 일을 마음에 품고 살던 황경원은 경주 부윤으로 부임한 기회를 활용하여 조귀명의 문집을 다시 찍어서 세상에 전했다.

황경원은 이때 조귀명을 기리는 묘지명墓誌銘도 지었는데, "누가 처사를 두고 오묘한 깨달음 얻어 선禪으로 도피했다 하는가. 아름답고 뛰어난 그 문장은 백세토록 전할 만하도다"[11]라고 하여 각별한 애정을 드러냈다. 황경원이 묘지명 앞에 붙인 서문은 이렇게 끝난다.

> 공이 세상을 떠난 지 다섯 해 되던 해에 나는 청계산에 올라 공의 묘소에 조문하였다. 열두 해 뒤 경주 부윤으로 나갔을 때 나는 공의 문집을 판각하여 후세에 전하였다. 내가 공을 가장 깊이 알고, 죽을 때까지 공을 잊을 수 없기 때문이다.[12]

조귀명이 세 사람에게 서문을 구하긴 했지만, 거기에만 얽매였던 것은 아니다. 오히려 조귀명은 당대에 자신을 알아줄 만한 사

나만이
알아주는
나

28

「동계조공묘지명」, 『강한집』, 황경원, 고려대 도서관.

람이 있으리라는 기대를 크게 하지도 않았다. 사실 서문을 꼭 받으려면 그저 그런 무난한 이에게 부탁하면 될 일이다. 그러나 자신을 제대로 꿰뚫어볼 사람이 아니라면 굳이 형식적인 서문을 받아 얹을 필요는 없는 것이다.

아무도 서문을 써주지 않으려 한 문집을 남긴 조귀명이라는 인물. 그의 독특한 사유가 당시에는 문제시되었지만, 그만큼 오늘날 우리에게는 천편일률적인 조선 문단에서 이채로운 매력으로 다가온다. 더욱이 그를 따르던 이들은 물론 비판하던 이들조차 높이 인정한 그의 참신하고 빼어난 문장력 역시 우리의 기대를 모으기에 충분하다.

그 문학의 진면을 만나기 전에, 우선 생애의 궤적을 좇으며 조귀명의 삶 전반을 살피고자 한다. 2절에서는 조귀명의 어린 시절부터 30세까지의 행적을 따라간다. 그의 문학의 토양이 된 가문 배경과 어린 시절의 경험들, 평생 이어진 자의식 등을 만나게 될 것이다. 지방관으로 부임하는 형 조준명趙駿命(1677~1732)을 따라 처음 서울을 벗어나서 살게 된 31세 이후의 시기는 3절에서 다룬다. 서울에서 칩거하던 병약한 젊은이가 서화와 문학을 매개로 삼아 자연과 세상을 만난 시기다. 마지막 4절에서는 형 조준명의 죽음으로 서울로 되돌아온 40세 이후부터 세상을 뜬 45세까지의 기간을 조명한다. 천거에 의해 관직을 제수받았고, 문장과 서화의 명성으로 많은 이와 교유하며 자신의 문학을 숙성시켜간 시기다.

2

청교의 명문가 자제

조귀명은 1693년 음력 12월 29일, 소론계의 명문 풍양豊壤 조문
趙門에서 태어났다. 우의정에 오른 조상우趙相愚(1640~1718)가 그
의 조부이고, 부친은 첨정을 지낸 조태수趙泰壽(1658~1715)이며,
모친은 청송 심씨靑松沈氏(1658~1727)다.

풍양 조문은 한양부漢陽府 풍양현豊壤縣(경기도 남양주시 진건면·
진접면 일대) 출신으로[13] 고려 개국공신 조맹趙孟을 시조로 한다.
조귀명의 집안은 그중에서 조지린趙之藺을 기점으로 하는 전직공
계殿直公系에 해당되며, 그로부터 7세 회양공淮陽公 조신趙愼, 10세
증장령공贈掌令公 조익상趙益祥으로 이어지는 분파에 속한다.

13세	14세	15세	16세	17세
희보希輔	민珉	상정相鼎	인수仁壽	경명景命, 영명永命, 문명文命, 현명顯命
			대수大壽	석명錫命, 철명哲命, 달명達命, 택명宅命, 집명集命, 득명得命, 복명福命
	형珩	상변相抃	이수頤壽	광명光命
			기수祺壽	원명遠命, 익명翼命, 봉명鳳命
			유수裕壽	적명迪命
		상개相槩	창수昌壽	기명基命
			성수星壽	계명啓命
			최수最壽	희명禧命, 지명祉命
			규수奎壽	관명寬命
			태수台壽	
		상우相愚	태수泰壽	준명駿命, 귀명龜命
			해수海壽	인명麟命, 용명龍命
			두수斗壽	학명鶴命, 기명夔命, 양명揚命, 신명新命
	침琛	상범相范	덕수德壽	혜명惠命, 중명重命
	진珍	상강相綱	필수必壽	규명奎命, 하명夏命
	장璋	상한相翰	담수聃壽	우명遇命
		상규相葵	의수宜壽	보명普命, 시명蓍命
			철수哲壽	홍명興命, 갑명甲命, 융명隆命

조귀명 당대에 가장 현달했던 조문명趙文命(1680~1732), 조현명趙顯命(1690~1752) 형제는 위의 세계世系에서 보듯이 조귀명과 고조 조희보趙希輔(1553~1622)를 함께하는 삼종간이다. 조문명은 온건파 소론 계열의 인물로 영조 등극 뒤 탕평정책의 중심으로 활

알아주는
나

32

『조감』, 34.0×22.8cm, 1728, 수원화성박물관. 조선시대 왕들의 행적 중 교훈이 될 만한 것을 편집한 책으로 조귀명의 삼종형인 조현명은 이 책의 편집에 참여했다.

약하며 1730년 우의정, 좌의정에까지 올랐고, 그의 딸이 진종비眞宗妃, 孝純王后(1715~1751)로 간택되면서 풍릉부원군이 되었다. 조문명의 동생인 조현명도 형의 뒤를 이어 1740년 우의정, 좌의정을 거쳐 1750년 영의정에 올랐다. 오랜 숙원이었던 족보 간행을 이때 실현했을 만큼, 조귀명이 살았던 시기에 그의 집안은 전성기를 누리고 있었다.[14] 1720년부터 10여 년 동안 이 집안에서 대과와 소과에 급제한 사람만 열두 명에 이를 정도였다.[15]

도성에 흩날리는 열 길 높이 뿌연 먼지

명예와 이익 좇아 너도나도 동분서주.

이상도 하지 우리 집안의 여러 형님은

번거롭고 바쁜 세상에도 한가롭고 담박하네.

한가롭고 담박함은 쌓일수록 더 좋은 맛 우러나지만

번거롭고 바쁜 일은 지나고 나면 흔적도 없는 법.

매화회梅花會로 모이고 나니 또 제석음除夕飮

하나하나 누리는 이 즐거움 영원히 이어가리.

城塵十丈浮軟紅, 爭名射利汨西東.

獨怪吾宗諸夫子, 作閑淡事熱鬧中.

閑淡積來味㖩蔗, 熱鬧經盡迹飛鴻.

梅花會後除夕飮, 次第取樂眞無窮.[16]

「제석음除夕飮」이라는 제목으로 널리 알려진 조귀명의 시다. 조귀명의 회고에 의하면 그의 집안은 다리를 둘러싸고 10여 호가 어울려 지내면서, 벼슬에 나갈 때나 물러나서 지낼 때나 늘 서로의 집을 오가면서 함께 즐겼다. 12월이 되면 매화를 감상하는 매화회를 열고, 그믐날에는 송년 술자리인 제석음으로 모였다. 매화가 없으면 분재를 빌려서라도 즐길 정도로 풍류 넘치는 분위기였다.[17]

이들이 함께 자라며 교유한 곳은 경기도 양주 지역이었다.[18] 조귀명의 집안은 양주의 간천乾川[19]을 끼고 열두어 집이 모여 살았다. 조부 조상우 역시 이곳에 집을 마련해서 조문명, 조현명을 비롯한 일가 자제들이 매일 드나들며 교유하곤 했다. 간천은 이들의 관향인 풍양 인근이며 증조부 조형 때부터 터를 잡고 살아온 곳이기도 했다.

다만 조귀명 집안은 한양에도 거처가 있었던 것으로 보인다. 조귀명이 거처하던 곳의 정확한 위치를 비정할 수는 없으나, 어려서부터 가깝게 오갔던 조문명, 조현명의 집이 청계천의 지류를

『해동지도』 양주목, 서울대학교 규장각한국학연구원. 표시된 곳이 건천면이다.

타고 올라가는 묵사동墨寺洞 일대에 살았음이 확인된다. 적어도 20대 후반에는 양주와 한양을 오가며 살았던 것으로 보인다.

중구 필동의 암벽에 '조씨노기趙氏老基'라는 글자가 새겨져 있어 지금도 조문명, 조현명이 살던 묵사동 집의 흔적을 찾을 수 있다.[20] 조현명이 늘 사슴을 매어두었다는 귀록정歸鹿亭은 후손 조만영趙萬永(1776~1846) 때 노인정老人亭으로 이름이 바뀌었다. 지금은 그마저 사라지고 터에 표지석만 서 있으며 그 인근 암벽에 '유묵록선기제석遊墨麓先基題石'이라는 제목의 시가 새겨져 있다.[21]

여유롭고 돈독한 집안 분위기의 구심은 조부 조상우였다. 조상우는 이경석 문하에서 수학했고 송준길의 문인으로서 숙종대

조씨노기趙氏老基, 서울시 중구 필동 2가 푸른마을빌라 암벽.

귀록정이 있던 곳에 세워진
노인정의 터. 서울시 중구
필동 2가.

유묵록선기제석遊墨麓先基題石, 노인정 터 인근 암벽.

노론과 소론이 분당되던 초기에 소론계의 핵심으로 활약했다. 다만 이 집안은 노론과 소론이 나뉘기 전에 송시열, 이단상 등과 사우 관계를 맺어왔다. 예컨대 조문명은 안동 김문 김창업의 사위이자 한때 김창협의 문인이기도 했다.[22] 정치적으로는 탕평의 입장에 선 소론이었지만 인척 및 사우 관계에 의해서 노론의 주류 인사들과 연결되어 있었다. 당색으로만 가를 수 없는 서울 지역의 학문 연원과 문화 향유 공감대가 있었음을 알 수 있다.

　정치적 입지뿐 아니라 문화적 수준으로도 조귀명 집안의 성취와 자부심은 남달랐다. 조상우 본인이 글과 글씨에 능한 인물로 이름이 높았으며, 그 일가 자제들은 수시로 일초정—草亭에 모여 꽃과 바위를 품평하고 시를 주고받는 즐거움을 누리곤 했다.[23] 조귀명은 이런 가문의 분위기 속에서 성장기를 보냈다.

집안의 경영자, 어머니 심 부인

남성 중심의 가부장 문화 속에서도 가문의 분위기를 만드는 중요한 역할을 하는 것은 여인들이었다. 오늘날의 관점으로 보면 사회 관습으로 강요된 일방의 희생이라고 할 수 있겠지만, 이른바 '부덕婦德'이라는 이름으로 미화된 조선시대 여인의 기여와 헌신은 한 집안을 일으키는 숨은 동력이었다.

조귀명의 어머니 청송 심씨는 영의정을 지낸 심열沈悅(1569~1646)의 증손이자 관찰사 심권沈權(1643~1697)의 딸로서, 현달한 양반 가문 여인이었다. 심 부인의 어머니는 달성 서씨로 정신옹주貞愼翁主(선조의 장녀)의 딸이었는데, 외가에서 자라던 다섯 살 무렵의 조귀명 형제에게 성현의 사업과 고금의 치란, 조정의 의론 등을 가르쳐줄 정도로 식견이 있는 여사女士였다.[24]

심 부인은 부유한 집안의 외동딸로 사랑을 많이 받고 자랐으며, 열다섯 살에 조귀명의 부친 조태수에게 시집와서 집안의 맏며느리가 되었다. 시집올 당시에는 시아버지 조상우가 현달하기 전이어서 경제적으로 궁핍한 처지였는데, 젊은 나이로 기이한 병에 걸린 남편의 비싼 약값을 대기 위해 시집올 때 가져온 것을 팔아 충당했으며 병석에 있던 시어머니의 간호를 밤낮으로 한결같이 정성스럽게 했다. 고생 없이 자라다가 시집오자마자 큰 고초를 연달아 겪었는데도 마치 이전부터 해온 일인 듯 힘든 기색 없이 처신했다고 한다.[25]

시집온 지 얼마 안 되어 시어머니가 돌아가셔서 심 부인은 안주인 역할을 감당해야 했다. 시아버지가 높은 벼슬에 올라서 살림의 규모가 갑자기 커졌는데, 심 부인은 집안일을 도맡아 빈틈없이 해냈다. 남편 조태수는 부모님을 극진하게 받들어 식사 한 끼 옷 한 벌도 엄격하게 챙겼는데, 그 까다로운 마음에 한 번도 미흡함이 없도록 심 부인이 손수 뒷바라지했다.[26] 시아버지 조상우는 일가의 노인들을 집에 모셔 봉양하고 멀리서 찾아오는 어려운 친척들을 도와주어 덕망이 자자했는데, 그 엄청나게 잡다하고 분주한 실무 역시 고스란히 며느리 심 부인의 몫이었다.[27]

조귀명은 이러한 사실을 행장으로 기록하여 묘지명을 의뢰하기 위한 자료로 삼으면서, 각 단락의 마지막을 "아버님이 물심양면으로 효도의 아름다움을 다할 수 있었던 것은 실로 어머님이 이루신 것이다"[28] "할아버님이 넉넉하고 화목한 기풍으로 온 일가 사람들을 보살피신 것 역시 어머님의 도움이 있었기에 가능했다"[29] 등의 단정적인 문장으로 맺음으로써 어머니의 역할을 강조했다. 시아버지 조상우도 이를 잘 알아서 "우리 집안이 흥한 것은 이 며느리 덕분이다"라고 늘 말했으며, 일가 사람들 역시 맏며느리를 구할 때면 반드시 "심 부인 같은 분만 얻으면 그 이상 바랄 게 없다"는 말로 기대를 표하곤 했다는 점도 행장에 뚜렷하게 명시했다.[30]

새벽부터 저녁까지 일이 끊이지 않았지만 심 부인은 늘 정신이 명료하고 태도가 여유로웠으며, 평생 가재도구를 손에서 놓지 않고 솔선수범했기에 종들이 고생하면서도 원망하지 않았다고 한다. 1715년 남편이, 그리고 3년 뒤에 시아버지가 세상을 떠나는 일을 당해서도 심 부인은 연이은 상을 주도면밀하게 치르고 집안을 반듯하게 다스렸다. 청풍淸風의 수령이 된 맏아들 조준명을 따라서 신분에 합당한 예우를 받게 되었을 때는 편치 않게 여기며 "타고난 본성을 억지로 바꿀 수야 있겠느냐"고 말했다.[31]

1727년 윤3월, 작고한 지 10년 만에 조상우의 시호諡號를 받게 되어 일가 사람들이 모였다. 이때 심 부인은 70세의 고령이었고 몸도 편찮았지만, 매우 기뻐하며 손님 대접하는 일을 직접 지시했다. 그날 가마를 타고 강변 누정에서 함께 먼 곳을 한참 바라보았던 것이 조귀명이 기억하는 마지막 모습이었다. 이틀 뒤, 심 부인은 병이 갑자기 위급해져 세상을 뜨고 말았다.

마침 모여 있던 일가친척들의 도움으로 상례가 유감없이 진행된 것이 그나마 평생 쌓은 은공에 대한 보답이었을까. 그리고 또 하나의 부질없는 위안이 있다면, 남편의 효도와 시아버지의 덕망이 실은 모두 뒤에서 온갖 궂은일을 다 감당해낸 그녀의 공로였음을 분명하게 밝힌 아들의 글이 남아서 영롱한 구슬처럼 썩지 않고 여전히 빛을 발하고 있다는 사실이다.[32]

병약한 영재로 자라다

7세에 스스로 한문을 깨우칠 정도로 영민했던 조귀명은 13세 때 과거시험장에 가서 수천 글자에 달하는 대책문對策文을 순식간에 써내려간 일로 알려졌다.[33] 당대에 과거 문장 잘 짓는 이로 꼽혀서 "대책문은 이하곤과 조귀명, 변려문은 조문명과 송인명"이라고 일컬어질 정도였다.[34] 그러나 19세 때 생원시에 3등으로 합격했을 뿐, 이후 33세에 이르기까지 조귀명이 과거에 응시했다는

기록은 보이지 않는다.[35]

명문가의 영재로 태어나 어릴 때부터 두각을 나타냈음에도 불구하고 조귀명이 과거 응시에 적극적이지 못했던 이유는, 일찍부터 병을 달고 살았기 때문인 것으로 보인다. 열 살 무렵부터 이미 기이한 병에 걸려서 고생했다.

> 나는 병과 함께 태어났고 병과 함께 자라서, 일찍부터 병에 대하여 묵묵히 알아왔다. 머리끝부터 발끝까지 병들지 않은 곳이 없다. 마음으로 즐기는 것과 일삼아 경영하는 것 어느 하나 병 때문에 제대로 할 수가 없었다. 세상 사람들이 즐기는 명절이나 기쁜 날도 나에게는 병석에서 신음하는 날 아니면 두려워하고 조심해야 하는 때였다. 평소 우울하게 지내며 스스로 위안할 것도 없었다.[36]

조귀명이 자신을 평생 괴롭혀온 질병에 대해서 논한 글의 첫 부분이다. 남들이 다 왁자지껄 즐기는 날에도 병석에 누워 있거나 몸을 사려 나서지 못하는 상황의 연속이다. 그 무엇도 위로가 되지 못하는 우울한 날들을 조귀명은 평생 지나온 것이다.

조귀명이 다닌 여행은 그나마 형 조준명의 지방관 부임을 따라가며 이루어지는 것이 대부분인데, 번번이 그는 여행지에서 자신이 버텨내지 못하면 어떻게 하나 전전긍긍하는 모습을 보인다. 몸이 조금 좋아졌을 때에나 유람이 가능했지 그렇지 않은 대부분의 시간은 방에서 칩거하며 살아야 했다. 그러하기에 어쩌다 여행을 다녀온 친구를 만날 때면 그저 간접 경험을 통해서 답답함을 해소하는 정도였다.

줄곧 병치레하느라 아버님께 근심만 끼쳐드렸음을 가슴 아파하는 글에서도 조귀명의 심정을 느낄 수 있다. 의원에게 자신의 치료를 부탁하며 보낸 서신이 남아 있는 것 역시,[37] 사대부의 문집으로서는 흔치 않은 경우다. 30세 여름에는 안면 근육의 일부가 마비되는 구안와사를 앓아 집 안에 칩거하다시피 하기도 했다. 어릴 적부터 평생 동안 그의 삶에서 질병은 떠나지 않는 동반자였다.

> 공은 병치레가 잦아서 10년을 문을 닫아걸고 빈객과 왕래하지 않았다. 때로는 홀로 북산北山에 들어가서 샘 소리를 오래도록 듣기도 하였는데, 동자가 "날이 저물려고 합니다"라고 하여도 공은 듣지 않고 더 깊은 산으로 들어가 밤늦도록 돌아오지 않았다. 보는 사람들이 이인異人이라고 여겼다.[38]

무엇을 해도 병약한 육신으로 인한 제약이 많았던 조귀명은 사람 만나기를 꺼릴 정도로 자신만의 세계에 침잠해 들어갈 때가 잦았다. 그런 가운데 방에 틀어박혀서도 탐닉할 수 있고, 그것으로 인해 사람들과 소통할 수 있었던 것은 그림과 글씨, 그리고 문학이었다.

조귀명은 글씨보다 문장이 중요하고 문장보다 도가 중요하다는 일반론을 부인하지는 않지만, 취향과 습관의 영역이라면 개인에 따라 다를 수 있는 것이므로 문장이나 글씨에 빠지는 것을 두고 비난할 일은 아니라는 생각을 피력했다. 노불의 도에 빠지지만 않았다면 순전한 유가의 선비가 되었으리라며 안타까워하는 이들에게 조귀명은 이렇게 말하곤 했다. "저 역시 성인이 되는 길이 있다는 거야 잘 알지요. 하지만 구구하게 문장 좋아하는 취미를 떨치기가 이렇게 어렵네요."[39]

조귀명의 글씨와 그림을 보는 안목 및 그것을 함축적으로 담아내는 글솜씨는 당대에 널리 알려져서 평생 동안 품평을 청하는 의뢰가 이어졌다. 어릴 적부터 늘 병석에서 그림과 글씨, 문학에 빠져 살았기에 가능한 일이었다.

젊은 날의 독서와 글쓰기

조귀명의 부모는 어려서부터 워낙 병약했던 조귀명을 매우 안쓰러워했다. 16년 터울인 형 조준명 역시 이런 부모님의 마음을 잘 알아서 조귀명이 장성한 뒤에도 어린아이처럼 각별하게 보살펴주었다. 조귀명 스스로 이 당시 자신이 책 읽고 글 쓰는 일 외에는 아무것에도 신경 쓰지 않도록 배려받았다고 회고했다.[40] 병약함은 한편으로 자신만의 사유에 골똘하게 빠져들어 독서와 글쓰기에 매진할 여건을 만들어준 셈이다.

조귀명은 23세에 조현명에게 보낸 서신에서 자신이 이미 유가, 불교, 노장의 서적들을 대략 살펴봤다고 했다.[41] 실제로 21~22세에 쓴 「임경찬臨鏡贊」, 「병해病解」, 「남생애사南生哀辭」 등의 작품에서 『노자』와 『장자』의 영향이 강하게 드러난다. 이후 조귀명의 글

전반에 『장자』에서 나온 표현이 빈번하게 보이며, 38세에는 『노자』에 대한 독후감인 「독노자讀老子」를 짓기도 했다.

위의 서신에서 문장 공부를 위한 전범의 하나로 『능엄경楞嚴經』을 들었고, 불교 교리를 세분하여 논평한 「원불原佛」을 쓴 때가 26세인 점 등을 볼 때, 조귀명이 20대에 불교 관련 서적들을 탐독했음을 알 수 있다. 이러한 독서는 이후에도 지속적으로 이루어져 33세에 조이창趙爾昌(1664~?)에게 보낸 서신에서 "『원각경圓覺經』의 간결하고 절묘함, 『능엄경』의 기이하고 유창함, 그리고 『유마경維摩經』의 웅장하고 분방함은 진한秦漢 시대 문장의 등급을 곧바로 뛰어넘을 만하다"[42]라고 극찬하기도 했다.

아울러 조귀명은 위의 서신에서 문장 공부의 전범으로 함께 열거한 『춘추좌씨전春秋左氏傳』, 『사기史記』와 당송고문唐宋古文 작가들의 글을 일찍부터 열심히 읽고 있었다.[43] 그중 특히 소식蘇軾의 영향이 20대 초반부터 두드러지게 나타나며,[44] 이후로도 소식 문장에 대한 흠모가 이어져서 자신의 문학적 지향을 소식에 두고 있다고 언급할 정도였다.

노장, 불교를 비롯한 다양한 서적의 섭렵이 지니는 사상적 의미에 대해서는 이후에 다시 살펴볼 것이다. 여기서는 우선, 과거 공부나 심성 수양에 국한되지 않고 다양한 분야의 책을 탐독하며 특정 주제에 대한 자신의 입장을 뚜렷이 밝히는 글을 쓰는 과정에 주목한다. 이런 과정을 거쳐서 조귀명의 강한 지적 자의식이 형성되어갔을 것이라고 추정되기 때문이다.

그런 면에서 이 시기 조귀명이 즐겨 읽은 책 가운데 특이한 것으로 『산해경山海經』이 있다. 『산해경』은 '경經'이 붙어 있긴 하지만

『능엄경』, 38.5×22.9cm, 보물 제759호, 1401, 국립중앙박물관.

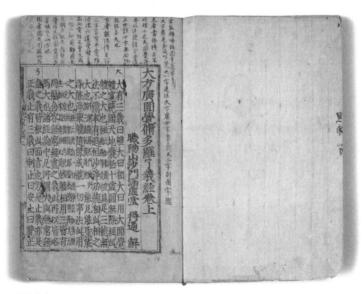

『원각경』, 25.6×17.5cm, 1464, 국립중앙박물관.

유가의 경서들과는 달리 괴이하고 허황된 이야기로 취급되었고, 특히 그 자료의 신빙성이 일찍부터 의심되어온 책이다. 그런데 조귀명은 이 책을 매우 열심히 읽었던 것으로 보인다.

우리나라에 『산해경』이 수용된 것은 3세기 이전으로 거슬러 올라가지만, 한시에서 상상 속의 세계와 거기 존재하는 신이한 존재들에 대한 전고의 출처로 사용되는 것이 대부분이었다. 이규보李奎報(1168~1241)가 『산해경』의 작가에 대해 고증한 산문을 짓고 등장하는 신이한 존재들을 한시에서 언급한 것, 신흠申欽(1566~1628)이 「독산해경讀山海經」이라는 시를 짓고 후대 문인들이 그에 차운한 시를 남긴 것 등이 주목되는 사례다. 그 외에 『산해경』이 직접 인용되는 것은 『지봉유설芝峯類說』, 『종남총지終南叢志』, 『오주연문장전산고五洲衍文長箋散稿』 등 백과사전적 저술이 대부분이다.

이처럼 『산해경』은 조선시대 사대부 문인들에게 있어서 대개 문학적 상상력과 제재의 보고, 혹은 가보지 못한 곳에 대한 지식 정보의 출처 정도로 인식되었다. 같은 시기 신유한申維翰(1681~1752)이 『산해경』을 매우 좋아해서 천 번 만 번을 읽어 종이가 여러 번 찢어질 정도였다고 언급한 매우 드문 사례가 있긴 하다.[45] 하지만 대개는 독서의 흔적만 보일 뿐 기본적으로 허탄한 이야기에 대한 부정적인 인식을 바탕에 깔고 있어서, 텍스트 자체에 대한 본격적인 관심이나 그 문체에 대한 평가 등이 이루어진 예는 별로 없다. 조귀명이 젊은 시절에 『산해경』을 탐독하여 선집을 편찬하고, 구체적인 텍스트 비평까지 가한 것은 이례적인 일이다.

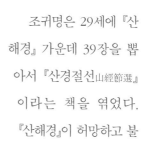

『산해경』에 나오는 천오天吳.

조귀명은 29세에 『산
해경』 가운데 39장을 뽑
아서 『산경절선山經節選』
이라는 책을 엮었다.
『산해경』이 허망하고 불
경스럽다는 점은 예로부터 언급되어왔지만, 그래도 문체가 예스
럽고 간결해서 배울 만한 부분이 있다는 이유에서였다.[46] 또한
기존에 유통되던 『산해경』의 편찬 오류를 지적하고 바로잡아 「독
산해경讀山海經」이라는 글을 남기기도 했다. 그가 문체 및 서술 내
용에 대한 독자적인 고찰을 통해 도출한 구체적인 교정 사항은
근래 중국의 연구와 암합하는 부분이 적지 않다.[47] 조귀명의 『산
해경』 이해 수준이 매우 높았음을 알 수 있다.

또한 이 시기에 그는 역사서를 읽으며 서로 무관한 시대의 일
인데 우연히 대對를 이루는 부분들을 찾아내어 분석한 「독사讀
史」를 저술했다. 예컨대 이런 식이다.

목생이 술을 마시지 못하여 초왕이 늘 단술을 내주었는
데 나중에는 단술 내는 것을 잊었다. 위소가 술을 마시지
못하여 손호가 차로 대신하도록 했는데 나중에는 술을
강권하였다.[48]

목생穆生은 한나라 때 사람으로서, 초 원왕楚元王이 그를 존경

하여 술자리가 있을 때마다 단술을 준비하곤 했다. 그러다 원왕의 손자 무戊에 이르러서 이를 잊어버리고 단술을 준비하지 않자, 목생은 "단술을 준비하지 않은 것은 임금이 게을러졌기 때문이다" 하고 떠나버렸다.[49] 위소韋昭는 삼국시대 오吳나라 때 인물이다. 오나라의 마지막 왕 손호孫皓는 수시로 주연을 열어 여러 신하에게 술을 일곱 되씩 강권하여 마시게 했는데 술을 못 마시는 위소에게만 특별히 차를 하사하여 술을 대신하도록 예우해주었다. 그러다 위소가 자신의 명을 따르지 않고 원칙을 고수하는 것을 못마땅하게 여겨 위소에게도 억지로 술을 마시게 하고 조롱하더니 결국 구실을 만들어 죽이고 말았다.[50] 시대 배경이 다르고 서로 관련이 전혀 없지만 비슷한 문구와 상황으로 이루어진 에피소드를 찾아서 연결한 것이다. 이처럼 전혀 다른 맥락의 역사 사실들을 자신만의 관점으로 연결하여 60여 곳이나 제시한 데서, 그가 당시에 얼마나 역사서 읽기에 빠져 있었는지 알 수 있다.

역사서에 대한 관심은 자연스럽게 민간의 기록자로서 특정 인물을 후대에 기억할 수 있도록 전하는 전기를 쓰는 데로 이어졌다. 부친상을 치르던 23세에 아버지의 원수를 갚다가 죽은 박효랑의 일을 기록한 임상정林象鼎(1681~1755)의 전傳에 대하여 「임덕중박효랑전찬林德重朴孝娘傳贊」이라는 논평을 썼고, 구안와사를 앓으며 칩거하던 30세 때는 그 자신이 「남중하전南重河傳」과 「매분구옥랑전賣粉嫗玉娘傳」 등을 남겼다. 이 가운데 「매분구옥랑전」은 분을 파는 할멈과 옥랑의 이야기를 제재로 삼아서 한번 마음으로 허락한 일을 끝까지 지켜낸 여인들의 삶을 그렸다. 여인의 절개를 강조하는 열녀烈女 담론으로부터는 약간 비켜선 지점에서,

죽은 이에 대한 의리를 지키는 일의 어려움을 강조했다.

30세 이전까지 조귀명은 다양한 독서로 자신의 정신세계를 형성해갔다. 이 시기에 쓴 글들에는 비교적 거대 담론이 눈에 띈다. 「조이불망론釣而不綱論」, 「병길론丙吉論」, 「남북기론南北氣論」, 「불구설不苟說」 등의 논설류 산문들이 그것이다. 22세에 지은 「혁과제책革科制策」을 비롯해 29세 때 시무를 논한 책문 다섯 편을 지은 데에서 알 수 있듯이, 과거시험을 준비하기 위해 역사와 정치를 논하는 글을 작성한 면도 있었을 것으로 보인다. 그러나 이들 논설류 작품 한 편 한 편에 담긴 내용은 남들이 생각하지 못했을 법한 독창적인 자신만의 생각을 피력하고 있어서 흥미롭다.

그 외에 한유韓愈가 붓을 의인화하여 지은 가전假傳인 「모영전毛穎傳」을 두고 『서경書經』의 문체를 본떠서 모영에게 주는 황제의 칙명을 가상으로 작성한 「모영지명毛穎之命」(26세), '왜당나귀'에 대한 이야기를 듣고 독창적인 견해를 덧붙인 「왜려설倭驢說」(28세), 『서경』의 문체와 전고를 원용해 꽃들의 세계를 의인화한 「화왕본기花王本紀」(29세) 등이 문학적 재능을 십분 발휘하여 다양한 방식의 글쓰기를 시도해본 20대의 작품으로 주목된다.

소중한 이들의 죽음을 마주하다

조귀명은 1715년 23세에 부친상을 당했다. 조선시대에 친상을 당한다는 것은 3년상을 치르는 만 2년 동안 일체의 사회활동을 접음을 의미한다. 조귀명은 이 기간에 부친 조태수의 행장을 지었고, 26세에 다시 그간 모아둔 부친의 일화들을 정리해 62조목의 『과정록過庭錄』을 편찬했다. 이 책의 서문에서 조귀명은 입신양명하여 부모의 이름을 높이는 효도는 애초에 자신이 감당할 수 없고, 그나마 부친의 행적이 전해질 수 있도록 기록으로 남기는 일이 자신이 할 수 있는 전부일 뿐이라고 했다.[51] 같은 해에 엮은 『병세잡사並世雜史』는 동시대 여러 인물의 일화를 기록한 것인데, 이 책의 서문에도 부친에 대한 애정이 절절하게 담겨 있다.[52]

부친의 죽음을 전후로 하여 일가친지들의 죽음이 이어졌다. 1717년 조원명趙達命, 조택명趙宅命, 조태징趙泰徵 등의 제문을 지었고, 이듬해에 조부 조상우의 상을 당해서는 1만3700여 자에 달하는 장편의 행장을 찬술했다. 병약한 몸으로 부친과 조부의 상을 연달아 치르는 동안 조귀명은 삶의 바로 가까이에 있는 죽음을 직면하게 된다. 여기서는 그 죽음들 가운데 남성 중심의 조선 사회에서 상대적으로 쉽게 잊힐 수밖에 없는 두 여인의 죽음을 기리는 조귀명의 글을 살펴본다.

첫 여인은 유모다. 앞서의 유모가 병이 드는 바람에 조귀명이 네 살 되던 때 이 유모로 교체되어서 열 살이 될 때까지 함께했다. 1718년 여름, 유모는 역병에 걸려서 마흔네 살로 생을 마쳤다. 조귀명은 귀정貴貞이라는 이름까지 기록에 남기며 그녀의 죽음을 애도했다.[53]

내가 마마를 앓기 전 어렸을 때 점쟁이가 나를 집에서 키워선 안 된다고 말했다. 그 바람에 나는 늘 집을 떠나 거처를 옮겨다니면서 오직 유모만을 의지했다. 유모는 온갖 어려움을 겪으며 살아왔는데 그의 남편 이태순은 나 때문에 그녀를 버리고 떠나버렸다. 그래도 유모는 싫은 기색 없이 더욱 정성을 다해 나를 돌보아주었다. 내 나이 열한 살에 마마를 앓고서야 비로소 집에서 지내게 되었고, 유모도 한몽열에게 재가해서 거처를 마련했다.

그로부터 7년 뒤에 한몽열이 우리 집의 도움으로 창고지기를 맡게 되자 유모는 드디어 미간을 펴고 조금 재산도 일구어 집안을 일으킬 수 있었다. 그러나 다음 해에 몽열이 죽고 말았다. 유모는 다시 곤궁하고 의지할 데 없는 처지가 되어버렸다.

그해 여름 내가 사마시에 합격해서 푸른 옷에 백패를 차고 유모의 집에 들르자 이웃 사람들이 영광스럽게 여기기도 했다. 더욱 가난하고 나약해져가던 유모는 이때부터 내가 현달해서 자기 일신을 거두어주기만을 날로 소망했다. 나도 한문공韓文公(한유韓愈)이 출세한 뒤에 명절마다 처자를 거느리고 유모에게 가서 무릎 꿇고 절을 올리며 장수를 빌었던 일을 좋아하여, 늘 이처럼 해주겠다고 유모에게 약속하고 그리되기를 기원하곤 했다. 그러나 나는 지금껏 불우하게도 문과 급제하여 벼슬에 오르지 못했고, 유모는 그것을 기다리지 못한 채 죽고 말았다. 슬프다![54]

한창 응석 부릴 나이인 네 살부터 열 살까지의 기간에 집 밖에서 자란 조귀명으로서는 그때 자신을 돌봐준 유모야말로 모정을 느낄 수 있는 대상이었다. 게다가 자신을 보살피다가 남편에게마저 버림받은 여인이었다. 유모 생활을 마치고 재가해서도 어렵게 살다가 겨우 형편이 나아질 즈음 기구하게도 새 남편과 사별해 유모는 더 이상 기댈 곳이 없어졌다. 생원시에 합격했을 때 찾아가 기쁨을 나누긴 했으나, 문과 급제하여 벼슬자리에 오르면 보답하리라는 다짐도 무색하게 자신은 그 뒤로 10년 동안 뜻을 이루지 못했고, 그사이에 유모는 그만 힘겨운 생을 마감하고 말았다.

「신행」(부분), 『단원풍속도첩』, 김홍도, 26.6×22.4cm, 조선 후기, 보물 제527호, 국립중앙박물관. 신행길에 신랑을 뒤따라간 사람이 유모였다. 조귀명은 유모에게 각별한 애정을 느껴 글을 남겼다.

유모의 죽음을 기리는 글로 한유와 소식의 작품이 알려져 있다. 조귀명 역시 유모를 위해 할 수 있는 일이라고는 그녀를 기리는 글을 짓는 것뿐이었다. 조귀명은 유모의 무덤에 함께 묻을 묘지墓誌에 이렇게 새겼다. "생전에 봉양으로 보답하지 못하고 돌아가자 글로 보답하는구나. 내 글솜씨가 한유나 소식만 못하니 어찌 그 두 유모와 함께 전해질 수 있으리오? 단지 사발에 써서 무덤에 넣어 골육이 썩기 전에 이르기를 바랄 뿐."55

또 한 여인은 사촌 여동생이다. 조귀명의 숙부인 조해수趙海壽(1672~?)의 딸로서, 유모가 죽은 이듬해인 1719년 겨울, 아들 하나를 남긴 채 둘째를 낳다가 아기와 함께 세상을 떠났다. 다복한 집안에 시집가서 바로 이태 전에 남편 송익휘宋翼輝(1701~?)가 식년시에 진사 2등으로 합격해 이름을 날리는 등 경사가 이어졌고, 며느리를 보배처럼 사랑해주시는 시부모 밑에서 즐거운 나날을 보냈다. 그런데 마치 꽉 찼던 달이 순식간에 이지러지듯이 가장 좋은 때에 허무하게 가버렸다.[56]

> 시부모는 며느리 잃어도 새 며느리 이를 테고
> 짝을 잃어버린 남편 역시 새 짝을 구하겠지만
> 너의 부모 너 잃고 나면 네가 어디 있겠는가.
> 舅亡一婦, 一婦至矣.
> 郎喪一偶, 一偶備矣.
> 父母除爾, 豈有爾矣?[57]

이제까지 아무리 사랑해주었다 해도, 아내와 며느리를 잃은 남편과 시부모의 슬픔에는 끝이 있다. 냉정하게 말해서 조선 사회에서 며느리는 대체 가능할 뿐 아니라 집안을 위해서 당연히 그래야 하는 존재로 여겼기 때문이다. 행복했던 시댁 생활을 전반부에 배치함으로써 조귀명은 이 점을 더욱 극명하게 드러냈다.

하지만 친정 부모에게 있어서 딸은 무엇과도 바꿀 수 없는 유일한 존재다. 따라서 그 슬픔에 끝이 있을 수 없다. 사촌 오빠인 조귀명의 눈에도 사촌 여동생은 싱그러운 연꽃처럼 화사한 모습에 그윽한 난초처럼 향기로운 품성을 지녔다. 그 모습이 더욱 눈에 선했을 그녀의 부모는 하늘에 울부짖고 땅을 치며 통곡하다가 목소리가 다 쉬고 손이 헐어버렸다. 피눈물을 흘리는 숙부

와 숙모 앞에서 조귀명도 같이 우는 일 말고 할 수 있는 게 없었다.[58]

아울러 어릴 적부터 병에 시달리던 조귀명에게 더욱 큰 울림을 준 것은 남들보다 일찍 죽은 이들이었다. 조귀명은 스물두 살 되던 해에 스물여섯 살로 요절한 남극관南克寬(1689~1714)의 죽음을 애도하는 글을 지었다. 네 살 터울의 남극관은 조귀명과 여러모로 닮은 인물이다. 소론계의 명문가 출신이면서 어릴 때부터 탁월한 문학적 재능을 드러내서 장래가 촉망되는 인재였으나, 온전한 생활이 어려울 정도로 병약했다는 점이 그렇다. 조귀명이 이 죽음을 해석하는 방식에 대해서는, 열두 살로 요절한 처남을 위해 지은 글들과 함께 2장 1절에서 살피고자 한다.

나를 아는 이 누구일까

조귀명은 조윤趙綸이라는 인물의 시집에 서문을 써주면서 이세원李世愿(1674~?)이 그의 자운子雲이라고 했다. 자운은 한漢나라 양웅揚雄의 자字다. 그는 『태현경太玄經』이라는 책을 저술하면서 당대에는 자신의 저서를 알아줄 이가 없으니 먼 훗날의 자운을 기다린다고 했다. 그런데 조윤에게는 평생 함께 시를 주고받으며 서로가 알아주는 이세원이 있으니 훗날을 기다릴 것도 없이 이미 자운을 얻은 셈이라는 것이다. 조귀명은 이어서 다음과 같이 말한다.

나로 말하자면 세상에 나를 알아줄 자운이 없는 사람이다. 그만두라 하지 않는다면, 나는 나 자신의 글을 보면서 나의 눈을 하나의 자운으로 삼고, 내가 스스로 읊으면서 나의 귀를 하나의 자운으로 삼으며, 혼자 춤추고 발 구르면서 나의 손과 발을 각각 하나의 자운으로 삼겠다. 성언聖言(조윤)의 시를 보고서 공보恭甫(이세원)의 평을 살펴보니 부럽지만 또 꼭 부러운 건 아니다.[59]

스스로 자신의 글을 읽는 눈과 귀, 그에 호응하는 손과 발이 되어서 내가 나를 알아주는 자운이 되겠다는 선언이다. 훗날 박지원朴趾源(1737~1805)은 동시대에 벗을 구해야 함을 역설하면서 천 년 뒤의 지기知己를 기다린다는 양웅의 말에 대한 조소로서 조귀명의 윗글을 인용하기도 했다.[60] 이 글에서 조귀명은 당대에는 자신을 알아줄 만한 이가 아무도 없으리라는 자부와, 그럼에도 불구하고 문학으로 인정받고 싶은 욕망을 복합적으로 드러냈다.

조귀명이 자신을 알아줄 이가 별로 없으리라 여긴 것은 매우 이른 때부터였다. 1713년, 스물한 살의 조귀명은 어느 날 거울에 비친 자신의 모습을 보며 운율을 살려서 찬贊 한 편을 지었다.

멀리서 바라보면 말끔한 부잣집 자식이더니,
가까이서 살펴보니 초연한 산골의 은자로다.
이마가 넓고 평평하니 시비와 영욕의 마음이 없는 자 같고
얼굴빛 온화하니 사람도 사물도 해칠 생각이 없는 자 같네.

"광대뼈가 솟아 하늘을 찌르는 듯하다." 민사문이 내 관
상을 본 말이고
"눈동자의 광채가 사람을 쏘는 것 같다." 조학사가 나를
형용한 말이다.
말도 못 탈 정도로 허약한데 정남장군 진 두공을 기대하고
세상을 움직일 인물이 아닌데 『태현경』 쓴 한 양웅을 보네.
두 손 모으고 천천히 걸어가는 내 모습을 본 자는 염락의
제현을 본받는 줄 알고
나를 잊고 우두커니 앉은 내 모습을 본 자는 장자, 열자의
현학을 엿보는 줄 안다.
아아!
나의 일곱 척 몸뚱이를 아는 자 이러하지만
나의 한 치 마음을 아는 자는 그 누구인가?
위로 하늘이 나를 알고
아래로 내가 나를 알며
친구 중엔 덕중德重(임상정)이 열에 일고여덟 나를 알고
형제로는 치회稚晦(조현명) 형이 열에 대여섯 나를 안다.
노자는 말했지.
나를 아는 자가 드물면 나는 귀해진다고.
아아!
이 조귀명 한 사람을 아는 자 세상에 드물구나.[61]

비단옷을 차려입었으니 귀한 집안의 자제임이 분명한데 정작
만나고 보면 세상사에 관심을 두지 않는 신선 같은 풍모를 지녔

「조현명 초상」, 『명신초상화첩』, 비단에 색, 39.1×28.3cm, 국립중앙박물관.

다. 『장자莊子』에 묘사된 진인眞人은 이마가 넓고 평평하다고 했다. 자연의 운행에 몸을 맡길 뿐 시비와 영욕에 마음 쓰지 않으니 이맛살을 찌푸릴 일도 없어서일 것이다. 『서경書經』에서 우禹임금이 치수治水를 이룰 수 있었던 것은 사적인 이해를 버리고 공공公共의 이익만을 생각했기 때문이라고 했다. 성리학자들은 이 일을 곤鯀에게 맡기지 못한 이유를, 그가 대중과 조화를 이루지 못하여 사람과 사물을 해쳤기 때문이라고 해석했다.[62] 민사문閔斯文과 조학사趙學士

가 누구인지는 명확하지 않으나 가까운 친인척일 것으로 추정된다. 정남장군征南將軍 진晉 두공杜公은 두예杜預(222~284)를 가리키며, 염락濂洛의 제현은 염계濂溪의 주돈이周敦頤와 낙양洛陽의 정호程顥·정이程頤 형제를 비롯한 성리학자들을 지칭한다.

이상이 조귀명의 외양을 각자 보이는 대로 평가한 것이라면, 자신의 마음을 아는 이는 하늘과 자신밖에 없다고 했다. 그나마 70~80퍼센트를 아는 이로 친구 임상정이 있고, 50~60퍼센트를 아는 이로 삼종형인 조현명이 있을 뿐이다.

자신을 제대로 알아줄 사람이 거의 없다는 생각의 끝에서 조귀명은 노자의 말을 떠올렸다.[63] 노자가 말하는 성인聖人은 허름

한 옷 속에 옥을 품은 사람이다. 너무 평범해 보여서 다들 귀한 줄을 모르고, 너무 쉬워 보여서 오히려 알아듣는 이가 아무도 없다. 그러나 알아주지 못함에 개의할 일이 아니다. 나를 아는 자가 없으면 나에게 필적할 만한 이도 없을 테니, 그럴수록 나는 귀해질 것이기 때문이다.

노자의 이 말이 매우 큰 자부심의 표현이듯이,[64] 이를 인용한 조귀명의 의도 또한 자존감을 드러내는 데에 있었다. 아무도 서문을 써주려 하지 않을 만큼 당대에 진가를 알아주는 이가 없었지만, 바로 그 점이야말로 자신이 당대에 어느 누구와도 비교할 수 없을 만큼 독보적이고 귀한 존재라는 증거다. 절망과 자부를 오가는 이러한 인식에서 조귀명의 삶과 문학을 이해하는 길을 찾아가고자 한다.

산수를 유람하고
교유를 넓히다

3

과거 응시의 뜻을 접다

앞서 언급한 것처럼 조귀명은 13세에 과거에 응시해 수천 글자의
대책을 지어 두각을 드러낸 바가 있고, 19세에 생원시에 합격했
다. 그러나 이후 부친상을 당하고 질병으로 칩거하며 한동안 과
거에 응시하지 않았다.

경종 2년인 1722년, 성균관 유생으로 30세에 이른 조귀명은
추천에 의해 세제世弟(훗날의 영조)의 태학 입학을 돕는 장명將命의
직분을 수행했다.[65] 장명이란 세제 곁에서 명을 전달하는 역할을
하는 직분으로서, 유생 가운데 가장 촉망받는 이에게 주어졌다.
장명을 지닌 인물 중 끝내 문과에 급제하지 못한 유일한 인물로
조귀명이 거론될 정도다.[66] 조귀명은 같은 해에 이어서 영희전永禧
殿 참봉에 제수되었지만 나아가지 않았다.

영조가 왕위에 오른 이듬해인 1725년, 33세에 이른 조귀명은

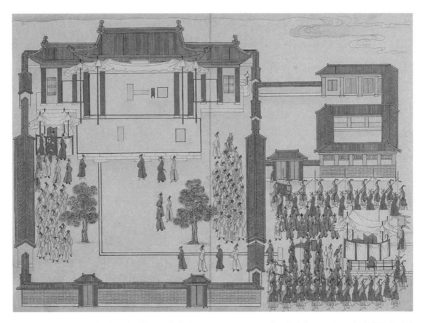

「왕복의도往復儀圖」, 『왕세자입학도첩』, 종이에 색, 48.2×33.3cm, 국립문화재연구소. 순조의 맏아들 효명세자가 성균관에 입학하는 의식을 그린 그림. 왕복의는 명륜당 대문 동쪽에 선 세자가 명륜당 계단 위에 선 박사에게 수업 받기를 청하여 수락 받는 절차로서, 이때 장명이 여러 차례 둘 사이를 오가며 말을 전달한다.

증광增廣 문과文科 회시會試에 응시했으나 낙방했다.[67] 이때 주고관主考官은 정형익鄭亨益(1664~1737)이었는데, 조귀명이 지은 대책문을 보고 그 자리에서 내쳤다고 한다. 참고관參考官인 윤심형尹心衡(1698~1754)이 "이 사람은 분명히 문장을 잘하는 선비일 것이니 회시의 장원 자리에 놓아야 마땅합니다"라고 강하게 주장했지만 정형익은 받아들이지 않았다.[68]

정형익은 송시열宋時烈의 유지를 이어 명나라 신종의 사당을 세울 것을 상소하는 일을 주도했고, 경종 때 장희빈의 사당 건립에 반대하다가 신임사화로 유배된 인물이다. 윤심형 역시 경종 1년 정시 문과에 장원하여 벼슬에 나갔다가 소론과의 불화로 신임사화 때 물러났으며, 영조 즉위와 함께 다시 벼슬에 나아가긴 했으나 노론 당색이 강해서 탕평의 취지에 어긋난다는 지적을 받은 인물이다.

정형익이 조귀명의 답안을 내친 이유가 무엇인지는 밝혀져 있지 않다. 다만 시무와 관련된 논제를 내고 논설 형식의 문장으로 답안을 작성하는 시험이므로, 조귀명이 제출한 답안에 정형익으로서는 용납할 수 없는 내용이 들어 있었으리라 짐작될 뿐이다.

조귀명은 과거에 응시하지 않던 기간에도 여러 편의 책문을 남겼다. 1714년 22세 때 「혁과제책革科制策」을 지어 인재 선발 제도의 혁신을 논했고, 1721년에는 인사 문제와 관료 운용, 공론 개혁 등을 논한 다섯 편의 책문인 「책경策經」을 남겼으며, 문과 응시 바로 전해인 1724년에는 변란 시의 대책과 군대 운용, 성곽 건축 등을 논한 세 편의 책문인 「책위策緯」를 남겼다.[69] 따라서 이때 작성한 대책문에는 정치와 제도에 대한 상당히 구체적인 견해들이 담겨 있었을 것이다. 특히 인사 문제와 관련해서 탕평의 원칙 아래 당색에 구애되지 말고 왕이 실질적인 능력에 따라 인재를 적재적소에 배치해야 한다는 조귀명의 지론이 노론 당색을 강하게 지닌 정형익의 생각과 배치되었을 가능성이 높다. 윤심형 역시 정치적으로는 정형익과 같은 입장이었지만, 그래도 문장력이 워낙 뛰어나므로 선발하는 것이 옳다는 주장을 한 듯 보인다.

이유야 어떻든 조귀명으로서는 자신의 특장으로 알려져 있던 대책 실력을 펴 보이고도 낙방하고 말았다. 조귀명은 이후로 다시는 과거에 응시하지 않았다. 조현명이 쓴 「동계소전東谿小傳」에

"부모님의 의사에 따라 처음에 과거시험 공부를 하기는 했으나 본인이 지향한 뜻은 아니었다"[70]라고 되어 있어, 조귀명이 애초부터 과거에 뜻이 전혀 없었던 것으로 알려져 있기도 하다. 하지만 8년 뒤인 1733년 최수성崔守誠(1708~?)에게 보낸 편지에서, 문학을 삶의 목표로 삼은 조귀명이 과거에 대해서 가지고 있던 간단치 않은 속내를 짐작할 수 있다.

> 과거시험에 얽매이는 것은 옛사람도 어쩌지 못한 근심거리였습니다. 학문으로 말하자면, 천하 모든 대상에 도리가 있는 법이니 과거 공부가 대상이 못 된다 여긴다면 그만두면 될 일이고 그 역시 대상의 하나라고 여긴다면 그 도리를 추구하면 될 일입니다. 하지만 이는 학문으로서 그렇다는 것이지 문장으로 말하자면 다릅니다. 예로부터 이름난 문장가 가운데 과거시험을 거치지 않고 진출한 사람은 없습니다. 명 말의 진미공陳眉公(진계유陳繼儒)과 고려의 임대년林大年(임춘林椿)이 있을 뿐인데 이는 천의 하나, 백의 하나 있을까 말까 합니다. 저 같은 경우는 타고난 천명이 궁색하고 실력이 미치지 못해서 이루지 못한 것일 뿐이지, 과거시험이 사람을 얽맨다고 여겨서 자의로 털어버린 것은 아닙니다.[71]

뒤에서 살펴보겠지만, 조귀명은 40세에 다시 서울 생활을 시작했고 문학으로 이름난 그에게 임상원林象元(1709~1760), 성천주成天柱(1712~?), 최홍간崔弘簡(1717~1752) 등 젊은 문인 여럿이 가르침을 청하며 찾아왔다. 최수성 역시 집안 조카 최홍간을 통해서 소개받은 조귀명에게 종유하고자 하는 뜻을 보내왔으며, 위의 인용문은 그에게 보낸 답장의 일부다.[72]

조귀명은 이 답장의 서두에서, 인격의 완성에 이르는 학문에 매진하는 것이 으뜸이지만 문장 역시 생을 걸 만한 일대쾌사一大快事라고 말하며 불후의 문장을 향한 자신의 지향을 밝혔다.[73] 다만 오늘날 문학을 보는 관점에서는 이해하기 어렵겠지만, 조귀명 당대에 문장가가 되고자 하는 명분은 '이문화국以文華國', 즉 나라를 빛내는 데 있었다. 따라서 과거시험을 통해 인정받고 관직에 진출하여 국가의 쓰임에 보답하는 것이 마땅하다. 겸손의 표현이라 하더라도 문과 급제 실패가 자신의 결단에 의한 선택이 아니었음을 밝힌 조귀명의 속내는 그런 면에서 매우 착잡하고 고통스러웠을 것이다. 그럼에도 불구하고 문장가로 살아가겠다는 뜻을 강하게 밝히면서 매우 드문 예이긴 하지만 진계유나 임춘을 거론한 것은, 자신도 그들이 갔던 길을 걷겠노라는 의지로 읽힌다. 결국 33세에 과거에 실패한 이후로 조귀명은 과거시험을 위한 공부에 얽매이지 않고 문장가로서의 정체성을 가지고 살아갔다.

서울에서 함양으로, 다시 청풍으로

어려서부터 서울 간천동을 떠나지 않고 살아온 조귀명에게 삶의 환경이 크게 바뀌는 일이 일어난다. 1723년 31세에 함양咸陽 군수로 부임하는 형 조준명을 따라 함양으로 이주한 것이다. 거의 집 안에 칩거하다시피 하던 조귀명에게 있어서 이는 단순히 주거지를 옮기는 데 그치는 일이 아니었다.

서울을 떠난 조귀명이 가장 힘들어한 것은 외로움이었다. 관심사를 함께하며 대화를 나눌 이가 없어서 그저 혼자 글 짓는 데에만 몰두했다. 예전에 간천동에서 함께 과거시험 준비를 하다가 왕래가 끊겼던 조카 조석하趙錫夏가 충남 임천林川에서 찾아와 수십 일을 머무는 동안 비로소 문학에 대해 깊은 대화를 나눌 수 있었고, 그제야 학사루學士樓와 소고대小孤臺 등 함양의 명승을 유람했다고 하였다.[74]

그러나 함양 생활이 익숙해지고 교유가 넓어지면서 조귀명은 점차 새로운 즐거움을 찾아간 것으로 보인다. 이듬해 음력 3월 그믐 전날, 조귀명은 뜻 맞는 이 몇몇과 함께 가는 봄을 아쉬워하며 개울가에서 꽃놀이를 즐겼다. 꽃잎 얹어 전을 부치고 냇물에 술잔을 띄우고는 기생의 노래까지 곁들였다. 주사위 던지듯 꽃을 물에 던져서 물살에 떠내려가는 움직임에 따라 술 마시기 벌칙酒令을 정해서 운치 있게 놀았다. 이를 본 어떤 이가 물었다.

"점잖은 선비가 기생을 데리고 노는 건 도리에 어긋나는 일 아니겠소?"

그러자 조귀명은 빙긋이 웃으며 돌 틈에 핀 꽃다지를 가리키면서 말했다.

"돌은 이렇게 고아하고 굳세건만, 울긋불긋한 색으로 뒤덮이는 것을 받아들이고 있지 않은가? 조화造化의 광대함에는 모든 것이 다 갖추어져 있는 법이니 사람이라고 예외이겠소?"

그러고는 술에 취해 돌을 베고 누웠는데 어느새 잠이 들었던

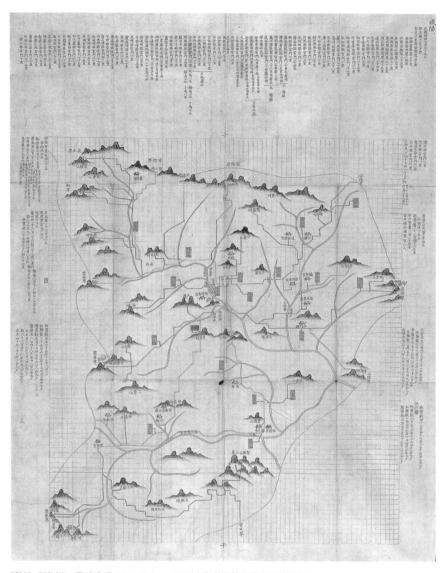

「함양」, 『영남도』, 종이에 색, 32.6×19.2cm, 1760년대, 한국학중앙연구원 장서각.

걸까, 건뜻 불어오는 산들바람이 시냇물을 날려서 얼굴에 물방울이 흩뿌려 잠에서 깼다.[75] 조귀명은 이 상쾌함을 짤막한 시로 표현했다.

돌 위에 꽃 피어나니
그것대로 어여쁘구나.
꽃 날아가고 돌은 늙어가도
굳센 그 기운 변함없어라.
石上花發, 聊爾嬋妍,
花飛石老, 勁氣依然.[76]

그해 여름, 조귀명은 함양 관아 안쪽에 물을 끌어서 네모난 연못을 만들었다. 연못 가운데에 섬이 있고 그 섬에 연못을 덮을 만큼 큰 백일홍 나무가 있었다. 그 나무의 줄기에 자신의 호인 '간천자乾川子' 석 자를 새기면서 조귀명은 함양 생활을 이렇게 평했다.

내가 형님을 따라서 함양군에 온 지도 벌써 두 해가 되었다. 군의 사무가 바빠서, 형님께서는 장부와 문서들의 틈에서 나날이 정신이 피폐해진다. 그런데 나는 일도 하나 없이 한가로워서 책 읽고 글 지으며 스스로 즐긴다. 때때로 금琴을 타며 노래 부르고, 산수를 유람하기도 하면서 불평 가득했던 기분을 풀고 있으니, 즐거움만 있을 뿐 괴로움은 없다.[77]

나만이
알아주는
나

66

「용유담」, 『진재김윤겸필영남기행화첩』, 김윤겸, 종이에 엷은색, 1770, 보물 제1929호, 동아대박물관.

가을이 한창인 음력 8월, 조귀명은 형 조준명을 비롯해 조우명趙遇命, 권상경權尙經 등과 함께 용유담龍遊潭, 지리산 등을 유람했다.

이번 여행길에 우리는 왕래하며 계속 비바람을 무릅썼다. 산꼭대기는 한여름에도 바람이 불어 잡목들이 주먹처럼 오그라져 여러 자를 넘는 것이 없었고 사당도 나무 지붕이 흔들려 10년을 버티지 못한다는데 유독 우리가 산을

오른 이틀 동안만은 날씨가 잠잠했다. 사당지기도 하례하
며 일찍이 이런 적이 한 번도 없었다고 할 정도였다. 나는
병자라서 날씨가 맑은 것이 더욱 다행이었다.[78]

지리산을 여행하고 난 뒤 쓴 기문에서 조귀명 스스로 가슴을
쓸어내리며 한 말이다. 병자로서 늘 걱정은 있었지만 이렇게 지
리산 등반까지 할 정도로 건강이 어느 정도 나아졌음을 알 수 있
다. 그러나 지방 수령이었던 형의 도움으로 행차가 비교적 편안했
기에 가능한 일이었고, 그나마 하루 이틀 정도의 짧은 여정에 만
족해야 했다. 실제 조준명이 장거리 여행을 갈 때 조귀명은 동행
하지 못했다. 같은 해에 조귀명이 해인사를 다녀왔다는 소식을
들은 조현명이 건강이 많이 회복되어 기쁘다는 서신을 보내올 정
도로,[79] 조귀명의 여행은 매우 제한적이었고 자신과 다른 이들의
우려 속에 이루어졌다.

이후 1726년에는 함양에서 청풍淸風으로 부임하는 조준명
을 따라가 단양 인근 사군을 비롯한 동협東峽 일대를 유람했고,
1727년 35세에 모친상을 당하고 3년상을 치른 뒤인 1729년에
단양 일대 유람 기록인 「추기동협유상追記東峽遊賞」을 지었다. 이어
서 1730년에는 다시 청주 목사로 부임하는 형을 따라가서 이듬
해에 봉림鳳林을 유람하고 기문을 지었다.

이 시기에 조귀명이 남긴 유기遊記들의 특징은, 지형이나 자연
을 관찰하고 거기에 담긴 이치를 설파하는 등의 일반적인 서술이
상대적으로 적다는 데 있다. 특히 용이 변신해 이루어졌다는 전
설이 담긴 용유담에 대한 기문은 신이한 세계에 대한 호기심을

「사인암」, 『사대가화묘첩』, 김윤겸, 종이에 엷은색, 28.8×24.5cm, 1763, 국립중앙박물관. 사인암은 단양군에 있는 명승으로, 단양팔경에 속한다.

드러내는 데 초점을 두었다. 이런 점은 심진동尋眞洞, 동협, 봉림 등을 둘러보고 쓴 기문에서도 여실히 드러난다. 일상적인 세계를 벗어나는 신이한 세계에 대한 관심은 조귀명 기문의 특징 가운데 하나다. 오랫동안 집 안에 칩거하며 책으로만 만났던 세계들을 직접 접하면서 그 강렬한 느낌을 개성적으로 표현한 것으로 볼 수 있다. 한편으로는 질병과 죽음으로 대변되는 인간의 유한

성에 대한 오랜 고뇌가 대자연 앞에서 초월적으로 표출된 것이리라는 짐작도 가능하다.[80]

교유를 넓히고 문학을 논하다

간천동 시절부터 조귀명의 교유는 가문 내 인사들을 중심으로 이뤄졌다. 함양으로 옮긴 이후에도 방문과 서신을 통해서 이는 자연스럽게 이어진다. 1719년 문과에 급제하여 벼슬에 나선 종형 조현명과는 서신을 자주 주고받았고, 조우명은 직접 방문하여 함께 지리산 유람을 다닐 정도로 가깝게 지냈다. 앞서 언급한 조카 조석하는 함양을 방문해 수십 일을 머물렀을 뿐 아니라 청주에서도 함께 글을 읽으며 지냈다. 친지들과의 교유 과정에서 남긴 글들 역시 작품을 품평하고 문학에 대해 토론하는 내용이 대부분이다.

> 읍취헌이 남긴 한 권의 시
> 열에 아홉은 술을 말했지.
> 취한 혼 여전히 남아 있는가?
> 내 손의 잔을 떨구게 하다니.
> 翠翁一卷詩, 十首九言酒.
> 猶有醉魂不, 使吾杯落手.[81]

조귀명의 당숙인 조유수趙裕壽(1663~1741)가 읍취헌挹翠軒 박은

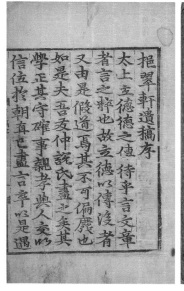

『읍취헌유고』, 박은, 조선 중기, 국립중앙박물관.

朴誾(1479~1504)의 시집을 읽다가 그만 술잔을 책 위에 떨어뜨려서 얼룩이 지고 말았다. 이를 두고 술 좋아한 박은의 혼이 그렇게 만든 것은 아닌지 너스레를 떠는 내용이다. 이 시를 읽고 조귀명은 배꼽이 빠지도록 웃으며 다시 시로 화답했다.

> 시가 바로 읍취헌의 몸
> 시가 있으니 그도 살아 있구나.
> 평생 술 마시는 즐거움
> 시가 취하니 몸도 취하였구나.
> 詩是翠翁身, 詩存翁不死.
> 平生酒中趣, 詩醉卽身醉.[82]

조귀명은 종질인 조재일趙載一(1700~?)이 소장한 『읍취헌집』 필사본 뒤에 숙부 조유수와 시로 화답한 이 일을 적어두었다. 박은의 시를 유독 좋아한 조카가 병중에 사람을 만나지 못해 시문을 벗 삼으며 만든 시집이다. 조귀명은 그 재질과 글씨가 박은의 명성에 걸맞지 않게 조악함을 지적하고는, 그러나 박은의 시가 지닌 장점이 천진난만해서 어디에도 구속되지 않는 데 있으므로 꾸미지 않고 거칠게 만든 이 시집을 박은 역시 매우 좋아했을 것이라고 했다.[83] 주고받은 시나 써준 글 모두 친지 사이에 이루어진 유쾌한 정담의 분위기를 보여준다. 가벼운 교감이지만 높은 문화적 안목을 공유하지 않고는 나오기 어려운 글이다.

함양과 청풍 등지에 머물던 시절 조귀명은 그 외에도 다양한 인물과 교유를 넓혔다. 그는 함양 시절에 나침羅沉, 신사진申思晉(1697~?), 조이창趙爾昌, 조재호趙載浩(1702~1762) 등과 교유하고, 청풍 시절에는 정석유鄭錫儒(1689~1756), 이정섭李廷燮(1688~1744), 신정하申靖夏(1681~1716), 조계명趙啓命, 임상원, 이천보 등과 교유했는데, 이들과 주고받은 서신 역시 문학에 대한 논의가 대부분이다.

이전 시기에 다소 수세적으로 문학 취향을 변호하던 데에서 나아가, 이 시기에는 도학과 분리되는 것으로서의 문학이란 어떠해야 하는지 강변하는 모습이 뚜렷이 드러난다. 31세에 조재호에게 보낸 서신에서 자기 생각을 담은 문학이 지니는 가치를 역설했고, 33세에 조이창에게 보낸 서신에서는 도학과 문학의 분리를 주장했다. 34세에 정석유에게 준 글에서 '자기 생각을 자기 말로 표현한 문장'을 문학의 이상으로 제시했으며, 37세에 이정섭의 원

고에 비평하고 서신을 주고받으며, 학술과 문장에서 그 무엇도 아닌 자기 자신이 주체가 되어야 함을 천명했다. 같은 해에 조계명에게 보낸 서신에서는 높은 식견이 있으면 신묘한 언어가 따르기 마련이라고 하여, 담긴 생각이 중요하지 꼭 평이한 문체만을 표준으로 삼을 이유는 없다고 주장했다. 이어서 38세에 이정섭에게 보낸 서신에서도 전통적인 작법보다 독자적인 생각이 중요함을 역설했다.

「정혜진영」, 비단에 색, 110.0×72.7cm, 19세기 중반, 직지성보박물관.

이 시기 조귀명의 교유에서 주목할 것은 불교 승려들이 눈에 많이 띈다는 점이다. 정혜定慧(1685~1741), 태우泰宇(?~1732), 만훈萬薰 등 당시를 대표하는 승려들과 직접 만나 교유했고, 이후 몇 년간 서신으로 불교의 교리를 논했다. 주로 책을 통해서 불교를 논했던 조귀명이 실제 교유관계를 맺으며 자신의 견해를 다듬어가고 새로운 문제들을 던지는 과정이 흥미롭다.

청주에 거주하던 2년은 산문작품을 가장 왕성하게 짓던 시기 중 하나다. 삼충사三忠祠 상량문, 청주향교淸州鄉校 중수기, 상당산성上黨山城 남문루南門樓 중수기를 비롯해서 여러 편의 기우제문祈雨祭文 등 청주 목사인 형을 도와 공적인 글을 짓는 데 힘을 쏟았고, 청주의 인물인 열사 홍임洪霖의 전기와 지역 인사들을 위한 제문을 짓기도 했다. 그 외에도 기문과 역사 논평, 서화書畫 제발문題跋文 등을 활발하게 저술했다. 공적으로나 사적으로나 산문 작가로서의 성가聲價가 높아져간 시기다.

형님을 잃고 다시 서울로

옛사람들은 형과 아우 사이의 우애가 돈독한 것을 두고 마치 부
모 자식 사이 같다고 표현하곤 했다. 조귀명은 자신과 형 조준
명의 사이는 이 말로도 부족하다고 했다. 부모 자식 사이라 해도
훗날 자식에게 보답받고자 하는 마음이 있기 마련인데, 자신은
농사를 지을 체력도 안 되고 사무를 감당할 능력도 없으며 벼슬
길에 나갈 의욕도 약해서 형에게 보답할 길이 전혀 없는데도 형
은 조건 없는 사랑과 세심한 보살핌을 베풀어주었기 때문이다.[84]

　조준명은 청주 목사로 부임하여 홍수를 막는 제방을 쌓고 고
을을 지키는 방위를 굳건히 하며 지역의 인물을 현양하는 삼충
사를 세우는 등 매우 정력적으로 업무를 추진했다. 그러나 왕성
한 체력과 뛰어난 능력을 갖추고 활발하게 관직생활을 하던 조준
명은 56세의 나이로 갑작스럽게 세상을 뜨고 말았다. 청주 부임

두 해 만인 1732년 4월, 조귀명의 나이 40세 되던 해의 일이다.

형 조준명의 예기치 못한 죽음이 조귀명에게 안긴 충격은 매우 컸다. 행장과 묘지명을 본인이 직접 썼는데 그 분량은 행장이 2000자, 서문 포함해서 묘지명은 460자에 불과하다. 조부에 대한 행장이 1만3700여 자였던 것과 비교하면 매우 적은 분량이다. '문장가' 조귀명이 형의 묘지명은 건조하게 느껴질 만큼 한마디 군더더기도 없이 몹시 간결하게 지었다. 이 짤막한 묘지명에서 두 번이나 반복한 말이 있다. "아아! 내가 우리 형님 묘지명을 어떻게 쓸 수 있겠는가!"[85] 간결한 작품이기에 반복되는 역설적인 탄식이 더욱 강한 울림으로 다가온다.

평생 의지하며 함께 거주해온 형 조준명이 세상을 뜨자 조귀명은 서울 간천동으로 돌아왔다. 이후 5~6년은 각종 글의 청탁이 밀려들고 서화비평가로서의 활동이 가장 두드러지는 시기다. 부친 조태수, 중조부 조상개趙相檗, 사촌 조학명趙鶴命, 재당숙 조담수趙聃壽, 조부 조상우의 첩, 숙부 조두수의 부인, 육촌 조계명趙啓命의 부인 등을 비롯해서 이지번李枝蕃, 권익문權益文, 임상덕林象德, 권보형權保衡, 이후강李後絳, 권순형權舜衡, 홍명필洪命弼, 이창발李昌發 등 주변 인물들의 묘지명과 묘표 등을 도맡아 지었다. 묘지명과 묘표의 청탁이 많았다는 것은 그만큼 산문 작가로서 조귀명의 위상이 높았음을 입증한다.

청탁받은 글 외에도 고양이를 의인화한 「오원자전烏圓子傳」과 역사 논평문인 「가의론賈誼論」, 「곽광론霍光論」 등을 지었고, 「속난정회서續蘭亭會序」에서 '자기 생각'에 부합하는가가 유일한 기준이 되어야 함을 역설했으며, 최수성崔守誠, 나삼羅蔘, 김진대金鎭大 등과

나만이
알아주는
나

서신으로 문학을 논했다. 이천보, 남유용, 황경원에게 자신의 문집인『동계집』에 서문을 달아달라고 청했으나 모두 거절당한 것도 이 시기다.

1732년 40세 때 금강산의 절경을 그린 「해악도海嶽圖」 및 공자와 제자들의 모습을 그린 「무우도舞雩圖」 등 여러 서화에 제발문을 썼고, 이후 원경하元景夏(1698~1761), 유세모柳世模(1687~?), 조재일趙載一 등이 소장한 서화와 윤덕희尹德熙(1685~1776), 정선鄭敾(1676~1759), 윤순尹淳(1680~1741) 등의 서화에 제발을 썼다. 44세 되던 1736년 4월에는 병석에 있던 조귀명을 남유용과 황경원이 방문하여 함께 이인상李麟祥(1710~1760)의 그림에 제발문을 남기기도 했다.

천거로 세상에 나가다

1733년 5월 12일 선정전宣政殿에서 열린 주강晝講 자리에서 영조와 여러 신하가 시사를 논하던 중에 정우량鄭羽良(1692~1754)이 말했다.

"예전에는 학식 있는 사대부들이 모두 동몽교관童蒙教官의 교육을 거쳤는데 근래 들어서는 전혀 그렇지 않습니다. 이른바 교관이라는 것도 허명에 불과하게 되었습니다."

영조가 동조하며 말했다.

"나도 동몽교관의 문제에 대해서는 잘 알고 있다. 조상 덕에 음직으로 벼슬하는 이들은 죄다 참봉이 되고 직장이

되어 이래저래 임기를 채우고는 6품에 올라 동몽교관, 내
시교관, 왕자사부에 이르니 참으로 문제다."

배석하고 있던 김취로金取魯(1682~1740)가 거들었다.

"법이 오래되면 폐단이 생긴다더니 참으로 그렇습니다. 근
래의 풍조가 예전과 달라서 양반 자제들이 교관에게 나
아가 배우려 하지를 않습니다. 그러니 교관도 학생을 모을
수가 없는 상황입니다."

그러자 영조가 정색을 하였다.

"그건 안 될 말이다. 일이 중요하니 최선을 다해야지 어찌
세태를 탓한단 말인가?"

정우량이 얼른 수습하였다.

"지금 교관 가운데 한 사람은 평소 문학으로 이름이 나
있고 가르치기도 잘하여서 학생이 많이 모이고 성과도 많
으니 직책을 잘 수행했다고 할 만합니다."

"그게 누군가?"

"조귀명입니다."

"아, 예전에 장명을 지냈고 시직도 했던 사람 말인가?"

"네, 그 사람입니다."[86]

서울로 돌아온 조귀명은 동몽교관의 직을 수행했다. 동몽교관
은 사학四學에 소속되어 서울 지역의 16세 이하 아동을 가르치는
관직이다. 조선 초기의 동몽훈도童蒙訓導를 이어서 선조 때 정착시
킨 직제로서 인조, 효종 때 분교와 증원 등의 방식으로 강화했으
며 조선 말기까지 지속되었다.[87] 그러나 임기를 마치면 6품으로

진급할 수 있다는 이점 때문에 선호되었을 뿐, 본래의 취지인 교육적 기능이 충실하게 이루어지지 못한다는 지적이 일찍부터 있어왔다. 영조는 음직으로 벼슬하는 이들이 형식적으로 교관 자리를 꿰차고 있는 병폐가 그 원인이라고 파악했다.

영조가 동몽교관에 대해 신하들과 논의한 사례는 이외에도 여러 차례 보이는데, 그때마다 동몽교관으로서의 직책에 충실한 인물로 조귀명이 언급되곤 했다. 1739년 6월 11일 야대夜對에서도 정이검鄭履儉(1695~1754)이 교관 가운데 조귀명처럼 잘하는 이도 있다는 말을 하자 영조가 "나도 조귀명이 매우 뛰어나다는 말은 이미 들었다"라고 답한 기록이 보인다.[88] 조귀명 역시 음직으로 맡은 교관 자리였으나, 세태와는 달리 실질적인 교육 효과를 거두었다는 정평이 났음을 알 수 있다.

조귀명은 1735년 송인명宋寅明(1689~1746)의 천거로 사축서司畜署 별제別提에 올랐다가 곧 공조 좌랑으로 옮겼다. 송인명은 다른 이들을 추천하면서 각각 '경학이 있다'든가, '학문을 향하는 뜻이 있다'는 것을 이유로 들었는데, 조귀명에 대해서는 '문학이 있는 선비'라는 점을 강조했다.[89]

당시 6품 이상 정3품 당하관堂下官까지의 관직을 참직參職, 또는 참상직이라고 하는데 7품 이하의 참하직과는 처우에 큰 차이가 있었다. 그래서 다들 참상관으로 오르는 것을 승륙陞六 또는 출륙出六이라고 부르며 중시했다. 동몽교관으로서 가르친 학생이 좋은 성과를 내거나 혹은 그렇지 않더라도 임기만 채우면 6품에 오를 수 있었다. 그러나 조귀명은 남들이 선호하던 이른바 승륙에 적극적으로 나서지 않다가, 이때 송인명의 천거를 영조가 윤

허함으로써 7품을 벗어나 6품에 오르게 된 것이다.[90]

이후 조귀명은 태인泰仁 현감에 제수되었으나 부임하지 않았고, 다시 대신의 천거로 개령開寧 현감이 되었으나 역시 부임하지 않았다. 이어서 세자익위사世子翊衛司에 들어가 1736년 44세 1월 1일, 정5품인 익위翊衛에 올랐다.[91] 세자익위사는 왕세자를 모시고 호위하는 임무를 맡았던 관청이다. 이때 조귀명은 영조의 명으로 『예기禮記』의 「문왕세자文王世子」편 등의 글을 병풍으로 써서 세자궁에 올렸다.[92] 이 일을 훗날 정조는 이렇게 기록했다.

> 병진년에 세자로 책봉하고는 3월 15일 모든 의식을 갖추어 양정합養正閤에서 책봉례를 거행하였다. 그때 연신筵臣 조현명이 "세자 저하의 모습이 꼭 효묘孝廟(효종)를 닮으셨으니 실로 종묘사직의 끝없는 복이옵니다"라고 했다. 영묘英廟(영조)께서 동궁의 관료를 시켜 병풍에 문왕세자편文王世子篇을 써서 올리게 했는데, 이때 벌써 글자 뜻을 알고 왕王이라고 쓴 글자를 보고는 영묘를 가리키고 세자世子라고 쓴 글자를 보고는 자신을 가리켰으며, 또 천지天地 부모父母 등의 한자 63자를 아셨다.[93]

정조가 여러 기록과 전언을 바탕으로 그려낸 인물은 바로 사도세자다. 첫아들이 아홉 살로 요절한 뒤 40대를 넘겨서 비로소 왕위를 이을 아들을 얻은 영조의 기쁨은 매우 컸다. 1735년 1월 21일에 태어나자마자 바로 원자로 삼았으며 이듬해 3월 15일 돌을 갓 지난 아기를 세자로 책봉했다. 일반적으로 원자가 6~7세

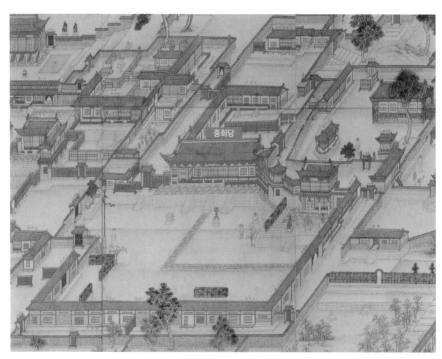

「동궐도」에 그려진 중희당 일대, 273×576cm, 국보 제249호, 1830년 이전, 고려대박물관. 사도세자의 세자 책봉 예식이 거행된 낙선당 양정합은 1756년 화재로 소실되었는데, 1782년 정조가 세자궁으로 건설한 중희당重熙堂 부근에 있었던 것으로 추정된다. 고종 때 중희당마저 없어져서 지금은 창덕궁에서 후원으로 들어가는 길로 변해버렸다.

되었을 때 세자 책봉 예식을 행하는 관례에 비하면 영조가 매우 서둘렀음을 알 수 있다. 보모의 품에 안겨 책봉되는 생후 14개월의 사도세자가 말도 배우기 전에 60여 자의 한자를 이미 알아서 손가락으로 가리키는 믿기 어려운 광경을 서술했다. 이때 사도세자가 매일 보던 병풍에 쓰인 것이 조귀명의 글씨였다는 사실이 각별하게 다가온다. 갓난아기일 때부터 만인의 축복 속에 모신 세자가 비운의 주인공이 되리라고는 조귀명도 상상하지 못했을 것이다.

세상이 조귀명에게 준 이름은 '문장가'였고 그의 자부 역시 문장에 있었다. 그러나 조귀명의 관심이 현실 정치와 전혀 동떨어진 곳에만 있었던 것은 아니다. 앞서 언급한 것처럼 조귀명은 9편의 책문을 남겼는데, 여기에는 과거제도, 유현 활용, 관원 운용, 공론 관리뿐 아니라 변란 시국의 인재 등용과 군대 운용, 성곽 구축 등의 실무에 대한 조귀명의 생각이 구체적으로 담겨 있다. 과거 응시를 위한 연습용 대책對策이었는지, 별도의 의도를 가지고 책문 형식을 빌려 작성한 것인지는 명확하지 않다. 그러나 조귀명이 현실 정치에 대한 구체적이고 확고한 견해를 지니고 있었다는 사실은 분명하다.

조귀명이 정치적 견해를 적극적으로 표출한 예는 책문뿐 아니라 젊은 시절 조현명에게 보낸 장문의 편지 및 지방관이나 사신으로 가는 이들을 전송하며 써준 송서送序들에서도 뚜렷이 볼 수 있다. 1732년에 지은 가전假傳 「오원자전」이 무신란戊申亂 평정에 공을 세운 박민웅이라는 인물을 두고 저술된 것이라는 해석도 설득력을 지닌다.[94] 실제로 조준명을 따라 청주에 머물던 시기에 조귀명은 이인좌의 난에 대한 자료를 모으는 데 열심을 내기도 했다.[95] 문장가로서만이 아니라 현실 정치에 대한 관심과 식견도 쌓아가고 있었으나, 그것을 실행할 기회를 가지지 못했다.

마음은 금강산을 노닐건만

모처럼 여러 직위가 주어졌지만 당시 조귀명의 몸 상태는 적극적으로 세상에 나갈 만하지 못했다. 묵은 지병이 심해져서 침상에서 일어나지 못하고 심한 우울에 빠져 지내던 1736년 9월의 어느 날이었다. 유군필兪君弼이 찾아와서 말했다.

"올해 여름에 금강산을 다녀왔습니다. 보덕굴에 들어가니 만폭동萬瀑洞 물이 다투어 흘러내리고 철쭉꽃이 온 산에 피어 있더군요. 암자 벽에 다가가 '텅 빈 산에 사람이 없는데, 물이 흐르고 꽃이 핀다空山無人, 水流花開'라고 쓰고 밑에 '오늘 비로소 동파 노인이 선리禪理를 깊이 깨달았다는 사실을 알게 되었다'라고 주를 달았지요. 그때 마침 가랑비가 내리기에 승려들과 도롱이를 걸치고 동굴 속 너럭바위에 각각 자리를 잡고는 철쭉꽃 그늘 아래서 폭포 물을 떠다가 밥을 말아 먹었습니다."[96]

이야기를 듣던 조귀명의 눈빛이 서서히 활기를 띠기 시작했다. 몸을 반쯤 일으키며 물었다.

"계속해보게. 그래, 다음 날엔 어디로 향했는가?"

"달 밝은 밤에 삼일포에서 놀았습니다. 하늘은 구름 한 점 없이 맑았는데 노래 부르고 악기 연주하는 이들을 다른 배에 태워

「만폭동」, 정선, 종이에 엷은색, 56.0×42.8cm, 간송미술관.

「보덕굴」, 『봉래도권』, 김윤겸, 종이에 엷은색, 27.5×39.0cm, 1768, 국립중앙박물관.

사자봉師子峰 아래를 맴돌며 음악 소리가 들려오게 했습니다. 그리고 저는 작은 배를 단서암丹書巖에 대고 바라보니, 은은하게 들려오는 소리가 마치 상수湘水의 혼령이 슬瑟을 타는 듯, 들을 수 있지만 가까이할 수는 없더군요. 참으로 근사한 순간이었습니다."[97]

갑자기 조귀명은 자신도 모르게 병석에서 벌떡 일어났다. 당장이라도 산수에 들어가 매인 데 없이 그저 흥에 겨워 다닐 수 있을 것 같았다. 그러나 그것은 마음뿐, 조귀명은 더 이상 긴 여행은커녕 일상의 거동마저 쉽지 않은 상태에서 끝내 벗어나지 못했다.

갑작스러운 죽음, 그 이후

1737년 9월 10일, 영조가 대신과 비국 당상관들을 인견한 자리에서, 영의정 이광좌李光佐와 우의정 송인명이 등용할 만한 새로운 인물 중 한 명으로 조귀명을 다시 추천했다. 영조는 "조귀명은 장명을 지낼 때 내가 본 사람이다"라고 답하고 인물이 어떤지 다시 묻기도 했다.[98] 다시 한번 천거를 받은 영조는 우선 지방관을 맡겨보도록 명했다.[99] 장차 큰일을 맡길 만한 재목인지 시험해보고자 한 것이다. 그런데 바로 그달 27일에 조귀명은 세상을 뜨고 말았다. 2년 뒤 같은 날에 조현명이 조귀명의 기일임을 말하자 영조는 너무 일찍 가버린 것을 애석해했다.[100]

조귀명의 죽음은 가까운 이들마저 예기치 못했던 일이었다. 홀연히 왔다가 가버린 그를 사람들은 이렇게 추억했다.

그분은 용모가 마치 옥처럼 맑고 투명하였고, 사람들과
말을 할 때에는 옷도 가누지 못할 듯 몸이 허약하고 말을
할 줄 모르는 사람처럼 과묵하셨지. 하지만 그 중심을 타
진해보면 끝없이 넓고 넓어서 다함이 없는 진리를 품고 계
셨다네.**101**

그의 부고를 듣고 문집 서문 의뢰를 거절했던 이천보와 남유
용이 바로 제문을 지어 조문했고, 1741년에는 삼종형 조현명이
활자로 문집을 간행했다. 1752년에 역시 문집 서문 의뢰를 거절
했던 황경원이 경주부윤으로 부임해 문집을 복각하고 묘지명을
지었다는 사실은 서두에서 이미 언급했다. 그런데 그의 문집에
서문이 달린 것은 사후 37년이 지난 1773년, 그것도 국왕인 영조
에 의해서였다.

임금이 친히 조귀명의 문집 서문을 지었다. 조귀명의 호는
동계이며 고故 상신相臣 조상우의 손자인데, 사람됨이 맑고
깨끗하여 욕심이 적었으며 문장으로 세상에 이름을 날렸
다. 여러 종형제가 권력의 핵심을 잡고 있을 때에도 혼자
만 벼슬에 뜻을 두지 않고 서적에만 마음을 쏟았다. 임금
이 입학할 당시에 장명생將命生에 선임되었다. 그에게 문집
이 있고 탕평론을 주장하였으며 이천보, 원경하 등과 서
로 친하였다고 들은 영조는 마침내 그 문집의 서문을 지

어 내리고 여러 신하에게 말했다.

"포의布衣의 문집으로 임금의 서문을 얻었으니, 이는 경상
卿相의 존귀함을 충분히 대신할 만하다."[102]

조귀명은 생전에도 글을 잘 짓는다는 평을 많이 들었다. 그러나 그 자신의 높은 자부심에 비하면 세간의 평은 그리 만족스러운 것이 아니었다. 이천보, 남유용, 황경원 등이 서문을 써주지 않았다가 그의 사후에야 비로소 가치를 인정했다는 사실에 조귀명의 영령은 과연 기뻐했을까? 영조가 뒤늦게 자신과의 추억을 떠올리며 서문을 하사한 일은 사후의 조귀명으로서도 매우 영광스러웠을 것이다. 그러나 이 역시 그의 문학적 자부심을 보상해줄 수는 없었을 것이다.

그보다는 사후 거의 300년 만에, 내세울 만한 역사적 사건에 이름 한번 올린 적 없는 자신의 삶을 구석구석 살펴보고 그가 자신만의 깨달음에서 길어올려 자기 언어로 빚어낸 작품들을 한 편 한 편 읽어주는 누군가가 있다는 사실이야말로 그의 남다른 문학적 자부심에 값하는 유일한 보상이지 않을까. 이제 그 여정을 본격적으로 시작한다.

제
2
장

폐쇄적 탐닉과
문학적 자부
사이

일상의 순간에 깊고 묘한 이치를 드러내고, 평범한 가운데에 신령한 깨달음을 담아서, 주제로 삼은 의意가 특이할수록 체재는 더욱 바르게 되고, 구축한 논리가 예리할수록 문장은 더욱 쉬워지는 것, 이것은 내가 꿈에서도 동파공東坡公을 보며 생각하는 것인데 아직도 그에 이르는 길을 찾지 못하고 있다.

1

병과 함께 태어나서 병과 함께 살아가다

조귀명은 자신이 병과 함께 태어났고 병과 함께 자랐다고 여러 차례 언급했다. 앞서 보았듯이 그는 어려서부터 병치레가 잦았고 정수리에서 발끝까지 병들지 않은 곳이 없다고 말할 정도였다. 이로 인한 답답함을 토로하는 조귀명에게, 그를 가장 잘 알던 벗 임상정은 이렇게 말했다.

> 너무 근심하지 말게. 자네에게 병이 있는 것은 하늘이 그대를 돕는 것이네. 내가 자네를 잘 알지 않는가. 세상 모든 사업마다 반드시 끝까지 이르고자 하는 것이 자네의 의지이고, 여색을 즐기고 문장을 좋아하는 것은 자네의 성정이네. 그대에게 병이 없었더라면 세상의 여색을 다 구하고 세상의 모든 욕망을 다 채우려 하지 않았을까? 그렇지 않

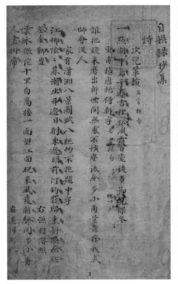

『자오록초집』, 임상정, 국립중앙도서관.

으면 일생의 정력을 다 소모하여 반드시 사마천, 반고의 문장에 못지않은 경지에 오르려 했을 걸세. 여색을 구했다면 골수까지 다 소진하여 죽거나 천하의 탕자가 되었을 것이고, 문장을 구했다면 미치거나 바보가 되고 말았을 것이 틀림없으니 참으로 위태로운 일일세. 그런데 그대는 오직 병으로 인해 삼가느라 여색에 소원해지고 문장에 게을러졌지. 그러니 그대를 죽거나 미치지 않게 한 것은 오로지 병이고, 탕자나 바보가 되지 않을 수 있게 한 것 역시 병일세. 게다가 세상 모든 일에 반드시 끝까지 이르고자 하는 그대의 의지를 가지고 여색의 쾌락이나 문장의 성취를 구하지 않는다면 그런 성정을 몰아서 달리 성취하는 바가 있지 않겠는가. 그대를 위한 하늘의 도움이 얼마나 큰가. 아아! 병이라는 것은 단지 그대의 몸뚱이를 침범했을 뿐이네. 그대가 그대인 까닭은 원래 그대로이거늘, 그대는 어찌하여 심히 근심하는가?[1]

임상정의 입을 빌려 말했지만, 조귀명 본인이 병과 함께 살아가는 방식을 드러낸 내용으로 봐도 무방하다. 이 글의 제목은 「병해病解」다. '해解'는 문체의 하나로서, 주로 의혹이나 난점에 대해서 논리적으로 변석하고 해명하는 글이다. 22세의 나이에 조귀명은 이미 온갖 병을 다 겪으면서 자신이 왜 그 병을 겪어야 하는지 분석하여 밝힌 것이다.

병으로 인해 오히려 여색과 문장에 기력을 낭비하지 않을 수 있었다는 점을 긍정적으로 생각하자는 것이다. 더 나아가, 병이 어찌할 수 있는 것은 육신뿐, 자신의 정체성은 병으로 인해 바뀌는 것이 아니라는 깨달음을 얻었다. 물론 이런 정신적인 위로가 그의 삶을 병으로부터 온전히 구원해주지는 못했을 것이며, 병으로 인해 늘 조심하고 위축될 수밖에 없었을 것이다. 그러나 이런 마음가짐을 지녔기에 "40년을 번화한 도성에서 살았지만, 깨끗하고 산뜻하며 깊고 고요한 방 안에서 마치 산택에 은거하는 선비처럼 지냈다"[2]는 평을 들을 수 있었다.

병에 시달린 덕분에 죽지도 미치지도 않고 탕자나 바보가 되지도 않을 수 있었다는 다소 억지스러울 법한 주장이 나름의 설득력을 지니는 것은, 이것이 조귀명으로서는 삶의 깊은 바닥에서 고통 가운데 끌어올린 논리이기 때문이다. 다만 여색과 문장을 멀리하고 그 열정으로 학문적 성취를 이루기를 바란 임상정의 말과는 달리, 문장이야말로 조귀명이 병든 몸뚱이를 넘어설 수 있는 출구였다.

이어서 지은 「병해 2」는 병에 대한 해명에서조차 문학적 풍미를 진하게 담아낸, 또 다른 색깔의 글이다.

> 산해진미를 가난한 사람이 먹으면 평소 먹던 음식과는 다른 맛임을 금세 알 수 있다. 그러나 부유한 집의 자제들은 평소 워낙 좋은 음식에 입맛이 길들여져서 산해진미를 먹고도 별다른 맛임을 알지 못한다. 다른 맛을 맛보고도 다르다고 느끼지 못한다면 이는 실로 천하의 맛을 알지 못하는 것이다. 건강한 사람의 경우도 마찬가지다. 평생 아파서 고생했던 적이 없기에 건강을 너무 당연하게 여겨서 건강함을 진정으로 기뻐할 줄 모른다. 만약 늙고 병든 사람이 일 년 중에 어쩌다 하루라도 강건해지거나, 하루 중에 잠깐이라도 소생하게 되면 그 소생하고 강건한 때에 온몸이 적절한 조화를 이루고 손발이 편안해져서 홀연 자기 몸마저 잊어버릴 정도다. 그 행복감이란 세상에 비할 데가 없다. 이러한 멋진 경지를 건강한 사람이 어찌 알 수 있겠는가?[3]

건강한 사람은 도저히 알 수 없는 최고의 행복을 병자만이 느낄 수 있다는 말에서 병에 대한 자위가 이른 역설의 한 정점을 본다. 바로 그 지점에서 바람 잔 저녁나절 뜨락에 내린 달빛, 새벽 비 갠 아침녘 길가에 핀 꽃을 바라보며, 조귀명은 신선이 되어 하늘을 나는 것보다 더 큰 기쁨을 누린다.⁴ 건강한 사람에게는 그저 일상의 일부일 뿐인 사소한 사물들이 병자에게는 더할 나위 없는 아름다움으로 발견되는 것이다. "나는 남들에게 없는 고통을 가졌지만, 남들에게 없는 즐거움 또한 가졌다"⁵는 조귀명의 말에서 그가 남다른 즐거움으로 누렸던 '문학'을 떠올리게 된다.

너무 이른 죽음에 던지는 질문

유우자幽憂子는 나이 스물에 기이한 병을 앓아 천지만물을 살피지 못하고 그저 책 나부랭이만 눈에 붙이고 산다. 그러다가 마음이 조금 열려 간혹 와닿는 것이 있으면 언어로 이를 표현해놓았는데 거의 잠꼬대(몽예夢囈)나 다름없다. 왕우군王右軍(왕희지王羲之)이 "온전치 못한 정신으로 어찌 성덕盛德의 일에 참예하리오!"라고 하더니, 아! 그 말뜻을 알겠구나. 계사년 마지막 밤에 쓴다.⁶

1713년 섣달그믐 날 밤, 25세의 남극관南克寬(1689~1714)은 그때까지 쓴 자신의 글을 모아서 엮고, 잠꼬대라는 뜻의 '몽예집夢囈集'으로 제명을 달았다. 그러고는 그것이 자기 삶의 완결이라도 되는 것처럼 이 짧막한 서문까지 스스로 써두었다. 그는 실제로 이로부터 석 달도 채 되지 않은 이듬해 3월 23일에 세상을 떠난다. 떠들썩한 세모의 풍경이 창밖에서 아련히 들려오는 어두컴

컴한 방에 혼자 앉아서 짧은 생의 독서와 사색이 남긴 결과물을 마주하고 자조적으로 글을 써내려가는 병색 짙은 한 젊은이의 형상을 생생하게 보여주는 서문이다.

소론계 명문가의 뛰어난 재사才士로 태어난 남극관은, 10대 초반에 시작된 지병으로 인해 20세에 진사시에 합격하고도 바깥출입을 거의 못 한 채 병석에서 보내야 했다. 그가 남긴 시편들에는 이로 인한 극도의 외로움과 무료함이 진하게 배어 있다. 일종의 우울증을 가리키는 '유우幽憂'라는 병명으로 자신을 호칭한 데서도 그의 처지와 성격을 읽을 수 있다. 이 병약하고 음울한 젊은이는 세상에 나가지 못하고 책으로 둘러싸인 자신만의 공간에 스스로를 철저히 가두었다. 가문과 주변의 기대를 한 몸에 받았지만 책 속에 파묻혀 형형한 눈빛 번뜩이는 글만 몇 편 남긴 채 피어보지도 못한 채 시들어버리고 말았다.

그 자신 어려서부터 병을 달고 살았던 조귀명으로서는, 서너 살 위인 남극관이 보여준 삶의 궤적과 그 아픔에 누구보다 더 깊이 공감할 수 있었을 것이다. 그래서일까, 집안 어른의 대작代作으로 쓴 작품이기는 하지만, 조귀명이 지은 「남생애사南生哀辭」는 매우 인상적인 물음을 던진다.

자사자子思子는 "하늘이 만물을 내는 데는 반드시 그 재질에 따라 후하게 더해준다. 그러므로 잘 심겨진 것은 북돋아주고 기울어진 것은 엎어버린다"고 말했다. 전에는 내가 그 말을 그저 믿었지만 지금은 의혹을 갖게 되었다. 저 남씨자南氏子는 독실하고 해박한 학문을 지녔으니 '잘 심겨진 것은 북돋아준다'는 데에 해당되거늘, 이런 사람을 버리고 누구를 북돋아주겠는가? 그런데 꺾어 부러뜨려 요절하게 해서 생명을 없애버리고야 말았으니, 이치가 어찌 이렇게 잘못될 수 있단 말인가? 하느님은 지극히 공평하고 지극히 인자하시니 이처럼 심성이 반대로 뒤집혔을 리가 없다. 그 주변에 재주를 질투하고 선함을 망가뜨리려 참소하고 기만하는 악마가 있어서 하느님의 총명을 가리고 그 권력을 훔쳐 제멋대로 휘두른 것이 아닐까?[7]

자사의 말은 성리학의 중심 경전인 『중용中庸』에 나온다. 이 금과옥조 같은 구절을 의심하면서 던진 질문은, 당연히 보호하고 길러주어야 할 인재를 너무 일찍 시들어버리게 한 데 대한 항의다. 악마는 원문에서 마魔로 쓰였는데 불교에서 수행을 방해하는 마라魔羅를 말하는 것으로 보이며, 하느님으로 번역한 상제上帝 역시 기독교의 유일신 혹은 인격신을 가리키는 것은 물론 아니다. 다만 이렇게 초현실적인 존재들까지 거론한 것은, 그만큼 일반적으로 용인되는 이치에 대한 조귀명의 회의가 매우 강했음을 보여준다.

어릴 때 재주가 뛰어나 촉망받던 남극관이 기이한 질병에 걸렸다는 소식을 처음 들었을 때, 남들은 다 걱정하고 탄식했지만 오히려 축하해 줄 일이라고 하였다. 좋은 집안의 자제로서 너무 일찍 이름이 나면 더 크게 되기 어려우므로 지나치게 왕성한 기운을 꺾음으로써 끝내 완벽한 사람으로 만들고자 하는 하늘의 뜻으로 보았기 때문이다. 그 근거로 든 것이 바로 "하늘이 만물을 내는 데는 반드시 그 재질에 따라 후하게 더해준다"는 원칙이었다.

> 군은 고귀한 집안의 자제로서 글재주를 지녔으나 불행히
> 도 일찍 명성이 자자해졌으니, 그 기상은 힘센 매 앞에 온
> 전한 토끼가 없고 좋은 말에게 두려운 길이 없는 것과 같
> 았다. 진실로 이와 같다면 무거운 책임을 지고 멀리 이르
> 러야 할 일에 있어서는 부족할 수도 있다. 하늘이 만물을
> 냄에 반드시 그 재질에 따라 후하게 대해주니, 군에게 닥
> 친 우환과 곤란이란 갈대에 내린 서리와도 같은 것이 아니
> 겠는가. 이는 장차 그 성한 기운을 가만히 꺾어서 사람됨
> 을 완성시키려 하는 것이로다. 그러니 안타까워할 일이 아
> 니고 축하할 만한 일이다. 얼마 있다가 어떤 이가 전하기
> 를 군이 고질병을 앓은 뒤로 스스로 깊이 숨어서 세속과
> 멀어지자 학업은 날로 더욱 근면해지고 문장은 날로 더욱
> 기이해지고 있다고 하였다. 나는 내가 했던 말이 입증되고
> 있어서 더욱 기뻐하였다.[8]

하늘이 더 큰일을 맡기기 위해 시련을 주는 것이리라는 긍정
적인 해석에는, 아마도 조귀명 본인의 처지와 바람이 깊이 겹쳐
져 있었을 것이다. 고질병으로 인해 오히려 학업이 더 건실해지고
남과 다른 독특한 문장의 성취가 있다는 전언 역시, 그야말로 병
으로 유폐된 조귀명 자신에게 던지는 희망의 전갈로 느껴졌을 것
이다.

그러나 그런 바람이 무색하도록, 남극관은 허망하게 세상을

경기도 용인시 처인구 모현면 초부리 약천 남구만 선생 묘역 내에 있는 남극관 묘비.

뜨고 말았다. 남들의 탄식 속에 혼자 기뻐했던 것은, 그에게 자신의 기대를 함께 담았기 때문이었다. 앞서 보았듯이, 조귀명은 병에 걸림으로써 남에게 없는 고통을 당하지만 그로 인해 다른 욕망을 최소화하고 남들이 보지 못하는 아름다움을 만날 수 있다는 논리로 그 고통을 이겨내려 했다. 이런 기대마저 포기한다면 어려서부터 병에 시달리는 자신의 삶 역시 견디기 어려웠을 것이다. 남극관의 요절은 조귀명 나름대로 시도한 병에 대한 해명과 자위마저 깨뜨리는 일이었다. 조귀명이 던진 질문이 의미심장하게 다가오는 것은 이 때문이다.

의원에게 보낸 편지

1719년, 27세의 조귀명은 삼종형인 조현명의 병을 고쳐준 의원에게 자신의 병도 고쳐달라고 부탁하는 내용의 편지를 보냈다. 조귀명의 문집에는 「어느 의원에게 보내는 편지與某醫書」로 실려 있는데, 이 의원은 임서봉任瑞鳳이라는 인물이다. 조현명에게 처방해준 승마갈근탕升麻葛根湯이 매우 놀라운 효험을 지녀서, 훗날 정승에 오른 뒤 용하다는 어느 의원의 처방도 모두 그보다 못했다고 전한다. 동생 임서호任瑞虎, 아들 임응회任應會도 의원으로서 명성이 자자했다.[9]

　의원은 일반적으로 중인中人 신분이 많은데, 임서봉은 본디 사대부라고 알려진 것으로 미루어 서자庶子 계보에 속한 것으로 추정된다. 당시 사람들이 허준許浚을 떠올릴 만큼 신의神醫로 이름이 나서, 내의원보다 나은 민간 의원으로 왕실에 추천되기도 했다.[10] 선왕 경종에 대한 처방을 두고 내의원과 민간 의원 사이의 갑론을박이 결국 좋은 결과로 이어지지 못했던 경험 때문에 영조는 왕대비전 처방을 위해 민간 의원인 그를 들이는 데 보수적인 입장을 취했다. 그러나 영조 자신이 세자 시절 임서봉의 처방을 받은 사실을 기억하고[11] 그의 의술이 비범함을 인정했으며, 의술뿐 아니라 풍수지리의 이치도 해박하게 깨우치고 있다며 감탄하기도 했다.[12]

　조귀명의 문집에서 임서봉의 이름이 가려진 것은, 그가 무신년戊申年(1728) 이인좌의 난에 연루되어 역적으로 정죄되었기 때문이다.[13] 다만 그렇지 않았더라도 의원의 신분이 대체로 낮았던 조선시대에 의원에게 보낸 편지가 사대부의 문집에 실리는 예는 흔치 않다. 게다가 이 편지는, 요구 사항은 마지막에 몇 줄 적었을 뿐 대부분을 재상과 의원에 대해 논하는 데 할애하는 독특한 구성으로 이루어져 있어서 흥미롭다.

　　저는 옛사람 중에 범중엄范仲淹(989~1052)이라는 이가 송宋
　　나라 때의 유자들이 추대하는 '본조 제일의 인물'이라고 들었습니다. 그가 벼슬하기 전에 오래된 사당에 들러 기도를 올린 적이 있습니다. 이때에 한 말은 "재상이 되기를 원하지만 재상이 못 된다면 명의가 되기를 원합니다"라는 것입니다. 재상이란 군주와 천위天位를 함께하는 자이지만 의원은 그저 한낱 잡다한 기술을 부리는 부류일 뿐입니다. 신분의 귀천이 이처럼 갈리는데 이렇게 대등하게 놓고 기원한 것은 무엇 때문이겠습니까?[14]

범중엄의 이야기를 끌어들여서 조귀명이 재상과 의원을 함께 이야기한 것은, 나라의 혼란을 회복시켜 잘 다스려지게 하는 재상이나 사람의 쇠약을 회복시켜 건강하게 하는 의원이나, 일은 다르지만 사람을 이롭게 하는 점에서는 같기 때문이다.[15] 여기까지는 의원인 상대방을 높이고 그가 하는 일이 얼마나 값진지를 드러냄으로써 자신의 부탁을 더 효과적으로 전하기 위한 포석으로 볼 수 있다.

그러나 이어지는 내용에 반전이 있다. 그럼에도 불구하고 요순 임금이라도 모든 이를 다 구제할 수는 없으며 최고의 의원이라도 모든 사람을 다 찾아다니며 고쳐줄 수는 없다. 재상이나 의원이나 그 구제 대상에 우선순위를 둘 수밖에 없는데 때로는 한 개인을 발탁하거나 치료하는 일이 천하 만세를 위한 공적인 일이 되기도 한다. 결국 초점은 치료의 대상이 어떤 인물인지에 달려 있다. 바로 이 지점에서 조귀명은 자신을 드러낸다.

여기 쇠망한 세대와 쇠퇴한 풍속 사이에서 태어났으나 뜻은 천고의 세월 속에 드높고, 치우친 나라와 외진 땅에서 태어났으나 마음은 온 세상을 품듯이 넓은 어떤 사람이 있습니다. 그에게 성취할 기회가 주어진다면, 벼슬길에 나아가 등용되어서는 하·은·주 삼대의 태평시대를 구현하는 것까지는 장담 못 하더라도 한기韓琦나 부필富弼보다 못한 사업에 만족하지는 않을 것이며, 은둔하여 학문에 매진해서는 성리학의 근원을 밝히고 공자의 학통을 잇는 저명한 학자가 되는 것까지는 장담 못 하더라도 얕은 지식으로만 행세하는 요즘의 학문은 매우 수치스럽게 여길 것입니다. 이 두 가지를 다 하지 못하더라도 적어도 온 세상을 울리는 아름다운 소리로 진부하기 짝이 없는 우리의 문장을 새롭게 하고 모의를 일삼는 명나라 문인들의 전철을 벗어나 구양수와 소식을 뒤쫓아 우열을 다툴 것입니다. 그러나 그는 불행히도 일찍이 기이한 질병에 걸려 초췌한 몰골로 늘 신음하느라 글 읽는 시간을 빼앗기기 일쑤이고 약봉지만이 서책 위에 수두룩할 뿐입니다.[16]

의원인 상대를 한껏 존중해주고 나서 그 위에 자신에 대한 강한 자부를 표했다. 결국 거창한 논리가 향한 지점은, 이런 자신을 치료해주지 않아서야 되겠느냐는 강한 요청이다. 그러나 글 전체를 읽을 때 그 강한 요청이 전혀 위압적으로 느껴지지 않는다. 도대체 무슨 이야기를 하고 싶은 걸까 궁금하게 만드는 장광설 끝에 어투는 겸손하지만 내용은 범상치 않게 드러낸 높은 자부와 깊은 한탄에, 읽는 이도 웃음을 머금으며 부탁을 들어줄 수밖에 없지 않았을까 한다. 한편으로 이 글은, 그가 의원에게 긴 편지를 써가면서까지 자신의 병을 치료함으로써 끝내 이루고자 한 것이 무엇이었는지를 보여주기도 한다. 바로 당대의 문풍을 혁신하고 구양수·소식과 어깨를 겨루는, 자신만의 참신한 문학이다.

죽음의 슬픔에서 건져올린 문학

이처럼 질병을 극복하고 이루고자 했던 조귀명의 문학이 어떠했는지에 대해서는 이후에 차차 살필 것이다. 여기서는 죽음을 제재로 삼아 이룬 짧은 명편을 통해서 그 일단을 먼저 만나보고자 한다.

조귀명은 1707년 15세의 나이에 김성제金誠躋의 딸과 혼인했다. 김성제에게는 아들이 없었고 외동딸인 조귀명의 처가 이미 17세였으니, 후사를 기대할 수 없는 상황이었다. 그런데 놀랍게도 2년 뒤에 아들이 태어났다. 당시 장인, 장모의 기쁨이 어땠을지는 상상하기 어렵지 않다. 그러나 불행히도 아이는 열두 살에 요절하고 말았다. 상심에 빠져 있는 처가 식구들을 위해 조귀명은 처남의 묘지墓地를 썼다.[17] 아래는 그 후반부다.

아! 저 동문오東門吳의 이야기를 듣지 못했던가. 그 아들이
죽어도 근심하지 않자 집사가 말했다.
"나리께서 세상에서 가장 사랑한 이가 아드님이었는데, 지
금 아드님이 세상을 떠났는데도 걱정하지 않는 것은 어째

서입니까?"

"나는 전에 자식이 없었는데 그때도 근심하지 않았다. 지금 아들이 죽은 것은 자식이 없었을 때와 같아진 것이니 왜 근심하겠나."

밀랍을 깎아서 봉황을 만들거나 진흙을 주물러 사람의 모습을 만들면 쏙 빼닮지 않은 것은 아니지만 그것이 허물어져도 그리 애석해하는 마음이 없다. 그것이 실체가 아닌 '헛것[환幻]'이기 때문이다. 달인達人의 관점에서 바라본다면 인간이나 사물이나 그저 흙과 밀랍에 불과하며, 죽고 사는 것도 한 번 만들었다가 허물어지는 것일 뿐이다. 만든 지 오래된 것이 장수이고 빨리 허물어지는 것이 요절이니, 허물어뜨리는 것이나 만드는 것이나 조물주의 '헛장난[환희幻戱]'이라는 점에서는 마찬가지다. 그런데 공이 당한 일은 헛것 가운데서도 심한 것이니, 그 허물어뜨리고 만드는 데 연연하여 기뻐하고 슬퍼한다면 너무 고달프지 않겠는가.

아아! 연연하여 기뻐하고 슬퍼하는 것도 헛것이고, 내가 헛것이라고 말하는 것도 헛것이며, 묘지에 헛것이라고 기록하여 무덤에 묻어서 천고의 헛것을 깨뜨려보지만, 이 묘지 역시 헛것이다.[18]

묘지는 지상에 세우는 묘비와 달리 망자에 대한 정보를 새겨서 땅속에 함께 묻는 것이다. 따라서 짧막하게 사실관계를 적는 것이 일반적이다. 그러나 이 글은 죽은 이에 대한 기록이라기보다 남은 이들에게 건네는 위로로 읽힌다. 다만 한편으로 이런 의구심이 든다. 도통한 사람처럼 말하는 동문오 이야기와 그 모든 게 헛것에 불과하다는 이지적理智的인 논리가 과연 자식 잃은 슬픔에 빠진 이의 마음을 얼마나 어루만질 수 있을까? 이에 대한 답을 찾는 길은 역설적이게도 이 슬픔이 얼마나 극심한 것인지를 아는 데서 출발한다.

자식에 대한 사랑의 크기란 비교 대상이 될 수 없고, 자식을 잃은 슬픔의 깊이 역시 비교의 잣대가 있을 수 없다. 그러나 장인의 3형제 모두 아들이 없었고 장인 역시 결혼하자마자 딸 하나를 두고는 19년 동안 자식이 생기지 않던 차에 뜻하지 않게 얻은 늦둥이였음을 고려한다면, 이 노부부에게 뒤늦게 생긴 아들이 얼마나 감사하고 소중했을지, 열두 살짜리 아들을 땅에 묻는 일이 얼마나 억장 무너지는 일이었을지 짐작할 만하다.

이 묘지는 망자가 죽은 지 2년 뒤에 쓴 것인데, 조귀명은 죽은 이듬해에 「애이동자문哀李童子文」을 먼저 썼다. 이 글은 장모의 이야기를 옮기는 형식으로 이루어져 있는데, 당시 장인은 슬픔이 너무 커서 자식의 이야기를 말할 수도 쓸 수도 없는 상태였기 때문이다.

아이의 얼굴은 우리 부부의 눈에 늘 깃들어 있고, 아이의 목소리는 우리 부부의 귀에 늘 깃들어 있네. 그러니 우리 부부가 살아 있는 동안에야 아이도 함께 세상에 있는 것이나 진배없다네. 하지만 우리 부부가 죽는다면 아이가 세상에 있었다는 사실을 그 누가 알겠는가? 나는 모질어서 아이 생전의 일들을 입으로도 말하고 붓으로도 쓰지만, 그 아비는 모든 것이 다 사라져 전해지지 못하게 될 상황에 처해서도 차마 말 한마디 못 하고 글 한 편도 못 쓰고 있는 지경이네. 아이는 재주 있고 아는 것도 많으며 공부도 참 부지런히 했지. 하지만 부녀자인 내가 어떻게 알 수 있겠는가? 그저 바깥사람들에게서 들은 것일 뿐이라, 더 상세한 일들은 말해줄 도리가 없네. 그 아비에게 물어보려 해도 아비는 그저 흐느껴 울기만 할 뿐이라네.[19]

그로부터 다시 1년이 지난 시점에도 여전히 슬픔을 이기지 못하고 있는 이들에게, 그동안 주어졌을 숱한 위로의 말들에 또 무슨 말을 얹을 수 있을까. 일상 구석구석에 똬리를 틀고 들어앉아 있는 무기력한 슬픔. 허우적거릴수록 휘말려 들어가는 그 늪에서 빠져나오려면 인식의 전환이 필요하다. 일반인에게는 논리의 유희라는 느낌마저 드는 이 글이 어쩌면 출구 없는 길에 새로운 방향을 던져줄지도 모를 일이다.

이 글이 죽은 이를 추모하고 남은 자들을 위로하는 것을 넘어 더 많은 독자에게 '독특한 깨달음'으로 다가갈 여지는 조귀명 자신을 향한 시선에 있다. 인간의 생사화복은 헛것일 뿐이니 연연할 것 없다는 말로 끝난다면, 그저 작가가 달인達人의 시선에서 보통 사람을 훈계하는 일에 불과할 것이다. 그러나 작가 본인도 보통 사람일 뿐이다. 이 헛것의 세상 바깥에 있는 무엇이 아니라, 육신을 가지고 감정에 흔들리며 혈연을 비롯한 각종 인간관계에 마음이 치우쳐 쏠릴 수밖에 없는 존재다. 그렇기에 자신이 헛것이라고 말하는 것도 헛것이며, 헛것을 깨뜨려보려는 논리도, 그것을 주제로 쓴 묘지마저도 모두 헛것이라고 했다.

무한한 우주를 바라보는 달인의 시선에서는 개별 존재 하나하나가 언제든 뭉쳤다가 다시 허물어져버리는 진흙인형에 불과하지만, 보통 사람은 바로 그 잠깐 주어진 생 속에서 화복과 희비에 좌우될 수밖에 없다. 무한자와 유한자 사이의 엄청난 거리를 극복할 길은 애초에 없지만, 극대화된 달인의 시선을 빌려서 그 희로애락을 극소화할 수는 있다.[20] 삶의 의미 자체가 극소화될 때 역설적으로 죽음을 견뎌낼 틈이 열리며, 황당해 보이던 동오자의 말이 비로소 이해될 수 있다. 달인이 될 수는 없지만 달인의 시선을 빌려서 인식의 전환을 꾀하는 것, 여기에 조귀명이 마음으로 깨달아 글에 담고자 한 주제의식이 놓인다. 이지적 의론을 극대화함으로써 일반인이 미처 이르지 못한 인식의 지평을 열고, 이를 역설적으로 정서적 위로의 수단으로 삼았다는 점에서 독특한 글이다.

조귀명의 작품들은 대부분 이처럼 인식의 전환에 초점이 놓여 있다. 문장의 형식과 표현은 비교적 평이하지만 담긴 내용의 독특함으로 인해서 남다른 경지에 올랐다는 평을 들은 것은 이 때문이다.[21] 병과 죽음을 일찍부터 심각하게 마주하고 평생 그와 함께 살았던 이만이 이를 수 있는 남다른 인식의 전환. 그것을 집착으로 보일 만큼 추구하는 데에 조귀명 문학의 본령이 있다.

2

신사임당의 포도 그림

현행 5만 원권 지폐의 전면에 오른 인물은 신사임당申師任堂
(1504~1551)이다. 그 배경에는 신사임당 본인의 그림으로 전해지
는 영롱한 포도 그림이 깔려 있다. 하지만 이 그림에는 낙관이 없
어서 작가를 확정할 수 없으며, 화풍이 도식적이라서 신사임당의
작품으로 볼 수 없다는 전문가의 견해가 있다.[22]

이 그림이 오랫동안 신사임당의 작품으로 전해져온 것은 김광
국金光國(1727~1797)이 역대의 그림과 제화를 모아서 편찬한 『석
농화원石農畫苑』이라는 화첩에 이 그림과 함께 적혀 있는 다음의
짧막한 제화題畫 때문이다. "우계牛溪(성혼成渾[1535~1598])와 율곡
栗谷(이이[李珥, 1536~1584])이 함께 유림에 우뚝한 데다가 우계의
부친 청송聽松(성수침成守琛[1493~1564])의 글씨와 율곡의 모친 신
부인申夫人의 그림이 모두 세상에 이름이 났으니, 이 또한 참으로

나만이
알아주는
나

「수묵포도도」, 『석농화원』, 전 신사임당, 31.5×21.7, 간송미술관.

흔치 않은 일이다." 이 제화를 쓴 사람이 바로 조귀명인데, 문집에는 이 구절 앞에 다음과 같은 내용이 함께 적혀 있다.

정사년(1737) 음력 5월, 의진宜鎭(조귀명의 족손)이 소장한 율곡 선생의 모부인 신씨의 화초 그림 여덟 폭을 얻어 손을 씻고 엄숙한 자세로 펼쳐본다. 아! 이것은 신 부인의 그림임에 틀림없다. 붓질에 담긴 의취가 그윽하고 고우면서 탁월하고 명쾌하다. 그윽하고 고운 것은 여인이기 때문이고 탁월하고 명쾌한 것은 율곡 선생의 어머니이기 때문이다. 게다가 이 그림이 김연흥金延興(김제남金悌男[1562~1613]) 집안의 병풍에서 나오지 않았는가. 연흥은 율곡과 동시대를 사신 분이니 가짜 그림을 보배로 여겼을 리 만무하다. 이 그림은 형태가 그대로 중국 그림과 다를 바 없을 뿐 아니라 색채 역시 흠잡을 데가 없다. 화법에 아무리 천착한다 한들 이런 경지에 이를 수 있겠는가? 타고난 자질이 높았기에 가능한 일이다.[23]

이이는 모친의 그림 가운데 산수화와 포도 그림을 대표작으로 꼽았고, 당시 이미 모방작이 유행할 정도로 명성이 높았다.[24] 조귀명의 제화 역시 이 작품이 위작일 가능성을 염두에 두었지만, 그럼에도 불구하고 두 가지 근거를 들어서 작가가 신사임당임을 밝혔다. 연흥부원군 집안 소장이라는 정황 증거, 그리고 그림에 드러나는 기품과 자질을 읽어내는 조귀명 자신의 안목이다.

그렇다면 진품 여부를 가리는 가능성은 세 가지다. 첫째 현전 작품이 신사임당의 그림이고 조귀명의 제화도 이 그림을 보고 쓴 것이라면 문제는 간단하다. 둘째 조귀명이 본 화초 8폭 병풍은 진품이었지만 김광국이 『석농화원』을 편찬하면서 당시 신사임당 작으로 전하던 별도의 포도 그림에 임의로 조귀명의 제화를 붙였을 가능성이 있다. 셋째 조귀명이 본 그림과 김광국이 붙인 그림은 원래 동일한 작품이었는데 훗날 『석농화원』이 낙질로 유통되다가 다시 성첩되는 과정에서 그림이 다른 작품으로 대체되었을 가능성도 배제할 수 없다. 물론 애초에 조귀명이 본 그림이 진품이 아니었을 네 번째 가능성도 있기는 하다. 하지만 조귀명이 제시한 정황 증거의 타당성과 그의 그림에 대한 안목을 모두 부정하는 것이 과연 옳을지, 서화에 대한 그의 취향과 견해를 살피며 더 생각해보고자 한다.

몰래 서첩 감추는 아이

조귀명이 열 살 무렵의 일이다. 할아버지 조상우가 유세모柳世模

(1687~?) 집안에 전하는 오래된 편지들을 모아서 장정한 서첩들을 빌려온 일이 있었다. 글씨가 매우 좋고 보존 처리도 잘 되어서 아끼며 감상할 만한 귀한 서첩이었다. 그런데 돌려주려다보니 이상하게 몇 폭이 비는 것이었다. 난처해진 할아버지가 찾고 찾은 결과 범인은 어린 조귀명임이 밝혀졌다. 서첩이 무척 마음에 들었던 조귀명이 오래 두고 보고 싶은 마음에 몰래 감추어두었던 것이다. 이 일로 조귀명은 할아버지에게 종아리를 맞았고, 서첩을 돌려받으며 이 이야기를 들은 유세모의 부친은 껄껄 웃고 말았다.

조귀명은 35세에 바로 이 서첩에 발문을 적으며 어린 시절을 회상했다. 그 당시에 서화를 하도 좋아해서 꿈에까지 서화가 나타나곤 했다는 고백과 함께.[25] 이처럼 조귀명은 어린 시절부터 이미 글씨와 그림을 각별히 좋아하고 감상하는 취미가 있었다. 이러한 취미는 평생 이어져서, 그림과 글씨에 쓴 제발題跋이 문집 『동계집』에 36편 남아 있고, 미간행 필사본 문집 『간천고』에 12편이 더 전한다. 그 외에 편지를 비롯한 많은 글에서 그림과 글씨를 즐겨 말하곤 했다.

> 그림을 소장하는 것은 완상하기 위해서일 뿐이다. 완상하여 마음에 흡족하기는 주인이나 객이나 마찬가지다. 그러나 애초에 구하여 수집하는 어려움이 없고 내내 잃어버릴까 걱정할 것도 없기로 말하면, 주인으로서 고생하느니 객으로서 편안한 것이 낫다.
> 그림 그리는 사람은 그림 소장하는 사람을 위해 일하고, 그림 소장하는 사람은 그림 감상하는 사람을 위해 아껴둔

다. 나는 그림 감상하는 사람이다. 여름날 시원한 집 안에
앉아서 날 저물도록 그림을 펼쳐보고 있노라면, 세상에 이
보다 더 편안한 일이 또 있을까 싶다.

이제까지 이런 말을 내가 입 밖에 내지 못했던 것은, 사람
들이 너도나도 나처럼 하게 되면 내가 그림을 감상할 방도
가 없게 되지 않을까 해서였다. 이제 감상할 만큼 실컷 감
상했으니 이 글을 쓴다.[26]

조귀명은 31세 때 이병연李秉淵(1671~1751)이 소장한 그림을 감
상한 뒤 돌려주면서 이렇게 썼다. 덕분에 좋은 그림을 편하게 잘
즐겼다는 내용을 담은, 장난기 섞인 글이다. 조귀명이 서화를 보
는 목적은 가지고 놀듯이 감상하며 마음에 흡족함을 얻기 위해
서다. "마음에 흡족하다"라고 옮긴 '협심愜心'은 주로 자연 경물을
즐기며 누리는 마음의 기쁨을 드러내는 표현으로 많이 사용해온
말이다. 그림과 글씨를 즐기고 품평하는 취미는 어려서부터 평생
토록 조귀명이 누렸던 가장 큰 낙이었다.

취미는 취미일 뿐이다

오늘날 그림과 글씨를 즐기는 것은 고상한 취미에 속한다. 그러나
조선시대에는 전면에 드러내놓고 말하기 어려운 면이 있었다. 인
격 수양을 위한 학문과 그를 통한 바른 정치의 실현이 가장 중요
하고 본질적인 것이며, 그 외의 일에 몰두하여 정력과 시간을 빼

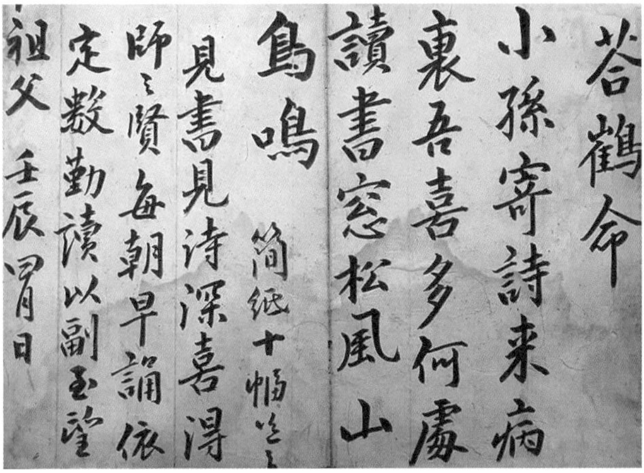

答鶴命

小孫寄詩来病
裏吾喜多何廖
讀書窓松風山
鳥鳴　簡紙十幅…
見書見詩深喜得
師々賢每朝早誦依
定数勤讀以副至望
祖父　壬辰胃日

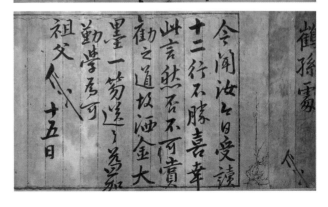

鶴孫�^

今聞汝々日受讀
十二行不勝喜幸
此言然吾不可賣
勸之道坂酒金大
墨一笏送々送加
勤學為可
祖父　^
十五日

『조상우 서간첩』, 고려대 도서관. 조귀명이 조부 조상우의 친필 간찰을 장정하여 만든 서첩.

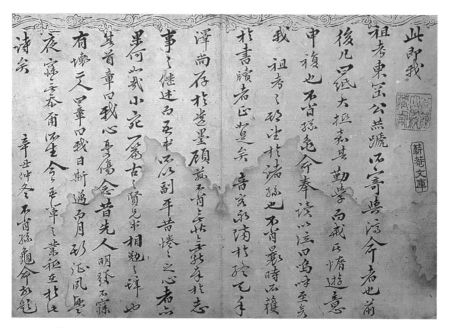

「조상우 서간첩 서문」, 고려대 도서관. 서간첩을 만든 경위와 조부의 서간에 담긴 뜻을 기술한 조귀명 친필 서문.

앗기다가는 의지가 약해져서 본연의 공부와 실천에 방해가 된다는 생각이 지배적이었기 때문이다.

문집에 실린 조귀명의 글 가운데 가장 이른 21세 때의 글로, 왕희지의 서법을 익히기 위한 『습필진도첩習筆陣圖帖』에 단 서문이 있다. 이 글에서 조귀명은 글씨에 몰두하는 일에 대해서 이렇게 말한다.

글씨는 글과 다르다. 글은 도道를 전하는 것이므로 잘 쓰지 않으면 안 된다. 잘 쓰지 않으면 전해지지 않기 때문이다. 글씨는 글을 전하는 것인데 글씨가 멋지지 않다고 해서 글을 전하는 데에 해가 되지는 않는다. 그러니 글씨를 잘 쓰려고 힘쓸 필요는 없다.

그렇지만 사람은 누구나 각별한 취미가 있게 마련이다. 취미는 취미일 뿐, 대단한 취미와 하찮은 취미가 따로 있는 것이 아니다. 각별한 취미가 글씨에 있는 사람이라면 글씨를 잘 쓰고 싶어하는 것이 이상할 것 없다.[27]

도가 가장 본질적인 것이고 글은 그것을 전달하는 수단에 불과하다는 것이 당시의 상식이었다. 그렇긴 하지만 좋은 글이 아니고서는 도를 잘 전달할 수 없기 때문에 글을 잘 짓는 능력은 어느 정도 중시되었다. 그러나 글씨는 다시 그 글을 표기하는 수단일 뿐이다. 글을 얼마나 잘 짓느냐에 따라 도의 전달력이 달라지는 것과 달리, 글씨는 알아볼 수 있고 반듯해 보이면 될 뿐 굳이 멋을 내어 잘 쓰려 노력할 필요가 없다. 따라서 글씨를 잘 쓰는 데에 지나치게 시간을 들이는 것은 어리석고 유난스러운 일로 치부되었다.

당시로서는 부정할 수 없었던 이 논리에 조귀명은 '벽癖', 즉 '각별히 빠져든 취미'라는 시각을 끌어온다. 가치의 영역에서는 대소와 경중의 차이를 말할 수 있지만, 개인마다 다를 수밖에 없는 취미의 영역에서라면 크고 중요한 것이 무엇이라고 단정할 수 없다. 따라서 글씨를 취미로 삼은 사람이 글씨를 잘 써보려 공을 들이는 것은 당연하다는 논리다.

이 글의 취지는 글씨를 배우는 이들에게는 기본 규율을 익힐 수 있는 교본도 필요함을 역설하는 데 있다. 그러나 이를 통해서 젊은 시절 조귀명이 '이상할 것 없는 하나의 취미'로서 글씨가 지닌 영역을 중요하게 생각했다는 것을 알 수 있다.

이런 생각은 이 시기에 조현명, 임상정 등에게 보낸 서신에서 도학 공부보다 글 잘 쓰는 데 치중한다는 비판에 대하여 자신의 문학 취향을 변호하며 내놓은 조귀명의 대응 논리와도 유사하다. 글씨나 그림, 그리고 문학이 도를 추구하는 학문과 그것을 실행하는 정치 행위에 비해서 하찮고 개인적인 취향에 불과하다는 점을 인정함으로써, 오히려 거기에 침잠할 길을 확보하고자 한 셈이다. 이는 그의 그림과 글씨에 대한 취미에도 그대로 적용된다.

조선의 서화를 평하고 꿈꾸다

조귀명은 자신이 글씨에 능하지 못하다고 자평했다. 폭넓은 재주와 완전한 기운, 바른 마음이 있어야 글씨를 익힐 수 있는 법인데, 자신은 기운이 완전하지 못한 까닭에 글씨가 나약해서 큰 성취를 이루지 못했다는 것이다.[28] 다만 조현명은 재주가 부족하고 자신은 기운이 부족하다고 말한 문맥으로 미루어보아, 조귀명이 자신의 재주에 대해서는 어느 정도 자부했거나 적어도 집안에서 인정받았던 정황을 읽을 수 있다. 그는 어려서부터 가학으로 글씨를 익혔고 늘 서첩을 끼고 살며 안목을 높여갔다. 여러 지인의 소장품을 통해서 당대 최고의 서첩들이 그의 눈을 거쳐갔고, 조귀명은 그에 대한 비평을 적지 않게 남겼다.

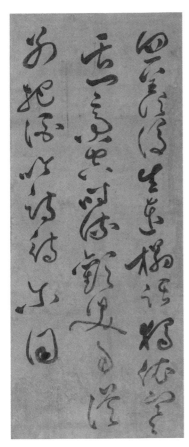

「시詩」, 윤순, 종이에 먹, 96.0×41.0cm, 17~18세기, 서울대박물관.

백하白下의 서첩을 열람하면 비단 짜는 방에 들어간 듯 온갖 빛깔의 비단이 신묘하게 펼쳐진다. (…) 중국인의 글씨를 보면 어떤 작가를 막론하고 섬세하면서 길고 오른쪽이 충실하다. 그런데 백하의 글씨는 짧으면서 활달하고 왼쪽이 파리하니 이는 합치되지 않는 점이다. 중국인의 좋은 글씨는 결구가 긴박하고 필세가 편안하여 연기가 피어오르며 구름이 퍼져가듯 생동감이 있다. 백하의 글씨는 아름답기는 하지만 중국 글씨와 같이 놓고 보면 선계와 속세의 사이처럼 격차가 크다. 이는 바로 풍토와 기질의 한계에 의한 것이다.[29]

백하 윤순尹淳(1680~1741)의 서첩에 쓴 글의 일부다. 윤순의 글씨가 화려한 기교에 능해서 아름답기는 하지만 중국 글씨와 비교하면 격차가 매우 크다고 했다. 그나마 왕희지를 배우는 진체晉體가 널리 퍼지면서 짜임새와 법도가 점점 나아지고는 있으나 골기骨氣는 모자라게 되었다고 평하면서, "요즘 쓰는 진체는 글자의 형태가 변해서 얼른 보면 중국 글씨와 아주 닮았다고 다들 말하겠지만 그 실

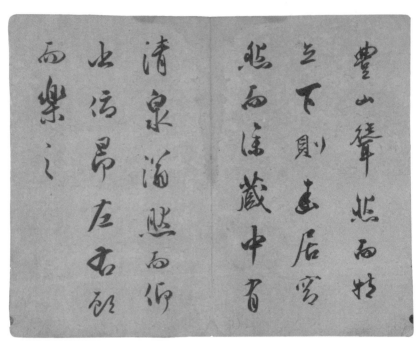

「구양수 풍락정기」, 윤순, 종이에 먹, 17.0×11.0cm, 수원박물관.

제 모습은 눈썹과 머리털만 흉내 낸 데에 불과하다"고 했다.[30] 마치 하늘을 자유롭게 비상하는 새와 진창에 발이 붙어 어기적거리는 소처럼 차이가 크다는 비유를 들기도 했다.[31]

그러나 조귀명이 맹목적인 중화 흠모에 빠져서 문화적 열등감이나 패배감을 지니고 있었던 것은 아니다. 오히려 끊임없이 중국과 비교하는 데서 우리 문예의 수준이 진일보되기를 소망하는 마음을 읽을 수 있다. 중심과 주변으로 인한 우열의 격차를 당연하고 변화 불가능한 것으로 받아들인다면 이렇게 여러 차례 비교를 일삼지는 않았을 것이다.

조귀명의 이런 생각이 흥미롭게 드러난 글이 『관월첩貫月帖』 서문이다. 『관월첩』은 당시 우리나라의 명화를 모으고 명필들의 글씨로 각각의 그림에 어울리는 시구를 붙여서 연도별로 정리한 책이다. 이 글에서 조귀명은 중국과 우리의 관계를 노년과 청년의 관계에 비유했다. 입만 열면 "우리나라는 세도가 몹시 천박하고 인심이 매우 삭막해서 만회할 역량이 안 된다"며 의지를 꺾는 이들을 향해서, 일찍 융성한 것은 먼저 쇠락하고 늦게 번영한 것은 나중에 쇠퇴한다는 이치를 들어 성장이 늦은 만큼 오히려 앞으로의 가능성이 있음을 역설했다.[32] 우리가 중국만 못한 지점을 냉정하게 지적하되, 그것이 언제까지나 고정된 것이 아니라 성장과 변화에 의해 판도가 달라질 수 있음을 강조한 것이다.

조귀명은 위에 인용한 글에서도, 윤순과 중국 글씨에 냉정한 비교를 가하기 전에 우리 동방의 나라에 어울리는 시, 산문, 글씨 각각의 3대가가 있음을 자부했다. 시로는 박은, 노수신盧守愼(1515~1590), 김창흡金昌翕(1653~1722)을, 산문으로는 최립崔岦(1539~1612), 장유張維(1587~1638), 김창협金昌協(1651~1708)을, 글씨로는 안평대군安平大君(1418~1453), 한호韓濩(1543~1605), 그리고 윤순을 들었다. 그러면서 삼예三藝에 각각 셋씩 정족鼎足이 된다는 점을 동방東方이 목木이고 수로는 3에 해당된다는 오행의 법칙[33]에 결부시켜 강조했다.[34]

우리나라는 문예가 성대하여 중국 이외의 나라들에 비해서는 훨씬 뛰어나지만, 중국에 견주면 조趙나라 문객의 대모 비녀에 불과하다.[35] 그런데 문장은 농암農巖 형제로부

「산수도」, 전 윤두서, 종이에 먹, 37.6×29.7cm, 서울대박물관.

터, 서화는 윤효언尹孝彦(윤두서)으로부터 비로소 정밀함과
심오함을 추구하여 제대로 된 길로 나아갔다. 그 뒤에야
비로소 질박함에 세련됨을 겸비한 문질빈빈文質彬彬을 이
루어 중국 사람과 우열을 겨룰 수 있게 되었다. 그러니 주
워들은 말만 철석같이 믿는 자들이 으레 하곤 하는 "요즘

사람은 옛사람에 미칠 수 없다"는 말 따위를 어찌 하겠는가? 맑고 호탕하며 솜씨 좋은 효언이 죽오竹塢 유공柳公(유세모)과 담헌澹軒 이자李子(이하곤)라는 감식안 갖춘 벗을 얻었으니, 순식간에 붓을 휘둘러 품평의 글을 써주는 모습이 완연히 진송晉宋 시대의 풍모를 보는 듯하다.[36]

조귀명은 우리 문예가 중국과 대등하게 논해질 수 있는 가능성을 김창협 형제의 문장과 윤두서(1668~1715)의 서화에서 확인했다. 공재 윤두서의 아취 풍성한 그림에 유세모柳世模,(1687~?)와 이하곤李夏坤(1677~1724)의 감상 및 품평이 더해지는 장면에서 조귀명은 조선 문예의 꿈을 본 것이다. 다만 그 꿈의 실현은 혹독하리만치 냉정한 평가 위에서만 가능하다.

「윤두서 자화상」, 윤두서, 종이에 엷은색, 38.5×20.5cm, 국보 제240호, 윤형식.

그림에 쓰다, 글로 그리다

조귀명은 정선, 윤덕희, 심사정沈師正(1707~1769), 윤용尹熔

(1708~1740), 이인상 등 당시 활동하던 화가들의 그림과 윤순 등의 글씨에 제발을 달았으며, 자신의 일가와 이진수李震壽(1648~?), 이석구李錫九(1678~1720), 원경하, 유세모, 권성규權聖揆 등이 소장한 중국과 우리나라의 서화에 품평을 가했다. 그야말로 동시대의 서화비평가로서 활약한 것이다.

> 푸른 덩굴 어우러진 옛 절벽
> 어스름 속에 사람이 앉아 있네.
> 처음엔 검은 원숭이인가 했더니
> 네가 피리를 비껴 불고 있었구나.
> 蒼藤古壁, 人坐暝色.
> 初疑玄猿, 乃爾橫笛.[37]

1713년 21세 때 형인 조준명의 산수화에 붙인 찬이다. 조귀명이 남긴 서화 제발 및 찬 가운데 가장 이른 시기의 것이다. 이 그림은 의림지義臨池를 묘사한 작품으로서,[38] 푸른 절벽이 불쑥 솟아 있고 구름에 싸인 나무가 울창하게 덮여 있는 풍경을 그렸다. 함께 붙인 설명에 따르면, 멀고 가까운 산봉우리들이 뿌연 이내 속에 어울려 감싸고 있는데, 자세히 보니 절벽 위에 자그맣게 사람이 앉아 있다. 더벅머리 아이가 그 꼭대기에서 다리를 쭉 뻗고 앉아 달을 향해 피리를 불고 있는 모습이다.[39] 운치 있는 그림 너머로 아련한 피리 소리가 들리는 듯하다.

글만 읽어도 그림이 눈에 선할 뿐 아니라, 시각을 넘어 청각과 그 분위기까지 글로 살아나게 하는 찬이다. 다음은 이듬해에 병

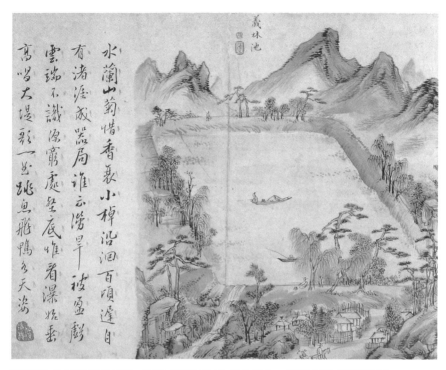

「의림지도」, 『사군강산삼선수석첩』, 이방운, 종이에 엷은색, 26.0×32.5cm, 1802~1803, 국민대박물관.

풍 그림을 보고 지은 노래다.

키 큰 솔은 안개를 뚫고 우뚝 솟아 있고

푸른 대는 바람을 머금고 쓸쓸히 우는구나.

둥글게 뜬 밝은 달빛 영롱하게 비추이는데

목 움츠린 채 조는 학이 솔을 밟고 한 발로 서 있네.

솔의 상쾌한 기운, 대의 맑은 절개에 달빛마저 서늘하니

흐드러진 이 모든 풍경, 학과 제대로 어울리네.

「월화취적도月下吹笛圖」, 진재해, 종이에 색, 99.8×56.3cm, 18세기, 서울대박물관.

참으로 그림의 뜻이 그윽하니

언덕마다 골짝마다 유여幼輿가 거하는 듯.

長松衝霧而偃蹇兮,

翠竹含風以蕭颯.

一輪明月透玲瓏兮,

爰有睡鶴縮頸偏拳踏松而立.

松有爽氣竹有清節而月寒光兮,

紛此衆境皆宜鶴.

諒畫意之幽眇兮,

髣髴着幼輿於一丘一壑.⁴⁰

　　찰방 권성규의 집에서 중국 그림으로 만든 병풍을 보았는데,
거기에 조귀명의 조부인 조상우의 글씨로 옛사람의 시가 적혀 있
었다. 한 발로 서서 졸고 있는 학이 있고, 그 주변으로 소나무와
대나무가 서 있고 그 위에 달빛이 내려앉은 풍경이다. 노래는 유
장하면서 변화 있는 운율을 띠고 이 풍경을 훑어간다. 그림의 중
심 제재는 학인데, 바람에 서걱거리는 대나무, 안개 속에 가지 뻗
은 소나무, 서늘하게 비추는 달빛이 한가롭게 졸고 있는 학과 멋
들어지게 어울린다. 이 풍경에서 유여幼輿, 즉 동진東晉 때의 은자
인 사곤謝鯤을 떠올린 건 조귀명의 상상이다. 이런 곳이라면 유여
가 은거하는 산중이라 해도 손색이 없을 것이기 때문이다.

　　조귀명이 쓴 화제畫題 가운데 현전하는 것으로 앞서 소개한 신
사임당의 「수묵포도도」 외에 심사정의 「만폭동도萬瀑洞圖」가 있다.
『석농화원』에 김광국의 화제와 나란히 실려 있는데, 글씨는 황기

萬瀑洞楓岳八潭之摠名余既不能躡其也又

安可論其膯筭是去齋晚年作眠有趣許之

氣可佳

石農金光國

削萬柬玉以為峯碎千仞珠以為瀑是

造物者自暴其無盡藏也

東谿趙龜命

「만폭동도」, 심사정, 김광국 화제·김종건 글씨, 조귀명 화제·황기천 글씨, 비단에 엷은색(글씨는 종이에 먹), 22.0×32.0cm, 간송미술관.

천黃基天(1760~1821)이 썼다. 『석농화원』속 심사정의 「삼일포도三日浦圖」에도 조귀명의 화제가 실렸다. 그러나 해당 작품은 현전하는데 조귀명의 화제는 보이지 않는다.

사촌 형인 조적명趙迪命(1685~1757)이 소장한 「해악도海嶽圖」는 금강산과 관동의 여러 절경을 그린 8폭 병풍인데, 그 가운데 세 번째 작품이 '만폭동'이고 여덟 번째 작품이 '삼일포'다. 1732년 40세 때 조귀명이 이 그림들에 쓴 화제는 다음과 같다.

만폭동
만 다발 옥을 깎아 봉우리를 만들고, 천 섬 진주를 부숴 폭포수를 만들었구나. 조물주가 여기에 스스로 무진장을 드러냈도다.[41]

삼일포
뽕나무 아래에서 사흘을 자는 것도 선문禪門에서 경계하는데, 옅고 짙게 화장한 아름다운 서시西施의 호수에서 사흘을 머물렀단 말인가! 사선四仙이 여기서 3년의 도심道心을 잃었으리라.[42]

김광국은 「만폭동도」에 "만폭동은 풍악楓嶽의 팔담八潭을 총괄하여 부르는 명칭이다. 내가 그곳을 가보지 못했으니 그 경치를 어찌 논할 수 있겠는가. 이 그림은 현재玄齋(심사정)의 만년작으로 웅혼한 기상이 돋보인다. 훌륭하다"라고 썼다.[43] 그에 비해 조귀명의 화제는 사실 정보를 전혀 담지 않고 짤막한 시처럼 만폭동의 절경을 묘사했다.

현전하는 「삼일포도」에는 김창흡과 이하곤의 제화가 실려 있다. 김창흡은 "육육봉六六峯 밖으로 십주十洲가 아득한데, 출렁이는 너른 호수가 그 중앙에 있으니 이것이 사선정의 오묘함이다. 사흘을 노닐어도 싫증이 나지 않아 여섯 글자 '영랑도남석행永郞徒南石行'을 남겨 사라지지 않았으니, 어찌 평범한 심정으로 품평을 할 수 있겠는가"라고 썼고, 이하곤은 "삼일호는 절색의 미인과 같아 의태가 모두 구비되었는데, 띠처럼 두른 흰 모래밭이 결점이다. 또한 태진太眞(양귀비)의 고운 살결과 닮은 곳에 만약 향산香山(백거이)과 설당雪堂(소식)의 무리처럼 누대를 짓고 꽃과 나무를 심어 서자호西子湖처럼 꾸밀 수 있다면 결점을 보완할 수 있을 것이다"라고 적었다.[44]

세 제화의 전후 순서를 단정할 수는 없지만, 사선정의 풍광과 유래를 설명한 김창흡의 글, 양귀비와 서시 같은 미인을 끌어들여 아름다움을 품평한 이하곤의 글 다음에 재치 넘치는 조귀명의 글이 얹힌다면 삼일포 그림에 한결 더 생동감을 더할 수 있을 것이다.

대상을 닮은 그림, 대상을 넘어선 그림

그림은 대상을 닮게 그리는 것이 중요하다. 지금의 화가들이 배치를 중요하게 여기는 것은 잘못이다. 하늘이 산과 물과 초목을 만들 때 배치를 의도적으로 했겠는가? 그러므로 배치가 교묘해질수록 대상과 더 닮지 않게 된다. 훌륭한 그림이라는 것은 붓 가는 대로 그린 것이다. 산과 물과 초목을 그리는데, 산의 높이, 물의 너비, 초목의 위치는 모두 자신의 개인적인 생각을 따르지 않고 오직 신神의 움직임을 따라야 한다. 그래야 하늘의 조화造化를 빼앗아왔다고 말할 수 있다.[45]

부채에 그린 그림을 보고 쓴 글이다. 형사形似, 즉 사물의 형상에 대한 사실적인 묘사가 중요한가, 신사神似, 즉 내면의 정신을 온전히 담아내는 것이 중요한가의 문제는 전통 화론畫論의 오랜 화두였다. 물론 이 둘이 애초에 모순적인 것은 아니지만, 어느 쪽을 강조하는가에 따라 입장이 갈리곤 했다.

더 좋은 구도를 얻기 위해서 의도적 배치에 힘쓰는 당시 화가들을 비판하고 풍경을 있는 그대로 그려야 함을 강조하는 조귀명의 언급은 대상의 실제 형상에 대한 사실적인 묘사를 강조하는 것처럼 읽힌다. 그러나 윗글의 초점은 대상의 형상과 정신 중 어느 쪽에 주안점을 두어야 하는가에 있다기보다, 대상을 제대로 닮은 그림이란 무엇인가를 말하고자 하는 데에 있다. 조귀명에게 있어서 대상을 닮은 그림이란, 인간의 기술이나 식견, 의도를 넘어서 신神의 움직임에 맡겨 붓 가는 대로 그린 것이다. 대상의 온전한 재현은 그 대상을 만든 하늘의 조화를 얻었을 때 비로소 가능하다. 그런 의미에서 화가는 만물을 창조하고 화육하는 하늘의 섭리를 빼앗아서 구사하는 자다. 나아가 대상을 제대로 닮은 그림은, 역설적이게도 그 대상을 넘어서게 된다.

사람들은 그림 속에서 물이 흐르지 않고 바람이 불지 않으며 나뭇잎이 마르지 않는 것을 유감으로 여긴다. 나는 그림을 위해 변론한다. 물이 있되 흐르지 않게 하고 바람이 있되 불지 않게 하고 잎이 있되 마르지 않게 하는 일, 이는 조화옹도 할 수 없는 일이지만 그림에서만은 가능하다. 그림 속의 피리 부는 사람은 날마다 피리를 부는데 이루어짐도 없고 허물어짐도 없다. 이것은 소문씨昭文氏도 이르지 못한 경지다.[46]

다소 장난기 섞인 글이다. 그림 속의 풍경이 멈춰 있는 것을 두고 실제와 다르다며 불만을 표하는 이들에게, 멈출 수 없는 것을 멈춰 있게 하는 데에 그림만의 능력이 있다고 했다. 소문씨는 『장자』에 나오는 인물로, 이름난 거문고 연주자였다. 그러나 아무리 뛰어난 연주라 하더라도 그것이 이루어지면 그로 인해서 아름다움과 추함의 구분이 생겨 상대적으로 허물어짐이 있게 되는데, 이는 장자의 입장에서 볼 때 진정한 도道의 실현이라고 할 수 없다. 거문고를 연주하지 않아야만 이루어짐도 허물어짐도 없게 된다.[47] 시비, 선악, 미추의 구분이 낳는 애착과 배제를 넘어 '제물齊物'의 경지에 이르러야 함을 강조하는 내용이다. 그러나 그림 속에서는 피리를 불더라도 이루어짐과 허물어짐의 구분에 얽매이지 않을 수 있으므로 소문씨도 이르지 못한 제물의 경지에 이를 수 있다. 실제를 반영하는 것이 그림이지만, 실제에서는 이룰 수 없는 것을 담는 것이 그림이기도 하다는 점을 재치 있게 서술했다.

진짜 산수는 그림 같기를 바라고 그림 속 산수는 진짜 같기를 바란다. 그림을 보고 진짜 같다고 하는 것은 자연스러움을 귀하게 여긴 것이요, 진짜를 보고 그림 같다고 하는 것은 솜씨를 높게 여긴 것이다. 하늘의 자연스러움이야 원래 사람이 본받을 만한 것이지만, 사람의 솜씨에도 하늘보다 나은 점이 있다는 말인가?

산촌의 그윽하고 경치 좋은 곳을 지날 때마다 말을 멈추고 서성이며 그런 곳에 사는 이들은 그림 속의 사람 같다고 부러워한다. 하지만 정작 거기 사는 이들에게 다가가 물어보면 본인이 즐겁다고 하는 경우를 본 적이 없다. 그러니 그림 속의 사람들을 불러내서 즐거운지 묻는다면 그들 역시 우리의 생각처럼 즐겁다고 하지 않을 것이다.[48]

역시 실제와 그림에 대한 사람들의 상식과 그 허를 흥미롭게 포착한 글이다. 우리는 훌륭한 경치를 보면 "그림 같다"고 말하면서, 막상 그림을 보면서는 실제와 같기를 바란다. 그림은 사람이 만들어낸 세계다. 산수를 두고 그림 같다고 하는 평이 산수를 높이는 것이라면, 사람의 솜씨가 하늘을 능가할 수도 있다는 말이 되는데 과연 그러한 것인지 의문을 제기했다. 답을 내리지는 않았지만, 대상과 그림 사이의 관계가 일방적인 것만은 아니라는 생각을 읽을 수 있다.

아름다운 풍경 속에서 그 자신도 풍경의 일부가 되어버린 사람은, 보는 입장에서는 즐거운 듯하지만, 그 자신도 그 삶이 즐거우리라는 법은 없다. 고귀한 신분의 사람들이 고기 잡고 나무하는 비천한 사람의 모습이 담긴 그림을 집 안 벽에 걸어놓곤 한다. 역시 보기에는 즐겁지만 직접 그 속에서 살아보면 힘겨울 수밖에 없을 것이다.[49]

그런데 한 걸음 더 나아가서, 조귀명은 이런 질문을 던진다. 우리는 현실 세상과 그림 속 풍경을 별개의 것으로 여기지만, 이 세상 전체가 조물주가 그리는 한 폭의 그림에 불과할 수도 있다. 그렇다면 그 그림을 볼 수 있는 눈을 지닌 이에게 고귀한 사람과 비천한 사람 사이의 등급이라는 게 무슨 의미가 있을까?[50]

조귀명은 그림을 보면서, 그림과 대상 사이를 오가며 다양한 사유를 전개했다. 우리가 늘 봐왔던 산수화 속의 은자나 시골 농부는 그저 풍경의 일부를 이룰 뿐이다. 그런데 정작 그들의 삶을 사는 것은 쉽지 않다. 그림은 현실의 반영이지만 그렇지 않기도 하다. 왜 그림처럼 살지 않느냐고 따져 물을 수도 있지만 바로 그렇기에 그림으로 즐기는 것이기도 하다. 여전히 남는 진짜와 가짜의 문제에 대한 조귀명의 사유를 조금 더 따라가본다.

물아物我와 진환眞幻의 경계를 넘어

그림으로 그림을 보면 그림일 뿐이고,
이치로 그림을 보면 이치와 다름이 없다.
정제된 마음과 숙련된 손 어느 하나 뺄 수 없으니,
그림은 마땅히 이와 같이 보아야 한다.
以畫觀畫畫而已, 以理觀畫理一般.

心精手熟難闕一, 觀者應作如是觀.[51]

　그림은 손으로 그리는 것일까, 마음으로 그리는 것일까? 많은 이가 마음으로 그려야 한다고 답할 것이다. 그러나 가까운 것은 진한 먹으로, 먼 것은 묽은 먹으로 그리며, 나무는 점으로 찍어 표현하고 산은 면으로 칠해 표현해야 한다는 사실을 아무리 잘 알고 그렇게 하려고 마음먹는다 해도, 막상 붓을 대는데 손이 거기에 따라 움직이지 않으면 제대로 그릴 수 없는 법이다. 그렇다고 해서 마음이 아니라 손으로 그리는 것이라고 할 수 있을까? 아무리 그림 그리는 데 능숙한 직업 화가라 하더라도 마음이 다른 데 가 있으면서 손만으로 그린다면 잎사귀 하나, 꽃 한 송이도 제대로 표현할 수 없다. 정제된 마음과 숙련된 손이 온전하게 조화를 이루어야 비로소 제대로 된 그림을 그릴 수 있다.[52] 당연한 말 같지만, 이를 아는 것이 그림의 이치를 깨닫는 출발점이다.

소자蘇子는 대나무 그림에 쓴 글에서
마음속에 성죽成竹이 있다고 했지.
그가 말한 성죽이란 무엇인가?
대의 이치를 잘 아는 것이라네.
이치를 속속들이 알지 못한다면
성죽이 마음에 있을 수 있겠는가?
蘇子記畫竹, 胸中有成竹.
云何有成竹, 透得竹理極.
若不透理極, 便可有成竹.[53]

134

「죽조도竹鳥圖」, 이징, 종이에 먹, 89.4×55.1cm, 17세기, 국립중앙박물관.

허주盧舟 이징李澄(1581~?)이 매를 그린 장지 두 축을 보고 지은 찬贊의 첫 부분이다. 이 작품은 128구에 달하는 장편으로서, 조귀명의 그림에 대한 견해가 망라되어 있다. 소식의 「문여가화운당곡언죽기文與可畵篔簹谷偃竹記」에 나오는 마음속의 성죽을 출발로 삼아서, 그림을 그리려면 대상의 이치를 알아야 한다고 했다. 예컨대 솔개를 그리려면 솔개의 마음이 되어서 날개는 어떻게 움직여야 편한지, 부리를 어떻게 쪼아야 배부른지 낱낱이 알고 그대로 행해봐야만 솔개의 참모습을 그릴 수 있다는 것이다.[54]

모든 대상의 이치에 이와 같이 통달해서 각각의 참모습을 능수능란하게 그려내는 경지에 이르면,[55] 손과 마음이 응하고 기법과 이치가 조화를 이루어 굳이 인위적인 안배와 설계를 일삼지 않아도 붓만 대면 그림이 이루어진다.[56] 이는 배워서 도달할 수 있는 경지가 아니다. 배우는 것으로 형사形似, 즉 비슷한 형상을 얻는 데에는 이를 수 있지만, 대상의 진면을 담아내는 전신傳神에 매번 성공해서 붓끝에서 대상이 생생하게 살아나는 그림을 그리는 것은 학습만으로 이루어지지 않는다.[57]

이징의 그림이 처음 등장하는 것은 제73구에 가서다. 그 앞까지 언급한 최고의 경지가 이징의 그림을 향하고 있는 셈이다. 이 그림은 검은 먹만으로 토끼 쫓는 매를 그린 것인데, 이징이 어느 날 갑자기 흥이 일어서 황급히 종이를 구해서는 순식간에 붓을 휘둘러 완성시켰다고 한다.[58]

토끼 쫓는 매는 살아 있는 것 같고
쫓기는 토끼도 진짜와 흡사하네.

「복사꽃과 때까치」, 이징, 비단에 수묵, 68.0×56.7cm, 17세기, 국립광주박물관.

갈라진 소나무와 구르는 돌,

그늘진 숲이 그 기운을 돕네.

발톱은 나뭇가지를 뚫듯이 움켜쥐고,

노한 눈으로 머리 기울여 노려보네.

살기등등한 그 모습 화살처럼 격렬해서

아래로 쏘면 땅속 깊숙이 들어갈 듯.

토끼는 우물쭈물 나오지 못하지만

하늘 그물 땅 그물에 갇힌 꼴.

모발이 쭈뼛쭈뼛 솟는 것이

문득 환幻의 세계가 아닌 것 같네.

逐兎鷲如生, 見逐兎眞似.

松樹裂石奮, 陰森助其氣.

金瓜抱柯穿, 怒目探腦視.

殺氣弩箭激, 下射入九地.

兎盤旋不出, 天羅地網裏.

摩挲毛髮竪, 忽若非幻界.[59]

이징의 그림은 남아 있지 않지만 그 생생한 묘사가 조귀명의
글에 의해서 되살아난 느낌이다. 이는 이징이 대상의 이치를 훤
히 알아서 마음속에 이미 완성된 대상을 갖추었기에 가능한 일
이다.[60] 매우 실감 나는 그림은 잠시나마 그것이 진짜가 아니라는
점을 잊게 만든다. 진眞과 환幻, 아我와 물物의 구분이 사라지는
경지에서 그림을 보는 새로운 시야, 세상을 보는 또 다른 시야가
펼쳐지는 것이다. 조귀명은 이 긴 작품을 이렇게 끝맺는다.

진眞과 환幻을 분변 말고

물物과 아我를 구별 말라.

환이 바로 진이고

아가 바로 물인 것을.

그래야 큰 뜻을 볼 수 있고,

「산수도」, 최북, 종이에 엷은색, 28.7×33.3cm, 18세기, 고려대박물관. 가야산의 홍류동 계곡을 단순한 구도로 실감나게 그렸다. 조귀명은 가야산, 안의, 단양 등을 여행하며 글을 썼다.

성인의 경지에 들 수 있으리.

不作眞幻辨, 不作物我別.

卽幻便卽眞, 卽我便卽物.

可以見大意, 可以入聖域.[61]

이처럼 진과 환의 경계를 허물 때, 그림을 통한 와유 역시 새로운 체험으로 이어진다. 평생 병에 시달리며 살면서도 조귀명이 아픈 몸을 이끌고 그나마 즐겼던 것은 산수였다. 두류산, 가야산, 안의, 단양 등을 다니며 산수를 눈으로 담고 글로 표현했다.

「소동파입극도蘇東坡笠屐圖」, 황신, 종이에 색, 28.3×194.5cm, 1748, 삼성미술관 리움. 조귀명에서는 20대 때부터 소식의 영향이 두드러지게 나타났다.

1729년 가을, 화양동에 가려던 계획이 무산되었을 때, 조귀명은 이렇게 말한다.

"올가을에 화양동에 들어가려고 했지만 가지 못했다. 그런데 하늘이 이 그림으로 와유를 즐기게 해주었으니, 여덟 폭의 환경계幻境界가 반드시 하나의 진경계眞境界보다 못하다고 할 수 없다. 어찌 많고 적음을 가지고 따지느냐고 묻는 이가 있다면, 나는 어찌 진과 환을 가릴 필요가 있겠느냐고 답하겠다."⁶²

조귀명은 1721년 병으로 나다니지 못할 때 화공을 시켜 「승천사보월도承天寺步月圖」를 그리게 했다. "어느 밤인들 달이 없으며 어느 곳인들 대나무 잣나무가 없으리오마는 이렇게 한가한 이가 우리 두 사람뿐이라." 유명한 소식의 「기승천사야유記承天寺夜遊」

의 한 구절이다. 이 말을 떠올리며 조귀명은, 누구에게나 주어진 세계를 새로운 눈으로 바라보는 소식처럼 자신도 그림을 새로운 눈으로 바라보며 얻은 깨달음을 게(偈)에 담았다.[63] 그림과 현실, 그림 속의 대상들을 넘나들며 자유로운 사유를 즐긴 것이다. 조귀명에게 있어서 그림은 진과 환, 아와 물의 경계를 넘어 병든 몸으로도 얼마든지 즐길 수 있는 또 하나의 세계였다.

3

산문을 전공으로 삼은 비평가

한문학의 꽃은 한시漢詩라는 말이 있다. 근대 이전 한문학의 전통에서 오랫동안 시는 과거시험의 주요 과목이자 개인 대 개인, 혹은 국가 대 국가 사이의 교유 수단이었다. 현대의 연구 역시 초창기에는 한시 및 한시 비평을 위주로 이루어져왔다. 산문을 연구하고 소개하는 일은 비교적 근래에 와서 활발해졌다. 여기에는 오늘날 우리가 가지고 있는 '문학'이라는 개념이 개인의 서정을 함축적인 언어에 담는 한시에 더 적절해 보이는 탓도 있다.

그러나 전근대 시기의 문인들은 한시뿐 아니라 산문 창작에도 문학적 역량을 쏟아왔으며, 실용의 목적으로 지은 산문을 두고도 더 나은 작품과 그렇지 못한 작품을 구분하며 평가해왔다. 예컨대 상소문上疏文이나 외교문서外交文書를 잘 짓는 사람, 묘지명을 잘 짓는 사람으로 이름난 이들은 어느 시기에나 있었고, 이들을 당대를 대표하는 문장가로 꼽아왔다.

특히 16세기 말 이후 산문 작가로 부상하며 지목된 일군의 작가들이 먼저 주목을 받았다. 이는 당시 동아시아를 휩쓴 전란과 연관된다. 1592~1598년 일본과의 전쟁으로 인해서 조선은 명明나라와 급박하게 외교문서를 주고받아야 했고, 1627~1637년 청淸나라와의 전쟁 및 화친의 과정에서 역시 민감한 외교문서의 작성이 요구되었다. 이처럼 국가의 존망이 달린 가장 중대한 문제 앞에서 몇몇 산문 작가가 각별하게 주목되었고, 다음 시기인 17세기 후반에는 자연스럽게 이들의 산문에 대한 비평이 이어졌다. 이들이 부각된 것은 국가적 수요라는 실용의 측면에서였는데, 그에 대한 비평은 장르의 규율에 대한 인식을 한 수준 끌어올리고 개별 작가와 작품을 분석적으로 평가하는 심미적 행위로 나아갔다. 이전 시기의 문학비평이 대부분 한시를 대상으로 이루어져온 것과 비교하면 상당히 큰 변화라고 할 수 있다.

이러한 변화와 함께 18세기 초에 이르면 산문을 문예물로서 창작하고 향유하는 흐름이 확실히 진전되었다. 실용과 교화의 목적에서 벗어나 개인의 정서를 정제된 산문으로 형상화하고 이를 서로 돌려 보며 품평하고 개작하는 풍조가 성행한 것도 이 시기에 부쩍 나타난 현상이다. 문집을 편집하면서 전통적인 순서를 어기고 시詩보다 문文을 앞에 두는 사례들이 생겨났고, 산문 창작에 지대한 공력을 들이고 퇴고를 거듭하는 데 대한 언급이 여러 문집에서 보인다. 한문산문은 늘 있어왔지만, 선에 없던 분석적 비평과 변화된 창작 풍토 가운데 새로운 의미로 부각되고 발견된 셈이다.

조귀명은 스스로 한시가 아니라 산문을 전공으로 삼는다고 밝힌 인물이다.[64] 문학을 논한 그의 글들 역시 시보다는 산문을 위주로 한다. 그 자신이 대부분 산문으로 이루어진 문집 『간천고乾川藁』를 엮어 개별 작품 하나하나에 대한 품평을 부탁함으로써 일종의 집단 비평이 이루어지기도 했다. 품평에 참여한 이들은 이천보, 임상정, 송요화宋堯和(1682~1764), 이정섭李廷燮(1688~1744), 임성주任聖周(1711~1788) 등으로, 각자 붉은 먹, 푸른 먹, 검은 먹 등으로 작품의 제목 혹은 특정 구절에 비批를 적거나 권圈과 점點을 찍었다.[65]

다들 당연시하는 근원적인 문제를 환기시킴으로써 고정관념의 허를 찌르고 참신한 깨달음을 던지는 식의 사유 방식과 표현 기법은 조귀명의 사상과 산문작품 전반에서 확인할 수 있는 특징이다. 이는 문학에 대한 견해에 있어서도 일관된다. '도문일치道文一致'나 제한된 전범 인식 및 그에 수반되는 특정한 미의식 등에 관련된 전통적 관념들이 그에 의해 철저한 논리적 검증의 대상이 되었고, 명대 전후칠자前後七子를 비판하고 당송고문唐宋古文을 지향하는 경향이 맹목적 추수로 이어질 때 나타나는 허실 역시 비판의 대상이 되었다. 개인의 '자득식견自得識見'을 모든 것에 우선하는 기준으로 삼는 그의 산문 이론은 당대의 통념을 상당히 벗어난 것이다. 조귀명은 당시로서는 드물게, 자신만의 산문 관점과 비평을 뚜렷하게 제출한 인물이다.

조선의 산문, 무엇이 문제인가

"사달이이의辭達而已矣." 글이란 뜻만 전달되면 그뿐이라는 공자의 말이다. 그 영향을 받아 후대에도 문학, 특히 시에 비해서 실용적 목적을 지닌 산문은 내용이 중요하지 수사修辭에 지나치게 신경 써서는 안 된다는 통념이 지배적이었다. 특히 성리학의 강한 자장磁場 가운데 있었던 조선에서 드러내놓고 수사를 강조하는 논의는 거의 나오기 어려웠다.

다만 전술한 것처럼 16세기 말 이후 등장한 일군의 산문 작가들은 전범의 문제를 들어 은근히 수사를 강조하고자 했다. 이전까지 당송고문만을 전범으로 삼던 것에서 벗어나, 당송고문의 전범이 된 선진양한고문先秦兩漢古文을 직접 배우자는 주장이었다. 명대 전후칠자의 영향도 있었으나, 당송고문만을 배운 조선의 산문이 너무 밋밋하고 진부하다는 문제의식도 있었다. 허목許穆 (1595~1682), 신유한申維翰(1681~1752) 같은 인물들이 대표적이다.

그러나 여전히 문단의 주류가 전범으로 삼은 것은 당송고문이었다. 성리학에 골몰했던 대부분의 학자는 물론이고, 명대 문학에 밝았던 근기 지역의 문장가들 가운데에도 선진양한고문을 배워야 한다는 전후칠자의 주장에 반대하며 당송고문에서 다시 미의식을 찾으려는 흐름이 대세를 이루었다. 이를 주도한 비평가가 김창협이다. 문장가이면서 성리학에 충실했던 이들로서는 당송고문가 중에서도 사상적으로 가장 순정했던 구양수歐陽修와 증공曾鞏의 평범하고 순조로운 문장에서 산문의 지향점을 발견했다.

조귀명은 이러한 두 계열의 어느 쪽도 지지하지 않았다. 선진

양한고문의 어구와 문체를 본받으려 한 명대 전후칠자를 비판함
은 물론, 당송고문을 금과옥조로 떠받들며 진부한 산문에서 헤
어나오지 못하는 이들도 비판했다. 조귀명은 한유나 특히 구양
수의 산문이 조선 문단에 끼친 악영향을 문제 삼는다. 그가 볼
때 당시 우리나라 산문의 주된 단점은 '범凡(평범하고 밋밋하여 아
무 특색이 없음)'과 '천淺(의미 층위가 얕아서 곱씹을 맛이 없음)'에 있
는데, 이는 한유와 구양수의 문체적 특징인 '혼渾(모나지 않고 두루
포용하여 두터움)과 '평平(난삽하지 않고 문장이 순조로움)'이 흘러서
각각 '범凡'과 '천淺'이 되어버린 결과라는 것이다. 따라서 오늘날
의 문장은 한유와 구양수가 다 그르쳤다는 것이 조귀명의 생각
이다.[66] 한유와 구양수의 문체를 '혼渾'과 '평平'으로 평한 것 자체
는 부정적인 언급으로 보지 않을 수도 있으나, 그것을 배울 때 야
기될 수 있는 평범함과 진부함을 경계한 것이다.

문학적 전범은 필요할까

당시 문학 이론의 논점 가운데 하나는, 작품에 담기는 주제의식
인 '의意'와 전범에서 배우는 표현 방법인 '법法' 사이의 관계 설정
이다. 물론 '의'보다 '법'이 더 중요하다고 주장하는 경우는 없다.
'어떻게 표현하는가'는 '무엇을 담을 것인가'에 비해 부차적인 것
일 수밖에 없기 때문이다. 그러나 산문의 문예미를 발견하고 추
구하는 과정에서 이전에 비해 상대적으로 '법'의 중요성을 강조하
며 구체적인 비평으로 제시하는 사례가 이 시기에 부쩍 늘었다.

글을 짓는 방법에는 세 가지가 있으니, '의意'와 '기氣'와 '법法'이네. 글은 '의'로써 채우고 '기'로써 나아가게 하며 '법'으로써 꾸미는 것이니, '의'는 글의 장수로서 '기'를 타고 '법'을 이루네. 따라서 '의'는 근본이 되면서 중하고 '법'은 말단이 되면서 가벼운 것이라네. (…) 나타나기 전에 만물의 이치를 꿰뚫어보고, 글을 짓기에 앞서 '식견과 깨달음見識解悟'을 함양하며, 눈이 보는 것과 마음에 담는 것을 지극히 묘하고 그윽하게 하면, 발현할 때에 입과 손에 영험과 지혜가 깃들어 종이와 먹을 신묘하게 변화시켜서 글이 절로 아름답게 되는 법일세. 이렇게 되면 옛사람의 '법'에 부합할 뿐만 아니라, 옛사람의 '법'이 나를 벗어나지 못할 것이네. 저 옛사람의 문장 역시 어찌 일찍이 '법'을 의도적으로 이루려 애쓴 것이겠는가? 후세 사람들이 그 아름다움을 보고서 억지로 '법'이라고 이름 붙인 것일 뿐이네.[67]

글을 잘 지어보려고 '법'을 추구하는 데 관심을 두었던 임상원에게 보낸 편지의 일부다. 자신의 '의意'에 충실하기만 하면 결과적으로 옛사람의 '법'에 부합하게 됨은 물론, 오히려 옛사람의 '법'이 나의 글에서 벗어나지 못할 것이라는 논리를 전개했다. '법'이란 이미 주어져서 배우고 지켜야 하는 것이 아니라 내가 자득한 '의'를 따라 글을 쓰다보면 자연스럽게 만들어지는 것이라는 시각이다.

재주가 옛사람만 못한 후대인으로서 '법'을 애초에 고려하지 않을 수는 없다. 이 점은 조귀명도 잘 알고 인정했다.[68] 그러나 조귀명이 가진 '법'에 대한 견해는 당대의 통념과는 차이가 크다. 어떤 글을 읽었는데 담긴 뜻이 명료하지 않고 절주節奏와 박자拍子가 순조롭지 않다면 이는 안배에 미숙한 탓만이 아니라 심중에 실제 식견도 없으면서 억지로 펼쳐냈기 때문이다.[69] '법'은 정해진 바가 있어서 거기에 아무리 빼어나다 해도 결국은 국한되고 천편일률적이 될 수밖에 없지만, '의'는 무궁하니 의가 빼어난 글은 살아 있고 새롭다.[70] 조귀명은 산문의 기본 요건으로서뿐만 아니라 미적 성취의 영역에 이르기까지도 '법'이 아니라 '의'를 주된 관건으로 여긴다는 사실을 알 수 있다.

이러한 조귀명의 문학 인식은, 자연스럽게 전범에 대한 존숭과 추종을 상대화하고 문학사를 '귀고천금貴古賤今'으로 이해하는 통념을 부정하는 데에 이른다. 옛것이 귀하고 오늘날의 것은 천하다는 '귀고천금'의 문학사 인식은 워낙 보편적 전제로 당연시되었고 문학뿐 아니라 학술·정신사에 걸친 상고주의尙古主義의 전통과 넓게 관련된다.

조귀명 역시 선진양한의 산문이 가장 훌륭하다는 점을 인정한다. 그러나 성대했던 시대의 문장은 그것대로 수긍하되, 어차피 지금 재현해낼 수 없다면 거기에 매몰되거나 구속될 것도 없다는 게 그의 주장이다.[71] 옛글이 아무리 훌륭하다 한들, 시대의 성쇠가 다른 지금에 와서 그것을 따르려 애쓰다가 좌절할 것 없이, 지금 나의 문장을 하면 된다는 것이다.

제가 바라는 바는, 천고의 학술을 가져다 앞에 늘어놓더라도 그 알려진 이름에 얽매이지 않으며 천고의 문장을 끌어다가 손에 쥐더라도 그 정해진 등급에 연연하지 않는 것입니다. 다만 내 식견과 깨달음을 기준으로 그것들을 살펴보아서 맞으면 취하고 맞지 않으면 버릴 뿐입니다. 요컨대 천고의 학술과 문장이 나에게 재단되어야지 그것들이 나를 재단할 수는 없으며 나에게 부려져야지 그것들이 나를 부리게 할 수는 없는 노릇입니다. (…) 법도法度란 것이 무엇이며 승묵繩墨이란 또 뭐란 말입니까? 누가 정종正宗이고 누구는 아닌 것입니까? 나는 나의 말을 말하면 그뿐이지, 남이 나에게 어찌하겠습니까?[72]

물론 조귀명 역시 옛글을 전혀 읽을 필요 없이 글을 지으라고 말하는 것은 아니다. 섭렵과 소화가 필요하지만 그것은 어디까지나 나의 견식의 자료로서이지, 그것 자체를 문장을 잘 쓰기 위한 방편으로 삼아 의식적으로 배우려 할 필요는 없다는 뜻이다. 법도와 승묵이라는 표현은 전범을 전제하는 한 부정될 수 없는 말이다. 전범의 설정과 학습 자체를 조귀명은 '나의 견식해오'를 중심으로 상대화하고 있는 셈이다. "나는 나의 말을 말하면 그뿐이지, 남이 나에게 어찌하겠습니까?"라는 반문이 조귀명의 생각을 잘 보여준다. "나의 말로 나의 이치를 표현한다以己之言, 發己之理"는 지향을 표방한[73] 조귀명으로서는 당연한 귀결이다. 이는 궁극적으로는 '전범'의 설정과 학습 자체에 대한 상대화를 넘어서 산문에 무엇을 담을 것인가의 문제로 이어진다.

도문일치道文一致의 관념을 부정하다

산문에 무엇을 담을 것이며 그 원론적인 이념과 위상을 어떻게
볼 것인가의 문제에 대한 전통적 인식은 주로 도道와 문文의 관계
라는 틀로 논의되어왔다. 그 안에서 미세한 차이들을 지니기는
하지만, 크게 보아 문의 도에 대한 종속성을 전제한다는 점에서
는 다르지 않다. 특히 도학道學 공부에 전념할 것을 권면하는 문
맥에서 "도와 문은 일치해야 한다"는 도문일치道文一致의 관념을
주장하는 것은 이 시기 문인들에게서 보편적으로 나타난다. 그러
나 조귀명은 이러한 전통적인 인식에 대해 반론을 편다.

> '제가 말하는 문文'은 입언立言의 문이 아니고 글 짓는 작은
> 재주로서의 문이니, 스스로 잠시나마 즐거우려고 하는 것
> 이지 후세에 알아줄 자운子雲을 기다리는 것이 아닙니다.
> 삼대三代 이전에는 문과 도가 하나였지만 진한秦漢 이후로
> 이미 두 길이 되었습니다. 그런 까닭에 정자程子·주자朱子
> 등 여러 선생은 덕으로는 이윤伊尹·주공周公·공자·맹자 같
> 은 성현들과 짝할 수 있지만 이윤·주공·공자·맹자의 문은
> 지을 수 없었고, 한유韓愈·유종원柳宗元이 도리어 정통을 물
> 려받은 것입니다. 그런데 지금의 배우는 자들은 걸핏하면
> 문과 도가 하나라고 일컬으며 자부하니, 어린애도 속일 수
> 없는 노릇입니다. 그러므로 문은 문이고 도는 도이니 서로
> 뒤섞을 수 없는 것입니다. (…) 도는 저렇게나 큰 데 비해
> 문은 이렇게나 작아서 나를 해롭게 하는 데 부족하니, 문

은 즐겨도 그만, 즐기지 않아도 그만일 뿐입니다.[74]

조귀명이 조현명과 주고받은 서신 논쟁의 일부다. 부가 설명을 요하지 않을 정도로 선명하고 단호하게 전개된 논지는 다름 아닌 '도문일치' 관념에 대한 전면적인 반론이다. 역사적으로 하·은·주 삼대 이후로는 도문일치의 이상이 실현된 적이 없었고, 따라서 현실적으로 불가능하다는 것이다. 이는 역대 최고의 도학가, 문장가들이 각각 도와 문 어느 한쪽에서만 성취를 이루었을 뿐이라는 데서 확증할 수 있다. 따라서 엄연히 서로의 영역이 다르다는 점을 냉정하게 인정하고 도문일치 이상의 허위적인 표방으로부터 자유로워져야 한다는 주장이다.

도와 문의 분리를 전제할 때, 문이 담아야 하는 내용에 대한 규정성 또한 무의미해진다. 보편의 도를 담기보다는 각자 독특하게 품부받은 기氣를 바탕으로 하여 스스로 깨달은 개인적인 식견을 드러내는 데에 문의 진면목이 있다. 이로부터 굳이 문을 지으면서 거기에 유가 성인의 공공의 이치만을 담으려 고집할 필요는 없다는 인식이 가능해지는 것이다.[75]

나아가 "도학 공부의 과정에 자연스럽게 문장의 성취가 따르도록 해야지, 문장 학습에 따로 공을 들이는 것은 무용할 뿐 아니라 도학 공부를 해친다"는 이른바 '작문해도론作文害道論'에 대한 조귀명의 반론은 문제 자체의 해소를 노린다는 면에서 다분히 역설적이다. 오히려 도의 절대성, 위대성을 강조함으로써, 그런 도에 비해서 경중을 따질 수도 없을 만큼 작은 문이 도를 해롭게 할 수 있을 리 없다는 논리를 편다. 자신이 지금 문학으로써 즐거움을 삼는 것은, 이것을 도덕의리를 대신하는 지위에 올려놓고 추구해서가 아니라 그와는 별개로 그저 바둑을 좋아하는 것과 별다를 바 없는 하나의 취향일 뿐이라는 것이다. 표면적 논리 이면에 담긴, 도와의 연결 고리를 끊은 위에서 문 자체를 추구하는 행위의 소극적인 정당성을 변론하려는 조귀명의 의도를 간파하기란 어렵지 않다.

도와 문의 연관을 전제로 한 구도 위에서 상대적으로 문의 가치를 강조하는 것이 이전의 문학 옹호 논조였다. 이에 비해서 문이 도와는 엄연히 별개로 추구되고 있는 마당에 문을 논의하면서 도와의 관계를 굳이 운위할 것이 없다는 식의 조귀명의 인식은, 그 구도 자체의 전면적인 지각 변동을 의미한다.

자신만의 깨달음을 담는 것이 문학이다

도와 문의 관계 설정을 넘어서, 그 도의 자리에 무엇을 놓을 것인가가 중요하다. 조귀명은 굳이 '이윤·주공·공자·맹자의 공공의 이치'를 담아야만 하는 것은 아니라고 했는데, 이를 상대화하고 그 자리에 그는 '스스로 터득한 식견自得之見'을 두었다.

전통적 도문관에 충실한 문인들 역시 작품에 담기는 작가의 식견이 중요하다고 보았다. 원론적으로 교화教化와 경세經世에 보탬이 되는 도를 문에 담아내기 위해 갖추어야 할 작가의 학문적·정신적 자질이라는 견지에서 식견이 강조되어왔다. 이는 '작가의 주체적이고 자각적인 깨달음'을 창작의 계기 내지 작품의 주제로 삼아야 함을 좀더 강조하는 입장이라는 점에서 일정한 의미를 지닌다. 누구나 인정하는 보편적인 도를 내용으로 한다 해도, 자신의 체득 없이 그대로 산문에 옮기는 것은 훌륭한 작품이라 할 수 없고, 삶의 구체적인 국면에서 스스로 깨달은 바, 즉 '자득自得'이 있어야만 참신하고 살아 있는 글이 될 수 있다는 것이다.

그러나 이 식견의 개념 및 축적 경로, 그리고 그것이 산문 비평의 관건으로 어떤 수위와 맥락에서 언급되는가 등을 고려할 때, 조귀명의 경우는 도문관의 기반 위에서 식견을 강조하는 일반적인 논리와는 층위를 달리한다.

옛사람의 글이 영원히 썩지 않는 광채를 발하는 까닭은 그들이 보통 사람들은 보지 못하던 심오함을 홀로 보았고 보통 사람들은 발하지 못했던 오묘함을 발하였기 때문일세. 자신이 그 말을 하기 전에는 천하 사람들이 귀머거리, 장님이 되어 이런 이치가 있는 줄도 몰랐다가 자신의 말이 나오고 나서야 천하의 귀머거리가 듣고 장님이 보게 되는 그런 것이지. 이 이치가 자신의 말로 말미암아 있게 되고 나면, 전에는 똑같은 귀를 가지고도 왜 남이 듣는 것을 듣지 못했으며 똑같은 눈을 가지고도 왜 남이 보는 것을 보지 못했던 것일까 의아하게 여기게 된다네. 육경과 사서四書는 물론이거니와 주周·진秦 이래 제자백가의 글들이 지금까지 사라지지 않고 이어지는 까닭은, 비록 순수함과 흠결, 온전함과 치우침의 차이는 있어도 각기 깨달음을 가

지고 그 의意를 표현했다는 공통점이 있기 때문이네.[76]

이 시기 식견을 강조한 대개의 비평가는 이를 '축적된 학식'이나 '사유의 수준' 정도의 뜻으로 사용했고, 유가 경서를 학술적으로 연마하고 그 정신을 배움으로써 얻을 수 있는 것이라고 보았다. 이들에게 있어서 식견은 고하의 수준뿐 아니라 내용의 바르고 그름에 의해서 판단되는 것이기도 한데, 이때 기준은 육경 및 성리서性理書를 통해 '보편적이고 이미 주어진' 원리다.

그러나 조귀명이 강조하는 식견은 이미 주어진 것이 아니라 개인에 의해 새롭게 발견되는 것이다. 자신이 그 말을 하기 전에는 모두 그런 이치가 있는 줄도 몰랐다가 자신의 말이 나오고 나서야 이로써 그 이치가 있게 되는 것이라고 했다. 애초에 문장이 만들어진 이유는, 천하의 이치 가운데 남은 아직 모르는데 나만 깨달은 것이 있을 경우 이를 시간과 공간을 초월하여 남기기 위함이었다.[77]

조귀명은 도학의 잣대로만 산문을 판단하는 통념에 반대하면서, 삼대 이후의 작가들도 각기 나름대로 끝까지 추구해 얻은 이치와 참되고 실질적인 식견이 있을 수 있다고 했다. 흉중에 자득한 식견을 펼쳤는데 그것이 참되고 실질적이면서 참신하기만 하다면 설사 이치가 바르지 않더라도 사람 마음을 움직이는 좋은 글이 될 수 있다고 보았다.[78] 식견의 진실성에 의해 이치의 바르고 그름마저 상대화될 수 있다고 여겼다는 점에서, 당시의 다른 문인들과는 작지 않은 차이를 볼 수 있다.

조귀명에게 있어서 산문 창작과 비평의 관건은, 심중에 스스

「동파선생유상도」, 종이에 먹, 74.7×33.4cm, 중국, 국립중앙박물관.

로 깨달은 것이 실제로 있느냐 없느냐에 달려 있다. 스스로 깨달은 바가 깊으면, 그 깨달음의 내용이 성현의 글과 일치하는가의 여부는 문제될 것이 없다. 뿐만 아니라, 그 깨달음을 담은 문장은 바르고 치우침, 높고 낮음을 막론하고 모두 좋다고까지 했다. 스스로의 깨달음에 의한 주제의식, 즉 '자득식견自得識見'의 유무는 조귀명에게 있어서 시대의 고금古今은 물론 문장의 대소大小, 장단長短, 농담濃淡 여부의 모든 것보다 우선하는 관건이다.[79] 그가 이치의 기준으로는 하자가 있음을 인정하면서도 소식의 산문을 최고의 문장으로 치고 도달하려는 이상으로 삼는 이유 역시스스로 깨우친 식견이 남다르고 참신하다는 데 있었다.[80] 산문이 지향하는 미의식에 있어서도 전통적인 입장과 상당히 다른 경향을 취한 것이다.

그래서 나는 이렇게 쓰련다

문학에 대한 위와 같은 인식을 바탕으로 조귀명은 자신의 창작 지향을 다음과 같이 밝혔다.

나는 평소 문을 지음에 있어서 다른 장점은 없지만 오로지 이 의意에 맞게 하고자 해왔네. 그래서 어떤 글을 쓸 때든 궁리해본 적 없는 이치나 마음에 품어오지 않은 식견은 감히 표현하지 않았지. 신변 사물 어느 것이나 칼만 대면 쪼개지듯 모든 이치에 통달한 이들과 비교한다면 부끄

럽긴 하지만, 적어도 표출하여 쓰는 것에 있어서만큼은 나의 의意가 없이 그저 긁어모아서 만들어내는 글을 짓는 일은 하지 않았네. 아! 일상의 순간에 깊고 묘한 이치를 드러내고, 평범한 가운데에 신령한 깨달음을 담아서, 주제로 삼은 의意가 특이할수록 체재는 더욱 바르게 되고, 구축한 논리가 예리할수록 문장은 더욱 쉬워지는 것, 이것은 내가 꿈에서도 동파공東坡公(소식)을 보며 생각하는 것인데 아직도 그에 이르는 길을 찾지 못하고 있네.[81]

전제되는 관건은 의意의 참신함과 진실성에 있다. 남다른 '깨달음'이기에 독창적이고 특이해서 쉽게 받아들여지기 어려울 수밖에 없는 의意를, 일상의 소재에 담아서 정제된 체재의 쉬운 문장으로 표현해야 한다는 것이다. 접했을 때 별나거나 난해하지 않으면서 읽는 사람의 고정관념을 깨뜨릴 수 있는 생명력 있는 산문의 이상理想을 조귀명은 소식의 문장에서 보았다. '일상 속의 남다른 깨달음'을 자신만의 언어로 표현하는 것이 조귀명의 산문이 지향하는 경지였다.

한 걸음 더 나아가 문학은 매력적이어야 한다. 조귀명이 동경한 소식의 문장은 현숙한 부인이라기보다 아리따운 첩과도 같다고 했다. 그렇다고 해서 흐트러진 용모와 방탕한 말로 사람의 마음을 움직이기를 지향하는 것은 아니다. 그렇게 해서는 오래 못 가거나 오히려 역효과가 날 수도 있다. 그보다는 마음을 자유자재로 잡았다 놓았다 해서 도무지 밥을 먹어도 달지 않고 잠을 자도 편치 않게 만드는 은근하면서 치명적인 매력이 소식의 문장에

는 있다. 쇠를 금으로 만드는 용광로를 입속에 지니고 있어서 평
범한 일상에 새로운 매력을 불어넣는 것. 소식의 문학에 대한 찬
사는 조귀명이 생각한 문학만의 자리이기도 했다.

제

3

장

주어진
진리가 아닌
나만의
깨달음으로

옛사람의 글이 영원히 썩지 않는 광채를 발하는 까닭은 그들이 보통 사람들은 보지 못했던 심오함을 홀로 보았고 보통 사람들은 발하지 못했던 오묘함을 발하였기 때문이다. 자신이 그 말을 하기 전에는 천하 사람들이 귀머거리, 장님이 되어 이런 이치가 있는 줄도 몰랐다가 자신의 말이 나오고 나서야 천하의 귀머거리가 듣고 장님이 보게 되는, 그런 것이다. 이 이치가 자신의 말로 말미암아 있게 되고 나면, 전에는 똑같은 귀를 가지고도 왜 남이 듣는 것을 듣지 못했으며 똑같은 눈을 가지고도 왜 남이 보는 것을 보지 못했던 것일까 의아해하게 된다.

새
로
움
은

어
디
에
서

오
는
가

1

늘 곁에 있지 않기에 소중하다

겨울밤이다. 연 이틀 내리던 눈이 그치고 문득 밖이 환해짐을 느낀 조귀명은 병든 몸을 일으켜 굳게 닫았던 방문을 열어젖혔다. 그러자 보름을 하루 넘긴 달빛이 눈 위에 내려앉아 온 세상이 분별 안 될 정도로 새하얀 풍경이 펼쳐진다. 벅차오르는 가슴에서 시가 절로 흘러나왔다.

어제가 보름인데 찌푸린 하늘에 눈 내리고

구름만 잔뜩 끼어 달도 보이지 않더니만,

오늘 밤엔 눈이 개고 달빛이 가득하여

아픈 것도 잊은 채 눈을 밟고 싶어지네.

옷 걸치고 문 열고서 사방을 바라보니

달빛이 눈에 내려앉아 온 세상 분별 없네.

좋은 날에 어울릴 술이 없어 아쉽지만

호탕한 노래를 소리 높여 불러본다.

꽃과 달을 보며 세상 사람 아쉬워하지.

꽃은 폈다간 지고 달도 이지러져버린다고.

꽃과 달이 언제든 그 모습이라면

꽃과 달이 귀한 줄도 모를 거면서.

昨日望日天雨雪, 天氣凝陰月不出.

今宵雪霽月滿天, 使我忘病欲步雪.

攝衣開戶立四望, 月華着雪無分別.

愧無美酒答良辰, 且爲浩歌歌激越.

世人每恨月與花, 花不常開月有缺.

若使花月眞長在, 人情却不貴花月.[1]

　　병석에 있는 날이 많았던 22세 때 지은 「눈 온 뒤 달을 얻다雪
後得月」라는 시다. 조귀명은 자신이 시에는 능하지 못하다고 늘 말
하곤 했고, 실제로 시를 많이 남기지 않았다. 하지만 조선시대 사
대부 계층의 일반적인 문화 분위기 속에서 의례적이고 비슷비슷
한 한시 작품들이 양산된 데 비해서 조귀명은 한시에서도 뭔가
하고 싶은 말을 뚜렷이 담곤 했다.

　　우리는 어떤 바람이 이루어지는 순간 행복을 느낀다. 기다림의
시간이 길고 바람이 간절할수록 행복은 더욱 커진다. 문제는 이
행복이 오래가지 않는다는 데에 있다. 그렇게 간절하게 바라던
것도 막상 이루어지고 나면 얼마 지나지 않아 '당연한 것'이 되고
말기 때문이다. 금세 져버리고 이지러질 것을 걱정하느라 눈앞에

「산촌설제山村雪霽」, 『고송유수첩』, 전 이인문, 종이에 수묵, 38.1×59.1cm, 국립중앙박물관.

피어 있는 꽃과 밝게 비추는 달의 아름다움을 즐기지 못한다면 불행한 일이다. 반면에 만약 어떤 이들의 바람대로 꽃이 영원히 피어 있고 달이 영원히 가득 차 있다면 그로 인해서 영원히 행복할까? 오히려 늘 피어 있는 꽃, 늘 가득 차 있는 달을 그저 당연하게 바라볼 뿐, 정작 그것의 소중함을 모르게 될 것이다. 소중한 것이 늘 곁에 있을 수는 없음을 알아야 비로소 그 가치를 알게된다. 눈 내린 겨울밤 달빛 가득한 풍경을 보며 조귀명이 하고 싶은 말이다.

조귀명은 훗날 40세 되던 해의 입춘 날, 집 안 기둥에 이렇게 써 붙였다.

정관물리靜觀物理 박수아아拍手啞啞

사시개춘四時皆春 수송수아誰送誰迓²

다들 "입춘대길立春大吉 건양다경建陽多慶" 혹은 "천재춘설소千災春雪消 만복운집기萬福雲集起" 등 혹독한 겨울이 끝나고 따뜻한 봄날이 오듯이 모든 재앙은 사라지고 행복만 넘치기를 기원하는 축복의 메시지를 전하는 날, 조귀명이 써 붙인 글귀의 내용은 무엇일까? 그 뜻을 풀어보면 이렇다.

고요히 사물의 이치를 관조하다가 손뼉 치며 껄껄 웃는다.
사계절이 모두 봄이라면 누가 보내고 누가 맞을까?

심각한 문제를 제기하는 것이라기보다, 봄이 왔다고 좋아하는 사람들의 허를 찌르며 슬쩍 던져보는 말이다. 모든 것이 찰나일 뿐인 현실에서 그렇다면 정말 소중한 것은 무엇일까?

내 마음에 맞는 길에서 만나는 새로움

조귀명처럼 평생 남이 말한 적 없는 새로운 깨달음을 추구한 인물도 많지 않을 것이다. 그런 그가 41세에 이런 말을 했다.

인생에서 가장 소중한 것은 '마음에 맞는지' 여부에 있을 뿐이다. 사사건건 옛사람을 모방하려는 자는 결국 가짜라는 잘못에 빠질 수밖에 없다. 반면에 반드시 옛사람이 하

지 않은 것에서만 새로운 격을 만들어내려 굳이 애쓰는
자 또한 수고로울 뿐이다. 옛것을 모방해서 마음에 맞는
다면 모방하면 되고, 새로운 것을 만들어서 마음에 맞는
다면 새로운 것을 만들면 될 일이다.[3]

남과 같아지려 애쓰는 것도 잘못이지만, 무턱대고 남과 달라지
려 한다 해서 새로움을 이루는 것은 아니다. 옛사람을 모방하는
법고法古와 새로운 것을 창조하는 창신創新은 우열을 따지며 어느
한 가지를 고집할 일이 아니다. 관건은 마음에 맞는지의 여부에
달려 있으니, 법고와 창신은 그 마음에 맞는 길을 가기 위한 수단
일 뿐이다. 자신의 마음에 맞는 뜻을 세우고 그것을 기준으로 나
머지를 상대화할 때, 삶의 질이 달라진다. 진정한 새로움은 그 길
에서 만날 수 있다.

조귀명은 유중림柳重臨(1705~1771)의 병법서 『병학대성兵學大成』
에 서문을 썼다. 유중림의 아버지 유상柳瑺(1643~1723)은 서얼 출
신 의원으로서 천연두 치료에 뛰어나 살려낸 사람만 몇천 몇만
에 달하는 인물이다. 유중림 역시 의원이었는데, 그저 자신의 관
심사에 따라 엄청난 자료를 수집하고 오랜 시간을 들여서 정밀한
주석과 해설을 단 병법서를 저술했다. 자신만의 뜻을 세우고 온
마음을 다해 근본까지 파고든 결과, 자신만의 깨달음을 얻어서
아무리 써도 다함이 없는 깊이에 이른 것이다.[4]

남들이 관심 두지 않는 병법서를 민간에서 그것도 의원 신분
으로 저술한 것 자체가 특이한 일이지만, 조귀명은 한 걸음 더 나
아가서 그 내면의 가치를 읽어낸다. 남들 하는 대로 그저 따라가

기만 하는 삶인가, 자기 마음에 맞는 일을 찾아 끝까지 파고들어
자신만의 깨달음에 이르는가에 관건이 있다. 아무 생각 없이 당
장 눈앞의 즐거움이 다인 줄 알고 부평초처럼 휩쓸려다니는 삶
은 얼마나 비루한가. 그에 비해 서얼 의원 유중림은 참으로 행복
한 사람이다. 남들이 어디로 가든 개의치 않고 자신의 마음에 맞
는 길을 끝까지 가는 이가 얻는 내면의 작은 깨달음, 새로움은 거
기서 시작된다.

나의 뜨락은 작지 않다

조귀명은 22세 때 자신의 서재 앞 작은 뜨락에 꽃과 나무를 심
었다. 마루 앞쪽에 붉은 모란 다섯 그루를 심고, 건물 뒤로는 오
래된 소나무 분재 곁에 괴석 두 개를 나란히 놓았다. 북쪽 담장
의 석류나무와 소나무 사이로 대나무 숲이 있어서 바람 불고 비
내리는 날이면 서걱서걱 맑은 소리를 낸다. 서남쪽 한구석에는
작은 밭을 만들어 파와 마늘을 심었다. 조귀명이 본래부터 꽃과
나무를 좋아했던 것은 아니다. 다만 주변 사람들이 애써 조성해
주는 것을 막지 않았고, 막상 조성하고 보니 즐길 만하더라고 했
다.[5]

　하루 종일 서재에서 책 읽는 것이 일상이던 시절, 날이 어둑해
지면 조귀명은 마루 위를 천천히 거닌다. 마루 아래로 내려다보
이는 뜨락은 조그맣지만, 저녁에서 밤으로 이어지는 시간에 쏟
아지는 달빛을 듬뿍 받아 안기에는 충분하다. 그 빛에 어른거리

는 꽃과 나무의 그림자들은 마치 맑은 물속에 마름풀이 이리저리 떠다니는 듯 마음까지 일렁일렁 춤추게 한다.[6] 이 멋진 정경에 대한 표현을 소식이 선점해버린 것이 아쉬울 정도로 사랑스러운 순간이다.[7] 소박하고 고즈넉한 즐거움을 누리고 있는 조귀명에게 누군가 묻는다.

"그대의 뜨락은 너무 작은 것 아닙니까?"

"아니오, 그렇지 않소. 높은 산에 올라가서 사방을 바라보니 하늘과 물이 맞닿아 있더군요. 좁게 막혀 있는 모습에 마음이 답답해서 하늘과 땅이 너무 작다는 것이 유감이었소. 세상에 하늘과 땅만큼 큰 것이 없는데 그조차도 좁아 보이니 제가 어디 간들 큰 것을 구할 수 있겠소? 반면에 이 뜨락은 작게 느껴지지 않고 충분하오. 아니, 충분할 뿐 아니라 크게 느껴지니, 왜 그럴까요? 내 마음을 크게 하고서 대상을 바라보면 하늘과 땅도 티끌과 같고, 내 마음을 작게 하고서 대상을 바라보면 내 무릎 겨우 넣을 넓이만 되면 나머지는 다 남는 땅입니다. 그러니 대상에 크고 작음이 어찌 있겠습니까. 내 마음이 크고 작게 여기는 것일 뿐이지요."[8]

이렇게 답한 조귀명은 이어서 다음과 같은 논의를 내놓는다.

사람들의 근심은 자기의 작음을 놓아두고 남의 큼을 구하는 데 있다. 가난하면서 부유한 것을 구하고, 천하면서 귀한 것을 구하며, 낮은 지위에 있으면서 높은 지위를 구하곤 하는 것은 이 때문이다. 지금 나는 나의 낮은 집을 제운齊雲과 낙성落星의 높고 화려한 건물과 대등하게 여기고, 내 작은 뜨락의 보잘것없는 꽃과 풀, 주먹만 한 괴석을 금곡원金谷園의 아름다움과 평천화석平泉花石의 부유함과 대등하게 여기며, 나의 서툴고 거친 작품을 이백李白, 두보杜甫, 한유, 유종원이 시 읊고 글 짓는 것과 대등하게 여겨, 그 곁에서 거닐고 그 속에서 휘파람 분다. 이보다 큰 즐거움이 있을 수 있겠는가? 무얼 더 부러워할 게 있겠는가?[9]

크고 작음이란 외면의 일일 뿐이다. 그럼에도 사람들은 거기에 얽매여서 비교하고 욕망하며 자신을 괴롭힌다. 문제는 크고 작음이라는 것 자체가 상대적이어서 끝내 만족을 모른다는 데에 있다. 예나 지금이나 벗어나기 힘든 이러한 비교의식의 쳇바퀴를 조귀명은 "아니다, 그렇지 않다"라는 말로 떨쳐냈다. 물론 해 아래 새로운 주장은 아니다. 크고 작음의 상대성에 대해서는 일찍이 장자가 인상적으로 설파했을 뿐 아니라, 이 글에서 조귀명이 이어서 인용했듯이 "현재의 위치에 따라 행할 뿐, 그 밖의 것은 원하지 않는다"라는 『중용』의 구절과 다르지 않으며, 『시경詩經』「소아小雅·채숙采菽」 편에서 노래한 "느긋하게 노닐며優哉遊哉 그렇게 생을 마치기 원하노라聊以卒世" 역시 같은 맥락이다.[10]

그러나 이를 본받아 말했더라도, 특정한 상황, 특정한 작품에서 독자의 마음을 울리며 던지는 "아니다, 그렇지 않다"는 언명은 그때마다 새롭다. 개인의 공간인 뜨락을 두고 크니 작으니 따지는 것은 사실 별 의미가 없다. 보잘것없는 공간에 생명을 불어넣으며 다시금 나무 그림자 일렁이는 달빛 가득한 뜨락의 밤을 떠올리게 한다면, 조귀명에게 소식이 그랬던 것처럼 지금의 독자에게 조귀명 역시 문학의 힘으로 말을 걸어오는 것이다. 그 공간과 시간에서 나지막하게 시를 읊조리며 거니는 여유로운 영혼을 만나며 우리는, "아니다, 그렇지 않다"는 말로 전하고자 했던 그 자신만의 즐거움에 동참할 수 있을 것이다.

2

당연한 것은 과연 당연할까

함양에서 지내던 시절, 집안 조카 조기하趙起夏가 삶의 지향을
담은 호를 '보우保愚'로 짓고 건물 이름에 붙여서 조귀명에게 기
문記文을 써달라고 부탁했다. 지혜로움을 좋아하고 어리석음은
싫어하는 것이 사람들의 통념인데 자신은 '어리석음을 지키겠다
保愚'고 표방했으니 얼핏 보기에는 역설적이라고 할 수도 있다. 그
러나 어리석음愚이나 서투름拙을 삶의 지향으로 삼는 것은 당시
에 그리 특이한 일이 아니었다. 약삭빠르게 이익을 좇는 세상에
휩쓸리지 않고 그저 서투르고 어리석은 듯 물러나 살아가겠다
는 다짐은, 워낙 많은 이가 말하는 바람에 오히려 식상해진 표현
이다.

조귀명은 조카의 부탁에 응하여 150자 분량의 짧은 글을 지어
주었다. 그런데 접근하는 시각이 남다르다. 어떤 두 사람이 있는

데 그들이 한 일도 같고 저지른 잘못도 같다면 사람들은 누구에게 책임을 물을까? 어리석은 사람은 잘못을 저질러도 무슨 의도가 있어서 그런 것은 아닐 거라고 넘기고 말지만, 지혜로운 사람이 그러면 모든 책임을 묻기 마련이다. 결과적으로 지혜로운 자가 화를 입고 어리석은 자가 복을 받는다면, 지혜로움이 어리석음이고 어리석음이 지혜로움이라고 해도 된다. 그러니 조기하를 '보우'라고 부르는 것은 '보지保智'라고 부르는 것과 다름없다.[11]

유자儒子들이 어리석음을 지향한다고 할 때는 세속적인 명예와 이익을 멀리하고 형이상학적인 도리를 추구하겠다는 다짐을 담는 것이 일반적이다. 그런데 조귀명은 남들에 의해 주어지는 책임의 소재를 기준으로 복과 화를 나누고 다시 이를 지혜로움과 어리석음으로 연결시키면서 지혜로움과 어리석음의 경계 자체를 무색하게 만들었다. 조기하를 비롯한 당시 지식인들이 어리석음을 지킨다고 말할 때 자신도 모르게 당연하게 전제하고 있던 통념을 가볍게 비틀면서 다시 생각하게 만드는 글이다.

당시 경화사족들 사이에서 '산정일장도山靜日長圖'를 그린 병풍이 유행했다. 송나라 때 소식과 같은 지역 출신으로 문학과 풍류에 능해서 '작은 동파小東坡'라고 불린 당경唐庚(1071~1121)이라는 시인이 있었다. 그가 지은 시 「취면醉眠」의 "산정사태고山靜似太古 일장여소년日長如少年"[12]이라는 두 구에서 앞 두 글자씩을 따와 제재로 삼은 그림이다. "산은 태곳적처럼 고요하고 날은 어릴 적처럼 길구나"라는 내용이 많은 이의 공감을 얻은 것이다.

나대경羅大經은 『학림옥로鶴林玉露』에 이 시를 인용하면서 그 고요한 날을 즐기는 열세 가지 소일거리를 부기했고, 이는 한적한

「산정일장도」, 이인문, 비단에 엷은색, 110.7×42.2cm, 18~19세기, 국립중앙박물관.

은거의 삶의 상징처럼 회자되었다.[13] 낮잠 자기, 차 끓이기, 책 읽기, 산길 걷기, 물놀이하기, 산나물에 보리밥 먹기, 글씨 쓰기, 서화첩 펼쳐 보기, 시구 읊조리기, 다시 차 끓이기, 시냇가 걷기, 벗들과 즐거운 이야기 나누기, 지팡이 짚고 문밖에 서서 목동의 피리 소리 듣기다.[14] 생각만 해도 여유와 풍류가 느껴진다.

청주에서 지내던 시절, 조귀명에게 문장을 배우던 나침羅沈이 태백산 기슭에 집을 짓고 '정고헌靜古軒'이라는 이름을 붙였다. 당경의 시에 담긴 여유와 풍류를 삶의 지향으로 삼은 것이다. 이 집을 위한 기문을 지어달라는 나침에게 조귀명은 의외의 이야기를 건넨다.

"고요함靜이란 마음에 달린 것일세. 마음이 무언가에 끌려다니면 아무리 고요한靜 환경에 있어도 번잡할動 수밖에 없고, 반대로 마음이 외물의 구속에서 벗어나면 아무리 번잡한動 환경에 있어도 고요할靜 수 있는 법이지."[15]

'정고헌'의 '정靜'이 마음에 달려 있다는 화두를 던지고, 정과 동, 마음과 환경의 상대 개념을 동원하여 이를 입증했다. 이런 논리라면 속세를 벗어나 자연과 함께 고즈넉하게 살겠다는 마음을 담은 정고헌이라는 이름마저 상대화된다. 그러고는 당경의 시와 그에 대한 나대경의 해석을 인용해두고는[16] 웃으며 말한다.

"나대경이 당경의 이 시를 두고 고요한 산에서 누리는 열세 가지 소일거리를 근사하게 말했지. 하지만 그 역시 예외가 아니라네. 아무리 여유롭고 풍류 넘치는 일들이라 해도 만약 거기에 마음을 빼앗긴다면 명예와 이익을 좇아 분주하게 다니는 이들의 삶과 다를 게 무엇인가?"[17]

열세 가지 소일거리를 즐기는 삶을 멋지게 생각해왔을 나침으로서는 좀 머쓱해질 법도 하다. 하지만 조귀명은 여기서 멈추지 않고 "산정사태고 일장여소년"이라는 구절 전체에 대해 반론을 편다.

"게다가 사람은 즐거운 일을 할 때면 하루가 너무 빨리 지나가버려 아쉽고, 즐겁지 않은 일을 할 때 비로소 하루가 얼마나 긴지 실감하게 되네. 그러니 고요함에 처하면서 날이 길다고 여긴다면 이는 고요함을 즐거워하지 않기 때문일 걸세. 만약 열세 가지 소일거리가 즐겁다면 날이 길다고 느끼지 않을 것이네. 반대로 날이 길다고 느낀다면 그 일이 즐겁지 않은 것일 테고."[18]

깊이 생각해보지 않은 채 다들 동경하며 말하곤 하는 '산정일장'의 모순을 파고들었다. 이쯤 되면 '정고헌'이라는 이름은 부정되어야 할지도 모른다. 그럼에도 조귀명은 이상의 내용을 담아서 기문을 지었고, 다음과 같이 그 논지를 마무리했다.

"아무것에도 매인 데 없이 어디를 가든 편안하고 자득한다면, 태곳적의 고요함도 고요함이요, 말세의 분주함도 고요함일 뿐이네. 그러니 진정으로 마음이 고요하기만 하다면 날이 긴지 짧은지, 일이 괴로운지 즐거운지를 따지는 게 무슨 의미가 있겠나?"[19]

자못 심각하게 모순을 지적하며 '정고靜古'의 의미를 반문했지만, 정靜과 동動, 고苦와 낙樂, 장長과 단短의 경계를 허무는 논리를 통해서 다시 그런 시비를 다투는 것 자체가 별 의미 없다는 데에 이르렀다. 결국 진정한 '정靜'은 마음에 달렸다는 첫 번째 화두로 돌아온 셈이다.

그러나 논리의 과정과 수사마저 의미 없는 것은 아니다. 이 글에 담긴 조귀명의 숨은 의도는, 한적한 삶을 추구하는 일마저 유행처럼 너도나도 입에 올리곤 하는 세태를 은근하게 비트는 데에 있다. 이처럼 다들 당연시하는 근원적인 문제를 환기시킴으로써 고정관념의 허를 찌르고 참신한 깨달음을 던지는 식의 사유방식과 표현 기법은 조귀명의 사상과 산문작품 전반에서 확인할 수 있는 특징이다.

한 걸음 더 내딛어 열리는 시야

해 아래 새로운 것이 없다고 했듯이 모든 글을 남들이 전혀 말하지 않은 새로운 깨달음만으로 채울 수는 없을 것이다. 다만 남들보다 한 걸음 더 내딛는 부분이 있다면 그만큼의 새로운 시야가 열릴 수 있다. 조귀명의 산문작품 가운데 비교적 많이 알려진 「왜려설倭驢說」을 그 예로 들 수 있다. 이 작품은 '왜당나귀'에 대한 흥미로운 이야기를 제재로 삼은 '설說'이다. '설'은 어떤 이치를 논증하고 설득하는 문체다. 그 가운데 일상의 제재 및 경험을 중심으로 그를 통한 깨달음을 적은 글은 현대의 수필과 비슷한 성격을 지니기도 해서 일찍부터 문학작품으로 주목받아왔다. 이 글은 왜당나귀 이야기를 통해서 조귀명 자신의 깨달음을 진술했다.

이 작품은 하생이라는 인물의 경험을 전하는 내용으로 시작된다. 하생이 볼품없고 길들지 않은 말을 싼값에 사서 잘 길렀더니 매우 잘 달리게 되었다. 특이한 생김새 때문에 궁금해하는 사람들에게 장난삼아서 "이건 비싼 값을 주고 산 왜당나귀다"라고 거짓말하자 다들 사지 못해 안달이었다. 그런데 뒤에 사실을 밝히자 아무도 말을 거들떠보지 않았다는 것이다.[20] 이어지는 단락은 하생 스스로 이 사건을 겪으며 얻은, 허명으로 남을 속이는 일이란 참 쉬운 노릇임을 알게 되었다는 깨달음이다.[21] 경험과 깨달음이 제시되었으므로 이 작품은 여기서 끝나도 설 작품으로서의 형식 요건에 손색이 없다. 그런데 그에 대한 조귀명의 답변이 흥미롭다.

> 그대는 견양汧陽의 돼지라는 이야기는 들어보지 못했는가. 옛날 소자첨蘇子瞻이 견양 지방의 돼지고기 맛이 지극히 좋다는 말을 듣고는 사람을 보내 사오게 했다. 그런데 심부름 갔던 자가 술에 취하여 돼지를 잃어버리고는 다른 돼지를 바쳤다. 함께 고기를 먹던 사람들은 아무도 그 사실을 알지 못하고 다른 지방 고기와는 비교도 할 수 없을 만큼 맛있다며 호들갑들을 떨었다고 한다. 그러니 평판에만 의존하는 잘못은 예로부터 있어온 것이다. 아무 실질도 없이 이름만 견양이라고 붙였을 뿐인 돼지에 대해서도 이와 같은데, 그에 비한다면 뚱뚱하고 땅딸막해서 외모도 '왜당나귀'라는 이름에 부합하고, 하루에 수백 리를 달릴 수 있어서 재주도 '왜당나귀'라는 이름에 부합하는 경우에 있어서야 어떻겠는가.[22]

조귀명은 하생의 깨달음에 동조하면서 다시 새로운 문제를 제기한다. 허명을 따라 흔들리는 세태는 예로부터 있어왔다. 따라서 허명에 속지 말아야 한다는 경계는 여전히 필요하지만, 이는 굳이 다시 말할 것도 없을 만큼 당연한 이야기다. 정말 중요한 것은 평판에 좌우되지 말고 실질을 볼 줄 알아야 한다는 데에 있다. 여기서 작품이 멈춘다면, 실질을 보지 못하고 허명에 의해 흔들리는 세태에 대한 풍자가 글의 주제가 될 것이다. 이것으로도 완결성 있고 메시지도 분명하다. 그런데 조귀명이 말하고자 하는 바는 거기에 그치지 않는다. 아니 오히려 거기까지만 생각하는 일반인의 관념을 깨뜨리는 데 이 작품의 궁극적인 의도가 있다.

그렇긴 하지만 내 생각은 이렇다. 먹어보고 실제로 맛이 좋으면 먹을 일이지 꼭 견양의 돼지여야 할 필요가 어디 있는가. 타보고 실제로 잘 달린다면 탈 일이지 꼭 '왜당나귀'여야 할 필요가 어디 있는가. 하루에 수백 리를 달릴 수 있는 실제의 재주를 귀하게 여기면서 굳이 '왜당나귀'라는 이름이 붙은 것을 사려는 자들이 잘못되었음은 말할 것도 없다. 그러나 이들뿐만 아니라 '왜당나귀'라는 이름이 잘못되었음이 입증되었다고 해서 하루에 수백 리를 달릴 수 있는 실제의 재주마저 돌아보지 않는 자들이야말로 더욱 형편없음을 알 수 있다.

또 이 말이 참으로 천 리를 달릴 수 있는 능력이 있다면 오추烏騅, 적토赤兎와 같은 준마의 이름을 붙여줄 수 있는 것이고, 3만 리를 달릴 수 있는 능력이 있다면 녹이綠駬, 황도黃駼와 같은 이름을 붙여줄 수도 있는 일이다. 굳이 '왜당나귀'라고 칭해야만 할 이유가 어디 있는가. 실질에 부끄러운 점이 없다면 이름은 빌려오든 따라하든 꺼릴 게 없는 법이다. 그렇기 때문에 이른바 오추, 적토, 녹이, 황도라고 하는 것도 모두 상고 시대의 훌륭한 말의 이름에서 가져다가 쓴 것이다. 사람의 경우도 마찬가지다. 가령 조趙나라의 마부가 왕량王良의 칭호를 가져다 쓰고, 노盧나라의 의원이 편작扁鵲의 명성을 빌렸지만, 그 당시 사람들은 칭호를 가져다 쓰고 명성을 빌렸다고 해서 그들이 세상을 속였다고 생각하지 않았다.

이런 관점에서 본다면 그대는 애초에 세상을 속인 것이 아니며 세상 역시 애초에 그대에게 속임을 당한 것이 아니었다. 속임이라는 것의 실체는, 가령 시장에서 싸구려 채찍을 치자梔子와 밀랍蜜蠟으로 꾸며서 오만 금에 팔았는데 한 번 쓰자 부러져버리고 마는 그런 경우에나 해당되는 것이다.[23]

오추마가 초楚나라 때 있던 한 마리 말만 가리키는 것이 아니고 편작이 춘추 시대에 살았던 한 명의 사람에게만 줄 수 있는 이름이 아니라는 데에서 알 수 있듯이, 실질만 받쳐준다면 그 이름을 빌려 쓴다 해도 허명虛名이라고 할 수 없다고 했다. 말이 지닌 능력을 본질적인 기준으로 삼는다면 '왜당나귀'라는 이름의 진위에는 연연할 게 없다는 것이다.

이 부분이 없었다면 이 작품은 누구나 쓸 수 있는 내용에 그쳤을 것이다. 앞서 살폈듯이 조귀명이 지향한 훌륭한 문장이란, 보통 사람은 미처 보지 못하고 표현하지 못했던 이치를 말함으로써 읽고 나면 왜 그 전에는 이런 측면을 생각하지 못했을까 의아하게 만드는 글이다.[24] 이 작품은 흥미로운 소재를 들어서 심상한 교훈을 주는 것으로 끝맺는 듯하다가, "그렇긴 하지만 내 생각은 이렇다雖然, 余則以爲"라는 말로 전환을 주었다. 이를 통해 허명이라고 해서 다 부정할 것이 아니라 실질을 갖추면 이미 허명이 아니라는 점을 효과적으로 보여주었다. 발상의 전환은 설 작품에서 일반적으로 의도하고 구사하는 서술 방식이지만, 이 작품은 그것을 한 걸음 더 밀고 나감으로써 독자의 고정관념을 깨뜨리는 참신하고 경쾌한 지적 울림을 준다.

역사를 읽다, 역사로 들어가다

역사 논평은 문인들이 자신의 견해를 논쟁적으로 밝히는 중요한 수단이었다. 어려서부터 독서광이었던 조귀명은 특히 역사서 읽기를 매우 즐겼다. 27세 때 「독사讀史」라는 글을 지어서 각기 다른 시대의 일인데도 공교롭게 짝을 이루는 경우들을 모아놓았다는 사실은 1장에서 이미 언급했다.[25] 예를 조금 더 들어본다.

3장
주어진
진리가 아닌
나만의
깨달음으로

179

> 한 문제漢文帝가 염파廉頗와 이목李牧을 장수로 삼지 못함을 탄식하면서도 위상魏尙의 죄는 용서하지 못하자 풍당馮唐이 황공해하며 간하였다. 진 무제晉武帝가 제갈량諸葛亮을 신하로 삼지 못함을 한스러워하면서도 등애鄧艾의 원통함은 다스리지 못하자 번건樊建이 머리를 조아리며 간하였다.[26]

송나라 때 은효조殷孝祖는 기를 세우고 자신을 드러내 결국 적에게 죽었다. 주나라 때 왕사정王思政은 찢어진 옷과 해진 갑옷을 입고 있어 적에게 해를 입지 않았다.[27]

첫 번째 인용문에서 한 문제 이야기는 『사기史記』「풍당전馮唐傳」에 보인다. 염파와 이목은 다 전국시대 조趙나라의 명장인데, 문제가 "내가 염파와 이목 같은 인물을 얻어 내 장수로 삼지 못한 것이 애석하다. 그랬더라면 내가 어찌 흉노를 걱정할 일이 있겠는가?"라고 말하자, 풍당은 "폐하께서는 비록 염파와 이목을 얻었더라도 능히 쓰지 못할 것입니다"라고 간언했다. 동시대의 위상 같은 인물도 제대로 쓰지 못하면서 옛날의 명장이 없음을 탄식하는 일은 온당치 못함을 지적한 것이다. 위상은 운중 태수雲中太守로 있으면서 개인 재산을 털어 군사들을 보살피며 흉노의 침입을 저지했으나, 조정에 전적을 보고하는 문서에서 적군의 수급을 벤 숫자를 6명 잘못 기재했다는 이유로 벼슬이 삭탈되고 1년간의 도형徒刑에 처해 있었다. 결국 풍당馮唐의 간언으로 인해 다시 운중 태수가 되었다.

진 무제 이야기는 『책부원귀冊府元龜』에 보인다. 진 무제가 번건에게 제갈량이 나라를 어떻게 다스렸는지를 물었다. 번건이 대답하기를, "좋지 않다는 소리를 들으면 반드시 고치고 잘한 점을 자랑하지 않았으며, 상벌이 믿을 만하여 신명을 감동시키기에 충분하였습니다" 했다. 이를 들은 무제가 "좋도다. 이런 사람을 얻어 나를 보좌하게 한다면 어찌 오늘 같은 수고가 있겠느냐?"라고 말했다. 그러자 번건이 머리를 조아리며 말했다. "신이 들으니, 천하

사람들이 모두 등애가 억울함을 당했다고들 말합니다. 폐하께서
알고 계시는데도 올바로 다스리지 않으니 이것이 어찌 풍당이 말한
'염파와 이목을 얻었더라도 능히 쓰지 못할 것입니다'라는 것과
같지 않겠습니까." 그리하여 등애의 억울함을 풀어주었다.

두 번째 인용문은 각각 『자치통감資治通鑑』의 「송기宋紀」와 「양
기梁紀」에서 따온 것이다. 은효조는 전쟁할 때마다 북과 일산으
로 호종하게 했는데, 그것이 표적이 되어서 날아오는 화살에 맞
아 죽었다. 반면에 왕사정은 전쟁할 때마다 늘 찢어진 옷과 해진
갑옷을 입고 다녔기에, 적이 그가 장수인 줄 몰라 진영이 함몰되
어 따르는 사람이 다 죽었는데도 살아남을 수 있었다. 내용이 상
반되는 대구의 예로 든 것이다. 이상의 내용은 대부분 의도치 않
은 암합暗合의 결과로 보이는데, 조귀명이 이른 시기부터 역사서
를 얼마나 꼼꼼히 읽었는지를 알 수 있다.

역사서에 대한 조귀명의 관심은 중년 이후에도 이어졌다.
38세에 『좌전左傳』의 문체를 구사하면서 『좌전』을 보충하는 글
인 「좌준左準」 열 편을 지었고, 이듬해에는 춘추 시대의 병법가
사마양저司馬穰苴의 『사마법司馬法』에 보주補註를 달았으며, 41세에
는 본격적인 역사 논평 산문인 「가의론賈誼論」과 「곽광론霍光論」을
저술했다.

이처럼 역사서를 읽고 그에 대한 논평을 쓰는 데 열심이었던
조귀명은 역사 속으로 들어가서 스스로 전국 시대의 유세객이
되기도 한다. 전국 시대 초 회왕楚懷王이 무관武關에서 만나 동맹
을 맺자는 진 소왕秦昭王의 거짓 제의에 속아서 진나라로 갔다가
그곳에 억류된 지 3년 만에 죽은 일이 있다. 조귀명은 자신이 그

시대의 유세객이라면 어떻게 진 소왕의 마음을 돌릴 수 있었을지 작품을 통해 증명해내고자 했다. 32세 때의 작품으로서, 일종의 상황 설정 의론이라고 할 만하다. 다음은 그 첫머리다.

우악스럽고 사나운 사람이라 하더라도 그 마음을 빼앗을 수 있다. 사리와 형세로 깨우쳐주면 된다. 우악스럽고 사납다면 천하의 일을 모두 자기 마음대로 하려들 텐데 어찌 사리와 형세 따위를 마음에 두겠는가? 그러나 사리와 형세가 편안한 곳에 이로움이 따르고 사리와 형세가 불안한 곳에 해로움이 더해진다. 이로움과 해로움이 그 자신에게 절실한 것이라면 내가 말하는 사리와 형세에 의해 마음을 빼앗길 수밖에 없다. 귀신도 사리로 움직일 수 있고 짐승도 형세로 제압할 수 있는데 사람이야 얼마든지 가능하지 않겠는가?[28]

진 소왕의 마음을 움직일 수 있는 관건은 이로움과 해로움이 그에게 절실하다는 점을 깨닫게 하는가에 달려 있으며 이는 당세에 누군가 나서서 유세만 제대로 했으면 충분히 돌이킬 수 있었다는 자신감에서 출발했다. 이어지는 내용은 진나라가 이번 일로 신의를 잃으면 명분에서 밀려 나머지 여섯 나라가 힘을 모으는 빌미를 주게 되니 결국 위태로워질 것이라는 경고다. "한 명의 죽은 왕을 빌미삼아 모인 여섯 명의 살아 있는 왕이 분노하여 힘을 합쳐 서로 도와서 함곡관函谷關에 들어와 종과 북을 울리며 초나라 왕이 어디 있는지 물을 것입니다. 그렇게 되면 저는 진나라의

군신이 감당하기 어려운 근심에 처할까 두렵습니다"라는 구체적인 말로 유세의 현장감을 살렸다.[29]

　진 소왕이 여기까지 말려들어 "그런데 과인이 이미 그를 잡아두었으니 이를 어찌하면 좋겠소?"라고 물어온다면 이미 절반은 성공한 것이다. 아래는 그에 대한 가상의 답변이다.

　　저는 영명한 군왕과 성스러운 군주는 실패를 가지고 성공을 만들며, 화를 돌려서 복을 만들 수 있다고 들었습니다. 왕께서는 초왕을 불러서 이렇게 말씀하시면 됩니다.
　　"과인이 대왕을 머물게 한 것은 줄곧 대왕의 높은 의리를 흠모하여 하루라도 가르침 받기를 원해서입니다. 지금 제가 옥백玉帛의 예를 바란다면서 지나치게 의심하는 소문이 있는데, 이는 저의 탓입니다. 뜰에서 객관의 대우를 높여주는 예를 행하고 귀국으로 돌려보내드리겠습니다. 이는 저희 선군先君 목공穆公께서 진晉나라 혜공惠公에게 크게 베푼 일을 따른 것입니다."
　　그러면 초나라는 죽음을 늦춘 것을 기뻐하면서 장차 대왕의 덕을 칭송하기 바쁠 것이며, 대대로 서로 경계하여 남쪽 지방에서 배반하거나 침범하지 않는 신하가 될 것입니다. 설령 다른 계획이 있더라도 저들은 이미 상처 입은 새여서 빈 활 소리만 들어도 떨어질 것입니다. 제후들 역시 대왕의 위엄을 두려워하고 대왕의 인자함에 귀의하여 서로 이끌고 장대章臺에서 조회할 것입니다. 대왕께서는 깊이 헤아리시기 바랍니다.[30]

이어지는 결미에서는 계획을 세워 유세하여 초 회왕을 탈출시키지도 못하고 사후에 용맹하게 원수를 갚지도 못한 채 두려움 때문에 도리어 원수를 받들게 된 초나라의 행보를 비판하고 안타까워했다. 작가 스스로 전국 시대의 유세객이 되어 그 상황 속에서 그들의 언어를 구사하며 가상의 역사에 개입하려 하는 독특한 문체를 시도한 작품이다.

역사 속에서 역사를 평하다

조귀명은 의론문의 형식으로 유세객이 되기도 했지만, 아예 역사 속 인물을 등장시키되 역사서에서는 없는 새로운 장면을 보여주는 독특한 작품을 짓기도 했다. 전국 시대 사공자四公子의 이야기를 픽션으로 재구성한 「호사好士」라는 글이다. 앞의 작품과 같은 해에 지었다.

전국시대 사공자는 제齊나라의 맹상군孟嘗君, 위魏나라의 신릉군信陵君, 조趙나라의 평원군平原君, 초楚나라의 춘신군春申君을 가리키는데, 모두 인재 기르는 것을 좋아해 문하에 식객食客 수천 명씩을 두었다고 전한다. 사마천司馬遷은 『사기史記』에서 네 사람의 열전을 각각 따로 집필하면서 진秦나라가 위세를 떨치던 시기에 이들이 자기 나라의 안위를 위해 활약하기도 하고 군주의 시기를 받아 좌천되기도 하는 등의 다양한 일화를 비중 있게 다루었다. 평원군의 식객들이 보석으로 장식한 비녀와 칼집을 차고 자랑하려 하다가 신발까지 보석으로 치장한 춘신군의 식객들을 만나서 부끄러워했다는 이야기가 있을 정도로, 이들은 식객의 규모와 처우, 당대의 평판을 두고 서로 경쟁하는 관계이기도 했다.

사공자가 주목받은 것은 이들이 인재를 중시했다는 점 때문이었으나, 의협과 패권을 탐탁지 않게 여긴 조선 유자들의 이들에 대한 평가는 대체로 부정적이었다. 조귀명은 직접적인 논평이 아니라 색다른 방식으로 이들의 특성을 파고들었다.

맹상군이 중립을 선언하면서 제후들 간 세력 균형의 조정자로 부상하였다. 그가 자신의 봉토인 설薛에 성과 궁궐을 대규모로 조성하고서 여러 나라의 대부와 공자들을 낙성식에 초청했다. 다들 맹상군의 비위를 거스를까 두려워 참석하지 않을 수 없었다.

손님들이 도착하고 술자리가 열렸는데, 조나라의 평원군, 위나라의 신릉군, 초나라의 춘신군이 상석에 앉게 되었다. 맹상군은 이 기회에 자신이 인재를 얼마나 우대하는가를 천하에 자랑할 생각으로, 패옥을 짤랑거리며 화려하게 예복을 갖춘 문사文士 3000명을 당상堂上에, 위풍당당하게 무장한 무사武士 6만 명을 당하堂下에 세웠다. 맹상군이 술에 취해 세 공자를 돌아보며 말했다.

"저처럼 모자란 사람도 버리지 않고 문하에 찾아준 사士가 이렇게 많습니다. 그러니 인재를 아끼기로 명성이 자자한 세 분 공자께서는 문하의 인재가 당연히 저보다 많으실 테지요?"

그러자 여러 공자는 손사래 치면서 부끄러워하는 기색을

보였다.[31]

『사기』에 수록된 사공자 각각의 열전 어딘가에 나옴 직한 내용이지만, 조귀명이 가공해낸 장면이다. 맹상군의 사람됨이 생생하게 그려지는 도입부다. 겸양을 가장하여 상대를 깔보며 으스대는 맹상군에게 신릉군이 이 수많은 인재 가운데 가장 실질적으로 도움이 되는 분은 누구인지 물었다. 그러자 맹상군은 풍환馮驩과 공손수公孫戌, 전무田督, 승둔勝瞥 등을 들었다. 모두 『사기』와 『전국책戰國策』 등의 역사서에 등장하는 실존 인물이다. 그러고는 조나라 사람 하나가 맹상군에게 불손한 말을 했다는 이유로 자신의 식객들이 마을 사람 모두를 도륙해버린 일화를 자랑스럽게 말하는 것이었다. 그러자 신릉군은 맹상군이 자신의 나라인 제나라에 이적 행위를 했음에도 이를 지적하는 이가 없었다는 사실을 들어서 비판하고는 이렇게 말한다.

저희 위나라는 작은 나라이고 저도 형편없는 사람이며 불러들인 객들도 참으로 자랑할 것이 없습니다. 하지만 저의 객중에는 모공毛公이라는 분과 설공薛公이라는 분이 계십니다.
저는 조나라를 구하려다 모국인 위나라에 죄를 지어 두려운 마음에 10년 동안이나 돌아가지 못하고 있었습니다. 진나라 군대가 저희 수도인 대량大梁을 포위해 나라가 거의 망할 지경이 되어 위나라의 사신이 계속 찾아와 돌아오기를 청하는 상황이 되었지만, 저는 어리석게도 숨기만 할

나만이
알아주는
나

뿐 끝내 돌아갈 생각이 없었습니다. 이런 상황에서 모공과 설공이 그들이 숨어 살던 도박장과 술집을 떠나 저를 찾아와서는 비분강개하여 돌아가야 한다고 열변을 토하였습니다. 결국 이들의 말을 들은 덕분에 저는 면목을 부지해 천하에 떳떳이 살아갈 수 있게 되었습니다.

저는 이 두 분이 군의 문하에 있는 6만3000명의 식객보다 훨씬 낫다고 생각합니다.[32]

이 말을 들은 맹상군이 얼굴을 땅에 떨구고 식은땀을 흘리며 헐떡이더니 3일 동안이나 아무 말도 못 했고, 그의 사후에 여러 자식 간에 내분이 일어나서 결국 망했다는 내용으로 이 작품은 끝을 맺는다. 조귀명은 『사기』에 담긴 사공자 각각의 사람됨을 적절히 활용하여, 가상의 장면을 배경으로 대화를 재구했다. 논평 형식을 띠지 않고서도, 형상화한 인물과 허구적인 서사를 통해서 말하고자 하는 논점을 더 뚜렷하고 생생하게 드러냈다.

이러한 가상의 역사 서술은 조귀명의 말년까지 이어졌다. 43세에 지은 「후공세항왕사侯公說項王辭」는 후공이 항우項羽에게 유세하는 상황을 가상으로 설정한 작품이다. 유방劉邦과 항우의 싸움이 막바지에 이르렀을 무렵, 보급로가 끊겨 식량이 부족했던 항우가 유방의 아버지인 태공太公을 볼모로 잡아놓고 위협하며 유방에게 항복을 촉구했다. 그러자 유방은 후공을 보내 홍구鴻溝를 경계로 천하를 양분하자고 제안했고, 이를 받아들인 항우는 바로 태공을 돌려보냈다.

그런데 『사기』 「항우본기項羽本紀」에는 이 사실만 기록되어 있을 뿐, 후공이 어떤 말로 항우를 설득했는지는 밝혀져 있지 않았다. 일찍이 소식이 「대후공세항우사代侯公說項羽辭」를 지어서 후공이 펼쳤을 논변을 재구했는데, 조귀명은 소식의 작품이 너무 길고 껄끄러워서 적의 마음을 움직이기에는 부족하다고 평가하고는[33] 이 작품을 새로 썼다. 조귀명 자신이 가장 선망한 작가가 소식이었는데, 적어도 이 작품에서는 자신이 그를 능가할 수 있다는 자신감을 보인 것이다.

글은 후공이 초나라 군영에 가는 장면부터 시작된다.[34] 분노에 차서 두 눈을 부릅뜨고 당장이라도 칼을 뽑을 것처럼 칼자루를 만지작거리는 항우 앞에서 후공은 천천히 재배하고는 앞뒤 맥락도 없이 대뜸 말한다.

"한왕漢王(유방)의 사자 신 아무개는 태공을 모시고 돌아가게 해주시기를 대왕께 청하옵니다. 대왕께서는 그리 명하여주시기 바랍니다."

느닷없이 던진 어이없는 제안에 항우는 하늘을 쳐다보며 코웃음을 치고 만다. 그러자 후공은 뜻밖에 너무나 선선하게 "그럼 태공은 귀국하지 못하시겠군요"라며 인정해버리고 만다. 그러고는 엉뚱하게 한왕이 어떤 사람이라고 생각하는지 묻는다. 항우는 망설임 없이 "그야 치욕을 꾹 참고 간사한 꾀로 남을 속이는 사람이지"라고 바로 대답했다. 그러자 후공은 이렇게 말한다.

"대왕의 자애로운 마음은 졸병에게까지 미치고 신묘한 무예는 온 천하에 떨쳤습니다. 그런데 자애로움도 무예도 대왕만 못한 한왕이 대왕과 천하를 두고 쟁탈한 지 4년 만에 천하의 열에 일곱은 한나라 수중에 들어갔습니다. 왜 그렇게 되었을까요?"

자신을 띄워주는 말에 잠시 방심하다가 일격을 받은 항우는 말문이 막힌다. 한참 뒤에야 모르겠다고 답하는 항우에게 후공은 드디어 자신의 말을 시작한다. 이 말을 다 듣고 난 항우는 크게 기뻐하며 "공이 아니었다면 내가 천하를 잃을 뻔했다"고 하고는, 후공을 격상시켜 대접하고 태공을 위해 3일 동안 성대한 술자리를 베푼 뒤 한나라로 돌려보낸다.[35]

완숙기의 조귀명이 심혈을 기울여 만들어낸 논리가 과연 항우의 마음을 흔들 만한 힘이 있을까? 그가 재현해낸 후공의 말을 그대로 인용해두고 독자의 판단에 맡긴다.

> 저 사람이 자애로움도 대왕만 못하고 무예도 대왕만 못한데 천하 사람들의 마음을 끌어모아서 자기에게 복속시킬 수 있었던 것은 단지 의롭다는 명분을 빌렸기 때문입니다. 덕은 내적인 것이고 명분은 외적인 것입니다. 내면에 덕을 쌓은 자가 사람들을 일깨우는 것은 더디고, 외면에 명분을 드러낸 자가 시속을 속이는 것은 빠른 법입니다.
> 한왕은 의제義帝와 대대로 섬겨온 은혜가 있는 부형 사이도 아니고 두 마음을 품지 않겠다고 서원한 군신 관계도 아닙니다. 만약 한왕이 천하를 얻었더라면 의제는 분명 헌신짝처럼 버려졌을 것입니다. 그런데 저 사람은 구강왕九江王이 의제를 죽였을 때[36] 천하 사람들이 원통해하는 것을 보고는 이를 빌미로 삼아 천하에 호령할 수 있겠다고 생각했습니다. 그리하여 대왕은 임금을 시해하였다는 명분으로 몰아붙이고 자신은 역적을 토벌하는 의로움의 편에

서서는 소매를 걷어붙이고 뻔뻔하게 얼굴을 쳐들고서 제후들을 선동하여 천하의 이목을 우매하게 만들었습니다. 그렇지 않다면 저 사람이 어찌 대왕은 엄하게 정죄하면서 구강왕은 너그럽게 대우하여 그를 거두어서 자신의 호위 무사로 삼고는 혹시라도 남에게 빼앗길까봐 걱정하겠습니까. 그런데도 천하 사람들은 명분으로 인해 너무도 쉽게 우매해집니다.

지금 태공을 돌려보내달라는 청도 명분일 뿐입니다. 저 사람이 부모와 처자에 대해 일말의 측은해하는 마음도 없이 눈을 부라리며 그들을 넣고 끓인 고깃국을 나누어 먹자고 대답하는 것을 대왕께서도 보지 않으셨습니까. 만약 이 뒤집어 하는 말로 대왕의 분노를 자극하여 대왕의 큰 솥을 더럽게 했더라면, 저 사람은 소복을 하고 군중에서 곡을 하며 이렇게 말했을 것이 뻔합니다.

"무도한 한왕이 군주를 시해한 것도 부족해서 또 제후의 아버지를 살해했다. 그는 천하의 군부君父를 모조리 죽이지 않고는 만족할 줄 모를 것이다. 나는 내 사적인 육친을 위해서 복수하는 것이 아니라 천하의 군부를 위해서 복수하는 것이다."

그러고는 또 이를 널리 떠들어서 천하 사람들의 분노를 격발시켰을 것입니다. 이는 비단 천하를 우매하게 만드는 것일 뿐 아니라 실로 대왕을 우매하게 하려는 계책이었습니다. 그런데 다행히도 하늘이 대왕의 마음을 잘 이끄신 덕분에 한왕의 말을 듣지 않으실 수 있었던 것입니다.

지금 대왕을 위해 계책을 세우자면, 천하의 명분을 거두어 초나라로 되돌려서 천하의 주도권을 은밀히 빼앗는 것이 좋습니다. 신하들을 모아서 고하십시오. "남의 아비를 잡아 그 아들과 거래하는 것은 의리가 아니다. 내가 어찌 천하를 차지하는 이익을 구하고자 나의 의로움을 버리겠는가?" 그리고 태공을 예우하여 편안한 수레에 태우고 공손히 호위하여 한나라로 되돌려 보내신다면, 아무리 모진 한왕이라도 천하의 의론을 두려워하고 천하의 형세를 알아채고는 어쩔 수 없이 머리를 숙여 명을 듣고 무기를 거두어 자기 나라로 돌아갈 수밖에 없을 것입니다.

그렇게 하셨는데도 만약 저 사람이 물러나지 않는다면 대왕의 계책에 제대로 걸려드는 것입니다. 대왕께서는 의로움의 편에 서고 자신은 불의 편에 서게 되어 이제까지 명분으로 삼았던 것들을 잃게 될 텐데, 천하 사람들이 누구와 함께하겠습니까? 외면에 드러냈던 명분은 이미 다른 사람에게 옮겨졌고 내면에 쌓은 덕은 본래 대왕보다 못하였으니, 한 번만 싸워도 바로 대왕께 복속되고 말 것입니다.

바둑을 잘 두는 사람은 단 한 수로 패국敗局을 승국勝局으로 만드는 법입니다. 지금 이 일이야말로 대왕께서 패국을 승국으로 만들 한 수입니다. 그런데 대왕께서는 대국을 하고 있는 당사자라서 판세를 읽지 못하고 계신 듯합니다. 그래서 태공이 귀국하지 못하시겠다고 말씀드린 것입니다.[37]

경계를 넘나들며

이단의

3

이단, 세계를 읽는 또 다른 길

이단異端이라는 말은 공자가 "공호이단攻乎異端, 사해야이斯害也已"
라고 말한 데서 비롯되었다. 이 구절에 대한 해석은 몇 가지로 갈
린다. 조선에서 가장 많이 읽힌 주희의 주석에 의하면 "이단을 전
공하면 폐해가 심하다"라고 풀이된다. 이단의 예로는 맹자가 공
격한 양주楊朱와 묵적墨翟, 정이程頤가 경계한 불교 등이 지목되었
다.[38] 이단이 가리키는 대상은 시대마다 차이가 있지만 '공攻'을
'학문을 연구하다'의 의미로 보고 유가와 다른 사상의 폐해를 지
적하는 언급으로 이해하는 것은 주희 이전인 한대漢代의 주석부
터 이미 있어온 관점이다.[39]

그러나 극단과 배제보다 중용과 조화를 추구한 공자의 사상
으로 볼 때 이런 해석은 온당치 않다는 의견도 일찍부터 제기되
어왔다. '공攻'이 『논어』의 다른 구절에서 모두 '공격하다'의 뜻으

나만이
알아주는
나

192

로 쓰였다는 점이 중요한 근거가 되었다. 조선에서는 박세당朴世堂 (1629~1703)이 "이단을 심하게 공격하면 도리어 해가 된다"는 해석을 내놓았다.[40] 전통 시대에는 비교적 소수 의견이었지만 현대의 주석서들은 공자의 관용적 태도를 근거로 이 해석을 따르곤 한다.

후자의 해석은 물론이고, 전자의 해석을 따르더라도 공자가 특정 사상을 강하게 배제했다고 보기에는 무리가 있다. 더욱이 공자의 시대는 제자백가나 외래 종교가 배격해야 할 만큼 세력을 형성하기 전이다. 정약용丁若鏞(1762~1836)은 이 점에 주목하여, 농사나 군사 등의 특정 기예를 평생의 전공으로 삼아 거기에만 매몰된다면 군자의 학문에 해가 된다는 점을 가볍게 경계한 말로 이해해야지 노장이나 불교 등을 배격하는 후대의 관점으로 이 구절을 해석하는 것은 부당하다고 비판했다.[41]

그러나 주자학의 나라 조선에서는 이 구절이 강력한 배제의 논리로 많이 사용되어왔다. 정통의 범위를 좁히면 좁힐수록 그와 다른 사상을 이단으로 몰아세우기 쉬워진다. 이단 배제의 폐해를 경계한 것으로 공자의 말을 풀이한 박세당 자신이 바로 이단 배제 논리의 대상이 되어 유배와 죽음에 이르렀다는 사실은 시사하는 바가 크다.

박세당이 경서 해석에 있어서 주희의 주석과 다른 주장을 편 부분이 있는 것은 사실이지만 이는 성인聖人의 본의에 다가가기 위한 시도였지 애초에 다른 목적지를 상정한 것은 아니다.[42] 따라서 그의 사상을 유가 혹은 주자학의 '이단'으로 보기는 어렵다. 그럼에도 불구하고 박세당이 사문난적斯文亂賊의 이단으로 몰린 것은 정치적인 이유에서였다. 그가 이경석李景奭(1595~1671)을 위한 신도비명을 쓰면서 송시열을 비난하는 문구를 넣은 일이 빌미가 되어 노론 측의 공세가 시작되었고 그 와중에 그의 저술 『사변록思辨錄』이 뒤늦게 문제시되었다. 이단 배제의 논리가 사상과 학문을 넘어서 당쟁의 수단으로 활용된 것이다. 소론 측의 남구만南九萬(1629~1711), 최창대崔昌大(1669~1720) 등은 이것이 정치 공세일 뿐 사상적으로 문제될 게 없다는 입장을 표명했다.[43]

같은 서인계로서 오랜 통혼通婚과 사제관계로 긴밀하게 연결되어 있던 노론과 소론 사이에 돌이킬 수 없을 만큼 깊은 골이 생긴 것은 17세기 중후반의 비교적 짧은 기간에 이루어진 일이다. 다만 정치 공세라는 점을 감안하더라도 소론에 대한 노론의 비판이 주자학의 순정성 여부를 문제 삼았다는 점은 주목할 만하다. 노론 측에서는 박세당이 허균 이래 '욕망'을 강조하는 양명학 기풍의 영향을 받았으며,[44] 최창대가 주자학의 권위를 노골적으로 부정했다고[45] 비판했다. 박세당이나 최창대 역시 대체로 주자학의 기반 위에 서 있었다는 점에서 이러한 비판은 지나친 면이 있다. 그러나 이들의 지적 환경과 관심사가 주자학이라는 구심에서 다소 유연했던 것은 사실이다.

최석정崔錫鼎(1646~1715)과 남극관이 서양 학문과 천문역법을 탐구했고,[46] 임상덕林象德과 이종휘李種徽가 각각 『동사회강東史會綱』, 『동사東史』 등의 우리 역사서를 저술했으며, 최석정의 『경세정운經世正韻』을 비롯해서 남구만과 남학명, 남극관 등의 우리말에 대한 탐구가[47] 이광사李匡師, 정동유鄭東愈, 유희柳僖 등 소론 학자들에게 이어진 사실 등을 볼 때, 이들의 학문적 관심이 주희

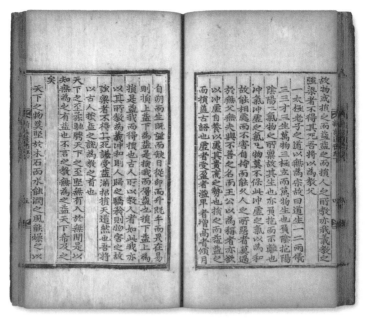

『신주도덕경』, 박세당, 33.3×21.2cm, 조선시대, 국립중앙박물관.

저작의 정리와 성리 논변을 중심으로 삼았던 송시열 계열 학자들에 비해서 비정형적으로 확산되고 있었음을 확인할 수 있다. 박세당이 이단으로 치부되는 노장老莊을 학문 대상으로 삼아서 『신주도덕경新註道德經』과 『남화경주해산보南華經註解刪補』 등의 주석서를 저술한 것도 이러한 유연성의 사례라고 할 만하다.

조귀명은 학술 사상을 표명한 저서나 주석서를 남기지는 않았으며, 성리학이나 경학에 대해 학문적으로 침잠한 흔적을 보이는 글을 별로 찾을 수 없다. 그는 소론계의 가문을 배경 삼아 지적 관심을 형성해갔기에, 주자학을 절대 기준으로 삼아 이단을 적극 배제하려는 이들과는 결이 달랐다. 문학적 관심을 매개로 노장과 불교의 저작들을 폭넓게 섭렵한 조귀명에게 있어서, 이단은 과도하게 경계해야 할 대상도, 그렇다고 굳이 추구해야 할 대상도 아니었다. 세계를 읽고 나의 글로 표현하는 데 도움이 된다면 마다할 것 없는 여러 갈래의 길 중 하나일 뿐이었다.

그러나 1장에서 보았듯이 조귀명을 바라보는 당대의 시선은 그렇지 않았다. 황경원은 불교나 노자의 학설에 있는 현묘함과 고원함은 유가 경전에도 다 들어 있으므로 굳이 그런 이단을 공부할 필요가 없으며, 석가나 노자의 학설 중에서 유가의 도에 가까운 것이야말로 실은 도에 해가 되는 지점이므로 이들을 유가와 연결시키려 하다가는 그 폐해가 매우 클 수밖에 없다고 강하게 비판했다. 전형적인 이단 비판의 논리가 조귀명에게 가해진 셈이다. 심지어 유가 경전과 불경, 노장의 문장을 늘 함께 벌여놓고 이들을 합일시키겠다고 하는 조귀명을 두고, 애초에 불가능한 삼교 통합의 논리를 내세우면서 내심으로는 이미 불교에 귀의한 것 아니냐는 신랄한 지적까지 했다.[48]

조귀명 역시 노장과 불교를 바라보는 기본 관점은 유가 학술에 있었다. 유가 사상을 기반으로 노장과 불교를 재단하고 그 부조리와 폐해를 지적하기도 했다. 다만 이른 시기부터 평생토록 이들 서적을 손에서 놓지 않고 읽었으며 그로 인한 관심사를 여러 글에서 다양하게 표출했다는 점이 중요하다. 조귀명은 노자와 장자의 사상 및 문장을 자신의 관점에서 규정하고자 했고, 불교의 여러 교리를 유가와 비교해 분석하고 논쟁했다. 이는 조귀명의 사유 방식과 문학적 수사에 적지 않은 영향을 주었다.

이단의 성인聖人, 노자

조귀명은 21세에 거울을 보며 쓴 찬贊에서, 알아주는 이가 없을 수록 오히려 자신이 독보적이고 귀한 존재임을 역설적으로 천명하면서 노자의 말을 인용했다.[49] 노자는 조귀명에게 있어서 가득함과 텅 빔, 복과 화, 삶과 죽음, 귀함과 천함, 아름다움과 추함 등의 경계를 허무는 상대주의 사유의 근원이었다. 조귀명의 글에서 상대 개념을 설정하고 역설의 수사로 새로운 인식의 가능성을 제시하는 구도가 많이 구사되는 것 역시 노자의 영향으로 볼 수 있다.

> 세상의 학자들은 늘 '노장老莊'이라고 병칭하기만 하지, 노자의 도와 장자의 도가 근원을 각기 달리한다는 점은 모른다. 장자는 유가에 속하되 격분한 자이고, 노자는 유가와 별개다.
> 노자는 특히 '가득함盈'과 '텅 빔虛', '올라감乘'과 '내려감除'의 분별에 밝다. 가득함의 즐거움을 알면서 늘 텅 빔을 따르고 올라감의 영화로움을 알면서 늘 내려감의 자리에 처한다. 천지의 이치는 가득함이 없으면 텅 비는 일이 없고 올라가지 않으면 내려갈 일도 없다. 자신이 먼저 가득함을 비켜가면 천지가 텅 비게 하지 못하고, 자신이 먼저 올라감을 피해가면 천지가 내려가게 하지 못한다. 이렇게 하면 천지가 나에 대한 권한을 잃게 되어서 천지의 범위가 나를 수렴하지 못하고 천지의 운수도 나를 제약하지 못하게

된다. 도교를 수련하는 자들이 바로 이러한 이치를 훔쳐서, 장생불사나 우화등선 같은 방술이 생겨난 것이리라.

장자는 마음을 다루는 논심論心에 정묘하고, 노자는 세계를 보는 관물觀物에 심오하다. 그러니 노자의 학문은 기미幾微에 있을 뿐이다.[50]

조귀명이 38세에 쓴 「노자를 읽고讀老子」의 전문이다. 노자와 장자를 구분해서 장자는 유가에 속하지만 노자는 유가와 애초에 길을 달리한다고 보았다. 하지만 그렇다고 해서 노자를 배제해야 할 이단으로 치부한 것은 아니다. 누구나 가득하고 왕성함을 바라지만 거기에 이르려 애쓰다보면 어느새 텅 비고 쇠약해지고 만다. 우리 삶이 곤고해지는 것은 눈앞에 보이는 길흉화복의 기복에 끌려다니며 연연하기 때문이다. 세계를 보는 관점을 달리하면 삶의 태도가 달라지고, 그럴 때 진정한 자유를 누릴 수 있다. 노자는 특유의 상대주의적인 관점으로 새로운 시야를 제공하고 변화의 기미를 읽을 수 있게 해준다는 점에서 그것대로 유효할 뿐 아니라, 다른 것으로 대체할 수 없는 깊이를 지닌다.

조귀명이 말한 '가득함'과 '텅 빔', '올라감'과 '내려감'이란 사람이 어찌할 수 없는 길흉화복의 순환과 기복, 즉 '명命'을 말한다. 노자뿐 아니라 장자, 혹은 유가 일반도 이에 대한 극복을 매우 중대한 문제로 여겼다. 조귀명은 유가가 '명'을 살피고 대하는 태도는 마음의 평안을 유지하여 어떤 상황이 닥쳐도 절개가 변치 않는 데에 있는 반면, 노자는 가득함과 올라감에 처하기를 스스로 꺼림으로써 오히려 길흉화복의 운명이 나를 어찌할 수 없도록 만드는 방식으로 대처한다고 구별했다.[51] 하늘이 주도하는 일방적인 게임에서 개인이 맞닥뜨릴 수밖에 없는 현실은 어찌할 수 없지만, 정신만큼은 현실을 자유롭게 넘나들며 그 게임 자체를 뒤집음으로써 초극할 수 있다는 것이다.

이사중李思重(1698~1733)이라는 인물이 서른여섯의 나이에 일찍 죽었다. 조귀명과 직접 만난 적은 없었지만 이천보, 황경원, 홍제유洪濟猷(1689~1721), 김현택金玄澤(?~1726) 등 겹치는 지인을 통해서 간접적으로 서로의 존재를 알고 있었다.[52] 특히 이천보가 조귀명에게 이사중의 말을 전한 일을 계기로 두 사람은 서로 만나보고 싶어하던 차였다. 그런데 그만 이사중이 불의에 세상을 떠나고 말았다.

이사중의 부고를 전해 들은 조귀명은 이천보를 통해 조의를 표했다. 그러자 이천보는 조귀명에게 글을 지어서 애도를 표하는 것이 어떻겠느냐고 권했다. 결국 조귀명은 얼굴도 본 적 없는 이사중을 위한 애사哀辭를 썼다. 그런데 조귀명 본인이 밝힌 애사 저작의 이유가 범상치 않다.

> 의숙宜叔(이천보)은 내가 애도하지 않으면서 애도하리라는 것은 알지만 내가 애도하면서 애도하지 않으리라는 것은 모른다. 비록 그렇긴 하지만 실로 애도하지 않으면서 도리어 애도하는 것은 이 때문이다.[53]

자신이 이천보의 권유에 의해 애도의 글을 쓰고 있기는 하지만 실은 애도하지 않는다는 것이다. 애사를 쓰면서 이런 말을 하는 것이 가당할까? 또 애초에 이천보가 조귀명이 애도하지 않으면서 애도하리라고 생각한 것은 무엇 때문일까? 우선 이사중이라는 인물에 대해 알아볼 필요가 있다. 다음은 황경원이 쓴 이사중의 묘표에 나오는 대화다.

> 이사중은 일찍부터 노자를 읽고 그 현묘함을 좋아하였다.
> 이 점을 매우 의심쩍어하는 이들에게 남유용은 웃으며 말했다.
> "사고士固(이사중)는 선악을 분별하여 실무에 주도면밀한 인물인데 노자를 따를 리가 있겠는가?"
> 그러자 황경원이 말했다.
> "사고의 학문은 유학을 중심에 두고 있으므로 노자에 굽힐 사람이 아닙니다."
> 남유용이 화답했다.
> "그대는 참으로 사고를 잘 알고 그의 학문을 믿는 사람일세."[54]

정작 남유용이 쓴 애사에 의하면, 이천보는 이사중을 실무 행정에 능한 이로, 황경원은 황로학黃老學 즉 황제黃帝와 노자의 학문을 잘하는 이로 평했다고 했다. 황경원의 묘표와는 다소 차이가 있지만, 남유용이 하고자 한 말은 이사중이 실무에도 능하고 황로학에도 밝았다는 점이다.[55]

세간의 평과 지인들의 변론에서 공통으로 끌어낼 수 있는 이사중의 특징은, 그가 노자에 조예가 깊었다는 사실이다. 오원吳瑗(1700~1740)이 그를 두고 "천하의 기미에 대해 밝게 아니, 요즘 보기 드문 기이한 인재다"[56]라고 한 것도, 앞서 조귀명이 노자의 장점으로 든 관물觀物에 남달리 뛰어난 점을 지목한 것이다. 조귀명이 이사중의 죽음에 부친 애사 역시 '올라감乘'과 '내려감除'의 분별에 밝은 인물이었다는 데에 초점이 맞춰져 있다.

> 사고의 사람됨은 밖으로는 남들 하는 대로 규범에 고분고분하지만 안으로는 현묘한 깨달음을 온축하고 있으며, 올라감과 내려감乘除, 줄어듦과 늘어남消長의 구분에 매우 밝다. 관물의 규모가 큰 까닭에 세상의 귀함과 천함貴賤, 영광과 치욕榮辱, 아름다움과 추함美醜, 폄훼와 명예毀譽 따위가 그 마음을 전혀 구속하지 못한다. 그의 도는 노자에 가까우나 그의 학문은 자기 마음을 스승 삼아서 독자적으로 이른 것이다. 그가 나를 알아주는 것 또한 이러한 점을 인정해서이다.[57]

이사중이 그랬듯이 조귀명 역시 노자를 좋아하는 인물로 당대에 알려져 있었다. 승제乘除와 소장消長은 물론 생사生死에까지 초연해야 노자의 본색을 얻었다고 할 만하다. 이천보는 두 사람의 공감대가 노자적인 사유에 있음을 알았기에 조귀명이 애도하지 않는 자세를 취할 것임을 알았고, 그럼에도 속으로는 애도하는 마음이 없지 않으리라 생각한 것이다. 하지만 조귀명은 겉으로만 애도하지 않는 것이 아니라 진심으로 애도할 일이 아니라고 생각하기 때문에, 설혹 애도의 자세를 취하고 심지어 애도의 글까지 쓴다 하더라도 자신은 실로 애도하지 않는다고 했다. 어찌 보면 그것이야말로 노자의 관물이 주는 현묘한 깨달음을 얻어 길흉화복에 의해 마음이 구속되지 않기를 바란 고인에 대한 진정한 애도인 셈이다. 노자의 상대주의와 역설이 만들어낸 독특한 애사라고 할 만하다.

"노자는 용龍과 같구나!"『사기』에 공자의 말로 실려 전한다. 두 사람의 만남이 역사적 실제였다고 보기는 어렵지만, 공자의 권위를 빌려 노자의 이미지를 전하고자 하는 많은 이에게 일찍부터 많이 인용되어온 구절이다. 아무리 잘 나는 새, 잘 헤엄치는 물고기, 잘 달리는 짐승도 각각의 속성만 알면 잡을 수 있지만, 바람과 구름을 타고 하늘로 오르는 용은 도무지 파악되질 않는 다면서 노자가 바로 이러한 용과 같다고 한 것이다.[58] 공자 자신으로서는 노자라는 인물에 대해 알 수도 평할 수도 없을 정도라는 칭찬, 혹은 겸사로 이해되어왔다.

조귀명은 이 말이 공자가 아니었다면 할 수 없었을 칭송이라면서, 공자가 즐겨 읽었던 『주역』과 연결시켰다. 건괘乾卦는 여섯 개의 효爻가 모두 양효이므로 부드러움은 전혀 없이 순전히 강경함만 있는 것이어서 지나치다. 그래서 "여러 용을 보니 우두머리가 되려 하지 않아 길하다"라는 구절로 경계한 것인데,[59] 이를 가장 잘 실현한 이가 노자라는 것이다.[60] 노자가 강하고 자유로운 용의 위상을 지녔으면서도 자신을 내세우지 않고 물러나 부드러움에 처하는 인물임을 간파한 것이다. 겸사처럼 보이지만 실은 공자야말로 노자를 제대로 알아보고 가장 적절하게 평한 셈이다.

「노자」, 장로長路, 중국 명대.

나아가서 조귀명은 노자를 가리켜 '이단異端의 성인聖人'이라고까지 말했다. 노자 『도덕경』의 문체가 「계사전繫辭傳」과 유사하다는 이유에서다.[61] 「계사전」은 『주역』의 괘가 지니는 의미를 풀어 설명한 내용인데, 공자가 썼다고 전한다. 문체의 유사성에 대해서는 별도의 고찰이 필요하겠지만, 「계사전」이 짧막한 경구로 이루어진 상하 각 12장의 구성이고 개념의 대비와 구문의 반복 가운데 형이상학적인 명제들을 선언적으로 던지는 서술 방식을 취하고 있다는 점에서 노자의 『도덕경』과 유사한 면이 있다.

'이단의 성인'이라는 표현에서 주목할 것은, 조귀명이 노자를 분명하게 이단으로 지목하면서 성인의 반열에 올렸다는 점이다. 이를 단지 문체의 유사성을 강조하고 싶어서 떠올린 수사修辭로만 볼 수 있을까? 물론 스스로 이단이라고 규정했으므로 공자와 동등하게 여기고 노자의 도를 추구하겠다는 언명으로 이해할 수는 없을 것이다. 하지만 이단에도 길이 있으며 그 정점에 있는 인물을 성인으로 부를 수 있다는 생각이 흥미롭다. 그리고 이는 박세당이 새로운 경서 해석의 정당성을 주장하며 인용한 다음 구절과도 연결된다. 출처는 역시 공자가 지었다고 전하는 「계사전」이다.

천하가 무엇을 생각하고 무엇을 근심하겠는가. 천하의 귀결이 같아도 그 길은 다르며 이치는 하나라도 생각은 백가지인 법. 그러니 천하가 무엇을 생각하고 무엇을 근심하겠는가.[62]

격분한 유자가 논하는 마음

조귀명은 고질적인 난치병을 안고 두문불출하며 인간사에 관여하지 않을 때가 많았다. 그러는 동안 그가 밤낮으로 심혈을 기울인 것은 문장을 잘 짓기 위한 노력이었다. 거기에만 깊이 침잠하여 온축에 온축을 거듭한 지 30여 년 만에 조귀명은 문장이 더욱 크게 발전하고 현묘한 깨달음을 얻어서 기존의 격식에 얽매이지 않고 자신만의 견해를 펼칠 수 있었다.[63] 이상은 조귀명을 가장 가까이에서 지켜보았고 조귀명 본인도 일가 형제 가운데 자신을 가장 잘 아는 이로 꼽은 조현명이 정리한 조귀명 문학의 대강이다.

조귀명이 이처럼 자신만의 세계 속에 깊이 빠져서 얻은 현묘한 깨달음과 독특한 표현의 상당 부분은 장자에게서 왔다. 조귀명 본인이 조현명에게 자신의 문학은 "장자에서 얻은 것이 많고 소식을 궁극의 목표로 삼는다"고 말하곤 했다.[64] 실제로 장자의 영향을 따로 추리기 무색할 정도로 조귀명의 작품에 드러나는 장자의 영향은 넓고 깊다. 부분적인 어구나 표현을 『장자』에서 가져온 사례가 매우 빈번하게 보이며, 자신의 생각을 핵심적으로 말하는 대목에서 『장자』를 인용한 예도 비교적 많다. 뿐만 아니라, 특별히 장자를 언급하지 않았음에도 사유 방식과 세계관에서 장자의 영향이 강하게 감지되는 작품이 적지 않다.

조귀명의 작품에 광범위하게 나타나는 장자의 영향을 짚어보는 것은 개별 작품을 분석하여 소개하는 대목으로 미루고, 여기서는 제화題畵와 짤막한 경구 가운데 드러나는 장자적인 사유를 살펴본다.

달빛 서늘하고 담박한데
돌은 예스럽게 널려 있네.
낙락장송 한 그루 있어
물에 닿게 가지 드리웠네.
학은 소나무 끝에 서 있고
사람은 그 뿌리에 기대었네.
한결같이 맑고 깨끗하니
누가 학이고 누가 사람인지.
月寒而淡, 石古而亂.
爰有長松, 拂水而偃.
鶴立其顚, 人倚于根.
一般淸疎, 誰鶴誰人?[65]

조귀명이 27세에 쓴 열두 편 연작 「화찬畫贊」 가운데 두 번째 작품이다. 짧은 글로 그림 속 풍경이 머리에 그려진다. 달, 돌, 소나무, 물, 학, 그리고 사람. 그 모든 것이 분별없이 맑고 깨끗하기만 하다. 사람 역시 풍경의 일부일 뿐이다. 자신을 잃어버린 듯 우두커니 안석에 기대어 앉은 남곽자기南郭子綦처럼 나와 남의 구분과 차등 없는 제물齊物의 경지를 떠올리게 한다.[66]

대부분의 사람이 당연하게 여기는 구분과 차등을 부정하고 새로운 시각으로 대상을 바라보는 것은 조귀명 사유의 근간을 흐르는 주제다. 앞서 질병과 죽음을 대하는 태도에서 보았듯이,

조귀명은 좋고 나쁨의 경계를 무화하는 시각을 통해 인식론적인 돌파구를 마련한다.[67] 여기에 장자가 논한 '마음'이 중요한 계기로 작용하곤 했다.

옛사람들은 곁에 두고 사용하는 기물에 삶의 깨달음과 지향을 적어두고 늘 마음에 새기곤 했다. 자신을 비추는 거울은 마음을 상징하기도 해서 많은 이가 글귀를 적어놓곤 하던 기물이다. 만년인 43세 때 조귀명은 거울을 넣어두는 상자에 이렇게 썼다.

「팔괘무늬 거울」, 청동, 7.2×6.9cm, 조선시대, 국립중앙박물관.

거울은 형상을 머무르게 하지 않기 때문에 어두운 데 없이 수많은 형상을 비춘다. 마음은 대상을 붙들어두지 않기 때문에 얽매인 데 없이 갖가지 대상을 응대한다.[68]

특정 대상에 집착하지 않고 비추는 대로 보여주는 거울의 속성을 들어서 우리 마음도 그래야 자유로워질 수 있음을 일깨우는 구절이다. 눈앞에서 벌어지는 무언가에 마음을 빼앗기고 연연하다보면 거기에 갇혀서 판단을 그르치는 일이 적지 않다. 거울에 형상들이 비쳤다가 사라지듯 우리 마음에 머무는 대상들 역시 물 흐르듯 자연스럽게 흘려보내야 그 각각에 대해 자연스러우면서 적절한 대응을 할 수 있다.

거울과 마음의 유비를 통한 참신한 경책警策을 넘어서서, 조귀명은 거울 상자에 몇 마디 더 적어놓았다.

거울은 형상을 비출 수 있지만 비치지 않는 형상은 비출 수 없다. 해와 달 역시 마찬가지로 형상을 따라 비출 뿐이다. 그러나 마음은 형상이 아니라 정신으로 비춘다. 그러므로 천 년 전의 과거에도 갈 수 있고 백 세대 뒤의 미래도 알 수 있으며, 고개를 숙였다 드는 짧은 순간에 세상 끝까지 두어 번은 갔다 올 수 있다.[69]

수동적으로 비추는 거울과 달리 마음이 얼마나 빠르고 자유롭게 시간과 공간을 초월할 수 있는 존재인지 인상적으로 역설하는 이 구절은, 『장자』에서 사람의 마음을 어떻게 다루어야 하는지 답하는 대목을 연상시킨다. 무위의 정치를 한다면 사람의 마음을 어떻게 선하게 할 수 있는지 묻는 최구崔瞿에게 노담老聃은 이렇게 답한다.

사람들의 마음을 흔들어대는 일이 없도록 조심하시게. 사람의 마음은 남을 밀쳐 내리고 자기가 위로 오르려 하게 마련이네. 그러다보니 오르는 사람과 내려가는 사람이 서로 가두고 죽이려들게 되는 것이지. 자기 목적을 위해 나긋나긋 구워삶아서 강하고 완고한 자를 물렁하게 무장

해제시키는가 하면, 때로는 모질게 몰아붙여 치명적인 상처를 입을 때까지 쪼아대기도 한다네. 마음이란 건 뜨겁기가 활활 타오르는 불길 같고 차갑기는 꽁꽁 얼어붙은 얼음 같지. 빠르기는 또 어떤가. 고개를 숙였다 드는 짧은 순간에 세상 끝까지 두어 번은 갔다 올 정도일세. 가만히 있을 때는 깊은 연못처럼 고요하다가도 움직일라치면 어느새 저 높은 하늘에 걸려 있지. 명심하시게. 제멋대로 내달려서 붙들어둘 수 없는 것이 사람의 마음이라네.[70]

앞서 본 것처럼, 조귀명은 마음을 다루는 논심論心에 정묘하다는 점이 장자의 가장 큰 장처라고 했다.[71] 정치의 핵심이 사람들의 마음을 흔들지 않는 데 있다고 답한 위 인용문에 이어지는 내용은, 유가와 묵가가 일어나 옳음과 그름, 아름다움과 못남, 앎과 모름 따위를 요란하게 내세워 사람들의 마음을 흔들어놓고 이를 감당하지 못하는 바람에 속임과 비난, 추방과 처형이 횡행하며 천하가 쇠퇴하게 되었다는 것이다. 요순 이래 유가와 묵가의 선생들이 열심히 뛰어다니며 부지런히 교화하고 법도를 만들어왔지만 그러면 그럴수록 분열만 조장될 뿐이니 그 모든 것이 마음을 흔들었기 때문이다.

그러니 성聖과 지知를 끊어버려야 천하가 다스려진다는 것이 장자의 결론이다. 조귀명이 여기에까지 문면 그대로 동의한 것으로 볼 수는 없다. 하지만 조귀명의 말을 빌려본다면, 이는 장자가 유자로서 시대의 문제를 누구보다 더 깊이 통찰하고 격분하여 내놓은 극단적인 수사다. 그리고 여기서 우리가 읽어야 할 핵심은

'사람의 마음'이다.

> 이치에 통달한 사람은 물이 빠뜨릴 수 없고 불이 태울 수
> 없으며 추위와 더위가 상하게 하지 못하고 날짐승과 들
> 짐승이 해치지 못한다. 빠지지 않는 것이 아니라 빠뜨림을
> 당하지 않는 것이고 타지 않는 것이 아니라 태움을 당하
> 지 않는 것이며, 상하지 않는 것이 아니라 상하게 함을 당
> 하지 않는 것이고 해를 입지 않는 것이 아니라 해침을 당
> 하지 않는 것이다. 몸이 받지 않는 것이 아니라 마음이 받
> 지 않는 것이다. 『장자』에서 "거취를 조심하니 해칠 수 없
> 다"고 말한 것은 그 뜻이 한 단계 아래다.[72]

장자마저 한 수 아래로 치며 '마음'의 문제를 강조했다. 조귀명
이 인용한 『장자』의 대목이 어떤 맥락에서 나온 것인지 먼저 살
핀다. 「추수秋水」 편에서 북해약北海若이 크고 작음, 귀하고 천함,
유용과 무용, 심지어 옳음과 그름의 구별마저 무의미하다고 말하
자, 이를 들은 하백河伯이 그렇다면 도道를 중시해야 할 이유가 어
디에 있는지 물었다. 북해약은 이렇게 답한다.

> 도를 아는 사람은 반드시 이치에 통달하고 이치에 통달한
> 사람은 반드시 권도權道(상황에 따른 도리)에 밝고 권도에
> 밝은 사람은 외적인 요인 때문에 자기를 해치지 않는다.
> 지극한 덕을 갖춘 사람은 불이 뜨겁게 할 수 없고 물이 빠
> 뜨릴 수 없으며 추위와 더위가 상하게 하지 못하며 짐승

들이 해치지 못한다. 그것들을 가벼이 여긴다는 말이 아니라, 안위를 잘 살피고 화복을 평안히 여기며 거취를 조심하니 해칠 수 없음을 말한 것이다.[73]

『장자』에서 말하고자 한 것은, 사람의 몸 밖에 있는 인위人爲를 행하지 말고 마음속에 있는 천성天性을 따름으로써 궁극의 도로 나아가야 한다는 것이다. 그런데 무엇이 안전하고 무엇이 위험한지, 무엇이 복이고 무엇이 재앙인지를 알아서 진퇴를 결정한다고 하여 과연 모든 위험과 재앙을 피할 수 있을까?

조귀명이 한 단계 아래라고 한 이유가 여기에 있다. 사람이 아무리 거취를 조심한다고 해도 위험과 재앙이 이르는 문제가 완전히 해결되는 것은 아니다. 물과 불, 추위와 더위, 날짐승과 들짐승 같은 외적인 요인들이 내 몸에 가하는 행위 자체를 막을 수는 없다. 하지만 나의 마음만은 그것을 받지 않을 수 있다는 것이다. 조귀명은 나에게 가해지는 외부의 사건뿐만 아니라 어떤 대상의 상대적인 가치 역시 나의 마음에 따라 180도 달라질 수 있다고 했다.

미혹되면 신기한 것이 부패한 것이고 깨달으면 부패한 것이 신기한 것이며, 미혹되면 부패한 것이 신기한 것이고 깨달으면 신기한 것이 부패한 것이다.[74]

이 구절 역시 『장자』의 문구를 가져와서 조귀명 나름의 언어로 바꾼 것이다. 『장자』에서는 삶과 죽음이 별개가 아니라 하나로 연결되어 있으므로 죽음마저 근심할 것 없다는 논리를 펴며 이렇게 말했다. "만물은 매한가지인데 자기가 아름답다고 여기는 것은 신기하다고 하고 자기가 추하다고 여기는 것은 부패했다고 한다. 하지만 부패한 것이 다시 변화하여 신기한 것이 되고 신기한 것이 다시 변화하여 부패한 것이 된다. 그래서 천하는 하나의 기氣로 이루어져 있다고 하는 것이다."[75]

아름다움과 추함 역시 사람의 마음에 달린 것이며, 그 인식에 따라 똑같은 대상에 대한 평가도 정반대가 될 수 있다. 그러나 천하 만물은 하나의 기氣가 변화하여 이루어지는 것이므로 신기한 것과 부패한 것은 고착된 별개가 아니라 서로 맞물려 변화하는 과정의 일시적인 상태일 뿐이다. 조귀명은 여기서 한 걸음 더 나아가, 나의 마음에 깨달음이 있는지 없는지에 따라 대상에 대한 판단이 정반대로 달라질 수 있다고 했으며, 그 역시 고정된 것이 아니라는 뜻에서 그 자체를 한 번 더 뒤집어 표현했다.

이처럼 모든 문제를 마음에 달린 것으로 보는 인식을 미루어 의론을 펼치는 데에 조귀명 문학의 중요한 특징이 있다. 그 연원에 『장자』의 상대주의 인식이 지대한 영향을 끼쳤는데, 조귀명은 이를 때로는 그대로, 때로는 변형 혹은 발전시켜 자신의 목소리로 빚어냈다. 그에 대해서는 4장에서 살피기로 하고, 여기서는 마음에 대한 조귀명의 흥미로운 발상이 돋보이는 단상斷想 몇 대목을 제시한다. 불교적 색채로 지목받아온 「정체靜諦」와 「분향시필焚香試筆」에 실린 문장들인데, 본인의 단편적인 깨달음을 자유롭게 적은 것이어서 불교와 장자의 영향이 섞여 있다. 별다른 설명이 필요 없을 만큼 쉬운 말과 친근한 제재로 이루어져 있어서,

오늘날 우리에게도 생각해볼 거리를 주는 아포리즘으로 읽을 만하다.

세상 사람들이 늘 "좋은 일에는 마魔가 낀다"고들 말하곤한다. 사람이 좋은 일만 좋은 일이라 여기기 때문에 좋은일에 마가 끼는 것이다. 만일 성향이 정반대인 사람이 좋지 않은 일을 좋은 일이라 여긴다면 좋지 않은 일에도 반드시 마가 낄 것이다.[76]

형통한 사람의 마음이 항상 즐겁다면 궁색한 사람의 마음은 가끔 즐겁다. 항상 즐겁기 때문에 즐거움이 습관이되어 즐거움을 그저 그렇게 여기니 마치 물고기가 짠물에살면서 물이 짠 줄을 모르는 것과 같다. 가끔 즐겁기 때문에 어쩌다 즐거운 일을 만나면 즐거움을 깊게 누리니 마치푸성귀 거친 음식에 물린 사람이 쌀밥과 고기반찬을 맛본것과 같다. 그러므로 가끔 즐거워할 때의 즐거움의 깊음이 항상 즐거워할 때의 즐거움의 얕음에 못지않을 수 있다.[77]

좋은 일이 천천히 오는 것을 싫어하지 말 일이다. 더 많이얻을 수 없다는 점에서 마찬가지라면 차라리 천천히 받아서 천천히 지나가는 것이 낫다. 나쁜 일이 빠르게 오는 것을 싫어하지 말 일이다. 결국 피하지 못한다는 점에서 마찬가지라면 차라리 빨리 겪고 빨리 끝내는 것이 낫다. 그

「산수도·여름」, 종이에 수묵, 28.0×31.9cm, 조선 중기, 선문대박물관.

런데 나쁜 일은 미루고 머뭇거리며 남겨두고, 좋은 일은
서두르고 조급해하며 구하는 자는 마음이 거친 사람이
다.[78]

사람이 마음을 써서 자기 일신을 위해 계책을 세우는 것
은 물고기가 물에 떠서 지느러미를 흔들고 꼬리를 치는 것
과 같다. 지느러미를 흔들고 꼬리를 쳐도 물에 뜨고 지느
러미를 흔들지 않고 꼬리를 치지 않아도 물에 뜨는데 어

찌 자기 몸을 수고롭게 하는 것인가.[79]

일을 좋아하는 자는 일이 한가롭고 일을 싫어하는 자는 일이 번거롭다. 일이 사람을 선택하여 누구는 한가롭게 하고 누구는 번거롭게 하는 것이 아니다. 일을 좋아하면 그 마음이 늘 번거로움은 잊어버리고 한가로움만 인지하게 되니, 한가로움만 인지하기 때문에 늘 한가로운 것처럼 여기는 것이다. 일을 싫어하면 그 마음이 늘 한가로움은 잊어버리고 번거로움만 인지하게 되니, 번거로움만 인지하기 때문에 늘 번거로운 것처럼 여기는 것이다.[80]

불가와 유가가 만나는 자리

너는 속에 거울을 담아
백천만 사람의 얼굴을 비추되 다함이 없고,
나는 안에 마음을 담아
백천만 대상의 이치를 비추되 장애가 없다.
다함 없고 장애 없으면서도 그 본체는 고요한 것,
오직 나와 너만이 이를 지니고 있구나.
爾藏鏡于中, 照百千萬人之容而不窮;
我藏心于內, 照百千萬物之理而不礙.
不窮不礙, 而其體則寂如,
惟我與爾有是夫![81]

부친상을 치르고 난 28세에 거울을 담아두는 상자에 적어놓은 명銘이다. 아무런 흔들림 없이 천하 만상을 비추는 거울로 자신의 마음을 비유했다. 다함도 장애도 없는 고요한 마음의 본체를 응시하는 작품이다.

같은 해에 조귀명은 불교의 이치를 분석해 유가 사상과 비교한 「원불原佛」을 지었다. 전체적으로는 불교의 생사관이 대중을 현혹시키기 위해 조작된 것임을 비판하는 내용이다. 다만 이 글을 통해 조귀명이 일찍부터 얼마나 불교 서적을 두루 읽었는지 알 수 있다.

> 내가 불씨의 책을 읽어보니, 그 문장은 모두 독특하여 논리적이고 그 의리는 모두 심오하여 현묘하며, 그 공용은 모두 정밀하여 절차가 있다. 그들의 이른바 정定과 혜慧는 우리 유자들이 지知와 행行을 아울러 진보시키는 것과 같으며, 그들이 말하는 선禪과 율律은 우리 유자들이 몸과 마음을 함께 닦는 것과 같다. 그들이 일체 세간의 여러 유위有爲의 사상事相이 모두 자신에게 있는 보리의 신묘하고 밝은 원심元心이라고 말하는 것은, 우리 유자들이 온갖 이치가 일심一心에 구비되어 있다고 말하는 것에 해당된다. 다만 우리 유자들은 그것을 실행하되 귀결하는 곳을 명백하게 볼 수 있으나, 불씨들은 그것을 실행하되 귀결하는 곳이 분명하지 않아 알기 어려울 뿐이다.[82]

불가와 유가에서 용어는 다르지만 개념과 구도가 유사한 지점을 명시했다. 그러면서 조귀명이 불가의 귀결처가 분명하지 않다고 말하는 이유는, 그들이 귀결처로 제시하는 법신法身이라는 개념 자체가 모호하게 여겨지기 때문이다. 법신은 육신이 끊겨도 없어지지 않으며 윤회에도 들지 않고 초연히 자재한다고 하는데, 있지도 않고 없지도 않으며 있지 않은 것도 아니고 없지 않은 것도 아닌 존재라는 불가의 설명은 헛소리에 불과하다고 강하게 비판했다.[83] 모호한 설을 바탕으로 사람들의 즐거움을 빼앗고 협박하며 극락왕생을 내세워 현혹하는 점이 불가의 폐해라고 지적했다.[84] 신이한 현상은 부처에게서만 일어나는 것이 아니라는 이유로 부처의 신통함도 부정했다.[85] 그러면서 다음과 같은 말로 1300여 자의 짧지 않은 논설을 맺는다.

> 옛날에 어떤 이가 화가에게 "무엇을 그리는 게 어렵고 무엇을 그리는 게 쉬운가?"라고 묻자 화가가 "소와 말이 어렵고 귀신은 쉽습니다"라고 대답했다고 한다. 소와 말은 보았지만 귀신은 본 적이 없기 때문이다. 유가는 소와 말의 어려움이고 불가는 귀신의 쉬움이 아니겠는가![86]

여러 불경을 인용하며 불가의 용어로 불가를 비판한 뒤, 마지막에는 전국시대 제자백가서인 『한비자韓非子』에 나오는 일화를 인용했다. 삶을 순리로 여기고 죽음을 편안히 여기며 눈에 보이는 현실 세계를 계도하고 다스리는 어려움을 감당하는 유가와 달리, 불가는 모호한 술수만 내세워 천하를 허망한 데로 은밀하게 몰고 간다는 비판이다.

이처럼 유가의 입장에서 불가의 기본 교리를 강하게 비판했지만, 일찍부터 불경을 읽으며 식견을 키워온 조귀명은 승려들과의 지속적인 교유를 통해 불교에 대한 인식을 심화시켜갔다. 특히 31세인 1723년 함양 이주 이후 3~4년간의 교유가 두드러진다. 그해에 정혜定慧(1685~1741) 선사에게 예를 갖추어 가르침을 청했고,[87] 이듬해 8월에 함께 군자사君子寺에 묵으며 교유했다.[88] 태우泰宇(?~1732), 만훈萬薰 등의 승려들과 직접 만나 교유한 것도 이 시기였고, 이후 여러 해에 걸쳐서 서신으로 불교의 교리를 논했다.

교유를 시작한 지 3년 뒤인 1726년에 정혜 선사를 찾아갔다가 좌선에 들어갔다고 해서 만나지 못한 일이 있었다. 그때 조귀명은 정혜 선사가 강론하던 방에서 그의 자취를 만지며 한참을 떠나지 못한 채 애석해했다.[89] 단지 불교 교리를 논하는 데에 머물지 않고 개인적 정감을 깊이 나누었음을 알 수 있다.

> 『화엄경』은 떠날 날에 임박해서야 겨우 20여 품 보았소. 겹겹의 법계가 이사무애理事無碍와 사사무애事事無碍로 귀결되니 이렇게 보아야 할 뿐이로군요. 조문약趙文若은 육식을 끊고 불경을 지녔는데 조석여趙錫汝는 육식을 끊지도 불경을 지니지도 않았지요. 비유컨대 한 방에 등불 두 개가 있으면 서로 빛을 빼앗지 않게 된 뒤에야 비로소 진실로 장애가 없게 되는 것과 같으니, 그때 비로소 『화엄경』을 읽게 되겠지요. 하하하.[90]

1724년 조귀명이 만훈 선사에게 보낸 짧은 답장의 전문이다. 화엄종에서는 세계를 사법계事法界와 이법계理法界, 그리고 이사무애법계理事無礙法界와 사사무애법계事事無礙法界의 넷으로 본다. "이렇게 보아야若是觀 할 뿐"이라고 한 것은 『금강반야바라밀경金剛般若波羅密經』의 마지막 부분에 "일체유위법一切有爲法(현상계에 존재하는 모든 것)은 꿈과 같고 허깨비 같고 물거품 같고 아침이슬이나 번개와 같으니 마땅히 이렇게 보아야 한다應作如是觀"라고 한 데에서 유래하여[91] 불가에서 많이 사용되는 표현이다.

보통 사람은 낱낱의 구별된 현상이 서로 부딪치는 사법계를 살아가면서 그 모든 현상의 본체가 동일함을 보여주는 이법계 정도를 인식하게 마련이다. 본체와 현상 사이가 아무런 장애 없이 연결된 이사무애법계, 나아가 모든 현상이 장애 없이 서로 받아들이고 서로 비추어주는 조화로운 세계인 사사무애법계를 지향하는 것이 화엄의 핵심인데, 조귀명은 이를 '약시관若是觀'이라는 표현으로 요약하고 총괄했다.

조문약은 중국 수隋나라 때 사람으로, 죽은 지 7일 만에 다시 살아났다고 전한다. 생전에 『금강반야바라밀경』을 늘 지니고 독송했다는 복업을 인정받아 이승으로 돌아왔는데, 저승에서 만난 여러 짐승의 지적에 참회하는 마음으로 육식을 하지 않고 쉼없이 독송하며 살았다고 한다. 석여錫汝는 조귀명 자신의 자字다. 조문약이 자신과 같은 조趙씨라는 점을 재치 있게 살려서 대비하여 말한 것이다. 자신은 조문약과 달리 육식도 하고 불경을 늘 독송하지도 않는 유가이지만, 불가와 유가가 서로 빛을 빼앗지 않고 장애 없이 조화를 이룰 때에 비로소 이번에 다 못 읽은 『화엄경』을 제대로 읽을 수 있으리라는 뜻을 조금은 장난스럽게 밝혔다.

당시는 다양한 화엄 경전이 간행되면서 불경 강독이 부쩍 성행한 시기였다. 부휴浮休 선수善修(1543~1615)의 문하를 이은 성총性聰(1631~1700)이 경론 수백 권을 확보하여 간행했는데, 이 가운데 징관澄觀의 『화엄소초華嚴疏抄』의 강독이 활발하게 이루어졌다. 조귀명과 교유한 정혜 선사 역시 부휴 문파였는데, 수십 차례나 『화엄경』을 강의하고 『화엄소초』를 풀이한 『화엄은과華嚴隱科』를 저술하는 등 당대의 화엄 이해를 주도한 인물이다.[92]

조귀명은 이처럼 승려들에게서 불경을 구해 읽고 자신이 이해한 내용에 감상을 곁들인 편지나 게송偈頌을 주고받곤 했다. 같은 해에 정혜 선사에게 『유마힐경維摩詰經』과 『대혜서大慧書』를 구해 읽고 각각 게송을 지어 감사의 마음을 표현했다.[93] 이후로도 불경 내용에 대한 논의를 중심으로 승려들과의 교유가 이어졌다.

다양한 불경을 구해 읽는 조귀명을 두고 우려를 표하는 지인들이 있었을 뿐 아니라, 가깝게 지내던 만훈 선사도 그가 불가의 도에 마음을 둔 것이 아닌가 생각할 정도였다. 이를 의식한 조귀명은 만훈 선사에게 이렇게 말했다.

"나는 출세간의 법을 구하는 사람이 아니오. 다만 세상의 유학을 한다는 이들이 유·불·도 삼교의 근원에는 어두우면서 마치 앞의 개가 짖으면 이유도 모른 채 따라서 짖어대는 개들처럼 앞선 이가 말한 구절만 답습하여 읊어대고 있는데, 이래가지고는 진상을 제대로 파악하지도 못하고 남의 잘못을 설복시킬 수도 없겠다는 생각을 하게 되었지요. 근래 들어 불가에서 내전內典

「노승관수도」, 윤덕희, 종이에 먹, 155.7×109.7cm, 18세기, 국립중앙박물관.

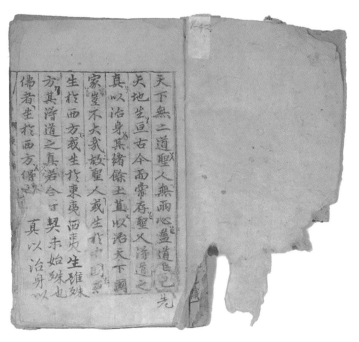

『호법론』, 보물 제702호, 국립중앙도서관.

이라 부르는 불경을 이것저것 살펴보고 연구하는 것은 그 대안을 모색해보려는 것일 뿐이오."94

조귀명은 자신이 불경을 읽는 이유는 불가의 도를 추구해서가 아니라 불가를 제대로 파악해서 병폐를 지적하기 위함이라고 강변했다. 그러나 목적이 어디에 있든 간에 조귀명의 불교에 대한 식견은 시간이 갈수록 깊고 넓어졌다.

1726년, 34세의 조귀명은 태우 선사에게 자신이 불경을 깊이 공부해보니 기존에 유가가 불가를 비판한 내용이 대부분 초점을 잘못 잡았음을 알게 되었다고 했다. '적멸寂滅'이니 '인과因果'니 하는 것의 허상을 시끄럽게 문제 삼아봤자 불가의 사유에 심취한 사람에게는 아무런 영향을 줄 수 없다는 것이다. 앞서 살펴본 28세작 「원불」의 한계를 스스로 지적한 셈이기도 하다.[95] 그러나 유가의 불가 비판에 문제가 있다고 해서 불가의 정당성이 확보되는 것은 아니다.

조귀명은 태우 선사에게 불교에 대한 여러 의문을 조목조목 문의했고,[96] 그가 빌려준 송나라 장상영張商英의 『호법론護法論』을 읽고 논박하기도 했다. 『호법론』은 한유韓愈, 구양수歐陽脩 등의 불교 비판을 재비판하고 불교를 옹호하기 위하여 쓴 글이다. "유교는 피부의 질환을 고치기 위한 것이고 도교는 혈맥의 질환을 고치기 위한 것이며 불교는 골수의 질환을 고치기 위한 것"이라는 언명이 유명하며, 우리나라에서도 고려시대부터 많이 유통되었다.[97]

구양수가 "부처는 입증할 수 없고 실재하지 않는 일을 잘 말한다"고 한 것은 권교權教를 보고 배척한 것이다. 인과응보因果報應, 신통서응神通瑞應의 설 같은 부처의 권교는 『남화경南華經』(장자)의 우언寓言과 마찬가지로서, 도리의 본체를 형상화하고 길흉의 기미를 추론하여 중생에게 흠모하고 두려워하는 마음을 일으키기 위한 수단일 뿐이다. 그러므로 "부처는 사람에게 실법實法을 주는 일이 없다"고 말한 것이다. 그런데 부처를 따르는 이들이 권교를 실법이라 여기고 방편에 묶여서 장황해지고 말았다. 스스로 스승을 속이고 사마邪魔의 잘못된 길로 가면서 그런 줄조차 모른다. (…) 주자 이전에는 부처의 문하를 환히 알고 공격하는 이가 없어서 그 무리들의 변론 또한 표면적인 것이 많았다. 『호법론』의 경우도 이런 수준일 뿐이다. "현자과지賢者過之"라는 네 글자는 불교를 소송하는 안건으로 충분하고, "유물유칙有物有則"이라는 한 구절은 불교를 구제하는 좋은 처방으로 충분하다.[98]

　조귀명은 구양수의 불교 비판에 대한 『호법론』의 변론에도 한편으로는 일리가 있다고 보았다. 『장자』에서 도를 직접 말하지 않고 우언을 통해 깨닫게 한 것처럼 불교에서도 중생에게 알기 쉽게 진리를 설명하기 위해 일시적인 방편으로 권교를 쓴 것인데, 구양수는 이것을 비판 대상으로 삼았기 때문이다. 그러나 그렇게 된 책임은 불교도들 자신에게 있다. 권교를 실법이라 여기고 여러 속박을 만들어내 불교를 오인하게 만든 주범이 바로 불교도들이라는 것이다.

　권교를 권교로 인정한 것 자체가 조귀명의 좀더 심화된 불교 인식을 보여준다.[99] 다만 조귀명은 장상영의 『호법론』을 조목조목 인용하고 비판하여 이 또한 불교를 표면적으로 이해하고 있는 수준임을 밝혔다. 똑똑한 사람은 지나친 점이 있고 못난 사람은 미치지 못하는 점이 있기 때문에 도가 밝아지지 않는다.[100] 불교는 그 전자인 "현자과지"에 해당된다. 하지만 조귀명은 "유물유칙", 즉 "하늘이 인류를 내었으니 사물이 있으면 법칙이 있다"[101]는 구절로 불교는 불교 나름의 존재 이유가 있음을 밝혔다.

말 없는 말과 글 없는 글

법사는 말이 없다 하지만

목소리 천둥 치듯 흘러나와

하늘이 무너져 내리고

대지가 갈라져버리네.

법사는 말이 있다 하지만

말해도 모양이 없으니

아무리 그 자취 찾아보아도

거북의 털이요 토끼의 뿔이라.

없으면서 있는 말, 그것이

여래와 여러 부처의 법.

말 있는 말은 헛된 말이니

묘법이 다 악취가 나고

말 없는 말이 진정한 말이니

연꽃이 입에서 피어나네.

저 말 없는 말을 듣는 자들,

손가락 따르다가 달을 잊는구나.

글 없는 글로 말 없는 말을 송축하니

들음을 돌이켜 소리에서 벗어나라.

謂師卽無說, 梵音如雷發.

天宮爲摧倒, 大地爲坼裂.

謂師卽有說, 說無相可矚.

畢竟尋其迹, 龜毛與兎角.

無說而有說, 諸佛如來法.

有說說妄說, 妙法皆臭惡.

無說說眞說, 蓮花從口發.

彼聽無說者, 循指而忘月.

無文頌無說, 旋聽與聲脫.[102]

1726년 34세 때 지곡사智谷寺 영자전影子殿에 머물던 승려 성안聖眼을 위해 지은 「무설헌기無說軒記」의 마지막 송訟 부분이다. 지곡사는 통일신라시대에 창건한 절로서 고려시대 5대 교종 사찰에 들 정도로 성대했으나, 현재는 절터에 석단과 귀부 등만 남아 있다. 조귀명은 성안과 일면식도 없었으나 강설講說하기 위해 지은 집의 이름이 '무설無說'이라는 점에 착안해 논증적인 기문을 지어주었다. 이천보가 조귀명의 기문 가운데 최고로 꼽은 작품이고, 이정섭도 '무설헌'이라는 이름의 취지를 잘 발현했다고 평가했다.[103]

본디 석가여래는 얼굴을 다 덮고 머리까지 올라갈 정도로 길고 넓은 혀인 광장설廣長舌을 지녔다고 형상화될 정도로 설법에 뛰어났다. 무한의 영겁에서 온화하고 고아한 소리를 내어 바다를 먹물 삼아도 다 쓰지 못할 만큼 많은 양의 법문을 강설했다. 빗장 없는 문처럼 닫힐 줄 모르는 입으로 샘이 다하지 않는 물처럼 멈추지 않고 흘러나

「무설헌기」, 『간천고』, 조귀명, 서울대학교 규장각한국학연구원/중앙도서관.

오는 말을 하니, 하늘이 무너져 내리고 대지가 갈라져버릴 정도로 힘이 있다. 천하에 석가여래보다 더 말이 많은 이는 없을 텐데 그 가르침이 도리어 '무설無說(말없음)'을 중시하는 것은 어째서일까?[104] 이 작품은 첫머리에 이러한 문제를 제기하면서 출발한다.

조귀명은 "내가 말하는 '말없음無說'은 말 없음이 아니라 '말하는 모양이 없는 것無說相'이며, 말하는 모양이 없는 것이 아니라 '말하는 상념이 없는 것無說念'이다"라며 말없음을 다시 정의했다.[105] 말이 없다고 해서 정말 말이 없을 수는 없다. 오히려 깨우침으로 인도하려면 말이 많을 수밖에 없다. 하지만 그 말은 일반적인 말과 다르다. 말은 하지만 모양이 없고 상념이 없다. 거북의 털이나 토끼의 뿔을 찾으래야 찾을 수 없는 것처럼 모양 없는 말은 그 자취를 찾을 수가 없다. 분별과 애착을 벗어던진 무념무상無念無想의 말이기 때문이다. 그러니 말이 없으면서 말이 있는 것, 말이 있지만 말이 없는 것이 궁극의 경지다.

그런데 이런 경지는 불교에만 있는 것이 아니다. 조귀명은 "말을 하면서 말이 없으면 평생 말하더라도 실은 아무것도 말하지 않은 것이며 평생 말하지 않더라도 실은 말을 하지 않은 것이 아니다"[106]라는 장자의 말을 인용했다.[107]

이는 유가에서도 마찬가지다. 의로움義과 이로움利의 차이는 의도가 있고 없음에 달려 있다. 이로움을 취하고자 하는 의도를 가지고 하는 행위와 달리, 아무런 의도도 없이 하는 것이 의로움이다. 조금이라도 뭔가 하겠다는 상념이 있었다면 아무리 훌륭한 행위라 해도 의로움이라고 할 수 없다. 『주역』에서 '감感'이 아니라 '함咸'을 괘 이름으로 삼은 데에서 유가 역시 무상무념을 지향했다는 명확한 증거를 찾을 수 있다고 했다.[108] 그러므로 모양과 상념이 있는 말은 모두 헛된 말이고 아무런 모양도 상념도 없는 말이 진정한 말이다. '말 없는 말'을 일반적인 '말 있는 말'처럼 듣는다면 여전히 그 모양과 상념에만 집착하게 될 뿐 본질에는 다가가지 못한다. 들리는 소리에서 벗어나야 진정한 깨달음을 얻을 수 있다. 말뿐 아니라 글도 그렇다. '말 없는 말'을 송축하는 '글 없는 글'을 조귀명은 이렇게 맺는다.

> 말하면서 말이 없다는 것은 글을 지으면서 글이 없는 것과 같으니, 이 기문이야말로 허공의 바람을 다시 허공에 그리는 셈이다. 집에 집 있음이 아득히 가물거리는 신기루 같지 않은가? 성안聖眼에게 성안 있음이 눈에 어른거리는 망상의 꽃 같지 않은가? 이를 알 사람 그 누구일까?

마음 깊은 곳의 불교

조귀명이 불교를 대상으로 삼아 쓴 글들은 대체로 불교에 대한 비판이 주지를 이룬다. 그런데 1장에서 보았듯이 황경원과 남유용이 그의 문집을 읽고 나서 불교적 색채를 강하게 문제 삼았던 이유는 무엇일까.

불교에 대한 논리적 비판에도 불구하고 조귀명의 글 곳곳에서 불교의 흔적을 찾기는 어렵지 않다. 문집에 승려들에게 보낸 서신만 모아 별도로 「논선제편論禪諸篇」을 둘 정도로 불교 논변이 비교적 많고 「분향시필」과 「정체」처럼 불교 사유가 집중된 아포리 즘을 남겼을 뿐 아니라, 가까운 지인들과 주고받은 편지글에서도 불교적인 어휘와 표현을 즐겨 구사하곤 했다. 전범에 구애되지 않 는 자신만의 주체적인 문장을 지어야 한다는 문학론을 이야기할 때에도 선어禪語는 유용한 도구이자 방법론이었다.

> 눈앞의 세계는 두두頭頭마다 신기한 비결이며 색색色色마다 오묘한 가르침이니 어찌 반드시 종리도인鍾離道人만이 할 수 있는 일이겠는가? 천하의 일은 크고 작음에 관계없이 모두 하나의 성誠자에 힘쓰면 되는 것이다. 나에 의지해서 할 수 있는 것도 아니고 자네에 의지해서 할 수 있는 것도 아니다. 이것을 버리고 스스로가 스스로를 의지해 스스로 해야 비로소 할 수 있는 것이다. 눈을 뜨고 나면 전후좌 우 모두 나와 자네를 만날 수 있으니 누가 멀리 떠나고 누 가 천 리 밖에 있을 것이며 누가 가르치고 누가 가르치지 못하겠는가? 하하하! 붓과 벼루에 싫증이 나서 재미 삼아 선어禪語를 지어냈으니 용서해주시게.[109]

'눈앞의 세계眼前境界'를 신기한 비결神訣, 오묘한 가르침妙詮으 로 보고 사리무애事理無碍의 경지를 말했다. 일체의 분별을 떠나 서 나의 진여眞如만을 대면하는 화엄華嚴의 세계관을 그대로 편지 글에서 표현한 것이다. 단지 재미 삼아 선어를 지어냈다고 했으 나, 이러한 불교적 사유가 모든 학문과 전범을 단지 방편으로만 인정할 뿐 그 어디에도 매이지 않은 채 나 자신의 마음을 궁극적인 주재자로 설정하여 그것을 중심으로 문학을 이루고자 한 그의 관점에 일정한 영향을 주었음을 유추할 수 있다.

나아가 유가와 불가가 궁극적으로 다르지 않다며 조귀명이 거듭 강조하는 대목은, 황경원이 지적한 것처럼 유가와 불가의 회통을 추구했다고 인식될 여지가 있다.[110] 아무리 유가의 입장을 견지했다고 표방한다 해도 이는 당대에 용인되기 어려운 논지였다. 조귀명은 태우 선사에게 예전에 자신의 불교 비판이 단편적이었다고 인정하고 나서 이렇게 말했다.

"내 생각에 불가는 다만 유가일 뿐이오. '망妄을 깨닫고 진眞에 나아간다'는 말은 우리 유자들이 '욕欲을 막고 이理를 보존한다'고 하는 말에 해당되고, 관혜觀慧와 지정止定이라는 것은 우리 유자들의 성찰省察과 존양存養에 해당되지요. 상념에 상념이 없고 움직임에 움직임이 없으며 머묾도 집착도 없다고 하는 것은 바로 『주역』의 '무엇을 생각하고 무엇을 염려하랴?'[111]와 『논어』의 '사적인 의도가 없고 기필코 되어야 한다는 생각도 없으며 꽉 막힌 고집도 없고 자신만 생각하는 이기심도 없다'[112]와 한가지 깨달음입니다."[113]

이처럼 유가와 불가가 다를 바 없음을 강조하는 데서 한 걸음 더 나아가, 조귀명은 "유가가 곧 불가이고 불가가 곧 유가이니 감히 권면하지 않을 수 없다"면서 태우 선사에게 유가의 공부론이자 실천론인 성誠을 수행의 입문으로 삼아야 한다고 말했다.[114] 여전히 유가의 입장을 견지하고 있지만 유가와 불가의 공통점을 찾는 데 머무는 것이 아니라 아예 하나라는 전제 위에서 권면의 논지를 편 것이다.

쯧쯧! 강북에서는 탱자가 되고 강남에서는 귤이 된다고 했지요. 봄부터 모두 같은 꽃을 피우니 어느 것이 귤이고 어느 것이 탱자인지 누가 알까요? 본래 둘이 아니며 끝내 하나가 아니지요. 둘이 아니니 거짓과 진실이 있을 수 없고, 하나가 아니니 거짓과 진실이 없을 수 없소. 탱자와 귤은 하나이면서 둘이니 어느 것이 진짜이고 어느 것이 거짓일까요? 한번 소리를 질러봅니다. "주인공아, 또렷이 깨어 있을지어다!"[115]

조귀명이 1724년 만훈 선사에게 보낸 편지의 마지막 부분이다. 불이법不二法의 논리를 빌려서 유가와 불가의 도가 애초에 다른 것이 아님을 암시했다. 조귀명은 유가와 불가가 하나이면서 둘이라고 하는 인식을 승려에게 주는 글에 선문답처럼 담은 것이다. 이 정도의 열린 화두마저 용인하기 어려웠던 것이 당시 사대부의 지적 풍토였다.

을미년 아버님의 상을 치른 지 칠팔 일 뒤, 꿈에 아버님께서 예전처럼 짙은 청색의 두루마기를 입고 집 안 마루 가운데 앉아 계신데, 안색이 좋지 못하여 막 다하기를 기다리시는 듯했다. 앞에 약 달이는 화로를 두고 있는데 약 노구가 갑자기 저절로 기울어져서 약이 다 쏟아져버렸다. 아버님이 이를 가리키며 말씀하셨다.

"명이로다."

내가 통곡하며 말씀드렸다.

"부처가 말한 전생, 이생, 내생이 정말 있을까요? 어떻게 해야 제가 빨리 적멸하고 윤회하여 다시 부자父子로 태어나 영원한 인연을 이어갈 수 있을까요?"

이윽고 다시 말씀드렸다.

"이 소원이 설령 이루어진다 해도 덧없는 인간 세상에서 부자로 지낼 날이 길어봐야 40~50년에 불과하겠지요. 그러느니 애초에 되지 않느니만 못하겠습니다."

이 말을 들으시고 아버님도 매우 슬퍼하셨다. 이는 진실한 마음이 쌓이고 맺혀서 꿈으로 나타난 것이다.[116]

꿈 이야기다. 하지만 그 자신이 언급했듯이 꿈은 마음에 쌓이고 맺힌 것들이 나타나는 것이다. 23세의 젊은 조귀명은 삶과 죽음의 갈림길에서 지푸라기라도 잡는 심정으로 불교의 윤회를 떠올리며 통곡했다. 깊은 슬픔을 이기기 위한 일시적인 토로일 수도 있다. 그러나 이 일을 회고하며 기록한 시점은 말년으로 추정된다.[117] 윤회설에 대해서는 여러 글에서 비판적인 입장을 명확히 밝힌 조귀명이었지만, 꿈 이야기에 기대어 젊은 시절의 간절했던 심정을 기억하고 기록한 것이다.

앞서 승려들과의 정서적 교감이 깊었음을 살펴봤거니와, 삶의 깊은 굴곡을 거치며 조귀명은 마음 깊숙한 곳에서 불교와 만났다. 그리고 남들의 지적에도 불구하고 그것을 글로 남기는 일에 주저하지 않았다.

제 4 장

살아 있는
언어로
나의 문학을
이루다

세계는 무궁한데 인생은 유한하다. 한 세대의 부침과 궁달을 백 세대 뒤에 비교해본다면 연못가에서 꽃의 피고 짐을 비교하는 일과 같지 않겠는가? 그러나 사람은 사사로운 자의식을 가진 존재이기 때문에 부러워하고 싫어하며 기뻐하고 슬퍼하는 감정을 두게 된다. 인생의 부침과 궁달이란 그저 짧은 순간 펼쳐지는 한바탕 놀이에 불과하다. 선생은 과연 여기에 달관하여 세계를 연못으로 여기고 인생을 꽃으로 여기며 자신의 몸을 꽃 속의 꽃받침 하나에 불과하다고 여길 수 있는가?

1

아버지의 꿈

가장 사랑하고 기대했던 제자 안연顏淵이 먼저 죽자 공자는 커다란 슬픔에 빠졌다. 그런 공자에게 안연의 아버지 안로顏路가 찾아와서 자식의 장례를 위해 공자가 타고 다니는 수레를 팔아서 외관外棺을 장만해달라고 요청했다. 그러자 공자는 "재주가 있든 없든 각기 자기 자식을 말하는 법인데, 내 아들 이鯉가 죽었을 때도 외관 없이 관만 사용하였다"[1]라고 말했다.

공자 자신의 아들이 비록 재주가 없기는 하나 그래도 아비 된 마음으로 외관을 장만해주고 싶은 마음이 왜 없었겠는가. 그럼에도 불구하고 그렇게 하지 못했을 정도로 수레는 대부로서 없어서는 안 될 필수품임을 말함으로써 거절의 뜻을 완곡하게 표현한 것이다. 공자로서는 겸손하게 말한 것이지만, 누구나 "각기 자기 자식을 말한다各言其子也"는 말에서 자기 자식에게만큼은 객관적 평가 이상으로 유독 더 큰 대우를 바라곤 하는 것이 예나 지금이나 인지상정임을 알 수 있다.

조귀명의 부친 조태수 역시 젊은 시절의 조귀명에게 남달리 큰 기대를 품고 있었다. 그것은 자신이 못다 이룬 문장가로서의 꿈이었다.

내가 소씨蘇氏(소식)의 글을 읽다가 "어린 아들 과過의 문장이 더욱 뛰어납니다. 해외에 있으면서 적막하여 무료한데 과가 때로 글 한 편을 지어서 즐겁게 해주면 나는 며칠 동안 기뻐서 먹고 자는 일상에도 재미가 있습니다"[2]라는 구절에만 이르면 크게 한숨 쉬며 눈물을 흘리지 않은 적이 없었다.

불초한 내가 어찌 감히 옛사람을 바라겠는가마는, 선친의 즐거움 역시 "각기 자기 자식을 말한다"라는 경우에 해당된다 하겠다. 선친께서 일생 동안 겪으신 신음과 고초는 해외에 유배되는 근심보다도 더 심하셨다. 일찍부터 문장 짓는 일을 연마하셨지만 중년에는 병 때문에 그 일을 그만두셨다. 그 한스러움은 남의 평가가 두려워 벙어리 노릇하는 사람에 비길 정도가 아니었다.[3]

부족한 내가 망령되게도 문장 공부에 뜻을 두자 선친께서는 내가 저술을 계승할 수 있으리라 기대하시고 외람되게도 위로하고 격려해주셨다. 지은 글이 있으면 즐겁게 가르쳐주시고 자주 보여달라곤 하셨다. 그래서 나는 참으로 자기 주제도 파악하지 못한 채 변변치 못한 글재주를 효

도의 출발로 삼고자 하는 생각을 은연중에 가지게 되었다. 이것이 『병세잡사並世雜史』를 지은 까닭이다.[4]

대문호 소식 역시 자신의 어린 아들 소과蘇過(1072~1123)가 지은 글을 읽는 것이 유배생활의 적막함을 잊게 할 만큼 큰 기쁨이라고 했다. 자신의 글재주를 인정해 직접 지도하고 격려해준 부친 덕분에 조귀명은 문장가로서의 뜻을 키워갈 수 있었다. 그 결실 중 하나가 20대 초반에 부친의 권유로 지은 『병세잡사』다.

조태수는 동시대의 여러 일화를 모아서 패사稗史를 저술해보도록 조귀명에게 권했다. 조귀명은 자칫 품격 낮은 저작이 되지 않을까 우려해 초고를 수십 수백 번 퇴고했고, 그 과정을 통해서 핵심을 효과적으로 서술하면서 기세와 정신이 살아 있는 작품으로 만들어갔다. 때로는 표현이 괴이하다는 부친의 꾸지람을 듣기도 했지만, 이 저술 과정 자체가 부자간의 즐거움이었다.[5] 그러나 조귀명이 저술을 시작한 22세로부터 한 해를 넘긴 1715년, 부친 조태수는 그만 세상을 뜨고 말았다.

이 책은 범례와 목차를 따로 두지 않고 그저 들은 순서를 따라서 기록하였다. 그러다보니 책의 첫머리에 '박씨朴氏 아들의 일'을 두게 되었다. 그 글은 이렇게 시작한다.
박씨 아들이 죽음에 이르게 되자 그 부친에게 붓을 잡아 달라고 부탁하고는 입으로 시를 읊었다.

세상에 태어나 열한 해 동안

부모님 사랑에 보답 못 했네.
죽음에 이르러 나의 소원은
다시 부모님 아이로 태어나는 것.
生世十一歲, 未酬父母慈.
臨死區區願, 更爲父母兒.

선친께서 이 글을 보고 얼굴빛을 바꾸시며 말씀하셨다.
"어째서 이렇게 불길한 글을 맨 앞에 두었느냐?" 그러고
는 손수 이 글을 빼서 뒤쪽으로 옮겨 편집하셨다.[6]

조귀명에게는 이 일이 마치 선친 자신의 죽음을 예견이라도
하듯 잊지 못할 비감으로 남았다. 박씨 아들은 자신의 죽음에 대
한 슬픔에 빠져서 다시 부모님 아이로 태어나고 싶다고 했지만,
조귀명은 남은 자로서 자신이 겪어야 하는 슬픔을 생각하면 차
라리 애초에 부자간이 되지 않느니만 못했다는 생각에까지 이른
다.[7] 그만큼 부친의 죽음은 그에게 크나큰 상실이었다. 조귀명에
게 있어서 부친은 문학으로 기대와 격려를 보내고 문학으로 함께
즐거워하던 스승이자 동지, 그리고 첫 번째 독자였다.

청탁과 대작, 그리고 공적인 글쓰기

조귀명은 자타가 공인한 문장가였다. 주체적인 깨달음에 의한 글
쓰기를 강조한 그였지만, 청탁을 받거나 관계 속에서 짓게 된 작

품도 적지 않았다. 집안에서도 여러 필요에 의한 글들이 조귀명에게 맡겨졌다.

집안의 글을 맡아서 쓰는 것은 조귀명이 평생 짊어지고 가야할 책무였다. 부친 조태수의 행장을 시작으로, 조부 조상우의 행장과 묘지명, 형 조준명의 행장과 묘지명, 그리고 조학명, 조상개, 조두수 부인, 조상우 부인, 조계명 부인 등 집안에 상사가 있을 때마다 조귀명은 묘지명이나 묘표, 행장 등을 작성하는 일을 도맡았다.

죽음을 기리는 글은 한 인물의 일생을 정리하고 기억하는 것이기도 하다. 묘지명의 규격에 맞도록 간결하면서도 핵심을 잘 드러내는 글을 매번 짓는 일이 그리 간단한 작업은 아니었다. 그들의 일생을 정리하고 기록하는 일은 조귀명의 일생에서 중요한 부분이 되었다.

집안의 수요에 의한 글 외에도 조귀명은 지방관으로 부임한 조준명과 함께 거하면서 적지 않은 작품을 지었다. 형을 비롯한 다른 사람을 위해서 지은 대작代作으로서「함양군제면하첩咸陽郡諸面下帖」,「제일두선생묘문祭一蠹先生墓文」,「영릉친제문寧陵親祭文」,「제충청병사김중려문祭忠淸兵使金重呂文」 등 공적인 수요에 의한 글들이 있고, 때마다 백운산, 지리산, 야양산, 상당산, 구룡산, 와우산, 사직 등에 지어 올린 기우제문祈雨祭文도 상당히 많다.

대작 외에 공적인 수요에 따라 지은 작품으로「청주향교중수기淸州鄕校重修記」,「상당산성남문루중수기上黨山城南門樓重修記」,「청주삼충사상량문淸州三忠祠上樑文」,「제청주토포영제명안題淸州討捕營題名案」 등을 들 수 있고, 지역 인사들을 제재로 삼은「허오만사효기許五萬死孝記」, 「효자강공묘표孝子姜公墓表」 등도 같은 맥락으로 간주할 수 있다.

이들 작품은 조귀명이 주체적으로 짓지는 않았더라도 주어진 제재 및 문체 아래서 그의 문장력을 발휘할 기회였다. 조귀명은 이를 적극적으로 활용했을 뿐 아니라 개인적인 작품의 제재로 끌어들이기도 했다. 예컨대 「열사홍임전烈士洪霖傳」은 조귀명이 열의를 가지고 지은 역작인데, 「청주삼충사상량문」을 지으면서 그 가운데 한 명의 삶을 택한 것이다. 공적인 글쓰기가 사적인 창작 동기로 이어진 사례다.

개인적인 청탁에 의한 글쓰기도 평생 이어졌다. 친척 외에 인척 혹은 지인들의 묘지명으로 이지번, 권익문, 임상덕, 권보형, 이후강, 권순형, 홍명필, 이창발 등을 대상으로 한 작품도 남겼다. 의례적인 창작 배경을 지닌 글들이지만 조귀명은 대상 인물의 특징을 포착해 생동감 있는 작품으로 만들어냈다.

창작의 직접적인 계기는 청탁이었지만 거기에 본인의 주체적인 견해를 담아서 짓기 마련인 기문도 상당수 창작했다. 「보우당기保愚堂記」, 「야로당기野老堂記」, 「관애정기觀愛亭記」, 「달관정기達觀亭記」, 「십족당기十足堂記」 등의 작품은 대개 청탁에 의해 지어졌지만, 조귀명은 거기에 자신만의 견해를 담아서 청탁 의도를 넘어서는 작품으로 만들어냈다.

천부적인 문장가로서, 그리고 가문의 배경과 문장의 명성에 의해 후천적으로 주어진 책무에 의해서 조귀명은 평생 글짓기를 쉬지 않았다. 스스로 제재를 선정하고 주체적인 집필 목적을 가지고 쓴 작품들의 가치야 물론 말할 것도 없지만, 여기에 든 청탁

및 대작에 의한 작품들 역시 문장가로서의 조귀명을 존재하게 하고 발전하게 한 중요한 부분이라고 할 수 있다. 문장가로 살아가는 것은 그에게 주어진 숙명과도 같았다. 이제 그 숙명의 결과이자 조귀명 자신의 분신이라 할 만한 작품들을 살펴본다.

붓끝에서 살아나는
인물 형상들

2

대책 없이 매력적인 사람

주로 남의 청탁에 의해 짓는 묘지명이나 행장 등과 달리, 전傳은 작가가 자발적으로 짓곤 한다. 조귀명은 8편의 전 작품을 남겼는데, 그 가운데 가장 이른 것이 30세에 지은 「남중하전南重河傳」이다. 남중하(1664~1721)는 좌의정을 지낸 남이웅南以雄(1575~1648)의 측실 소생 남두림南斗臨의 아들로 추정되는 인물이다.[8]

남중하는 젊을 때 집안이 넉넉하여 분탕질에 거리낌이 없었다. 술과 여색을 좋아하여 밤이 되면 무뢰배들을 불러 모아 가무와 연주에 능한 기생을 대동하여 무리 지어 몰려다니다가 의금부에 적발되어 곤장을 맞는 곤욕을 치르고 풀려난 일도 여러 번이었다. 글을 익히거나 무예를 연마하지 않고 머리가 하얗게 되도록 흥청망청 지낸 지 수십 년 만에 재물이 더욱 흩어져서 집은 벽만 덩그러니 서 있을 정도로 궁벽해져 아내와 딸이 길쌈에 힘을 다

해 아침저녁으로 끼니를 대어도 충분하지 않았다. 사방에서 꾸어 와 빚 문서가 산더미처럼 쌓였고 번갈아 와서 독촉하는 빚쟁이들이 고슴도치 가시처럼 많이도 쫓아다녔다. 이쯤 되면 참 대책 없는 사람이 아닐 수 없다. 조귀명은 이런 인물의 전기를 왜 지었을까?

군은 속없이 웃으며 옷자락을 떨치고 문을 나와 돌아다니면서 술친구를 찾아갔다. 술을 취하도록 많이 마시고 떠들며 즐기다가 술자리가 끝나면 떠나서 다른 곳으로 가니 자거나 밥 먹는 때를 제외하고는 집에 가만히 있는 법이 없었다. 그가 주로 어울린 친구들은 그 자신의 성품과 비슷하게 명예나 이익을 추구하지 않는 담박한 사람들이었다. 방문한 친구가 가난해서 술상을 차리지 못할 경우에는 그저 가만히 앉아서 서로 나눌 이야기가 있으면 대화하고 없으면 잠을 잤다.

우리 집안은 그와 친인척 사이로 예전부터 친밀하였고 특히 우리 형제와는 더욱 우애가 좋았다. 거처하는 곳도 이웃이라서 날마다 어울리곤 했다. 나는 늘 책을 읽느라 일일이 응대해주지 않았기에 군은 오면 매번 곁에 팔꿈치를 베고 누워서 낮잠을 잤다. 오래 자다가 엉덩이가 배기면 좌우를 바꿔가면서 잠을 잤는데 두세 번 바꾸어 자면 날이 어느새 저물어 있었다. 나와 형제들은 매번 '오늘은 엉덩이를 몇 번이나 바꾸면서 잤어?'라고 농담을 건네고 잠보라고 부르며 놀리기도 했다. 그러면 군도 함께 즐거워하

였다.[9]

　게을러도 이렇게 게으른 이가 없을 정도다. 그런데 조귀명의 서술을 따라가다보면 은근한 매력이 느껴지는 인물이다. 가난하지만 구차하지 않고 연약하지만 비굴하지 않다. 술을 매우 좋아하지만 술이 없으면 없는 대로 대화 자체를 즐길 줄 안다. 남들의 시선에 아랑곳하지 않고 자신의 즐거움을 추구하며, 아무리 가난해도 얼굴을 찌푸리거나 탄식하는 모습을 보이는 일이 없다. 역병에 걸려 며칠을 굶어도 아무런 거리낌 없이 평소와 마찬가지로 뒷짐 지고 뜰을 거니는 모습이 예사롭지 않다.[10] 비록 서얼 출신이기는 하지만 그래도 조부 덕택에 어느 정도 힘을 쓸 수 있는 배경을 지녔으면서도 남의 비위를 맞추지 않고 자유로운 삶을 살았다. 만년에 김유경金有慶(1669~1748)이라는 인물의 총애를 받아 단련사團練使에 차출되어 심양瀋陽에 다녀온 일이 있는데, 뇌물 받는 것이 관례화된 자리임에도 남중하는 아랫사람에게 다 나눠주고 자기 것은 전혀 챙기지 않을 정도로 물욕에서 초탈했다.[11]

　무기력함을 떨쳐내고 제대로 좀 살아보라고 권면하는 이들에게 남중하는 웃으면서 이렇게 대답하곤 했다.

　　가난함과 부유함, 궁색함과 현달함은 주어진 운명에 속하는 것이니 바란다고 해서 이루어지는 게 아니라고 들었습니다. 어차피 이룰 수 없다면 노심초사하며 애쓰기보다는 차라리 태연자약하게 편히 사는 게 낫습니다. 살고 죽는 일 역시 이와 마찬가지이니, 사는 게 즐겁다고 해서 살기만 구할 수 없고 죽는 게 싫다고 해서 죽음을 피할 수도 없는 노릇입니다. 그러므로 나의 마음은 편안하여 얽매이는 바가 없습니다. 내가 평소에 음주와 여색을 좋아하니, 하루에 큰 잔으로 술 세 잔만 마실 수 있고 아름다운 여인 한 명만 곁에 둘 수 있다면 즐기다가 죽을 수 있겠습니다.[12]

가난함과 궁색함이란 운명에 속하는 것이니 사람이 어찌할 수 없는 일이라는 말이 현대인에게는 이상하게 들릴 수 있다. 하지만 당시로서는 식상할 정도로 보편적인 관념이었다. 다만 이는 세속적인 빈부와 궁달에 얽매이지 말고 올바른 도리를 추구해야 함을 강조하는 맥락에서 하는 말이었다. '안빈낙도安貧樂道'라는 말이 그래서 나온 것이다. 그런데 학문에 전념하거나 올바른 정치에 기여하는 것을 삶의 목표로 삼아야 마땅하다고 여기는 통념을 바탕으로 점잖게 던지는 충고에 대해서, 남중하는 누구나 입에 올리는 논리를 비틀어 자신의 취향을 당돌하게 이야기한다. 안빈낙도가 아니라 '안빈낙주색安貧樂酒色'이다.

이런 남중하에 대해 조귀명은 어떤 평가를 내렸을까? 세상일에 초탈하여 아무것도 고집하지 않고 평안과 자유를 누리는 남중하야말로 옛날의 열자列子나 장자와 다름없이 도를 체득한 사람이라고 했다. 어디선가 전해 들은 것만 대단한 줄 알고 실제 눈앞에 보이는 것은 하찮게 여기는 일반 사람들이 남중하의 진가를 알아차리지 못하는 것일 뿐이다.[13] 어찌 보면 대책 없이 한심한 인물인 남중하가 조귀명의 붓끝에서 세속에 물들지 않은 자유인의 모습으로 새롭게 태어났다.

그의 삶에 나의 삶을 담다

조귀명은 1726년 34세 때 김현택金玄澤이라는 인물에 대한 기억을 남기기 위한 유사遺事를 썼다. 김현택은 자字가 원경遠卿이고 충청도 출신으로 약관의 나이에 서울에 올라와서 조귀명과 가까운 곳에 거처하며 친하게 지냈는데, 그만 애석하게도 일찍 세상을 뜨고 말았다. 조귀명은 세상에 이름나기 전에 자신이 먼저 알아본 인물 셋을 들면서 그중 유독 김현택만이 뛰어난 재능을 발휘해보지 못한 채 죽었다며 안타까워했다.[14] 그러고는 글로나마 세상에 그 이름을 남기고자 유사를 썼다.

> 원경 군은 형제가 다섯 명인데, 군과 아우 제경濟卿(김홍택
> 金弘澤)이 나와 비슷한 또래여서 서로 따르고 어울리며 매
> 우 즐거운 시간을 보내곤 했다. 제경은 기상이 호방하고
> 담론을 좋아해서 매번 손뼉 치며 고금의 일을 논하기를
> 밤낮없이 해도 지칠 줄 몰랐다. 반면에 군은 그 곁에서 마
> 치 아무것도 모르는 것처럼 겸손히 있다가 그림 논평하는
> 한마디 말에 조금이라도 빈틈이 있으면 곧바로 깊이 물어
> 보았다. 과연 말을 하면 꼭 이치에 맞는 말만 하는 군자라
> 할 수 있다. 훗날 시회時晦(조현명) 형과 함께 제경에 대해
> 논한 일이 있는데 그때 내가 "제경이 참으로 현명하긴 하

지만, 원경은 더욱 뛰어난 경지에 이르렀습니다"라고 말했으나 형은 믿지 않았다.[15]

김현택은 평소에 활발한 성격의 아우 김홍택에 비해 사람들에게 많이 알려지지 않았다. 그러나 조귀명은 자신만이 그가 지닌 내면의 깊이를 알고 있다고 여겼다. 과장도 거짓도 없으면서 이치를 꿰뚫는 그의 말을 들으면 심장과 폐부를 속속들이 갈라내는 것처럼 예리하지만, 남을 대할 때는 한없이 은혜롭고 너그럽다고 했다. 그 뒤로는 예법을 실천하는 모습과 양모를 모시는 정성이 담긴 일화를 통해서 김현택의 사람됨을 눈에 보이듯이 그려냈다.

> 내가 꿈에서 제경을 만나본 적이 있다. 그가 당대 제일가
> 는 사람이 누구인지 물어보기에 나는 말하였다. "제일가
> 는 사람을 밖에서 찾을 필요가 없네. 군의 집안 원경 말고
> 누가 있겠나. 그의 성품을 논한다면 마치 백옥으로 깎아
> 만든 도봉산 봉우리와 같을 뿐이라네. 원경을 위한 제문
> 祭文에 내가 이렇게 적었지. '내가 꿈에서 그대를 평했는데
> 깨고 보니 생각이 나질 않네. 그대의 신령한 마음이 찾아
> 와 나의 감각을 감발한 것이었나?' 이는 실제 경험을 기록
> 한 것이네."[16]

그런 김현택에 대해서 조귀명은 꿈에서까지 높이 칭송했다. 조귀명은 워낙 문학을 중시했기 때문에 교유하는 이들 가운데 상대의 글을 읽어보지 않은 이가 없었다. 그러나 10년 넘게 친밀하

게 지내면서도 유독 김현택의 글만은 읽어보지 않았다. 당시 많은 이가 조귀명에게 자신의 문장에 대한 품평을 의뢰하고 그의 인정을 남에게 과시하고 싶어했다. 그런데 김현택은 단 한 번도 조귀명의 명성에 기대어 자신의 글을 알리려 하지 않았고, 조귀명 또한 굳이 그에게 글을 보여달라고 한 적이 없었다. 단 한 번, 김현택이 지은 상량문을 구해 볼 기회가 있었으나, 이내 자신과 김현택의 사귐이 애초에 심교心交이지 문교文交가 아니었음을 생각하며 그만두었다. 당나라 문인 한유가 수많은 교유 인물 가운데 유일하게 마음 깊이 존경하고 탄복하는 벗으로 최군崔群을 꼽은 것을 거론하며[17] 조귀명은 이렇게 말했다. "나에게 심교는 오직 김현택 한 사람뿐이다."[18]

조귀명의 이 작품에 대해서 이천보는 "서로 알아주는 것을 말하는 대목에 이르러 나도 모르게 눈물이 흐른다"고 평했다.[19] 뛰어난 재능을 제대로 발휘조차 못 해보고 아무도 알아주는 이 없이 세상을 떠난 김원경. 그런 그를 알아주는 유일한 사람이 자신이라고 말하는 조귀명 본인의 내면이 글의 저류에 진실하게 흐르고 있기 때문일 것이다.

평범한 이의 비장한 아름다움

조귀명 산문의 장점은 자신의 의견을 주장하는 의론議論에 있다. 서사敍事를 위주로 하는 장르에서도 조귀명은 의론을 세우고 그에 따라서 구성과 수사를 가함으로써 뛰어난 성취를 이루었다.

「이참모전李參謀傳」은 이러한 면을 살피기에 적절한 서사작품이다.

이 작품은 병자호란 때 정세규鄭世規(1583~1661)의 종사관으로 험천險川(지금의 용인 '머내' 지역) 전투에 참가했다가 전사한 이상재李尙載(1607~1636)의 일생을 다룬 전기문이다. 이상재에 대해서는 『인조실록』에 간략하게 언급되었고[20] 그 뒤 정려 및 증직과 관련된 기사들이 보인다.[21] 실록에는 단지 험천 전투에서 전사한 여러 인물 사이에 이름이 호명되는 정도이고, 고종대의 『승정원일기』에 "오랑캐의 화살이 가슴과 어깨에 꽂히자 화살촉을 뽑아 적을 쏘았으며, 적이 또 이마를 쏘아 맞히자 그제야 쓰러져 죽었다"는 내용이 전한다.[22]

조귀명은 이상재의 외증손인 홍응항洪應恒(1699~?)의 부탁으로 이 전을 지었다. 창작 연도는 1736년인데, 바로 이해 1월에 사도세자의 왕세자 책봉 때 홍응항은 세마, 조귀명은 익위로 제수된 일이 있으므로 이것이 직접적인 집필 의뢰의 계기가 되었을 개연성이 있다.

이 작품보다 앞선 기록으로 이상재의 외손인 송징은宋徵殷(1652~1720)이 쓴 행장이 전한다.[23] 겹치는 어구가 많은 점을 볼 때, 조귀명이 이 행장을 기반으로 전을 쓴 것은 분명하다. 그러나 단순 요약이 아니라 일부 순서를 바꾸거나 새로 추가한 내용이 있어 원문을 대조해보면 조귀명의 집필 의도가 드러난다.[24]

「이참모전」은 『간천고』에서 가장 많은 점點과 권圈이 찍힌 작품 가운데 하나다. 『간천고』에는 이천보와 이정섭의 평가가 갈리는 작품도 제법 있는데, 이 작품에 대해서는 두 사람 다 극찬했다. 작품 제목에 단 평에서 이정섭은 "논의 전개가 앞 작품에 비

「이참모전」, 『간천고』, 조귀명, 서울대학교 규장각한국학연구원/중앙도서관.

해 더욱 정밀하고 섬세하다"고 했고, 이천보는 "두 편의 돈좌頓挫
가 흡족하게 되었으니, 한 단계 올라선 정도에 그치지 않는다"고
했다.[25] 두 평 다 바로 앞에 실린 「박장군전朴將軍傳」과 함께 언급
했는데, 이 작품도 같은 해에 지은 것으로서 "외사씨왈外史氏曰"이
앞뒤로 달린 독특한 구성에 인물의 특성을 부각시키는 입론과
그림처럼 생생한 장면 묘사가 일품이다.

이천보가 두 작품의 공통점으로 꼽은 '돈좌'는 단락 전개에 변
화를 주는 수사법을 말한다. 그런데 「이참모전」의 전체적인 구성
자체는 그리 특이할 것이 없다. 짧지 않은 작품이므로 우선 단락
요지를 제시한 뒤 일부 인용을 통해 소개한다.

나만이
알아주는
나

[2] 병자호란의 발발과 참모 발탁

  [2-1] 임지에서 병마 대비하던 중 발발하여 인조가 남
  한산성으로 피신함.

  [2-2] 활쏘기와 병법에 능하다는 이유로 참모로 발탁되
  어 군사의 업무 탁월성을 인정받음.

[3] 전장에서의 활약

  [3-1] 강력한 적군을 공략하기 위해 헌릉으로 이동 중
  험천에서 진을 침.

  [3-2] 적군의 습격으로 후진과 본진이 무너지자 후퇴
  를 마다하고 결사 대항함.

  [3-3] 활로 많은 적을 살상했으나 결국 적의 화살에 정
  수리를 맞아 사망함.

[4] 시신 수습 과정

[5] 외사씨의 논평

　　표면상의 단락 전개에 있어서 이 작품은 일반적인 전傳의 구성
을 충실히 따르고 있는 것으로 보인다. 가계와 인물됨을 보여주
는 서두로부터 시간 순서대로 기록했고 마지막에 논평을 붙였다.
그렇다면 논의 전개가 정밀하고 섬세하며 돈좌가 뛰어나다는 평
은 어떤 점을 두고 말한 것일까?

　　우선 [1]의 전반부는 이상재의 조부와 부친의 이야기인데, 분
량은 짧지만 이상재의 행적과 매우 간명하게 조응된다. 조부가
임진왜란 때 의병 활동을 했다는 사실과 부친이 광해군 치하에
서 타협하지 않고 외직을 돌다가 객사했다는 사실은, 가까이는

[1]의 후반부에서 이상재가 위급한 때를 대비하여 병법을 공부해야 한다고 말한 것과 시속에 맞춰 살지 못해서 중앙에서 평탄하게 출세하지 못했다는 행적에 각각 조응한다. 이는 다시 작품 전체에서 이상재의 남다른 면모로 부각시키고 있는 두 가지 면과도 연결된다.

첫째, 병법과 활쏘기에 능하다는 점인데, 이는 [1]의 후반부에서 언급된 이래, [2-2]에서는 정세규에게 발탁되는 이유, 군사 업무를 모두 맡게 되는 과정, 부하 사졸들에게 인정받는 결과 등으로 이어진다. 중심 서사인 [3]에서는 전체적으로 이상재의 병법과 활쏘기 실력을 부각시켰다. 특히 [3-1]은 병법에 탁월한 면모가 실제 작전을 짜는 데 반영되었으며, [3-3]은 이상재의 활쏘기 실력을 생동감 있게 묘사하는 것이 주를 이루고 있다. 흥미로운 점은, 이 전의 바탕이 된 송징은의 행장에서는 [1] 후반부의 병법과 활쏘기를 잘한다는 언급이 사적을 다 서술하고 난 뒤 이상재의 장점을 서술하는 부분에 놓여 있다는 것이다. 조귀명은 이 문장을 의도적으로 앞에 배치함으로써 조응의 전조로 삼았다.

둘째, 강직하고 의연한 성품이다. [1] 후반부에서 시속에 맞춰 살지 못하는 이상재의 성품을 언급한 것을 시작으로, [2-2]에서 전혀 망설임 없이 강개한 심정으로 종군하는 태도, [3-2]에서 몸을 피하라는 정세규의 말에 격분하여 함께 죽겠다고 말하는 단호함, 인끈을 풀어 따로 보관하도록 맡기는 침착함, 병사들을 독려하는 의연함 등으로 이어지고, [3-3]에서 화살을 두 군데나 맞고도 아무렇지 않게 계속 활을 쏘는 용맹함 등에서 이러한 성품이 내적으로 연결되어 드러난다.

이러한 두 측면이 이 작품 전체를 관통하며 이상재라는 인물을 형상화하고 있지만, 이를 평면적으로 적시해 논평하는 방식을 취하지 않고 단락의 전개와 내적 조응을 통해 자연스럽게 부각되도록 구성했다. [5]의 "이 참모는 젊은 서생으로서 발분하여 큰 절개를 이루었으니, 훌륭하도다!"가 직접적인 논평에 해당되는데, 단 한 문장으로 간명하게 단정했다.[26] 『간천고』 평에서 이 작품과 함께 거론된 「박장군전」이 역사적 인물들과 비교하는 등의 근거를 들어 입전 인물의 특성을 논리적으로 입증하는 방식을 취한 데 비하면, 이 작품은 치밀한 내적 조응을 통해서 인물의 특성이 자연스럽게 부각되도록 하는 논의 전개 방식을 구사했다. 의례적인 가문 소개 부분에서부터 정례를 따른 서사와 논평에 이르기까지 얼핏 평범해 보이는 구성 가운데 인물의 풍신風神에 대한 형상화가 솜씨 좋게 녹아들어가 있다.

이 작품을 좀더 인상적으로 만드는 것은, 다소 비일상적인 기이함을 지녔다는 점이다. 다음은 [3-3]에 해당되는 부분이다.

이상재가 군량 더미 위에 올라가 활을 당겨 적도賊徒들을 쏘았는데 한 발도 빗나가지 않고 백발백중, 많은 이가 죽고 다치는 것을 본 적도들이 감히 다가오지 못하였다. 본인도 가슴과 어깨에 화살을 맞았지만 직접 화살촉을 뽑아내고는 아무 일 없었던 것처럼 활을 쏘았다. 화살이 다 떨어졌을 때 오랑캐가 또 그에게 활을 쏘았는데 정수리를 맞아서 결국 쓰러지고 말았다. 역의 하인 중 한 사람이 그의 곁을 떠나지 않고 화살을 안고서 계속 건네주었는데,

이상재가 죽자 시체 더미 속에 몸을 던져서 살아남았다. 그가 본 것을 진술한 것이 이와 같았다고 한다.[27]

화살이 빗발치는 가운데 높은 곳에 올라서서 전혀 위축됨 없이 용맹하게 활시위를 당기는 장면이 눈앞에 펼쳐지듯 서술되어 있다. 그 마지막에 하인의 말을 인용해둔 것은, 일차적으로 그 장면을 직접 목격한 이가 있었음을 언급함으로써 서사의 신빙성을 높이고자 함이다. 나아가 이 이야기를 전달한 하인이 시체 더미 속에 몸을 던져서 살아남았다고 한 대목은, 이 사건이 전해지는 과정에 범상치 않은 기연이 존재했음을 느끼게 한다.

이상재의 아우가 집에서 이상재가 종군하였다는 말을 전해 듣고 가슴을 치며 말했다.
"만약 전투에서 패배한다면 형님은 틀림없이 구차하게 살아남으려 하지 않으실 것이다."
오랑캐가 퇴각한 뒤에 직접 가서 시신을 찾았으나 오랫동안 발견하지 못하였다. 그런데 꿈에 이상재가 홀연히 나타나서 "내 발이 차구나"라고 말하는 것이었다. 올려다보니 핏자국이 정수리부터 코까지 흘러 있었다. 뒷날 처가의 종이 시신을 찾아 이미 가매장하였다는 말을 듣고 가서 열어 보니, 꿈에서 본 모습과 똑같았다.[28]

더 기이한 부분은 [4]에 보이는 동생의 꿈 이야기다. 꿈에서 만난 형이 정수리부터 코까지 핏자국이 흘러 있는 모습이었다고 했는데, 이는 가매장을 열어 확인하기 전에는 알 수 없는 일이기에 기이함이 더해진다. 이 기이함은, 이야기가 전해진 과정에 신이한 도움이 있는 것이 아닌가 싶게 만들면서 이 작품의 입전 대상이 반드시 기록해두어야 할 가치가 있는 인물임을 강조하는 역할을 한다.

그런데 이 전의 저본인 행장에는 이상재의 최후를 "화살이 다 떨어지고 기력이 다했을 때 또 적의 화살에 맞아 마침내 일어나지 못했다"[29]라고 서술했을 뿐, [3-3]처럼 화살에 맞은 곳이 정수리라는 사실은 기록되어 있지 않다. 동생의 꿈 이야기를 기이하게 만드는 정보가 원래는 들어 있지 않았던 셈이다. 뿐만 아니라, 행장에는 [3-3]의 하인 언급부터 [4]까지의 부분은 아예 없다. 조귀명이 지어낸 것이 아니라면 따로 전해 들은 이야기를 덧붙인 것으로 보이는데, 천의무봉의 솜씨로 연결하여 원래 이 서사에서 반드시 필요한 요소였던 것처럼 만들었다.

이천보는 [3-3]에서 "시체 더미 속에 몸을 던져서 살아남았다"에 방점을 찍고 "기奇"라는 방비를 붙였으며, [4]의 "열어 보니, 꿈에서 본 모습과 똑같았다"에도 방점을 찍고 "우기又奇"라는 방비를 붙였다. 조귀명의 의도가 제대로 효과를 거둔 셈이다.

외사씨外史氏는 논평한다.

(1) 험천의 전투에는 장수가 3명, 참모가 1명, 별장군무別將軍務가 2명, 심약審藥 1명, 출신出身으로 종군한 자가 140명, 병사가 2432명이 참전하였는데, 한 사람도 죽음을 면치 못했다. 만약 모두가 이 참모의 말대로 한 놈의 적을 죽이

고 전사하였다면 어찌 대번에 이 지경에 이르렀겠는가? 달
아나서 결국 피할 수 있었던가? 달아난 이들 때문에 달아
나지 않은 자들이 섬멸되었으니, 비통할 만하구나! 이는
병사들이 평소 훈련을 받지 못해서 '윗사람을 친근하게 여
기고 어른을 위해 목숨을 바치는' 의리가[30] 전혀 없었던 탓
이다.

(2) 이 참모는 젊은 서생으로서 발분하여 큰 절개를 이루
었으니, 훌륭하도다!

(3) 참모의 외손 홍응항은 강개한 선비로, 이 사적이 오래
되어 사라져버리지 않을까 염려하였다. 그래서 나에게 전
傳을 지어 전해주기를 부탁한다고 하였다.[31]

이 작품의 결미인 [5] 부분이다. 입전 대상에 대한 직접적 논평
인 (2)보다 더 큰 분량을 차지하는 (1)은 형편없이 패전하게 된 원
인을 논한 부분이다. 이 부분은 [3-2]에서 도망치는 군사들을 독
려하며 이상재가 외친 "오늘 다 함께 죽을 뿐이다. 달아난들 피할
수 있겠느냐? 사나이가 어찌 적 한 놈 죽일 담력도 없는가?"[32]라
는 말과 조응한다. 이정섭은 바로 이 부분에 권점을 찍어서 극찬
했다. 싸우든 도망가든 어차피 죽을 목숨, 한 사람이 적 한 명만
이라도 죽이고 죽자는 것이다. 이상재의 말에 설복되어 다시 모
여든 군사들도 있긴 했지만, 평소에 워낙 훈련과 교육이 이루어
지지 않은 군사가 대부분이어서 결국 나 혼자 살겠다고 도망가다
가 죽은 이가 많다. 논평을 시작하면서 험천 전투의 전사자 숫
자를 신분별로 일일이 나열함으로써 그중 단 한 사람도 죽음을

면하지 못했음을 강조했다. 도망가봤자 살아남을 수 없으므로 싸우다가 장렬하게 전사하자는 이상재의 주장이 결국 들어맞았음을 보여주기 위한 배치이기도 하다.

아울러 우리 군대가 훈련되지 않은 오합지졸이었기에 패전을 피하기 어려웠다는 점에 대한 안타까운 심정이 [5]의 (1)에 잘 드러나는데, 이는 [3-2]에서 적군과 처음 맞닥뜨리는 장면에서부터 이미 제시된 면이다.[33] 이 점을 강조하는 것은 단순한 안타까움을 넘어서, 이상재의 의도대로 작전을 펼칠 여건이 아니었다는 사실의 뒷받침이 되기도 한다. 패전의 원인이 이상재에게 있었던 것은 아니라는 말이다.

다시 생각해보면 이상재는 전쟁에서 화려한 활약을 보여준 인물이 아니다. 병법과 활쏘기에 능하고 강직한 성품을 지녔다는 점을 부각시켰으나, 그것이 대단한 실효를 거둔 것은 아니었다. [3-1]에서 "우리가 고립된 군대 2000명을 이끌고 강한 적을 공격한다면 형세상 바로 격파될 것이 분명하니 나라에 도움이 안 됩니다. 후퇴해서 험준한 지형을 거점으로 삼아 형세를 살피다가 진격하는 편이 낫겠습니다"[34]라고 피력한 이상재의 전략적인 판단은 옳았다. 하지만 장군과 병사들이 너무 지치는 바람에 애초의 계획대로 헌릉까지 가지 못하고 중도에 진을 쳤다가 그만 적의 기습을 받아 궤멸되고 말았다. [3-2]의 담대한 태도, [3-3]의 용맹한 활약 역시 전세를 돌이키는 결과로 이어진 것은 아니었다. 냉정하게 말하자면 최종 결과는 참담한 패전과 허무한 죽음뿐이었다.

그럼에도 불구하고 이 인물의 기사를 특별한 것으로 만들어낸 데에 이 작품의 가치가 있다. 이제까지의 논의에서 단락 전개와 내적 조응을 살핌으로써 이 작품이 평범해 보이지만 실은 치밀한 구성을 갖추고 있음을 분석했고, 후일담에 깃든 기이함을 그 구조 속에 녹여 넣음으로써 더욱 인상적인 작품으로 만들었음을 살폈으며, 패전의 원인을 논평하는 대목 역시 결과적으로 이상재라는 인물을 부각시키는 데 일조했음을 보았다.

여기에 더하여 이 작품을 읽을 때 전해지는 도저한 비장미悲壯美야말로 패전과 죽음의 참담함과 허무함을 강렬한 문학적 호소력으로 끌어올리는 역할을 한다. 앞서 이상재의 성품을 보여주는 대목으로 언급한 [2-2]의 강개함, [3-2]의 단호함과 침착함, 의연함, [3-3]의 용맹함 등이 조합되어 만들어내는 인물의 형상은, 일견 영웅을 떠올리게 할 만큼 비범하다. 다만 그 영웅은 신이한 활약을 펼치는 존재가 아니라, 거대한 운명을 정면으로 마주하고 산화散華의 길로 뚜벅뚜벅 나아가는, 비장한 인간의 모습이다.

적군마저 감동시킨 열사

1728년 무신년, 이른바 '이인좌의 난'이 있었는데, 그 시작이 3월 15일 청주성의 함락이었다. 당시 이인좌가 주도한 반군은 청주를 장악한 뒤 안성과 죽산까지 북상했고, 영남과 호남에서도 호응하여 반군이 일어났다. 그러나 3월 24일 이인좌의 반군이 관군에게 궤멸됨으로써 기세가 꺾였고 4월 초에 다른 지역의 반군도 모두 진압됨으로써 한 달을 넘기지 못한 반란으로 끝났다.

이인좌의 난은 강경파 소론이 경종의 죽음에 의혹을 제기하고 영조의 정통성을 문제 삼으며 일부 남인과 결합하여 영조의 배후인 노론을 몰아내고자 일으킨 것이었다. 당시 집권 4년 차의 영조는 오히려 온건파 소론을 전폭 등용하여 노론을 견제하면서 탕평을 시도하던 중이었는데, 이 사건으로 말미암아 집권 소론 세력의 입지도 난처해진 면이 있다. 이를 타개하기 위해 이들은 반군의 진압에 더욱 적극적이었고, 진압 이후 순국한 이들에 대한 표창에도 앞장섰다.

조귀명은 1726년 부사府使로 부임한 형 조준명과 함께 청풍淸風(지금의 충북 제천)에 거했고, 1730년에는 조준명이 다시 청주 목사에 부임함에 따라 청주로 이주했다. 이때는 이인좌의 난이 진압된 지 몇 해 안 되어 관련 인물에 대한 논공행상과 추대가 이루어지던 시기였다. 조준명이 난의 시발지였던 청주에 부임하자마자 추진한 일 가운데 하나가 삼충사의 건립이었다. 삼충사는 당시 순절한 충청 병마절도사 이봉상李鳳祥(1676~1728), 영장 남연년南延年(1653~1728), 군관 홍임洪霖(1685~1728)의 위패를 모신 사당이다. 1731년 당시에는 청주읍성 북문 안에 세웠는데 1939년 표충사表忠祠라는 이름으로 청주시 수동으로 옮겨 지은 것이 남아 있다.

조현명은 순무사 오명항吳命恒(1673~1728)의 종사관으로 이인좌의 난 진압에 종군했다. 난이 평정된 지 며칠 안 된 1728년 4월 21일, 조현명이 영조에게 아뢰었다.

"3월 15일 밤에 적도賊徒가 영내로 갑자기 들어와 곧장 병사兵使(병마절도사 이봉상)의 침소를 침범하였습니다. 비장裨將 홍임

청주 표충사, 충청북도 기념물 제17호.

이 변고를 듣고 놀라 일어나 검을 뽑아 여러 명의 적을 베고는 병사가 있는 곳으로 달려갔습니다. 병사가 결국 살해당하자 홍임이 분격하여 욕을 하며 '너희는 어떠한 흉적이기에 우리 장군님을 죽이느냐?'라고 소리 지르니, 적도가 셀 수 없을 정도로 마구 베어 결국 이봉상의 주검 옆에서 죽었습니다. 그 장렬한 의기가 늠름하여 사람을 감동시키니 참으로 숭상할 만합니다. 그리고 홍임은 집이 매우 가난하며 팔십 노모가 있는데 자력으로 살아가기 어렵다고 들었습니다. 매우 불쌍한 일이라 감히 아룁니다."[35]

이를 들은 영조는 충신으로 표창하는 정문旌門을 내리고 노모에게 쌀과 베를 내리도록 지시했다. 이듬해 6월 1일에는 조현명이 다시 홍임의 기첩妓妾이 유복자를 낳았다는 소식을 아뢰며 절의를 지킨 이의 자식이므로 면천시켜달라고 청하자 영조는 이 역시 윤허했다.[36] 20년이 다 되어가는 1747년에도 조현명은 다시 홍임

의 아들을 등용하자고 건의하여 윤허받았다.[37]

이후로도 죽은 홍임에게 호조참판의 관직을 더하여주고 부인의 장례 비용을 지원하며, 후손을 발탁하여 등용할 뿐 아니라 기첩까지 정려하는 등의 건의와 시행이 영조를 넘어 정조, 순조, 헌종대에 이르기까지 끊이지 않았다. 고종 때에 와서도 충강忠剛으로 시호를 내리고 불천위不遷位에 모셔 국가가 제사 비용을 대도록 하는 조치가 이어졌다.[38] 그야말로 조선이라는 나라를 지켜낸 절의의 상징으로 끊임없이 기억된 인물이다.

따라서 홍임의 행적을 기록한 글 역시 적지 않게 나왔다. 김도수金道洙(?~1742)가 「홍임전」을 지었고,[39] 김원행金元行(1702~1772)은 「삼충전三忠傳」의 첫 인물로 홍임을 다루었으며,[40] 황경원은 그를 기리는 묘지명을 썼다.[41]

조귀명은 청주로 이주한 1730년에 「열사烈士 홍임전」을 지었다. 김도수와 김원행의 전에 비해서 분량이 훨씬 길고, 황경원의 서문을 포함한 묘지명에 비해 의론성이 강하다. 특히 논평에 해당되는 "조자왈趙子曰"을 앞뒤에 배치하고 홍임 이외의 인물들을 대비하여 등장시키는 등 독특한 구성이 돋보인다.

조자趙子는 말한다. 나는 무신년의 변란을 겪으면서, 세상에서 구가舊家와 대족大族으로 불리며 선대의 공훈 덕분에 대대로 녹을 받는 고귀한 가문의 사람들은 당론에 빠져 말을 뒤집고 미혹에 빠져 그 폐단이 임금을 배반하고 역모를 행하는 데에까지 이르렀는데, 도리어 미천하고 무식한 시골 사람들이 사람으로서 마땅히 지켜야 할 하늘의 도리를 저버리지 않았음을 슬퍼하였다. 저 고귀한 사람들이 평소 성인의 글을 읽으며 목소리를 드높여 천하의 의리를 담론할 적에 이 미천한 사람들과 섞여 있게 한다면 창피한 표정을 짓거나 노여운 말을 내뱉을 것이다. 그런데 지금 이들의 피비린내 나는 육신은 저 사람들이 기르는 개돼지의 배를 채울 거리도 못 되는구나. 이 얼마나 애통한 일인가?[42]

조귀명은 열사 홍임의 전기를 이렇게 시작했다. 그리고는 병든 몸으로 진압군에 참여하려 한 김수골이金愁骨伊라는 늙은 군인과 반군에 투항한 시아버지를 만류하며 자결한 며느리의 이야기로 이어간다.

"저의 조부는 험천의 전투에서 전사하셨습니다. 조부를 따라 나라의 일에 목숨을 바치는 것이 저의 소원이었습니다. 지금 늙고 병들었다는 이유로 돌아간다면 무슨 낯으로 지하에서 저의 조부를 뵐 수 있겠습니까?" 참전하고자 나선 자신을 불쌍히 여겨 강제로 귀향하게 한 주장主將에게 김수골이는 눈물로 이렇게 호소하며 떠나려 하지 않았다.[43]

"나라를 배반한 자를 역적이라고 합니다. 아버님의 관직은 역적이 준 것이지 조정이 준 것이 아닙니다. 제가 듣건대 반역자는 주벌을 당한다고 하였으니 멸족의 화가 이제 이르겠지요. 비록 아버님을 오래도록 모시고 싶지만 불가능하게 되고 말았습니다. 죽기 전에 마지막으로 술 한 잔 공손하게 올리겠습니다." 반군에게 진천 현감 자리를 받고 부임하러 가는 길에 들른 시아버지에게 술상을 푸짐하게 차려 대접하면서 며느리는 이렇게 말했다. 며느리가 자결하자 시아버지는 잘못을 크게 깨달아 부임하지 않고 달아났다.[44]

보잘것없는 늙은 군인과 아무 힘도 없는 여인의 일화를 배치함으로써, 서두에서 제기한 '미천하고 무식한 시골 사람이 지킨 사람의 도리'가 무엇을 의미하는지 선명하게 보여주었다. 홍임의 이야기가 등장하는 것은 그다음이다. 다만 대개 전傳의 첫머리에 놓이곤 하는 입전 인물의 가계와 사람됨을 말하기에 앞서서 조귀명은 다음과 같은 연결 고리를 두었다.

> 홍임의 이름은 관원 명단인 조적朝籍에 들어 있지 않고 편비編裨의 반열에 기록되어 있었다. 주장主將과 평소 복심으로 믿고 의지할 만한 의리가 있었던 것도 아니다. 그런데 하루아침에 환난을 만나자 목숨을 내던져 응대하고 시퍼런 칼날에 죽으면서도 후회하지 않았으니 더욱 천고에 우뚝 뛰어나다.[45]

홍임이 조선 후기 내내 호명된 것은 그의 신분이 비천했고 주장인 병마절도사 이봉상에게 그리 깊은 은덕을 입은 관계도 아닌데 오직 나라를 위해 목숨을 버렸기 때문이다. 편비는 장수에게 딸린 하급 무관직이다. 홍임은 원래부터 이봉상을 따르던 사람이 아닌데, 이봉상이 청주로 출병할 때 홍임이 청렴한 인물로 추천되어 이봉상 막하의 편비로 수행하게 된 것이다. 홍임이 이렇게 하급 무관으로 전전하게 된 것은 그의 출신이 서얼이었기 때문이다. 뒤에 박지원은 서얼의 소통을 청하는 가상의 상소문을 쓰면서 홍임을 예로 들었다. 그가 열사로 표창된 것은 훌륭하지만 애초에 장수가 되었더라면 비참하게 죽는 것보다 훨씬 더 큰 역할을 해냈을 것이라며 안타까워했다.[46]

조귀명이 홍임의 전을 쓰면서 또 하나의 초점으로 둔 것은 비장神將 양덕부梁德溥와의 대조다. 정작 이봉상이 믿고 가까이하던 양덕부는 몰래 적과 내통하여 이봉상의 침소 동정을 염탐하여 알려주고는 성문까지 열어준 채 도망쳐버렸는데, 홍임은 성 밖에서 자다가 난이 일어난 것을 알고 거꾸로 성 안으로 들어가서 이봉상 대신 죽고자 했다. 조귀명은 홍임의 기사를 본격적으로 시작하기 전에 양덕부의 기사를 먼저 두었고, 홍임이 장렬하게 죽음에 이르는 과정을 서사한 뒤 다시금 양덕부의 비참한 최후를 배치했다. 일종의 액자 구조를 통해서 두 사람 간의 대비를 선명히 한 것이다. 그러고는 이어지는 논평에서 이를 다시 강조했다.

조자는 말한다. 내가 청주에 와서 읍에 소속된 군관들에게 변란의 일을 즐겨 물어보곤 했다. 변란의 이런저런 사실들에 대한 말은 각기 달랐지만, 홍임에 대해서는 수많은 사람의 말이 한결같았고 다들 탄식하며 눈물을 흘렸다. 반면 양덕부에 대해 말할 때는 손가락질하며 욕하지 않는 이가 없었다. 아! 이 두 사람은 겉모습도 같고 직임도 같은데 주장에게 보답함이 이처럼 다른 것은 어째서인가? 어쩌면 하늘이 양덕부를 낸 것은 홍임의 공렬을 더욱 드러내기 위해서일까?[47]

이러한 배치뿐 아니라, 이 작품의 압권은 홍임의 당일 행적에 대한 서사다. 의론과 구성의 참신함이 홍임의 생애에 대한 여타 기록들과 변별되는 지점이지만, 아래와 같이 박진감 넘치는 생생한 서사 역시 그 자체로 조귀명 문학의 특징이라 할 수 있다. 마치 눈앞에 펼쳐지는 광경처럼 그려지는 서사 가운데, 적들마저 어찌하지 못해 찬탄할 정도로 강직한 홍임의 기질이 행동과 대화 하나하나로 자연스럽게 드러난다.

이때 홍임은 창고를 지키느라 병영 바깥에 있었다. 변고를 듣고 급히 일어나 병졸의 전립을 빼앗아 쓰고 검을 빼들고 달려 들어가려 하니, 함께 잠을 자던 해월海月이라는 관기官妓가 당황하여 끌어안고 말했다.

"변고가 어떻게 될지 모르는데 어찌 홀로 사지로 들어가십니까?"

"주장이 위태로우시다. 나에게 칠십 노모가 계신데도 차마 돌아보지 않고 죽으려 하거늘 네가 이런 말을 한다고 죽지 않겠느냐?"

홍임은 이렇게 꾸짖으며 해월을 밀치고 나갔다. 성문이 닫혀 있어서 맨손으로 성벽을 허무느라 열 손가락이 모두 피투성이가 되었다. 성 안 뜰에서는 칼과 창이 부딪치고 고함소리가 천지를 진동하였으며 급히 병사兵使를 찾고 있었다. 홍임이 곧장 들어가며 크게 외쳤다.

"내가 바로 병사다."

적들이 그를 사로잡았으나, 병사의 얼굴을 아는 자가 이

자는 병사가 아니라고 하는 바람에 풀려났다. 얼마 지나지 않아 적들이 병영 뒤 대숲에서 병사를 찾아내 목을 베려고 하였다. 이때 홍임이 달려가 병사의 몸 위에 엎드리고는 외쳤다.

"내가 바로 진짜 병사다."

적이 끌어내리자, 홍임은 일어나 적을 발로 차고는 그의 칼을 빼앗아 두서너 사람을 공격하였다. 적이 달려들어 그를 포박하고 좋은 말로 유인하며 항복하라고 하자, 홍임은 눈을 부릅뜨고 말했다.

"너희 놈들은 역적일 뿐이다. 내가 어찌 너희에게 항복하여 살기를 바라겠는가?"

적이 칼로 마구 찌르면서 찌를 때마다 항복하라고 겁박하였다. 하지만 그럴수록 홍임이 그들을 꾸짖는 소리는 더욱 사나워졌다. 역적들이 모두 크게 찬탄하면서 말했다.

"이자는 참으로 충신이니 죽이고 싶지 않지만, 살려두면 우리를 해칠까 두려우니 죽일 수밖에 없구나. 그러나 일이 성사되면 너의 후손을 등용해주겠다."

"나는 본래 아들이 없다. 설령 있더라도 내 아들이 어찌 너희 반역자에게 등용되려고 하겠느냐?"

홍임은 탄식하며 이렇게 말하고는 마침내 죽었다.[48]

이 사람을 어떻게 평할까

조귀명은 44세 되던 1736년, 그의 벗 정돈鄭墩의 5대조인 정준일鄭遵一(1547~1623)을 위한 묘갈명을 지었다. 그런데 이 작품을 두고 『간천고』에 실린 비평이 엇갈린다. 이정섭은 "서두가 매우 좋고 명銘이 지극히 훌륭하다"며 높게 평가한 반면, 이천보는 "서두가 쓸데없이 길어 합당한 작품이 아니다"라고 혹평했다.[49] 무엇이 이 두 사람의 평가를 상반되게 한 것일까? 문제가 되는 서두는 다음과 같다.

> 역사 서술 문체에서는 좋은 점과 나쁜 점을 함께 쓰지만 명銘에서는 좋은 점에 대한 칭찬을 위주로 한다. 그러다보니 후세의 군자들은 비석에 새기는 명을 쓰는 데 있어서 엄정함을 다하지 않게 되었다. 자손들은 그럴듯한 이야기를 꾸며서 그들의 조상에게 아름다운 명성을 붙이려 애쓰지만, 조상의 혼백이 땅속에서 영원히 부끄러운 마음을 품게 된다는 사실은 알지 못한다. 부탁을 받아 명을 쓰는 자도 모든 것을 갖추어 써서 자손의 사사로운 뜻에 부합하도록 하지만, 옳고 그름을 가리는 공정함은 추호도 흔들려서는 안 되며 말 한마디 차이 때문에 위로 하늘을 속이고 아래로 사람을 속이게 될 수 있다는 사실은 알지 못한다. 그 단점을 감싸주고 나면 장점마저 곡필이 되어버리며, 그 못난 면을 두둔하다보면 훌륭한 면마저 사적인 의도가 있는 것은 아닌지 의심받게 된다. 단점을 감싸다가

「용양위묘갈명」, 『간천고』, 조귀명, 서울대학교 규장각한국학연구원/중앙도서관.

장점까지 가려버리고 못난 면을 두둔하느라 훌륭한 면에
까지 손상을 준다면 자손들이 어떻게 만족할 수 있을 것
이며, 명을 쓴 자 또한 어찌 마음이 편안하겠는가?[50]

명銘은 쇠나 돌을 비롯한 여러 기물에 새겨 남기는 글을 통칭
한다. 그 가운데 묘비명墓碑銘, 묘갈명墓碣銘, 묘지명墓誌銘, 신도비
명神道碑銘 등은 한 인물의 생을 서술하여 새겨넣고 지상에 세우

거나 무덤에 묻음으로써 고인을 오래도록 기억하고자 하는 마음을 담는 글이다. 대개 산문으로 서序를 붙이고 운문의 명으로 맺는 형식으로 이루어진다.

인물과 사건을 기록한다는 점에서 명은 역사 서술과 닮은 면이 많다. 다만 역사 서술에서는 긍정과 비판이 모두 가능한 데 반해, 대개 자손들의 부탁을 받아 쓰게 되는 명에서 떠나간 고인에 대해 비판하는 것은 적절치 못하다. 그럼에도 불구하고 추호의 거짓이나 과장 없이 공정하고 진실하게 써야 하는 것이 명이다. 이 태생적인 난점을 딛고 어떻게 써야 좋은 명이라고 할 수 있을까?

> 들자니 진양백은 선인의 충효 가르침을 이어서
> '나는 끝내 이를 저버리지 않으리'라 말하셨네.
> 이것을 스스로 실천하고
> 후손에게도 전해주셨네.
> 공은 아이 때의 식견으로도
> 충효를 글로 적어 드러냈지.
> 그 효가 어떠하였나.
> 옥을 쥔 듯, 물그릇 받드는 듯
> 봉양이며 상례와 제사에
> 공경과 정성으로 하였네.
> 그 충은 어떠하였나.
> 포의의 몸으로 나라를 걱정하고
> 아비가 병들자 자식이 대신하여

한번 죽음을 깃털처럼 여겼네.

공이 자식에게 전해준 것도

오직 공의 효뿐이었다네.

적동에 묘소가 있고

풍산엔 사당 있도다.

사당은 선비들이 발의했고

무덤엔 나의 묘갈을 세우네.

무엇으로 이를 입증할 것인가?

사람 그리고 하늘이라네.

盖聞晉陽伯述先人忠孝之訓曰: 余終不負此云.

旣以此而飭躬, 又以貽厥孫.

孩提之識, 形于心畫.

厥孝伊何, 執玉奉盈.

生事葬祭, 以敬以誠.

厥忠伊何, 藿食肉謀.

父病子代, 一死鴻毛.

公又貽子, 維公之孝.

赤洞有阡, 楓山有廟.

廟則士薦, 阡余勒珉.

何以徵之, 曰人與天.**51**

이 작품의 명 전문이다. 앞에 붙인 서가 없이도 대략 이해할 수
있을 정도로 내용이 잘 갖추어져 있고 구성도 정제되어 있다. 진
양백晉陽伯은 정준일 집안의 중시조인 고려 말의 정황鄭璜을 가리

킨다. 그때부터 몸소 실천하고 가훈으로 내려준 것이 충효忠孝라고 했다. 이 두 글자는 이 작품 전체의 자안字眼이다. 어릴 때 날마다 충효 두 글자를 쓰고서 "학문의 도는 충효로부터 생겨나니 이 두 글자는 잠깐이라도 잊어서는 안 된다"고 말하곤 했다는 정준일의 일화가 이어진다.[52]

『예기禮記』에 "효자는 귀한 옥을 손에 쥔 것처럼, 물이 가득 찬 그릇을 받들고 가는 것처럼 해야 한다. 조심조심 경건하게 감당할 수 없는 것처럼 하고 실수라도 하면 어쩌나 하는 자세를 늘 가져야 한다"고 하였다.[53] 정준일은 부모 봉양과 제사에 정성을 다했을 뿐 아니라 형과 조카들을 아버지와 자식처럼 섬기고 보살펴서 많은 이에게 감화를 주었다고 한다. 특히 그의 맏아들인 정현鄭晛은 효행으로 이름났다. 세상에서 이들 부자가 사는 마을을 효우촌孝友村이라고 부를 정도였다.[54]

충忠 이야기의 배경은 임진왜란이다. 정준일은 선조의 피란 소식을 듣고 비분강개한 마음으로 눈물을 흘리며 검을 차고 스승 고경명高敬命(1533~1592)이 일으킨 의병에 참여하려 했으나 병 때문에 갈 수 없었다. 이에 가산을 털어 결사대를 모집하고 맏아들 정현을 대신 장수로 삼아서 의병에 합류하게 했다.[55] 벼슬하지 않은 포의의 신분으로서 나라를 위해 자신의 죽음을 가볍게 여긴 것이다.

그렇다면 이 묘갈명은 서두에서 제기한 문제로부터 자유로운가? 효행과 충절은 당시에 많은 이가 조상에게 부여하고 싶어했던 아름다운 명성이다. 이것이 과장이 아닌 사실임을 어떻게 입증할 것인가? 조귀명은 서序의 말미에 이렇게 스스로 대답한다.

군자의 은택도 5대가 지나면 끊어지는 법이다. 그대(정돈)
조차도 그대의 선조 일을 상세하게 기억하지 못하는데 내
가 어디에서 이를 입증할 수 있겠는가? 그러나 거짓으로
꾸미기 어려운 것은 여러 사람의 공의公議다. 사림士林이 제
사를 올린 지 100년이 넘었는데 여전히 중지되지 않았다.
거짓을 용납하지 않는 것은 하늘이다. 그대의 집안은 번
성하여 문예에 힘쓰기도 하고 몸가짐을 삼가는 선비가 되
기도 하여 문호를 유지하였다. 이를 통해 입증할 수 있으
니, 그런 뒤에야 내가 명을 쓸 수 있게 되었도다![56]

아무리 훌륭한 군자의 은택도 5대 이상을 거치면 끊어지게 마
련이라는 것은 『맹자』 이래 상식에 속한다.[57] 정준일 사후에 고을
의 선비들이 자발적으로 그와 장자 정현의 위패를 모신 풍산사楓
山祠를 세웠는데 100년이 넘도록 제사가 끊이지 않고 있다. 상식
을 넘어서는 일이 일어나고 있는 것이다. 한두 사람은 속일 수 있
어도 많은 사람이 이루는 공의를 오랜 세월 동안 속인다는 것은
불가능하다. 그가 전란 가운데에도 강학을 중단하지 않으며 충효
를 진심으로 실천하고 가르친 데에 많은 이가 감화를 받았기 때
문이다.[58] 여기에 더하여 정준일의 훌륭함을 입증하는 또 하나의
근거는 그 집안을 번성하게 한 하늘이다. 결과론적인 이야기이긴
하지만 당대의 부침이 아니라 100년 넘는 시간의 축적에 기댄 논
의로 이해할 수 있다.

다시 이 작품을 두고 갈라진 평을 생각해본다. 명銘이라는 문
체가 일반적으로 지닌 태생적 난점을 길게 논변한 내용이 특정

한 명 작품의 서두로 놓이는 것도 적절치 않고 분량으로도 서 전체의 25퍼센트를 넘어서니 과하다는 이천보의 지적도 일리가 있다. 그러나 서두가 이하 내용과 따로 노는 것이 아니라 작품 전체를 묶어 세우는 기준이 되었고, 이 묘갈명 자체가 서두에서 제기한 문제에 대한 하나의 대답으로 읽힐 수 있다는 점에서 서두가 매우 좋다고 한 이정섭의 평가 역시 충분한 이유를 지닌다.

따지고 보면 대서특필할 만한 행적이 있는 인물이 아니고 시간도 많이 흘러 상고할 자료가 많지 않은 상황에서, 거짓과 과장의 우를 범하지 않으면서 부탁한 후손을 실망시키지 않으려는 고심이 읽히는 글이다. 그 고심에서 출발한 조귀명은 문제적이고 반성적인 서두와 그에 호응하는 결미, 그리고 충과 효, 사람과 하늘을 날줄 씨줄 삼아 아름답게 직조한 명으로 만들어냈다.

3

상투적인 표현을 경쾌하게 뒤집다

조귀명의 글 친구로 조이창趙爾昌이라는 인물이 있다. 그의 인적 사항은 상세하게 전하지 않는다. 1664년생으로 조귀명보다 30년 가까이 연상이며, 몰년은 알려지지 않았으나 조귀명 사후인 1740년 조현명을 찾아온 일이 있으므로 적어도 여든 가까이 산 것으로 보인다.[59]

조귀명은 시를 27수밖에 안 남겼는데, 몇 수 안 되는 차운시次韻詩 가운데 조이창의 시에 차운하거나 호운呼韻한 작품이 세 편이며 조이창의 어머니를 위한 만시挽詩도 지었다. 조이창과 주고받은 두 편의 서신에서 조귀명은 자신의 문학론을 깊이 있게 드러냈으며, 조이창과의 대화를 제재로 삼은 「일죽옹설一竹翁說」을 짓기도 했다.[60]

1725년 어느 날, 조이창은 자신의 문집을 가지고 와서 조귀명에게 서문을 써달라고 부탁한다. 조귀명은 조이창이 타고난 재능을 바탕으로 다양한 풍격의 시를 조화롭게 지었다고 평했다. 나아가 그의 시가 부자연스럽거나 지나치게 화려하지 않으면서 넉넉한 힘을 지니고 있는 것은 바닷가에서 자연을 벗 삼아 궁핍하게 살면서 당시 사람들에게서는 찾아보기 어려운 예리하고 힘찬 기를 지니고 있기 때문이라고 했다. 조이창의 시 읊는 소리는 쇠와 돌을 찢을 만큼 강하고 눈빛은 마치 새벽별처럼 번뜩인다고 한 데에서 조귀명의 각별한 애정을 느낄 수 있다.[61]

그러나 조귀명의 극찬을 듣고 난 조이창은 이렇게 말한다.

"세상이 나를 알아주지 않으니 마땅히 이것을 감춰두고 후세의 자운子雲을 기다려야 하겠습니다."[62]

자신의 불우한 처지에 대한 한탄과 그럼에도 불구하고 지니고 있는 자부심을 드러낸 말이기도 하지만, 문집을 낼 때 누구나 하는 상투적인 표현이기도 하다. 그런데 이 말을 들은 조귀명이 정색을 하고 되묻는다.

"자운이 후세를 기다릴 수 있었던 것은 그래도 『태현경』이 후세에 전해졌기 때문입니다. 만약 『태현경』이 장독대나 덮는 데에 쓰였다면 오래지 않아 자운을 알아줄 만한 사람이 나타났다 해도 『태현경』을 볼 수조차 없었을 것입니다. 지금은 오직 힘 있는 자만이 자신의 문장을 후세에 전할 수 있습니다. 그대는 무슨 힘이 있기에 그것을 전하여 천 년 백 년 먼 훗날을 기약하려 하십니까?"[63]

뜻밖의 반문이다. 당황한 조이창이 그러면 어떻게 해야 하는지를 묻자 조귀명은 이렇게 답했다.

"현묘하지 않으면 어쩌나 그것을 걱정할 뿐입니다. 진정 현묘하다면 사람들이 알아주어도 현묘한 것이요 알아주지 않아도 현묘한 것입니다. 후세에 전해져 성인의 가르침을 널리 알리는 목탁木鐸이 된다고 해서 더 현묘해지는 것도 아니고, 전해지지 못하고 장독대 덮개로 쓰인다 해서 현묘함이 손상되는 것도 아닙니다. 게다가 그대가 이미 자운인데 어찌 또 자운을 기다리겠습니까?"

조이창은 크게 웃음을 터뜨렸다.[64]

거문고의 꿈, 거북이의 꿈

1718년 26세의 조귀명은 어느 날 꿈속에서 초미금焦尾琴을 보았다. 후한後漢 때 채옹蔡邕이 어느 집의 밥 짓는 아궁이에서 오동나무 타는 소리를 듣고 그것이 좋은 나무라는 것을 알아챘다. 얼른 주인에게 부탁하여 타다 남은 오동나무를 얻어다가 금琴(거문고)[65]을 만들었는데, 그 꼬리 부분에 타다 그슬린 흔적이 있어서 초미금焦尾琴이라 불리게 되었다.

어떤 이가 물었다.

"모처에 오래된 슬瑟(비파)이 있는데 그것은 재목에도 그슬린 흔적이 없고 악기로서도 보배로 평가받습니다. 초미금은 그슬린 하자가 있으니 그에 비해 부끄러운 것 아니겠습니까?"

"선비는 실로 곤궁한 처지를 당해보아야 비로소 자질이 드러나는 법이지요. 비할 데 없이 뛰어나니 그슬렸다고 부끄러워할 이유가 어디에 있겠습니까?"[66]

조귀명은 이렇게 대답하고 명銘을 지어 뜻을 밝혔다.

채백개蔡伯喈가 아궁이에서 보았고
조보여趙寶汝가 꿈속에서 얻었네.
거문고 자취 사라진 지 천 년이 되었는데
내 꿈속에 들어오니 혼이라도 있는 걸까.
거문고 불에 그슬린 것 선비의 곤궁함이니
영척이 쇠뿔 두드리고 노래하며 떠돌았네.
거문고 명인 만난 것은 선비의 득의함이니
영척甯戚이 환공을 만나 고금에 이름이 났지.
거문고에 마음 있어 내가 그와 통하였으니
혹여나 나의 전신이 이 거문고 아니었을까.
蔡伯喈竈下相, 趙寶汝夢中援.
琴滅迹將千載, 投余夢豈有魂.
琴之焦土之困, 甯叩角動歌音.
琴之遭士之伸, 甯得桓名古今.
琴有心余通之, 余前身或是琴.[67]

백개와 보여는 각각 채옹과 조귀명의 자字다. 영척은 춘추시대 위衛나라 인물인데, 제齊나라에 가서 소에게 꼴을 먹이며 빈궁하게 지냈다. 어느 날 제환공齊桓公을 만나 쇠뿔을 두드리며 자신의 신세를 한탄하는 노래를 부르자, 환공이 그를 비범하게 여겨 발탁했다. 불에 그슬린 오동나무가 채옹 같은 명인을 만나서 이름난 거문고가 된 것을 곤궁한 선비 영척이 자신을 알아주는 환공을 만나 세상에 나가게 된 데에 비유한 것이다.

알아주는 이가 아무도 없어 불에 던져져 타들어가던 오동나무가 채옹을 만나 초미금이라는 이름난 거문고가 되었다. 이 거문고가 조귀명의 꿈에 나타난 것이 무엇을 의미하는지 유추하기는 어렵지 않다. 불에 그슬린 상처를 가졌지만 그 어떤 거문고와도 비교할 수 없는 뛰어남을 얻은 초미금에, 조귀명은 알아주는 이 없는 자신의 마음을 각별하게 담았다. 아픈 상처가 도리어 독특한 자부심이 될 수 있다는 희망과 함께.

그로부터 거의 20년 뒤인 1736년 44세 때 조귀명이 꾼 꿈은, 거북이를 두고 문답하는 내용이다.

병진년 9월 11일 꿈에서 누군가 내게 물었다.

"거북은 진흙탕에 살고 껍데기 단단한 동물 중 우두머리일 뿐인데, 어째서 네 가지 신령한 동물의 하나로 꼽히는 것입니까?"

내가 대답했다.

"그대가 오늘의 거북만 보고 옛날의 거북은 보지 못해서 그렇지요. 옛날에는 거북으로 점을 보아 천하의 불확실한 일을 결정했기에, 성인聖人은 거북을 신령스럽게 여겼습니다. 길이가 1척 2촌 되는 거북은 수보守寶라고 명명하고 왕이 사당에 보관하여 예를 갖추었지요.

저는 이런 생각을 해보았습니다. 성인께서 '노자는 용과 같지 않은가!'라고 말씀하셨거니와, 부처는 기린과 같고 선인仙人은 봉황과 같습니다. 기린은 본성이 자애롭고 봉황은 멀리 날아오를 수 있으나 모두 세상에 쓰이지는 않지요. 거북의 경우는 우리 유가의 공자와 같아서, 살아서는 진흙탕 속에서 곤욕을 겪지만 죽어서는 천하 사람들에게 이치를 보여주어 성취하게 하는 공이 있습니다. 천지의 운수란 참으로 보응이 있는 것입니다.

요즘은 거북점이 없어져서 거북이 예전처럼 신령스러운 대접을 받을 일은 없어졌습니다. 그러나 껍데기가 벗겨지거나 불에 태워지는 고통을 겪을 걱정도 없이 물가를 자유롭게 돌아다니는데도, 세상에서는 여전히 네 가지 신령한 동물에서 거북을 빼버리지 않습니다. 이는 좋은 명을 하늘에서 부여받아서 그런 것입니다."

물었던 이가 "네, 그렇군요"라고 하는데 나는 잠에서 깨어났다.[68]

꿈을 기록한 「기몽記夢」이라는 작품 전문이다. 용, 기린, 봉황은 모두 현세에는 존재하지 않는 신비로운 동물이다. 그와 달리 거북은 천한 진흙탕에서 흔하게 볼 수 있는 동물일 뿐이다. 그런데 거북이 용, 기린, 봉황과 같은 반열의 신령한 동물로 여겨지는 까닭은 무엇일까? 던져볼 만한 질문이긴 하다. 더하여 이 글을 읽는 이로서는 또 다른 질문을 던지지 않을 수 없다. 조귀명은 왜 이런 꿈을 꾸었으며, 그걸 왜 작품으로 남겼을까?

거북이 신령한 동물로 꼽히는 이유에 대해서, 조귀명은 예로부터 결정하기 어려운 일이 있을 때 하늘의 뜻을 묻기 위한 점을 치는 데에 거북이 사용되었기 때문이라고 대답했다. 여기까지는 상식에 속한다. 그에 대해 간명한 답변을 제시한 뒤 조귀명은 "저는 이런 생각을 해보았습니다余嘗以爲"라는 말로 자신만의 독특한 입론을 시작한다. 거북을 공자에 비견하는 것은 일반적인 내용이 아니다. 노자, 부처, 선인이 그런 것처럼 용, 기린, 봉황은 실로 범접하기 어려울 정도로 대단하고 신령스럽기는 하지만 정작 세상에는 그다지 도움이 되지 않는다. 이와 달리 공자와 거북의 경우, 그 자신은 제대로 된 대우를 받기는커녕 무시되고 곤욕을 겪었지만 죽은 뒤에 세상 사람들에게 밝은 길을 보여주는 큰 역할을 했다. 진흙탕 같은 현세를 끝까지 떠나지 않았다는 점 자체를 핵심 가치로 인정한 것이다.

그런데 거북으로 점을 치는 일은 이미 오래전에 사라졌다고 하면서 다시 논지를 전환했다. 더 이상 효용 가치가 없어졌으니 신령스러운 대접을 받을 일도 없어진 셈이다. 그럼에도 불구하고 사람들은 여전히 거북을 신령한 동물의 하나로 꼽는다. 당대에는 인정해주는 이가 없어서 제대로 쓰임 받지 못했던 공자가 만세의 사표로 추존되는 것처럼, 하늘이 명命한 운運은 없어지지 않고 끝까지 보응된다.

이 꿈 이야기의 주인공은 거북, 즉 '귀龜'다. 진흙탕 속에서 보잘것없이 살아가고 있는 것처럼 보여도 실은 남다른 능력을 타고난 존재다. 옛날과 달리 지금은 쓰임 받지 못하지만, 그렇기에 쓰이기 위해 잡혀 죽어서 껍데기가 벗겨지고 불에 태워지는 고통을 받을 일도 없다. 쓰임이 없기에 오히려 물가를 자유롭게 돌아다닐 수 있고, 그럼에도 불구하고 신령한 동물로 여전히 인정받는다. 하늘이 부여한 명 덕분이다.

꿈 이야기를 빌려서 '귀龜의 명命'을 서술한 이 글은, 작가 조귀명趙龜命의 절묘한 자기 서술로 보인다. 표면상으로는 거북의 이야기만 했으나, 실은 뛰어난 재능을 지니고도 제대로 인정받지 못한 채 진흙탕 속에서 살아가고 있는 자신에 대한 연민과 자부라는 양가감정이 감지된다.

그런 면에서, 중심 단락이라고 할 수 있는 두 단락의 마지막 문장에 주목할 필요가 있다. 각각 "천지의 운수란 참으로 보응이 있는 것입니다"와 "이는 좋은 명을 하늘에서 부여받아서 그런 것입니다"라고 하여 '야也'라는 종결사로 끝나는 단정적인 문장으로 맺었다. 하늘이 부여한 명을 강조한 것이다. 정작 '귀의 명'으로 이름을 삼은 자신에게는 거북과 달리 그런 보응이 없는 현실에 대한 아쉬움으로 읽히기도 한다. 그러나 아쉬움의 토로가 강할수록 그에 대한 기대 역시 크게 다가오는 법이다. 문장으로 세상의 인정을 받을 수 있는 시대는 아니지만, 자신의 문장이야말로 옛날 같았으면 왕의 사당에 보관되어 추존될 만한 보물과도 같은 가치를 지니고 있으므로 언젠가는 그런 예우를 받을 수 있으리라는 기대다.

이 작품만 가지고 이런 해석을 끌어내기에는 다소 과도한 면이 있다. 실제로 이런 꿈을 꾸었는지, 이 꿈 이야기마저 가설인지 역시 확인할 길이 없다. 그러나 작가가 굳이 귀명이라는 자신의 이름을 은근히 작품 전반에 깔고 있다는 점에 착안하면서 다시금 "왜 이 작품을 썼을까?"라는 질문을 던질 때, 그가 가진 문장에 대한 자부와 현세에서의 인정 사이의 간극이 너무 컸다는 사실이 해석의 실마리로 떠오른다. 다만 이 작품에 담긴 연민과 자부,

아쉬움과 기대가 무겁게 느껴지지는 않는다. 은근슬쩍 던져두고 들을 귀 있는 자만 들으면 된다고 하는 듯한, 경쾌한 창작 태도 때문일 것이다.

　같은 해에 쓴 「연륜설蓮輪說」에서 조귀명의 지기知己 임상정은 조귀명이 이미 "진흙에 있으면서 더러워지지 않는" 연蓮과 같은 삶을 살고 있다고 인정했다. 이를 이어 조귀명은 연잎 바퀴 수레를 타고 천하를 거침없이 날아다니는 경지에 오르고자 하는 뜻을 표현했다.[69] 형상의 세계를 초월한 자유로운 정신 경계에 대한 지향이다. 장자를 연상케 하는 문면이면서 다분히 불교적인 세계관이기도 하다.

　「기몽」이 창작 태도에서 은근한 경쾌함이 묻어난다면 「연륜설」은 내용 자체가 경쾌하다. 젊은 날 조귀명의 글에서는 천편일률적인 통념에 대한 대결의식이 자주 보이는데, 이 두 작품에서는 그러한 강박이 느껴지지 않는다. 원숙해질수록 오히려 경쾌해지는 조귀명을 만날 수 있다.

의례적인 문체에 새로움을 담다

관혼상제의 하나인 관례冠禮는 일종의 성년식이라 할 수 있는데, 그 마지막 절차로 빈객賓客이 자字를 지어 불러주고 축사하는 자관자례字冠者禮를 치른다. 명名 대신 불릴 자를 부여받음으로써, 관례를 받는 사람은 명실공히 성인으로서 다시 탄생하게 되는 것이다. 이때 빈객이란 관례 의식을 주관하는 역할을 하는 사람으로, 대개 부친의 친구 가운데 한 사람에게 미리 의뢰한다. 성인으로서 남들에게 평생 불릴 자를 짓는다는 것은 매우 중요한 일이어서 의뢰하는 주인이나 의뢰받는 빈객이나 신중하게 임할 수밖에 없다.

이때 자를 지은 취지를 설명해주는 글이 자설字說이다. 자는 명과 관련을 갖되 바람직한 삶의 지향을 담아 짓는 것이 일반적이다. 따라서 자설은 이러이러한 삶을 살라는 의례적인 권면을 담기 마련이고, 문학적인 고려보다는 교훈적인 내용에 중심을 두고 짓게 된다. 소순蘇洵이 형 소환蘇渙의 자를 바꿔주며 지은 「중형문보설仲兄文甫說」처럼 논지와 묘사가 돋보이는 작품도 있지만, 대체로는 새로움을 시도할 수 있는 폭이 비교적 제한된 문체다.

조귀명은 두 편의 자설을 남겼다. 39세에 조재우趙載遇(1709~1762), 41세에 이채李採를 위해 각각 지어준 것이다. 이채의 경우는 조귀명이 '성박聖博'이라는 자를 지어주면서 자설을 썼다. 명名인 '채採'가 묻힌 것을 캐낸다는 뜻을 지니고 있다는 점에 착안하여, 고금과 종횡으로 탐색의 범위를 넓혀서博 세상의 어떤 대상이든 그 본질을 꿰뚫는 성聖의 경지에 이르기를 바라는 마음을 담은 것이다. 『시경』에서 "좌우로 캔다" "캐고 캐고 또 캔다"는 구절을 가져와 여기저기서 끊임없이 탐색해야 함을 강조했다.[70] 자설로서의 일반적인 요건을 갖추고 있으면서 참신한 연결을 통해 간결하게 논지를 끌어간 작품이다.

1731년 조재우에게 지어준 자설은 좀더 독특하다. 조재우는 조철명趙哲命의 아들인데, 조철명은 조귀명과 고조를 함께하는 삼종 형제간이다. 4년 뒤인 1735년 조재우가 사마시에 급제한 일을 축하하며 써준 글에서 조귀명은 관례 이전의 어린 조재우가 자기 곁에서 책을 끼고 종알종알 글 읽던 모습을 정겹게 회상했다.[71] 왕래가 잦아 가깝게 지내던 조카 조재우가 어느 날 조귀명을 만나 이렇게 물었다.

"저의 자인 '회지會之'가 공교롭게도 진회秦檜의 자와 같습니다. 이 때문에 주변에서 말이 많은데 어찌 해야 할까요?"[72]

진회는 중국 송宋나라 고종高宗 때의 재상으로 국정을 전단하면서 금金나라와의 화의和議를 주도한 인물이다. 조정趙鼎, 악비岳飛를 비롯한 당시의 충신, 명장들을 쫓아내고 죽이면서까지 금과 송이 남북으로 양분하여 다스리기로 합의함으로써, 『송사宋史』의 「간신열전姦臣列傳」에 이름을 올렸다. 이성을 잃고 말을 함부로 하는 것을 뜻하는 '상심병광喪心病狂'이라는 성어가 그에 대한 평가에서 나왔을 만큼 많은 이에게 지탄의 대상이 되어왔다. 하필이면 그런 인물과 같은 자를 쓴다는 것이 전도유망한 23세의 조재우로서는 여간 불편하지 않았을 것이다.

앞서 든 소순의 형 소환의 예처럼 자가 적절하지 않다면 바꿀 수도 있다. 하지만 조귀명은 조재우에게 딱 잘라서 "굳이 바꾸지 말라"고 답했다. 그 이유가 무엇일까?

요순처럼 본받을 만한 옛사람을 따르라고 한다면 자신의 부족함 때문에 위축되고 마는 것이 인지상정이지만, 걸왕이나 도척처럼 악한 사람을 경계하라고 하면 다들 분연한 마음으로 기꺼이 하려 한다. 그러니 결과를 놓고 볼 때 후자가 더 효과적이다. 진회를 연상할 수밖에 없는 회지라는 자를 가지고 살면서 어떤 상황에서도 "내가 진회 같아서야 안 되지 않겠는가"라고 스스로를 돌아보며 옛 회지와 같은 일은 끊어버리고 옛 회지와 다른 일은 실행하고자 힘쓴다면, 조재우가 '회지'라는 자를 씀으로써 회지를 더 이상 '옛 회지'가 아니게 만들 수 있다는 것이 조귀명의 논지다.[73]

일반적인 자설이라면 여기서 그쳐도 완결된 권면의 구조로서 충분하다. 그런데 조귀명은 한 걸음 더 나아가 이런 논지를 내놓으며 끝맺는다.

> 화華와 이夷가 뒤섞이고 음陰과 양陽이 어그러져 예의의 나라가 오랑캐의 신하 노릇을 하고 있는 지금의 세상에서, 군자가 할 수 있는 최고의 공적은 천하를 깨끗하게 씻어내어 춘추대의春秋大義를 밝히는 것이라고 생각한다. 자네, 회지會之로서 이 일을 할 수 있겠는가? 할 수 있다면 '옛 회지'와는 대조적으로 선과 악의 양극단에 거하게 될 것이니, 후대의 역사가들은 이렇게 쓰게 되겠지. "같은 '회지'인데 '옛 회지'는 이러하고 '지금 회지'는 이러하다." 이것이 어찌 '옛 회지'가 한 일을 하지 않는 데에만 그치겠는가? 글자도 세상에 널리 사용되다보면 행幸과 불행不幸을 가지게 된다네. '옛 회지'가 있었기 때문에 '회지' 두 글자가 더러운 치욕을 당한 지도 참 오래되었지. 만약 '지금 회지'를 얻어 더러움을 씻어준다면 '회지'의 행이 될 뿐만 아니라 또한 '회지' 두 글자의 행이기도 한 셈이네. 이런 관점에서 말하자면, 걸과 도척의 악을 씻어낼 수 있는 자가 있다면 그에게 걸과 도척이라는 이름을 주는 것이 마땅하네. 그렇

게 함으로써 천하에 불행한 글자가 없게 해야 할 것일세.[74]

진회가 간신으로 지적되는 것은 화이華夷의 질서를 중시하는 춘추대의를 깨뜨리고 이적夷狄인 금金에게 중화中華인 송의 절반을 내어준 장본인이기 때문이다. 조귀명의 시대에 많은 사대부는 중화인 명明이 이적인 청淸에 의해 멸망당하고 조선이 그러한 청을 군신관계로 섬겨야 하는 엄연한 현실을 여전히 받아들이지 못했다. 이 문제에 대해 극단적인 명분론자에 비해서는 유연한 생각을 가진 조귀명이었지만, 화이관의 기본 틀에서 자유롭지는 못했다. 그런데 만약 조재우가 진회와는 정반대로 춘추대의를 밝히는 업적을 이룬다면 역사에서 마치 요순과 걸왕이 대비되어 언급되듯이 극단적인 사례의 주인공이 될 수 있을 것이다.

여기까지의 논지도 한 단계 비약한 것인데, 조귀명은 백척간두에서 다시 한 걸음을 더 내딛듯이 '회지'라는 글자의 운명에 눈길을 주었다. 사람에게만 행과 불행이 있는 것이 아니라 글자도 그러하다는 논리를 펴며 '옛 회지'인 진회 때문에 더러워진 '회지' 두 글자의 명예를 '지금 회지'인 조재우가 회복시킬 수 있다고 했다. 이름은 빌려오든 따라하든 꺼릴 게 없고 오직 그 실질에 부합하는가가 중요하다고 역설한 「왜려설倭驪說」의 주지를 떠올리게 한다.[75] "이름에 얽매일 것 없이 실질에 충실하면 된다"는 다소 진부할 수 있는 권면이, 조귀명의 붓끝을 통해 참신하고 독특하게 다시 태어났다. 자칫 상투적이기 쉬운 자설에 새로움을 불어넣은 이 작품은 송백옥의 『고문집성』에 수록되어 그 문학성을 인정받았다. 이 산문 선집에 수록된 18인 작가의 580여 편 작품 가운데 유일한 자설字說이다.

의례적인 내용으로 상투화되기 쉬운 또 하나의 문체가 수서壽序다. 수서는 증서贈序의 일종으로 개인의 장수를 축원하기 위해 지어주는 글이다. 중국에서도 명대에 이르러서야 활발하게 창작되었고, 조선에서는 16세기 후반 명대 문학 수용의 한 현상으로 나타나기 시작했다. 그런데 살아 있는 인물에 대해 미사여구를 동원해 찬미해야 하는 태생적인 속성 때문에 수서의 만연을 경계하는 목소리들이 일찍부터 있었다.[76] 청탁에 의한 천편일률적인 문체라는 한계에서 벗어나고자 의도적으로 의고적 느낌이 들도록 한다거나 운문을 활용하기도 하고, 또 소품취를 조성하기도 하는 등의 문학적 시도가 있기는 했으나,[77] 비슷한 내용과 형식으로 이루어진 수서가 대부분이다.

조귀명은 단 한 편의 수서를 남겼다. 청탁과 대작이 많았다는 점을 고려하면, 조귀명이 그만큼 수서를 쉽게 지으려 하지 않았다는 방증이기도 하다. 축수한 대상은 재종 숙부인 조유수趙裕壽(1663~1741)였다. 1736년 12월 4일, 조유수의 74세 생신 잔치가 열렸다. 마침 아들 조적명趙迪命(1685~?)이 장단 부사長湍府使로 부임해 더욱 성대하게 열린 잔치였지만 조귀명은 몸이 아파서 참석하지 못했다. 그날 참석한 친지들이 축수의 술잔을 올리고 축수시를 지었는데, 조유수는 당일 함께하지 못한 조귀명에게 서문을 지어달라고 부탁했다.[78]

조유수는 여러모로 조귀명과 유사한 면이 있다. 그는 21세 때 증광시에 응시하여 진사가 되었는데, 이때 고시관이었던 김창협이 "이 시는 우리가 미치지 못할 수준이다"라고 칭찬하며 장원으로 뽑았다는 이야기가 전할 정도로 일찍부터 문명을 떨쳤다. 하지만 기사환국 이후 산수와 시문에서 즐거움을 찾으며, 과거를 통해 관직에 나가려 하지 않았다. 김창흡과 최창대, 이덕수 등 당대 최고의 문인들이 입을 모아 그의 시문을 극찬할 정도로 문명이 높았으며, 특히 서화 품평에 능해 정선, 이병연 등의 그림에 많은 발문과 제화시를 남겼다.[79] 조귀명 스스로 "후계공의 시와 간천자의 문은 우리 집안의 으뜸이다. 우리 집안의 으뜸일 뿐 아니라 이 시대의 으뜸이다"[80]라고 할 만큼 풍양 조문을 대표하는 문장가로 함께 자부한 인물이다.

조귀명이 숙부 조유수를 위해 쓴 수서는 "이로써 선생의 장수를 기원합니다"라는 평범한 문장으로 끝난다. 사실 이 한 문장으로도 충분한 글이 수서다. 상대를 찬미하며 장수를 바라는 마음에 별다를 게 있을까? 여느 경우와 달리 축수를 하지 않을 수 없는 각별한 이유를 제시하는 것이 가능할까? 조귀명은 누구나 의례적으로 하는 축수의 말에 어떻게 새로움을 담았을까?

이 작품은 수서를 쓰게 된 배경을 밝힌 서두를 제외하면 세 단락으로 이루어져 있다. 첫 단락에서 조귀명은 두 가지 문제를 강하게 제기했다. 첫 번째 문제의 핵심어는 문장文章과 장수壽다. 아무리 천부적인 재능을 갖춘 문장가라 해도 그 재능을 이루고 업적을 풍부하게 할 만큼 장수하지 않고서는 훌륭한 작가가 될 수 없다. 장수를 보통 오복五福의 으뜸이라고들 하지만 문장가에게 있어서는 그 이상의 가치와 의미를 지니는 것이다.[81]

장수 문제가 해결된다 해도 남는 두 번째 문제는 문장과 곤궁窮, 현달達을 핵심어로 삼는다. 문장가가 곤궁하면 생계 유지가 곤

姊父后溪先生七十四歲壽序〈秋圃文稿〉

丙辰十二月朔我朝姊父后溪先生七十四歲懸弧之辰也龍子永音公方出知長湍府目府備洗腆之需乃以初四日癸

亥就新村別業退進壽觴而洪姪趣命爲有疾病不獲與爲禮既卒親寶會者谷賦詩章以申頌禱永音公歸而致之先生意以託爲迺命而懷至寶於一身所患而復曰自古文章之士稟天地之英而致命而復曰自古文章之士稟天地之英而致命持久十尋之長而萬金之藏非朝夕之致壽固居五福之首而有文者尤不可以無金旣壽矣又有患爲人生斯世不免者窮達之職役疲於壽熹篿羹目眇已憂天下之事求淳壑昔之暇亨閒逯之趣而有不能也其窮者則儌寒之切身而藥餌疏食之不給成々爲若不可以終日又奚能以心自適於筆墨之間戎夫文章者非眞擁乎人而所以樂于己也其樂而有戎奪之則其

先生窮以雅崇而謂先生之壽所以成其柱而冒其業不止爲尋常五福之首也先生之文章先長於詩而又熟知先生之壽所以成其柱而非窮達而非窮達者孰知其窮而似蘇長公而鏤畫鼓鑄之妙益亦有自得者惟其探之深而擇之精故爵牧愈者峻而鮮至其積力久彌議變化之然則沛然若行其無事而年及其大耋聰明不衰篇章之歲始水涌而山出目今以往其爲順爲期而而之養日以豐而先生之危言亦日出而不窮夫請以是爲先

生壽

亨之也不全此歐陽公思頖之詩愈苦而讀淵明于爲諸作常不能忘情于貪富若不知名爲者豈不爲可恨我是故文章之山既不可以達而窮又不可以逃而窮而有養身之其達而無聞通必樂此人事理之所不能有而人謀之所不能及也造物者乃獨委曲經營以厚我先生爲先生之達于鄰于躬而達于子不達于躬也故邁然無當世之責而脫然卜達于躬而達于子不達于躬也故出守折輔庖人之饘甘自省若於家廚子取之養身之具籌今復爲文章之士無所不備失世故有不窮者若於家廚子取之養身之具而末嘗章爲者而先生得以置其身也彼世也以不第而謂

生壽

란해서 글 짓는 일을 즐길 수 없고 현달하면 일이 너무 바빠서 한적하게 취미를 즐길 시간이 없다.[82] 그러니 "곤궁하면서 생계 유지에 문제가 없고 현달하면서 한적한 즐거움을 겸한다는 것은 일의 이치로 있을 수 없고 사람의 계책으로 이룰 수 없다"는 딜레마에 부딪힌다.[83] 이정섭은 이 부분에 방점을 찍고 입론이 제자리를 얻었다고 높게 평가했다.[84]

이처럼 풀기 어려운 문제를 일반론으로 제기하는 것까지가 이 글의 허虛라면, 비로소 숙부 조유수를 언급하면서 그 문제들을 풀어나가는 다음 단락부터가 실實이다. 문장가는 곤궁해서도 안 되고 현달해서도 안 된다는 딜레마는, 그 현달함이 자신이 아니라 아들에게 주어짐으로써 절묘하게 해결된다. 조유수 자신이 현달한 것이 아니므로 시무에 대한 아무런 책임도 없이 여유롭고 한적하게 시를 읊조릴 수 있다. 아들이 현달한 것이므로 그에 따라 자신의 품계도 올라갔을 뿐 아니라[85] 좋은 음식으로 봉양받으며 부족함 없이 지낼 수 있다.[86]

> 그러니 세상에는 곤궁하지도 않고 현달하지도 않은 적절한 길이 한 줄기 있었던 것이다. 그동안의 문장가들이 바라지도 못했던 것인데 선생은 얻어서 그 자리에 처하셨다. 급제하지 못했다고 해서 선생이 곤궁하다고 말하고 아들로 인해 품계가 오르는 영화를 입었다고 해서 선생이 현달했다고 말하는 세상 사람들이 어찌 알겠는가? 곤궁하되 곤궁이 아니고 현달하되 현달이 아니라는 것을! 또한 그들이 어찌 알겠는가? 선생의 장수는 재능을 이루고 업

적을 풍부하게 하는 것이지 누구나 말하는 오복의 으뜸

정도에 그치는 것이 아니라는 것을![87]

이정섭은 이 부분에 다시 비批를 달아서 "수렴하여 매듭짓는 것이 매우 힘이 있다"라고 극찬했다.[88] 곤궁해도 안 되고 현달해도 안 되는 문장가에게 가장 이상적인 것은, 곤궁하지도 않고 현달하지도 않으면서 곤궁할 때의 심적 여유와 현달할 때의 물적 여유를 겸하는 상태다. 조유수는 자신이 아닌 아들의 현달함으로 인해 바로 이러한 상태에 처할 수 있게 되었다.

그리고 궁달에 앞서 제기한 첫 번째 문제인 장수야말로 이 수서를 짓는 계기다. 따라서 조유수에게는 이미 어느 정도 주어졌으면서 더욱 많이 주어지기를 기원해야 할 조건이다. 다만 그 장수는 누구나 원하고 누리는 오복의 하나로서의 장수가 아니다. 범상한 이들에게 주어지는 시간과는 비교할 수 없을 만큼 값진, 문장가로서 타고난 재능을 이루고 풍성한 작품을 남길 수 있는 시간이다.

이어지는 마지막 단락에서는 조유수의 시문이 얼마나 훌륭한지 밝히고, 한적함과 풍요로움을 바탕으로 노년에 이를수록 작품활동이 더욱 왕성해지고 있음을 강조했다. 따라서 백세가 되도록 끊임없이 아름다운 문장이 나올 것을 기대할 수 있다. 비로소 "이로써 선생의 장수를 기원합니다"라는 마지막 문장이 결코 평범하지 않은 무게로 다가온다.[89]

수서의 핵심인 장수보다 문장가로서의 동기와 조건을 더 앞에 내세움으로써 오히려 이 글에서 말하고자 하는 장수에 독특한 의미가 부여되었다. 여기에서 축수를 하지 않을 수 없는 각별한 이유를 확보한 조귀명은, 일반적인 수서와는 상당히 결이 다른 작품을 내놓았다. 쉽게 답하지 못할 문제를 던져 이목을 사로잡고 다시 하나하나 수렴하여 매듭지으면서 축수라는 본연의 목적에 충실한 길로 돌아가는 참신한 논지 전개 방식, 그리고 핵심어를 반복적으로 사용하고 전반부와 후반부에 조응되는 문장을 배치하는 치밀한 구성을 통해서, 조귀명은 수서라는 의례적이기 쉬운 문체에 새로움을 담았다.

관수觀水와 애련愛蓮을 넘어 달관으로

조귀명은 청풍에서 지내던 1729년에 민취량閔就良의 관애정觀愛亭에 기문을 지어주었다. 민취량은 당시 조귀명이 동협東峽의 단구丹丘와 월악月嶽 등을 다닐 때 어울렸던 인물 가운데 한 명으로서,[90] 세상에 나아가지 않은 채 초야에 묻혀 살던 선비다. 「관애정기」는 이 인물에 대한 간단한 소개로 시작된다. 그는 시골에서 자신을 지키며 고아하고 후덕하게 살아가는 인물로서, 한적한 자연에서 벗들과 함께 술 마시고 노래 부르는 것을 즐거움으로 삼을 뿐이었다.[91]

> 선생은 늙은 뒤에 집안일을 아들에게 넘겨주고 자신은 작은 정자를 짓고 살았다. 따뜻한 방과 시원한 난간이 있는, 그저 겨우 무릎이나 들여놓을 만한 작은 정자다. 그 앞에

「관애정기」, 『간천고』, 조귀명, 서울대학교 규장각한국학연구원/중앙도서관.

네모난 연못을 파고 흐르는 물을 끌어와서 연꽃 10여 포
기를 심었다. 정자에 '관애觀愛'라는 이름을 붙였으니, 맹자
의 '관수觀水'와 주염계周濂溪의 '애련愛蓮'에서 글자를 가져
온 것이다. 술 잘 빚는 첩이 있고 노래 잘하는 손자 있어,
동산에 달이 뜨면 문을 열어 맑은 달빛 맞이하고 가득한
술잔 기울이며 노래 한 곡조 시키고는 거문고 타며 화답
하니, 한밤중이 되도록 잠들 줄을 몰랐다. 선생은 "이만하
면 세상을 잊기에 충분하지" 하고는, 나에게 기문記文을 지

어달라 청하였다.[92]

맹자는 "물을 보는 데에 방법이 있으니 반드시 여울목을 보아야 한다觀水有術 必觀其瀾"고 했다.[93] 물살이 급한 여울목을 보면 흐르는 물에 근원이 있음을 알 수 있다는 말로, 도道의 근본이 있음을 비유했다. 여기서 유래한 '관수' '관란觀瀾' 등은 물을 보며 근원에 이르는 학문을 하고자 하는 뜻을 담아 사용되어왔다. 염계는 송나라의 학자 주돈이周敦頤(1017~1073)의 호다. 그는 연꽃이 진흙 속에서 피면서도 깨끗하고 멀리 있을수록 향기가 더욱 맑은 모습을 사랑하여 「애련설愛蓮說」을 지었다.[94] 바라볼 수는 있어도 가까이하기는 어려운 고결한 군자의 삶을 표상한 것이다.

정자 등의 건축물에 지어주는 기문은 대개 주인에 대한 소개, 건축 과정의 기록, 건물 이름에 담긴 뜻을 풀이하는 내용으로 이루어진다. 주인에 대한 짧막한 소개에 이어지는 이 인용문에 이미 들어가야 할 내용이 다 들어간 셈이다. 이보다 조금 앞선 시기에 '관애'라는 같은 이름의 다른 정자에 지어준 손명래孫命來(1664~1722)의 기문을 보면, 관어觀魚와 애련을 키워드로 삼아 천기자득天機自得과 화중군자花中君子로 이어지는 논지를 차근차근 전개했다.[95] 그런데 조귀명은 정자의 이름인 '관애'가 당시 지식인들에게 익숙한 '관수'와 '애련'에서 가져온 것이라고 초반에 먼저 밝혀버렸다. 더 이상 무슨 설명이 필요하며, 어떤 논지로 기문을 지으려는 것일까?

이어지는 단락을 조귀명은 "천지 만물은 오직 고요한 자만이 볼 수 있다"라는 단언으로 시작한다.[96] 중국 당唐나라 문인 유종

「송하보월도松下步月圖」, 전 이상좌,
비단에 엷은색, 197.0×82.2㎝, 15
세기 말, 국립중앙박물관.

원柳宗元이 열악한 환경의 남방에 쫓겨나 있으면서도 유유자적할 수 있었던 것은 '고요한 눈'을 지닌 덕분이었다는 예를 들었다. 그러고는 연꽃이 피고 지는 모습에서 인생의 부침浮沈과 궁달窮達을 연상했다. 그런데 가을이 되어 모든 꽃이 다 시들고 나면 비로소 그러한 부침과 궁달도 그저 '한바탕 놀이'였음을 깨닫게 된다. 마지막 단락에서는 찼다가 기우는 달, 이루었다가 흩어지는 거문고를 언급하고, 그것이 피었다가 지는 꽃과 다르지 않다고 하면서 "거문고 타고 달을 즐기는 밤, 이것으로 한번 관觀한다"는 말로 마무리했다.[97] '관수'와 '애련'의 출처인 맹자와 주돈이보다, 끊임없이 흐르는 물과 찼다가 기욺을 반복하는 달을 제재로 인생무상의 정서를 아름답게 노래한 소식의 「적벽부赤壁賦」를 떠올리게 하는 내용이다.[98]

이 작품에 대해 이정섭은 "주제가 범속하다"라고 총평했으며, 특히 마지막 단락에서 달과 거문고를 꽃에 연결시킨 대목에는 "억지로 끌어다 붙이는 병폐가 있는 듯하다"라는 지적까지 달았다.[99] 조귀명은 스스로 깨달아서 남과 다른 생각을 갖게 되었을 때에만 글을 써왔다고 자부했다.[100] 그런 그에게 범속하다는 말만큼 치명적인 혹평은 없다. 게다가 자연스럽지 못하고 작위적인 연결이라는 지적까지 받았다. 그럼에도 불구하고 조귀명은 이 작품을 한 글자도 수정하지 않았다. 조귀명은 어떤 생각으로 이 글을 지었으며 우리는 어떤 관점으로 이 글을 읽어야 할까? 이제 복기하듯이 작품을 다시 살펴본다.

'관애'의 출처가 '관수'와 '애련'이라고 서두에 밝혀버린 것은, 오히려 맹자와 주돈이의 관점으로 이 글을 끌어가지는 않겠다는 선포와도 같다. 정자 앞에 연못을 조성하여 '물을 보고觀水' '연꽃을 사랑하는愛蓮' 뜻을 정자 이름에 담았다고 간결하게 언급해두는 것으로 충분하다고 본 것이다. 정작 이 글을 통해 무엇을 말하고자 했는지를, 조귀명은 앞서 인용한 서두에 이미 배치해놓았다. 달과 거문고라는 제재, 그리고 "이만하면 세상을 잊기忘世에 충분하지"라는 문장이 그것이다. 민취량의 일상을 소개하는 모양을 취하면서 동시에 이 글을 일관되게 끌고 나갈 출발 지점을 은연중에 확보해둔 것이다.

유종원이 보았던 것은 그저 누구에게나 펼쳐져 있는 푸른 하늘의 흰 구름이었다. 보는 대상이 무엇인지는 중요하지 않다. 관건은 보는 사람의 눈과 마음에 있다. 유종원은 '고요한 눈靜眼'으로 푸른 하늘에 온갖 모양으로 나타났다 사라지는 구름을 바라보며 '마음이 잊고心忘 정신이 녹아드는神融' 경지에 들었기에 어려운 현실에서 울적한 심사를 잊어버릴 수 있었다. 조귀명은 관애정 주인 자신이 말한 "세상을 잊기에 충분하다"는 말을 받아서, 주인 역시 유종원과 같은 경지에 이르렀음을 인정했다. "지금 선생이 행하는 '관수'와 '애련'이 그 즐거움으로 세상을 잊는 경지에 이른 것도 당연하지 않은가?"[101]

정관靜觀의 눈으로 즐기는 관수와 애련이 자연스럽게 망세忘世의 경지로 이어진다는 사실을 보여준 조귀명은, 이제 한 걸음 더 나아가 맹자와 주돈이로부터 자유로운 관점에서 관수와 애련의 대상인 '물水'과 '연꽃蓮'이 무엇을 의미하는지 써나간다.

또 연못의 물은 비록 조그맣지만 연꽃과 물풀, 물고기와

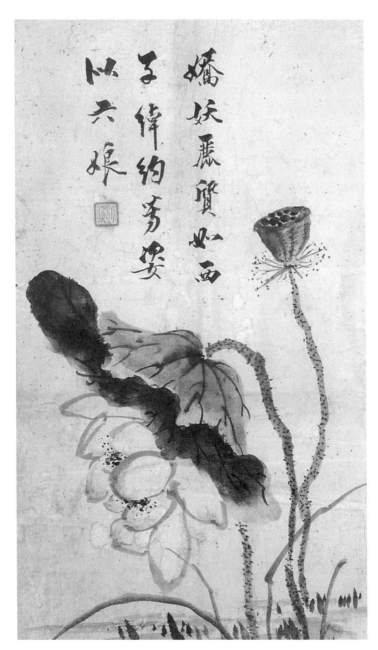

「연화도팔곡병풍」(제4폭), 허련, 종이에 먹, 19세기, 국립중앙박물관.

개구리, 장구벌레와 올챙이 등이 이곳에서 생식한다. 마치 만물을 싣고 있는 세계와 같지 않은가? 연꽃은 비록 미물이지만 피어난 것도, 떨어진 것도 있고, 성대한 것도, 파리한 것도 있으며, 일찍 죽어 싹도 틔우지 못한 것도 있고, 꺾여서 망가져버린 것도 있으며, 화병에 꽂기 위해 따가는 것도 있다. 마치 부침과 궁달이 제각각인 인생과 같지 않은가?[102]

조귀명이 보는 물은 세계의 축소판이고 그 안에 있는 연꽃은 우리네 인생의 모습이다. 다만 차이가 있다면 사사로운 자의식의 개입 여부다. 가을이 되어 서리가 내리면 모든 꽃은 다 시들어 떨어지고 공허로 돌아가 씻은 듯이 사라져버린다. 예전에 꽃이 제각기 피고 떨어지고 성대하고 파리했던 모든 것은 그저 '한바탕 놀이―戲劇'에 불과할 뿐, 그것을 두고 행과 불행을 논하지 않는다. 그런데 인생에 대해서는 그렇게 여기지 못하는 데에서 문제가 시작된다.

세계는 무궁한데 인생은 유한하다. 한 세대의 부침과 궁달을 백 세대 뒤에 비교해본다면 연못가에서 꽃의 피고 짐을 비교하는 일과 같지 않겠는가? 그러나 사람은 사사로운 자의식을 가진 존재이기 때문에 부러워하고 싫어하며 기뻐하고 슬퍼하는 감정을 두게 된다. 만물 사이에 사람의 한 몸을 두고서 그 시종을 함께 관찰한다면, 고개 숙였다 드는 짧은 시간에 환경이 수도 없이 변하여 진흙 속의 용이 하늘로 날아오르기도 하고 물이 흐름을 타다가 구덩이를 만나 멈추기도 할 것이다. 그 가소로운 기궤함이 애초에 여느 사물들과 다르지 않으니, 역시 한바탕 놀이에 불과한 것이다. 선생은 과연 여기에 달관達觀하여 세계를 연못으로 여기고 인생을 꽃으로 여기며 자신의 몸을 꽃 속의 꽃받침 하나에 불과하다고 여길 수 있는가?[103]

우리가 그 안에 갇혀 노심초사 연연하는 부침과 궁달이라는 것도 시간과 공간을 확대하여 관찰하면 그저 연못가 꽃들의 피고 지는 것과 다르지 않다. 대단하게 출세할 수도 있고 때를 기다리며 은거할 수도 있지만 그 역시 사사로운 자의식을 개입시키지 않고 멀찍이 떨어져서 보면 가소로운 한바탕 놀이에 불과하다. 술잔 기울이고 달빛과 거문고 소리를 즐기며 세상을 잊을 만하다는 관애정 주인에게 조귀명은 다시 묻는다. 그대는 진정 달관의 경지에 이르렀는가?

앞서 던진 "지금 선생이 행하는 '관수'와 '애련'이 그 즐거움으로 세상을 잊는 경지에 이른 것도 당연하지 않은가?"라는 질문이 본인 스스로 말한 '세상을 잊기에 충분한 즐거움'을 인정하고 확인해주는 것이었다면, 이번 질문은 그 즐거움마저 새로운 눈으로 바라볼 것을 요청한다.[104] 그 새로운 눈이란, 자신이 거대한 우주 속에서 너무나 조그맣고 찰나에 사라지고 말 존재라는 사실을 사사로운 자의식 전혀 없이 직시할 수 있는 '달관'의 눈이다.

앞서 살핀 요절한 처남을 위해 쓴 묘지에서 조귀명은 "달인達人의 관점에서 바라본다면 인간이나 사물이나 그저 흙과 밀랍에 불과하며, 죽고 사는 것도 한 번 만들었다가 허물어지는 것일 뿐이다"라고 했다.[105] 무한한 우주를 바라보는 극대화된 달인의 시선을 빌려서 유한한 인생의 희로애락을 극소화하는 이러한 인식의 전환은 장자가 즐겨 구사하는 것이기도 하다.

> 달은 모양이 찼다가 기울었다가 하는데, 찼을 때에도 흐리고 개며 열리고 가려짐이 날씨에 따라 다르니, 달 또한 꽃과 마찬가지다. 거문고는 곡조가 이루어졌다가 흩어졌다가 하는데, 이루어졌을 때에도 오음과 육률이 번갈아 군신이 되어 조화를 이루니, 거문고 또한 꽃과 마찬가지다. 달이든 거문고든 무엇이든 인생 아닌 것이 없으며 무엇이든 내 몸 아닌 것이 없다. 거문고 타고 달을 즐기는 밤, 이것으로 관觀해본다.[106]

이 작품의 마지막 부분으로서, 이정섭이 "억지로 끌어다 붙이는 병폐"라고 지목한 대목이기도 하다. 그런데 이천보는 바로 그 아래에 "그런 병폐를 찾지 못하겠다"라고 반박하는 비批를 적어 두었다. 작품 전체에 대해서도 "제목에 나아가 그윽하고 오묘한 생각을 표현하였다"라고 하여, 범속하다고 한 이정섭과 상반되는 평가를 내렸다.[107]

첫 단락에서 관애정 주인의 즐거움을 이루는 제재로 사용된 달과 거문고를 마지막 단락에 다시 언급함으로써 수미상응首尾相應의 효과를 노렸다는 사실은 이정섭도 간파했겠지만, 그것을 무상하게 피고 지는 꽃과 연결하는 것은 작위적이라고 본 것이다.

그러나 달과 거문고로 인한 즐거움마저 달관의 눈으로 다시 볼 것을 제안하는 논지를 거쳤다는 점을 감안하면 이 부분도 의미 있게 읽힐 수 있다. 세속의 명예나 이익과는 전혀 무관하기에 한적함을 즐기는 상징으로 여겨져온 달과 거문고이지만, 그 역시 환경에 따라 변화하는 무상한 존재이고 사사로운 자의식이 개입될 수 있는 대상일 뿐이다. 거문고 타고 달을 즐기는 밤, 조귀명은 거기에서조차 자유로운 달관을 상상하며 새롭게 표현해냈다.

조귀명은 「관애정기」를 지은 이듬해에 금성錦城 현감 이형곤李衡坤의 부탁으로 「달관정기達觀亭記」를 지었다. 사방이 툭 트여 수십 리 경치를 한눈에 끌어당겨 볼 수 있는 곳이라서, 막힘없이 볼 수 있다는 뜻에서 '달관정達觀亭'이라 이름 붙인 것이다.[108]

조귀명은 눈으로 보는 것과 마음으로 보는 것이 다르다는 데에서 논지를 시작한다. 사방이 트인 정자에서도 문을 닫으면 눈으로는 가까이 있는 사물밖에 볼 수 없다. 하지만 눈에 들어오는 것이 지척의 사물밖에 없다고 해서 마음의 시야마저 줄어드는 것은 아니고, 시력 닿는 만큼 멀리까지 보인다고 해서 마음의 시야까지 저절로 커지는 것은 아니다. 달관은 눈이 아니라 마음과 식견의 문제라는 점을 강조한 것이다.[109]

달관이란 매인 데 없이 자연에 은거하는 이들의 전유물이라고 여기는 이들은 현감으로서 공무에 바쁜 이형곤이 내세울 말이 못 된다고 생각할 것이다. 하지만 조귀명은 그렇지 않다고 말한다. 정적이고 한가한 때에만 초연할 뿐 동적이고 바쁜 상황에는 평정심을 잃는다면 이는 상황에 매이는 것이니 달관이라 할 수 없다. 자연에 머무를 적에는 물고기, 새와 어울리며 느긋하게 즐거움을 누리고, 관아에 나와서는 어려운 백성의 호소에 신속하고 적절하게 응해야 달관이라 할 수 있다. 상황의 막힘과 통함에 구애되지 않고 복잡한 정치 현장이나 심지어 위험한 전쟁터에서도 간결함과 평안함을 유지하는 것이 진정한 달관이다.[110]

이 작품에서 말하는 '달관'은 지방관인 이형곤에게 초점이 맞추어져 있어서 「관애정기」처럼 세계를 보는 관점을 심각하게 제기하지는 않았다. 하지만 상황의 변화에 전혀 개의치 않고 담담하여 흔들리지 않는 내적 주체가 있어서 천지 만물의 굴신誳信과 승제乘除, 부침과 영췌榮悴가 하나의 이치임을 아는 것이 달관이라는 점을 명확하게 제시했다.[111]

이듬해인 1731년에 신필성申必渻을 위해 지은 「십족당기十足堂記」에서는 천하의 걱정거리는 늘 어떤 대상에서 만족을 구하다가 생기기 마련이라고 하면서 열 가지 만족의 문제를 다루었다. 부귀영화에서 만족을 누리고자 하는 것도 문제이지만, 그것을 비루하게 여겨 소박하면서 고상한 삶을 살고자 하는 선비들 역시 나름의 만족을 구한다는 점에서는 마찬가지다. 「관애정기」에서 세상을 잊기에 충분한 즐거움을 누린 관애정 주인 역시 자신의 만족을 추구한 것일 뿐이므로 부족한 상황이 오면 즐거움이 사라져버릴 것이다. 그러면 어떻게 해야 할까?

옛날의 지인至人은 외부의 어떤 대상에서도 만족함을 보지 않고 부족함도 보지 않았다. 어쩌다가 만족한 상황이 되어도 만족으로 여기지 않고 우연찮게 부족한 상황이 되어도 부족함으로 여기지 않았다. 만족함도 없고 부족함도 없으니 즐거움과 즐겁지 않음이 어디 있겠는가? 이런 상태에 이르고 나면 천하의 어떤 대상도 나를 부리지 못하여 나는 늘 여유롭고 초탈하게 홀로 갔다 홀로 오니 참으로 아무런 얽매임도 없게 된다.[112]

앞서 조귀명이 장자의 영향을 깊이 받았음을 살피면서 "이치에 통달한 사람은 물이 빠뜨릴 수 없고 불이 태울 수 없으며 추위와 더위가 상하게 하지 못하고 날짐승과 들짐승이 해치지 못한다"고 한 말을 인용했다.[113] 나의 몸은 외부 대상과 환경에 영향을 받을 수밖에 없지만 나의 마음은 거기서 자유로울 수 있다. 여유롭고 초탈하게 홀로 갔다 홀로 오는, 장자가 말한 독유獨有의 경지에 노닐며[114] 만족함과 부족함, 즐거움과 즐겁지 않음에서조차 완전히 벗어나서 누리는 절대 자유. 그것을 끊임없이 상상하고 새로운 언어로 구축하는 데에 조귀명 문학의 핵심이 있다.

조귀명, 그를 기억하는 이들

1737년 음력 9월 27일, 조귀명은 45세의 이른 나이로 세상을 떴다. 앞서 살펴본 작품 가운데 후공이 항왕에게 유세하는 상황을 가상으로 엮은 글, 숙부 조유수를 위한 수서, 정준일을 위해 쓴 묘갈명, 참모 이상재의 일생을 그린 전, 연잎 수레바퀴를 논한 설, 거북이 꿈 이야기를 적은 기記, 백하 윤순의 글씨와 신사임당의 그림에 대한 제題 등이 생을 마치기 전 한두 해 사이에 남긴 글들이다. 생의 마지막 순간까지 다양한 문체의 작품들을 왕성하게 지었음을 알 수 있다. 평생 병을 달고 살긴 했지만, 추천에 의해 지방관으로 발령을 내는 상황에서 부고가 전해질 만큼 다소 급작스러운 죽음이었다. 죽음의 정황을 알려주는 것은 "병으로 집에서 생을 마쳤다以疾卒於家"[115]라는 짤막한 문구뿐이다.

어느 날, 생전의 조귀명이 삼종형 조현명에게 말했다.

"건괘乾卦의 여섯 양효 중 삼효를 음으로 바꾸어 이괘履卦로 만드셔도 좋지 않을까요?"

이것이 무슨 말일까? 조현명에게는 아들이 여섯 있었는데 조귀명 자신은 측실 소생으로만 1남 3녀가 있을 뿐 정실로 후사를 이을 아들이 없었다. 건괘의 모양(䷀)은 아래로부터 맨 위의 효까지 모두 양陽으로만 이루어져 있으니 조현명이 아들만 여섯을 낳은 것을 건괘에 비유한 것이다. 이괘의 모양(䷇)은 아래에서 세 번째 효만 음이고 나머지는 모두 양이다. 아들이 여섯이니 셋째 아들 하나 정도는 자신에게 넘겨도 되지 않겠느냐는 말을 넌지시 건넨 셈이다.

이 말을 듣고 얼마 안 되어 조현명이 자신의 셋째 아들을 조귀명의 후사로 입양시키려 하던 중 그만 조귀명이 죽음에 이르고 말았다. 조현명은 아들 항렬의 돌림자인 재載에 이履를 붙여 이름까지 조재리라고 바꾸고 자字는 셋째 아들이라는 뜻의 자삼子三이라고 붙여줌으로써, 평생 동안 지기로 함께했던 조귀명을 기념했다.[116]

조귀명 본인이 세상에서 자신을 알아줄 단 두 사람으로 임상정과 함께 조현명을 들었음을 앞서 살폈다.[117] 조현명 역시 "나는 세상 사람 모두가 아니라 해도 석여가 옳다고 해주는 한마디 말만 얻으면 그것으로 충분하다"[118]고 할 정도로 조귀명의 식견을 전폭적으로 인정했다. 조현명이 기억하는 조귀명은 노장과 불교 사상에 흠뻑 빠져 마음에 얽매이는 것 하나 없어 보이면서도 평소의 언행은 효행과 우애가 깊었으며, 옷도 이기지 못할 것처럼 허약하고 말 한마디 못 할 것처럼 온순해 보이면서도 그 마음에

무궁무진한 넓이와 깊이를 지닌 사람이었다.[119]

　조현명은 이러한 마음을 담아서 자신이 비용을 부담해 조귀명의 문집인 『동계집』을 간행해주었다. 조귀명 사후 4년 만인 1741년의 일이다. 이 초간본은 활자본 12권 6책으로서, 요절한 조계명趙啓命(1708~1737)과 조구진趙九鎭(1723~1737)의 문집이 첨부되어 있다. 다만 첨부된 두 문집은 합해서 14면밖에 안 되는 분량이고 대부분 조귀명의 문집으로 이루어져 있다. 현재 규장각 한국학연구원, 장서각, 국립중앙도서관 등에 소장되어 있다.

　활자본은 비교적 적은 비용으로 찍을 수 있지만 대개 일정 분량을 찍은 뒤 활자를 해체하기 때문에 부수가 제한적이다. 황경원이 1752년에 경주 부윤으로 부임해 간행한 것은 목판본인데, 기존 활자본을 그대로 목판에 복각해 계속 더 찍어낼 수 있도록 한 것이다. 목판으로 찍은 본은 현재 규장각한국학연구원과 연세대학교 도서관에 소장되어 있다. 1773년에 영조가 써서 내린 서문을 추가하여 찍은 간행본도 남아 있다.

　조귀명이 남긴 문집은 많은 이에게 읽혔다. 박지원이 조귀명의 글에 동조하며 "후세의 자운을 기다린다"는 상투화된 표현에 반론을 폈다는 것을 앞서 보았다.[120] 이덕무李德懋(1741~1793)의 발의로 서유구徐有榘(1764~1845) 등이 편찬하고자 한 『소화총서小華叢書』에 들어갈 41종의 사상서 목록에 조귀명의 「정체」와 「분향시필」이 포함되었다.[121] 이규경李圭景(1788~?)은 몸의 반쪽만 가지고 태어난 반인半人에 대한 논설을 쓰면서 조귀명의 「정체」 내용을 직접 인용하기도 했다.[122]

　유한준兪漢雋(1732~1811)은 조귀명의 문집을 읽었다는 언급을 직접 하지는 않았지만 도문일치의 관념을 부정하는 논지를 구사하면서 조귀명의 핵심 논거들을 종합하여 차용했으며,[123] 그 아들인 유만주兪晚柱(1755~1788)는 독서 일지인 『흠영欽英』에 조귀명의 글을 여러 차례 언급했다.[124]

조귀명에 대한 여러 문헌의 평가는 대체로 '당대에 명성을 떨친 문장가'라는 언급으로 모아진다.[125] 이러한 인정은 당색黨色을 넘어서 통용되었던 것으로 보인다. 조귀명 자신도 정치적으로 탕평을 주장한 것에 걸맞게 문학적 평가에 있어 당색에 갇히지 않았으며, 그가 서문을 의뢰한 이들 역시 노론계의 젊은 문사들이었다.

앞서 살폈듯이 조귀명은 우리나라를 대표하는 시인 셋 가운데 김창흡을, 산문가 셋 가운데 김창협을 포함시켰고 이들 형제 덕분에 중국에 견줄 만한 수준에 올랐다고 평했다.[126] 그런데 조귀명이 "바르고 치우침, 높고 낮음은 논외로 하고, 우리나라의 얕고 가벼우며 단조롭고 협소한 누습을 일거에 씻어버리고 중국과 다를 바 없는 문장을 지은 사람은 300년 이래 삼연三淵(김창흡) 한 사람밖에 없다"고 극찬하자, 이덕수李德壽(1673~1744)는 "자네는 삼연에게 미혹된 사람이라 하겠구나. 이는 그저 소설 비평체일 뿐이네"라며 비판했다.[127]

이덕수는 조귀명의 외가 쪽 아저씨로서,[128] 당대 소론계를 대표하는 문장가 중 한 명이었다. 일찍이 김창흡이 이덕수의 산문을 두고 "얼핏 보면 힘차고 질박해 보이지만 소나무 조각처럼 생기가 없다"고 비판한 것을 볼 때,[129] 이덕수의 김창흡에 대한 이러한 평가는 두 사람이 애초에 산문에 대한 관점을 달리했기 때문이라 할 수 있다. 그에 비해 조귀명은 더 개방적인 자세로 다양한 미의식을 추구했다. 『동계집』에는 실리지 않았지만 그는 실제로 소설 『수호전水滸傳』을 읽고 서문을 남기기도 했다.[130]

국왕 정조 역시 조귀명의 문학에 주목해 뛰어난 솜씨를 지닌 작가로 꼽았다. 다만 "속악俗樂의 용녀적龍女笛과 보허사步虛詞가 아악보雅樂譜에는 합치되지 못하지만 역시 그것대로 즐겨 들을 만한 것과 같다"[131]라고 했다. 정통은 아니지만 자신만의 작품세계를 오롯이 구축해 읽을 만한 가치를 지닌다는 평이다.

조귀명의 산문이 정통이 아니라는 평가는 근대의 김택영金澤榮 (1850~1927)에게까지 이어졌다. 그는 고려와 조선을 대표하는 문장가 아홉 사람의 작품을 선발한 『여한구가문초麗韓九家文鈔』를 편찬하면서, 이들 다음으로 꼽을 만한 문장가 세 사람 중 한 명으로 조귀명을 거론했다. 문장의 탁월함에도 불구하고 조귀명을 최종 선발하지 않은 것은, "진부함을 벗어나 매우 뛰어나기는 하지만 굽음을 바로잡으려다 곧음을 지나치게 되어 경조부박한 단점이 있다"고 판단했기 때문이다.[132] 그만큼 조귀명의 참신함이 일반의 산문과 달랐음을 보여주는 셈이다.

조귀명의 문학에 대한 동시대의 총평으로 이규상李奎象 (1727~1799)의 언급이 있다. 그는 『병세재언록幷世才彦錄』을 지어 18세기 인물들을 논평하면서 조귀명에 대해 "사람됨이 맑고 단정하며 문장을 잘했다. 글에 지극히 절묘한 이치를 담았으며, 아취와 의기가 소동파를 매우 닮았다. 주제를 설정하고 표현을 엮어내는 것이 얕고 거칠거나 진부한 태를 완전히 씻었다. 뜻한 대로 이루어진 부분들은 종종 신묘한 깨달음으로 독자를 즐겁게 만들곤 한다"[133]고 언급했다. 참신한 주제 설정과 전아한 문장 표현을 겸비하여 다른 글에서는 보기 어려운 독특한 깨달음을 주는 글이라는 평이다.

훗날 송백옥宋伯玉(1837~1887)은 우리나라 산문 선집인 『동문집성東文集成』을 편집하면서 조귀명의 글 41편을 수록했는데, 그 앞머리에 다음과 같은 작가 소개를 달아 조귀명 문학의 특징과 성취를 논했다. 산문 작가로서 조귀명을 즐겨 읽고 기억하는 이들이 지녀온 생각을 총괄했다고 할 만하다.

동계 조 선생은 과거시험에 뜻이 없었고 몇 차례의 추천에도 관직에 나가지 않았다. 문을 닫아걸고 옛것을 공부하여, 문장을 짓는 데 있어 지나치게 특이하거나 화려한 어조를 구사하지 않고 평이하게 써서 말하고 싶은 뜻을 전달하는 데에 그쳤다. 그러면서 자신만의 경지에 올라 별도로 깃발을 올리고 북을 울려서 문단 위에 홀로 우뚝 섰다. 선생은 늘 자신이 남화경南華經(莊子)에서 얻은 것이 대부분이고 소장공蘇長公(蘇軾)을 목표로 삼았다고 말하곤 했다. 성리의 학문을 반복하여 공부하고 불교와 노장의 학설에 넘쳐흘렀으며, 좌씨左氏(춘추좌씨전)의 풍부하고 화려함과 마사馬史(사마천의 사기)의 고상하고 정결함을 간간이 내어, 우리나라 문장을 교정하여 한 번에 변화시켜 중화中華에 이르렀으며 중화를 한 번에 변화시켜 예스러움에 이르렀다. 그래서 그의 문장은 의意에 치중하면서도 표현의 진부함을 씻어버렸으며 정해진 법을 따르려 하지 않으면서도 전범의 자취에 꼭 들어맞아서, 전아하고 순정하며 영특하고 총명한 식견이 절로 많다. (⋯) 내가 서화에 대한 찬贊과 제발題跋을 읽고서는 곧바로 풍악을 울리고 춤을 추고 싶을 정도였다. 동계의 나한도찬羅漢圖贊 9편은 동파東坡(소식)의 나한송羅漢頌 18편에 비해 분량이 반이고 재주도 반이다. 요컨대 동파 이후 600년 만에 오로지 조동계가 있도다![134]

홀로 우뚝 선 간천자

당연한 이야기지만, 문학이든 학술이든 사람이 내놓는 모든 것은 해 아래 새로울 수 없다. 아무리 독창적인 개인이라 하더라도 그때까지 축적되어온 앞선 이들의 성과와 전혀 무관하게 파천황破天荒의 독보를 내딛는 일은 불가능하다.

독왕독래獨往獨來의 자유를 누리며 자신의 깨달음을 자신의 언어로 표현하고자 했던 조귀명 역시 예외가 아니다. 본인의 평소 언급에 의해서 장자와 소식의 영향이 지대했음이 밝혀져 있고,[135] 송백옥이 정리한 것처럼 불교와 노장, 그리고 『좌전』과 『사기』 등 역사서 역시 그의 문학을 이루는 바탕이 되었다. 평범함을 경계하긴 했지만 한유, 유종원, 구양수 등 당송 시대의 산문 역시 즐겨 읽었으며, 그에 대한 모곤茅坤(1512~1601)의 비평에 반론을 펼 정도로[136] 명대 당송파唐宋派의 시각으로 재조명된 당송 시대의 산문, 거기에 사용된 비평 방식을 깊이 이해하고 있었다. 이몽양李夢陽(1473~1530), 이반룡李攀龍(1514~1570), 왕세정王世貞 (1526~1590) 등 명대를 대표하는 전후칠자의 문학과 비평에 대해서 전면적인 비판을 가했고,[137] 전겸익錢謙益(1582~1664)의 『전목재집錢牧齋集』에 대해서는 구체적인 오류를 지적하는 글을 남기기도 했다.[138]

나아가 조귀명은 진계유陳繼儒(1558~1639), 원굉도袁宏道(1568~1610), 왕사임王思任(1574~1646) 등 명말 소품문의 성행을 이끈 작가들의 글도 두루 읽은 것으로 확인된다.[139] 원굉도로 대표되는 명말 공안파公安派의 문학이 욕망과 염정을 추구한 데 대해서 조귀명은 강하게 비난했으나,[140] 산수유기山水遊記 작품에 있어서 원굉도의 영향이 지대했음을 「추기동협유상追記東峽遊賞」의 구성과 어휘에서 확인할 수 있다.[141]

그러나 조귀명이 앞 시대의 작품과 비평을 섭렵했고 그 영향이 작품에 나타난다고 해서 그 자신이 천명한 '나의 깨달음을 나의 언어로'라는 이념과 모순되는 것은 아니다. 상고주의尚古主義를 비판하고 작가 개인의 깨달음을 강조하는 그의 핵심 주장에서 공안파 수용의 흔적을 입증하는 것은, 논의의 결론이 아니라 출발이어야 한다. 앞선 이들의 작품과 비평을 자양분으로 삼아서 제출한 작가 자신의 작품과 비평이 그 시대에 의미 있는 변화로 이어졌는지가 관건이다. 그런 면에서 조귀명 스스로 유사성과 독창성의 관계를 논한 글이 흥미롭게 읽힌다.

「평회서비平淮西碑」는 『서경』과 비슷하고 「모영전毛穎傳」과 「장중승전후서張中丞傳後敍」는 사마천과 비슷하며, 「증태부

동진공행장贈太傅董晉公行狀은 좌구명과 비슷하다. 여타의
작품 가운데 장자, 『전국책』, 유향劉向과 비슷한 것도 있고,
유종원, 번종사樊宗師, 맹교孟郊와 비슷한 것까지도 있다.[142]

　조귀명이 한유의 작품 가운데 앞 시대의 여러 글과 유사한 부
분을 지적한 대목이다. 심지어 동시대에 교유한 작가들의 작품과
유사한 것도 있다고 했다. 한유는 다른 글을 흉내 내지 않고 자
신의 견해를 내어 글로 표현하는 데 힘쓴 작가로 알려져 있다. 조
귀명이 이 점을 부정하는 것은 아니다. 오히려 위진魏晉 시대 이후
인정할 만한 작가가 없다시피 하다가 한유에 와서야 비로소 제대
로 된 산문의 시대가 열린 이유가 바로 이러한 독창성에 있었음
을 높이 인정했다.[143] 그러나 유사성과 의도적인 모방은 다르다.
글자나 구절을 몰래 표절한다면 문제겠지만, 장난스럽게 본떠서
자기 이야기를 한 경우나 비슷한 기질을 타고나다보니 우연히 유
사성을 띠게 되는 것은 자연스러운 일이다.[144]

　공안파와의 유사성이나 영향 여부보다 더 중요한 것은, 명말 청
초보다 학술과 문화의 스펙트럼이 훨씬 좁아서 주자학의 범위를
벗어나기만 하면 바로 비난을 감수해야 했던 18세기 전반기 조
선의 지적 풍토 위에서 "천고의 학술과 문장이 나에게 부려져야
지 그것들이 나를 부리게 할 수는 없다"[145]고 천명했다는 사실이
다. 조귀명은 소식의 문학에서 자신이 이르고자 하는 산문의 이
상理想을 봤지만, 주자학의 나라 조선의 지식인들이 보기에 소식
의 글에는 용인할 수 없는 내용이 적지 않았다. 조귀명은 이러한
당대의 인식을 잘 알면서도, "그의 말이 바른 이치에서 벗어난다

하더라도 그것은 자신의 말이지 옛사람의 말이 아니며, 가슴속에 홀로 얻은 깨달음이지 어디선가 주워들은 것에 견줄 바가 아니"[146]라는 점을 강조했다.

이처럼 과감한 주장이 어떻게 가능했을까? 조귀명은 오히려 문학이란 도를 추구하는 학문이나 정치에 비해서 작고 가벼운 취향에 불과하기 때문에 그저 개인의 기질에 따라 즐겨도 그만, 즐기지 않아도 그만이라는 논리로 비켜가곤 했다.[147] 조선시대 사대부士大夫의 삶은 때를 만나 벼슬에 나가서 경세를 실천하는 '대부大夫'와 때를 만나지 못해 초야에 물러나서 학문을 연마하는 '처사處士'로 양분된다고 한다. 하지만 실제 삶에는 훨씬 더 다양한 층위와 양상이 존재하며, 보편의 이치만으로는 설명되고 해결되지 않는 굴곡들이 끊이지 않는다. 경세나 학문과 다른, 문학의 자리가 필요한 이유다.

> 문학의 묘함이란 샘 중에 뜨거운 샘이 있고, 불 중에 차가운 불이 있으며 돌 중에 결록結綠이 있고 쇠붙이 중에 지남철이 있는 것과 같습니다. 독특하게 품부받은 기질을 기반으로 삼아 스스로 얻은 깨달음으로 그 기질을 이루어가야 하는 것이지, 반드시 이윤, 주공, 공자, 맹자의 보편적인 이치를 담아야만 하는 것은 아닙니다.[148]

샘은 차갑고 불은 뜨거운 것이 상식이다. 그러나 뜨거운 물이 솟아 나오는 샘인 온천도 있고, 소구산蕭丘山에는 차가운 불꽃이 있다는 말이 전해지기도 한다.[149] 일반적인 돌과 달리 결록이라

불리는 귀한 옥도 있고, 보통의 쇠붙이와는 달리 자성을 지닌 지남철도 있다. 이처럼 평범한 사람과 달리 독특한 기질을 타고나서 자신만의 깨달음을 통해 극치에 도달한 사람이 뛰어난 문장가가 되는 것이다. 이는 마치 음악이나 활쏘기, 의술, 바둑 등에 천부적인 재주를 타고나서 오랜 숙련 끝에 이치를 터득하는 것과 마찬가지여서 누구에게나 일반화할 수 있는 것이 아니다. 이상의 비유와 논조는 모곤이 『당송팔대가문초』를 편집하고 붙인 서문에서 이미 구사한 것이다.[150] 조귀명은 이를 거의 그대로 가지고 오되, 마지막을 뒤집어서 보편의 이치와 달리 각자 부여받은 기질을 이루어가는 데 문학의 묘함이 있다는 논리로 연결시켰다.

문학의 기반이 되는 기질에는 우열도 있지만 개인별로 나뉘는 취향도 있다. 조귀명은 앞서 인용한 글에서 한유뿐 아니라 다른 작가들에게서도 기질의 유사함이 작품의 유사함으로 이어진 경우가 있다면서 그 예로 장자와 소식을 들었다.[151] 이들을 문학의 토대이자 목표로 삼았던 조귀명이었으므로 자신의 기질 역시 이들과 유사하다고 여기지 않았을까 한다.

조귀명은 기질과 취향을 근거로 삼아서 자신의 깨달음을 자신의 언어로 표현하는 것이 좋은 문학이라고 강조했다.[152] "식탐이 있는 사람이 맛을 품평하거나 방탕한 사람이 연정을 이야기하는 것이라도 나름의 진실이 담겨 있다면 사람의 마음을 감동시키기에 충분하니 스스로 얻은 깨달음이라고 할 만하다. 그 깨달음이 깊기만 하다면 바르고 치우침, 높고 낮음은 따질 것 없이 모두 좋은 문학이다"[153]라는 말을 그래서 할 수 있었던 것이다.

조귀명은 이를 비평 관점으로만 표명한 것이 아니라, 스스로 깨달은 것이 없으면 글을 쓰지 않았다고 자부할 만큼 작품 창작에도 실천했다. 그의 작품을 읽은 이들도 이를 인정하여, 자신이 깨달은 견해를 펼치는 데에 힘썼지 옛사람의 전범에 얽매이거나 이미 있는 표현을 답습한 적이 없다는 평가가 주어졌다.[154]

조귀명은 사람들이 자신의 문장을 두고 불교나 노장의 문장이라고 하는 것을 부정하며 "나는 나와 주선周旋한 지 오래되었다"고 했다. 세상의 어떤 책이나 사람도 아닌 자기 자신과의 만남을 통해서 깊은 생각은 깊은 대로, 얕은 생각은 얕은 대로, 작고 큰 생각도 그 크기 그대로 글에 담아낸 것이 자신의 문학이라는 뜻이다.[155] 이처럼 자신의 깨달음을 자신의 언어로 표현함으로써 그가 이르고자 한 궁극의 바람은, 어느 무엇으로도 대체될 수 없이 홀로 우뚝 선 개인 간천자의 문학이 있었음을 천하 후세에 알게 하는 것이었다.

> 하늘이 사람을 냄에 있어서 각자 이목을 갖추게 하여 천만 사람의 이목이 하나도 서로 같은 사람이 없고, 각자 생각을 지니게 하여 천만 사람의 생각이 하나도 서로 같은 사람이 없습니다. 이것은 천만 사람이 각자 자신의 몸을 몸으로 삼아서 남을 흉내 내지 않게 하고 각자 자신의 뜻을 뜻으로 삼아서 남에게 간섭받지 않게 하려는 것입니다. 그런 까닭에 하나의 대상을 같이 보더라도 나는 남의 시각을 빌린 적이 없고 하나의 소리를 같이 듣더라도 나는 남의 청각을 빌린 적이 없습니다. 그런데 유독 식견과

깨달음에 있어서는 머리를 굽혀 옛사람의 종이 되려 하는 것은 도대체 어째서입니까? (…) 천고의 학술과 문장이 모두 나에게 맞지 않는다면 차라리 나의 학술을 학술로 삼고 나의 문장을 문장으로 삼아서 별도의 기치를 세우고 북을 울리며 종횡무진 내달려서 천하의 후세로 하여금 유자도 아니고 불자도 아니며 한유도 아니고 유종원도 아닌, 우뚝하게 홀로 선 간천자가 있었음을 알게 할 뿐입니다.[156]

오늘의 자운을 위하여

45년이라는 길지 않은 생애 동안 조귀명이 역사에 남을 만한 족적을 남긴 일은 별로 없다. 탕평을 주도한 소론계 핵심 집안의 자제로서 문학으로 이름이 났고, 성균관 유생 시절에 세자였던 영조의 장명 직분을 수행했으며, 생의 마지막 몇 해 동안 동몽교관, 세자익위사 등을 역임하고 지방관으로 추천받은 정도가 전부다. 그렇다고 바로 앞 세대인 유형원柳馨遠(1622~1673)이나 동시대의 이익李瀷(1681~1763)처럼 당대 현실의 여러 문제를 타파하기 위한 실용적인 학문을 추구한 인물로 자리매김되는 것도 아니다. 20대에 과거제도, 공론 관리, 군대 운용 등을 주제로 삼은 책문을 여러 편 지었으나 그것이 조귀명의 본령이라고 하기는 어렵다.

우리에게 남은 것은 그의 업적이 아니라 평생 갈고닦으며 다듬은 그의 작품이다. 우리가 그를 기억해야 할 이유가 있다면 그 역시 그의 작품에서 찾을 수밖에 없다. 그런데 조귀명의 문학이 당대에 아무리 참신하고 독보적인 것이었다고 해도 그것이 오늘 우리에게 무슨 의미를 지닐 수 있을까? 조귀명이 당시에 보편의 이치로 받아들여지던 주자학이라는 관념과 별개로 개인의 기질과 취향을 중시하며 자신의 깨달음을 표현하는 글쓰기를 강조했다지만, 지금은 문학이 개인적 취향의 문제라는 사실이 상식에 속할 뿐 아니라 다수가 인정하고 강제하는 보편의 이치라는 것을 찾아보기 어려울 정도로 자유롭고 다원적인 시대 아닌가?

조귀명은 개별적인 인식 주체로서 자신의 눈으로 세계를 다시 보고 자신의 언어로 깨달음을 기록하고자 했다. 종교가 지배하던 시대가 지나가고 자본주의와 사회주의의 대립 역시 퇴색한 지금, 우리에게 보편적으로 받아들여지는 사상이나 이념은 없는 것처럼 보인다. 그러나 여전히 우리 삶에는 우리 자신의 주체적인 판단 이전에 이미 당연하게 정해져 있는 것이 의외로 많다. 조귀명이 평생 병마와 싸우고 주변의 죽음들을 경험하면서 그것을 극복하기 위해 내놓은 의론은 때로 지나치리만치 사변적이다. 보통 사람들의 생각이 이르는 지점에서 한발 더 나아가 인식의 전환을 시도하는 글들에서는 집착에 가까울 정도로 새로움을 추구하는 조귀명의 정신을 만날 수 있다. 내 관점으로 세상을 다시 보고 기존에 없던 시선을 하나 더하는 것이야말로 조귀명 문학의 궁극적 지향이었다.

근원을 탐구하여 말류에까지 미치는 것을 학學이라고 하며, 마음과 뜻을 온통 집중하는 것을 공工이라고 하며, 초탈하여 남다른 깨달음을 얻게 되는 것을 진眞이라고 하며, 아무리 써도 고갈되지 않는 것을 성成이라고 한다.

심하구나! 우리나라 사람들의 비루함이여. 멍청하게 아무 것도 일삼는 것 없이 살며, 정처 없이 표류하여 이르는 곳도 없이 죽는다. 그저 남들 앉으면 앉고 남들 일어나면 일어나면서 이목구비 달려 있다고 사람이라고 부른다. 이 얼마나 슬픈 일인가?

황해도 지방에 조수潮水를 공부하는 사람이 있는데, 아침에 바다로 나갔다가 저녁에 돌아오곤 했다고 한다. 이렇게 바닷가에서 60년의 세월을 보낸 뒤 비로소 책 두 권을 써서 자신의 견해를 밝혔다. 세상 사람들이 모두 그를 이상하게 여기면서 무용한 일에 정신을 다 소모했다며 나무라지만, 나는 홀로 탄식하며 말한다. 이 사람은 우리나라 사람이 아니로다!

지금 유중림 군이 지은 『병학대성兵學大成』을 보니, 이 사람이야말로 학學에 뜻을 둔 사람이로다. 부지런히 모으고 정리하여 체계를 갖추었으며 정밀하게 다듬어서 지엽적인 것은 제거하였다. 사이에 다시 스스로 주소를 달아서 의심 나고 애매한 것을 밝혔으니, 공工이 또한 집요하고 깊이가 있다. 이런 방법으로 나아간다면 남다른 깨달음인 진眞을 얻어서 아무리 써도 고갈되지 않는 상태인 성成에 이를 것이 분명하다. 우리나라 사람의 비루함을 바로잡는 것도 가능하겠구나!**157**

유중림이 저술한 병법서 『병학대성』에 붙여준 서문이다.[158] 조귀명은 이 책과 아무런 관련이 없어 보이는, 조수 공부한 사람의 이야기를 가져왔다. 남들이 하지 않는 일에 평생을 바쳐서 얻은 깨달음을 책으로 남긴 이 사람을 두고 우리나라 사람이 아니라고 한 것은 무슨 의미일까? 남들 앉으면 앉고 남들 일어나면 일어나면서 이목구비 달려 있다고 사람이라고 부르는 비루함에서 벗어났음을 칭송하는 말이다. 조귀명이 이 사람에게서 가능성을 봤고 유중림에게 성취를 기대하는 것은, 남들이 미처 관심을 갖지 못하는 무언가에 미친 듯이 집중한 결과 자신만의 깨달음을 얻어 다함 없는 유용함을 창출함으로써 이 답답한 조선의 세태를 바로잡는 것이다.

자신의 관점도 의지도 없이 그저 남들 하는 대로 쏠려다니다가 생을 마치는 이들로 가득한 것이 조귀명이 살던 시대만의 일일까? 오늘날 우리 역시 삶의 많은 문제 앞에서 주체적인 관점을 지니지 못한 채 여기저기 표류하다 좌절하곤 한다.

조귀명이 애초부터 현실과 담을 쌓고 문학에만 침잠했던 것은 아니다. 과거를 준비하고 제도를 개혁하고자 하는 의식이 있었으며 문장가로서의 꿈 역시 애초에는 나랏일에 기여하는 데 있었다. 하지만 육신의 질병이 그 길을 막았고, 그 막힌 지점에서 그는 자신만의 깨달음을 추구하며 그것을 문학으로 승화시켰다. 육신의 질병은 그에게 있어서 평생의 제약이었지만 동시에 가능성이기도 했다.

조귀명의 글이 지금 읽어도 여전히 말을 걸어오는 지점은, 극심한 아픔에서 출발한 역설의 논리이고 고정된 가치를 상대화시키는 시선이다. 그리고 자신이 말하고자 하는 것은 남들을 따라하는 가짜가 아니고 스스로 깨달은 진짜라는 자부심이 그 저변에 깔려 있다.

> 스스로 얻은 깨달음이라면 아무리 작고 보잘것없어도 고귀하고 존경스러운 것입니다. 물론 크고 높은 깨달음이라면 말할 나위도 없겠지요. 옥이 돌보다 진귀하다는 것은 누구나 압니다. 하지만 가짜 옥이 되는 말 일입니다. 가짜 옥은 속이지 않는 진짜 돌만도 못합니다. 천리마가 노둔한 말보다 빠르다는 것 역시 누구나 압니다. 하지만 천리마를 그린 그림이 되는 말 일입니다. 천리마 그림은 살아 있는 노둔한 말에 채찍을 가하는 것만 못합니다.[159]

당연한 것을 당연하게 여기고 상투적인 표현을 답습하기만 한다면, 21세기 첨단 문명의 이기利器를 누린다 해도 정작 우리 삶에는 아무런 새로움이 없을 것이다. 반면 자신만의 진짜 깨달음이 있다면 아무리 작고 보잘것없는 것이라 해도 고귀한 가치를 지닌다. 조귀명이 어찌할 수 없는 상황에서 도피하여 그저 스스로 위로하고 이른바 '정신승리'를 구가하는 수단으로만 문학을 대했다면, 지속적인 성취를 이루기는커녕 어느 순간 나약한 자괴로 빠지고 말았을 것이다. 일상의 사소한 일에도 남과 다른 시선으로 새로운 질문을 던지고 그렇게 얻은 깨달음을 독특한 구성으로 표현하고자 단단하게 애쓴 시간이 축적되어, 오래도록 읽힐 만한 가치가 있는 작품을 남길 수 있었다. 세상 어디에도 없는 자신에 대한 자존감을 바탕으로 끊임없이 절대 자유를 상상하며 정신의 크기를 극대화했기에 가능한 일이다.

조귀명이 세상을 떠난 지 300년이 다 되어간다. 그는 자신을 알아줄 자운이 없음을 탓할 것 없이 스스로 자신의 자운이 되면 그만이라고 했다. 하지만 오늘 그의 글을 읽으며 작지만 경쾌한 지적 울림을 누릴 수 있다면 그런 한 사람 한 사람이 간천자를 알아주는 자운이 아닐까. 간천자가 이전에도 없었고 이후로도 없을 유일무이한 존재였듯이, 이 시대 한 사람 한 사람의 자운 역시 그 무엇으로도 대체될 수 없이 홀로 우뚝 선 존재다.

1장

1 黃景源,『江漢集』 권2,「秋齋夢見趙東谿悽然傷懷」.

2 李天輔,『晉菴集』 권6,「與趙錫汝」, "秋氣益高, 卽問靜履萬勝否. 區區瞻詠不已, 華稿獲承俯示, 而且責天輔之一言, 天輔自顧鈍劣, 不能窺作者之旨, 其何以副勤敎也? 然天輔讀執事之文, 而益得其爲人, 盖執事深於道者也. 深於道者, 必遺乎其名, 執事之爲人, 淵然而深, 湛然而定, 獨立物表而與造物者遊, 其發而爲文者, 不斬名而名己歸之. 名之在執事, 適足以爲其病也. 天輔又從而紛然稱說其文, 以耀於人, 則是重執事之病而已. 甚非所宜. 執事若曰: '今世之深知吾文者, 惟子也. 子不可無一言云爾.' 則文章小技也, 士之貴乎相知, 有大於文者, 苟得其大焉, 則又安用其餘乎? 亡友金遠卿, 其文甚奇, 學柳子厚而得其精者也. 執事交遠卿十餘年, 未嘗求見其文, 而遠卿又未嘗以其文求知於執事, 是豈常情也哉? 然執事之於遠卿, 其相知者, 在乎文字之外也. 天輔之待執事, 固不敢曰: '但在於文, 則天輔於此事, 雖知之, 猶不欲累執事, 況强其所不知乎?' 執事苟不許之, 則天輔當泚筆而書其卷曰: '是乃乾川趙錫汝之文, 而其文非今人之文也, 又非古人之文也, 只如其爲人而已.' 其可乎? 執事其以爲如何? 來稿不可久留, 玆用奉完, 執事更有以敎之. 不宣."

3 南有容,『䨥淵集』 권15,「答趙錫汝」, "辱托以集序, 足下之年, 未可量也, 且待五十六十而爲之, 恐未晩也. 嘗見靜諦文字, 儘有佳處. 但恨許多言語, 一不及道之大原. 其佳處, 亦止於足下之妙境, 自言自娛則可耳, 後生好之, 習爲高妙悅人之語, 則毋乃反害於大道乎? 知道之士, 毋乃以是而窺足下之淺深乎? 僕爲是懼焉. 足下集中, 必去此一編文字, 僕之序語, 乃可得也. 如何如何."

4 黃景源,『江漢集』 권5,「答趙翊衛書」, "然竊觀執事之學, 務欲合三氏之道而一之, 何其謬也? 夫浮屠·老子之說, 其幽眇者·高遠者, 聖人之書, 亦有之矣. 世

之學者, 明聖人之書, 以求其道, 則雖無浮屠·老子之說, 亦足以造其幽妙, 而致其高遠也. 且浮屠·老子之說, 近於道者, 此其所以爲道之害也. 君子誠取其近似者, 而合之聖人之道, 則其爲害也益甚矣."

5 같은 글, "今有人被袈裟, 袈裟之上, 加羽衣, 羽衣之上, 加深衣·黃冠, 而錫杖·佩玉之聲鏘如也, 則執事必知其怪焉, 然而其所自以爲學也. 華嚴之文·道德之文, 與詩書六藝之文, 竝陳於前, 而交誦於口曰: '我非浮屠之徒也, 非老子之徒也, 非孔氏之徒也. 合浮屠·老子·孔氏之道而一之者也.' 嗚呼! 其亦雜矣, 吾未見其能一也."

6 黃景源, 『江漢集』권5, 「答趙翊衛第二書」, "執事近以序文事, 見托甚勤, 而景源不敢聞命者, 誠以執事通三教, 而實入於釋氏, 然深諱其宗, 不肯以釋氏之教目名故也. 今世之士沈溺於釋氏之教者, 何可勝數, 而獨於執事有足歎也."

7 黃景源, 앞의 글, "執事之文, 本之以自得之奇, 發之以獨見之妙, 刻深而辯博, 精篤而橫放. 執事所謂: '似幻而非幻'者, 不疾人之論贊, 而其自知也已明矣. 景源又安敢議其長短·等其高下, 以塞執事之指邪?"

8 李奎象, 『幷世才彦錄·文苑錄』, "當時世目八文章, 吳瑗·李天輔·南有容·黃景源·李德壽·趙最壽·趙龜命·林象元. (…) 當時文家, 方駕而齊鑣者, 趙龜命·黃景源而已."

9 正祖, 『日得錄』권1, "龍洲之文效莊子, 東谿之文效長蘇, 此是文苑中一部鼓吹. 譬如俗樂中龍女之笛, 步虛之詞, 雖未能盡合雅譜, 亦自悅耳, 好堪一聽."

10 조귀명의 문학에 대한 후대의 평가는 이 책 4장 4절의 '조귀명, 그를 기억하는 이들' 참조.

11 黃景源, 『江漢集』권17, 「東谿趙公墓誌銘 幷序」, "孰謂處士, 妙悟逃禪? 奕奕文辭, 百世之傳."

12 같은 글, "公旣卒之五年, 景源嘗登淸谿山, 弔公之墓. 後十二年, 景源出爲慶州尹, 爲刻文集, 傳於世者, 知公最深而沒齒不能忘也."

13 이하 가계 관련 내용은 『豊壤趙氏世譜』 참조.

14 조속趙涑(1595~1668) 때부터 시도된 종중의 족보 간행이 처음으로 성사된 것이 1731년 조현명에 의해서였다. 이연숙(2014), 「18~19세기 풍양조씨의 대종중 형성과 족보간행」 참조.

15 趙龜命, 『東谿集』권3, 「觀叟兄墓誌銘」, "吾輩從兄弟, 賴祖先積慶, 自壬午十餘年之間, 登大小科者十二人, 門戶亦稍華赫矣."

16 趙龜命, 『東谿集』권1, 「送二兄出守安邊序」.

17 같은 글, "惟吾一門, 環橋而居十餘家, 旇旇烏衣韋曲, 每歲花樹之會, 爲士大夫所艶稱. 記十數年前, 羣從兄弟尙無恙, 罷官屛居, 相徵逐無間. 時値臘, 家設梅花會, 無梅者, 至於以盆轉借, 及近除夕, 又設除夕飮."

18 이광덕李匡德(1690~1748)은 조달명趙達命의 뇌사에서 조희보의 후손들을 '청교 조씨'라고 지칭한 바 있다. 이 책의 1쇄본에서는 청교를 서울 청계천 지류에 놓인 다리로 비정하고, 이를 근거로 건천동(현 서울시 인현동)을 조귀명이 살던 곳으로 보았다. 그러나 김민학(2023), 「동계 조귀명 산문 연구」가 조현명, 임상정의 자료 등을 근거로 건천이 양주 건천리(현 경기도 남양주시 진건읍)임을 밝혀냈다. 이에 오류를 바로잡고 서술을 보충했다.

19 '乾'은 '하늘'의 뜻으로는 '건'으로 읽고 '마르다'의 뜻으로는 본디 '간'으로 읽
  으므로, '마른 내'라는 뜻의 '乾川'은 '간천'으로 읽는 것이 타당하다. 하지만
  언제부터인가 그 구분이 흐려져 뜻에 관계없이 '건천'으로 읽는 것이 일반화
  되었다. 다만 조귀명이 이 지명을 따 자신의 호를 '乾川子'라고 지을 때 '乾'
  의 뜻을 '하늘'이 아니라 '마르다'로 생각하고 스스로 '간천자'라고 읽었으
  리라는 점을 중요하게 생각해 이 책에서는 일괄적으로 '간천'이라고 읽기로
  한다.

20 『新增東國輿地勝覽』권3,「漢城府」.

21 이상배(2012),『서울의 누정』429~435면 참조.

22 김학수(1997),「풍양 조씨 회양공파의 학통에 관한 고찰」.

23 趙龜命,『東谿集』권1,「一草亭詩板序」, "先祖考風流遠規於東山, 居第巧符於
  午橋, 雖總廊廟鞅掌之務, 不廢花竹經濟之興, 一草小亭, 蕭然爲朱門中丘壑
  矣. 於是奉如嚴父, 則叔祖享伯康之壽; 自爲知己, 則家君有惟深之賢. 每遇良
  辰, 輒成小集, 吟咏風月, 品題花石. 壎篪諧聲於上, 鹽絮競奇於下, 信可樂也.
  俯仰十年, 人事嬗變, 梁山之風雨屢經, 平泉之物色無改, 憑是亭也, 能不優然
  以感乎?"

24 趙龜命,『東谿集』권5,「外祖母贈貞敬夫人李氏傳」, "不肖兄弟皆育於外氏, 贊
  成公之喪, 龜命適五歲. 贊成公所以待夫人者, 蒙駭未有記, 獨念侍夫人, 語於
  聖賢事業古今治亂之迹及贊成公之世, 朝廷議論之關涉大體者, 無不指陳源
  委, 劈畫是非, 如親履其境, 痛切而可悟. 然後知贊成公之於外事, 必入而與夫
  人揚推, 其以國器見推於儕友, 終始其令譽者, 蓋資於內助之功爲多."

25 趙龜命,『東谿集』권4,「先妣行狀」, "十五, 歸先君. 舅家素寒儉, 先妣生長富
  厚, 一女嬌甚, 而猝當淡苦, 處若固有, 無毫髮厭難意. 先君弱冠, 嬰奇疾, 藥餌
  之須, 動費厚價. 先妣竭力備辦, 間爲斥賣嫁時裝齎以足之. 祖妣李夫人末疾
  沉綿, 先妣晝夜侍側扶護, 一年如一日."

26 같은 글, "及李夫人下世, 嗣泣中饋, 於是祖考孝憲公已貴顯, 家務漸益繁矣, 勤
  以綜之, 整以理之, 上事旁應, 各盡其宜, 囊篋細瑣, 一無遺漏, 閨闈之內, 蕭然
  如洗, 凡於孝憲公一餐一衣, 必皆親經其手, 整潔完好, 先君事親至孝, 卽蒸梨
  微故, 靡不致嚴, 而二紀幹梱, 終無不鮮之見."

27 같은 글, "孝憲公上奉高年兄姊, 推甘分煖, 無時設內集, 迎娛喜, 賓客巵酒, 一
  肉之供, 未嘗闕焉. 一門百口, 巷南東西而居, 以待濡呴, 窮鄕寒族, 飢飽望走者,
  殆不勝數. 孝憲公一一加恤不少倦, 而其區分條別, 措處應副, 則先妣爲之政."

28 같은 글, "其志養之美, 實先妣有以成之也."

29 같은 글, "孝憲公敦睦之風, 姘嶸宗黨者, 亦先妣有以助之也."

30 같은 글, "孝憲公常曰: '吾家之興, 賴是婦矣.' (…) 凡求家婦者, 必祝: '得如沈
  淑人至矣.'"

31 같은 글, "每晨坐開戶, 賦功婢僕, 伴指書函, 叢沓如蝟毛, 以至於暮, 先妣左右
  酬酢, 無留滯, 用度艱窘, 而不形其憂惱, 經營浩大, 而不見其勞攘, 精神意度,
  常綽然有餘. (…) 平生手不釋鍼絲之屬, 以身率先, 婢御勞而無怨. 隨不肯駿命
  受二邑養, 亦不肯自便曰: '素性不能強也.'"

32 심 부인의 묘지명은 이덕수李德壽(1673~1744)가 썼는데, 조귀명의 행장을 충

주註

실하게 반영하기는 했으나 위에 정리한 강조점들이 부각되지는 않는다. 李德壽, 『西堂私載』 권9, 「沈淑人墓誌銘」.

33 趙顯命, 『歸鹿集』 권19, 「東溪小傳」, "十三, 赴禮圍, 對大策, 下筆立就數千言, 觀者堵立, 嘖舌稱之以瑞物也."; 黃景源, 『江漢集』 권17, 「東谿趙公墓誌銘 幷序」, "公幼讀書, 自知文義. 十三歲, 對策禮曹, 落筆, 立就三千言. 諸生堵立, 皆嘖舌曰: '眞瑞物也.'"

34 徐命膺, 『保晩齋集』 권15, 「吏曹判書朴公謚狀」, "當是時, 場屋操觚之士, 號稱彬彬, 對策稱李公夏坤·趙公龜命, 騈儷稱趙公文命·宋公寅明."

35 1725년 증광增廣 문과文科 회시會試에 응시했으나 낙방했다. 이에 대해서는 이 책 1장 3절의 「과거 응시의 뜻을 접다」 참조.

36 趙龜命, 『東谿集』 권7, 「病解 一」, "趙子與病俱生, 與病俱長, 蓋嘗默而識之. 上自頭頂下至支末, 無非病也. 凡心之所嗜樂, 事之所經營, 率皆以病而不能諧. 而世間之良辰吉月, 非呻吟之日, 卽畏約之時. 平居鬱鬱, 無以自慰."

37 趙龜命, 『東谿集』 권10, 「與某醫書」. 이 책 2장 1절 「의원에게 보낸 편지」 참조.

38 黃景源, 『江漢集』 권17, 「東谿趙公墓誌銘 幷序」, "公多病, 十年閉門, 不與賓客相往還. 有時獨入北山中, 聽泉久之. 童子曰: '日將夕矣.' 公不應, 入山愈深, 竟夕不返. 觀者以爲異人也."

39 趙顯命, 『歸鹿集』 권19, 「東溪小傳」, "君始有意性理之學, 旣而歎曰: '亦知作聖有術, 顧文字癖好難忘也.'"; 黃景源, 『江漢集』 권17, 「東谿趙公墓誌銘 幷序」, "儒者或曰: '子不溺老佛之道, 則豈不爲醇儒邪?' 公笑曰: '吾亦知作聖有術, 而區區文字之好, 顧難忘也.'"

40 趙龜命, 『東谿集』 권4, 「伯氏行狀」, "一弟爲父母憐之, 旣壯矣, 推燥就濕, 一視嬰兒, 痛痒苦樂, 輒以身代受之, 常使讀書綴文之外, 不以毫髮事嬰心."

41 趙龜命, 『東谿集』 권10, 「答稚晦兄書」, "夫天下有三敎, 儒佛老是也, 而龜命蓋嘗略窺其涯涘矣. 天下之事, 惟由之而不窒, 行之而不窮, 求其終而可繼者, 方可謂正道, 而惟儒爲然, 餘則不能焉."

42 趙龜命, 『東谿集』 권10, 「復答趙盛叔書」, "佛氏出西方夷狄之地, 未嘗通中國聖人之敎. 其理尤舛, 其說尤怪, 而圓覺之簡妙, 楞嚴之奇辯, 維摩之雄肆, 直欲超秦漢之乘, 玆非所謂外是理而能之者耶?"

43 趙龜命, 『東谿集』 권10, 「答稚晦兄書」, "龜命今欲立其期限, 得以其間, 涵泳于莊子·馬史·楞嚴·左氏, 以及於世所謂八大家, 則吾之頭可以暈矣."

44 22세에 쓴 「서실전소정종화목기書室前小庭種花木記」에서 뚜렷하다. 이 책 3장 1절의 「나의 뜨락은 작지 않다」 참조.

45 申在錫, 『靑泉集』 跋, 「識」, "及長, 喜山海經·九騷等篇, 讀之千萬遍, 紙數爲絶." 신유한처럼 평생 즐긴 것은 아니지만, 유만주, 박지원, 이덕무 등도 『산해경』을 애독했다는 언급이 남아 있다. 김광년(2017), 「조선 후기 문인들의 『산해경』 인식과 수용」 참조.

46 趙龜命, 『東谿集』 권1, 「山經節選序」, "山海經, 詭誕不經, 蓋自古記之矣. 顧其文辭古簡有足法者, 余僅錄三十九章, 爲山經節選."

47 趙龜命, 『東谿集』 권7, 「讀山海經」, "是書固多舛謬, 而海內東經尤甚. 愚意欲自

國在流沙中以下三章, 移附西經流沙出鍾山章下, 北經蓋國在鉅燕南以下九章, 移附本經鉅燕在東北隅章下, 則文旣從類, 而方位自合矣. 盖蓋國諸章, 在北經末, 下接東經, 其錯無怪, 而流沙章下, 有脫簡, 僅餘數句, 而有近於燕滅之之語, 其與東經互換也明甚. 大澤高柳二章, 亦當移入東經中耳. 東經大江出岷山以下二十二章, 但記水道出入, 與它經不倫, 而東西南北遍擧焉, 當別爲一篇, 目以海內水經. 姑錄之, 以俟知者."

오승지吳承志(1844~1917)의 『산해경지리금역山海經地理今釋』, 원가袁珂 (1916~2001)의 『산해경교주山海經校注』 등에서도 「해내북경」의 "蓋國" 이하 9절은 「해내동경」의 "鉅燕在東北隅" 뒤로 옮겨야 하고, 「해내동경」의 "國在流沙" 이하 세 절은 「해내서경」의 "流沙出鍾山" 절의 뒤로 옮겨야 한다고 주장했는데, 이는 조귀명의 위 주장과 정확히 일치한다. 김광년(2017)에서 재인용.

48 趙龜命, 『東谿集』 권7, 「讀史」, "穆生不飮, 則楚王常設醴酒, 後乃忘設; 韋昭不飮, 則孫皓獨以茶代, 後更見强."

49 『漢書』 권36, 「楚元王傳」.

50 『三國志·吳志』 권20.

51 趙龜命, 『東谿集』 권1, 「過庭錄序(幷序)」, "夫匹夫受人銖兩之恩, 猶欲感激死之. 德莫大於父母, 而父母之德, 終無以報, 則天下孝子之心, 將何從而自靖哉? 惟邁征而毋忝生, 立揚以圖顯親, 斯其爲萬一之報. 以龜命之庸魯無狀, 能爲先君之役, 平日惟懍懍貽危辱是懼. 豈敢幸於穀似敎誨, 以不墜家聲? 夙夜愧歎, 思免以不肖之故, 而泯滅前人之懿德嘉行, 使來者無徵, 重獲罪于君子. 是以區區招拾其一二, 莊諸巾衍, 以俟朝暮之遇, 非曰爲報之一道也."

52 趙龜命, 『東谿集』 권1, 「並世雜史序」, "先君一生呻楚之苦, 甚於海外竄謫之憂, 而早歲治鉛槧, 中乃以病廢之, 則其恨又不止如畏毀譽思瘖默者而已. 顧以不肖之妄, 有意於斯文, 庶幾能繼述緜緖, 猥嘗慰藉而鼓舞, 卽有著述, 樂賜指敎, 又數數徵其所有. 不肖誠不自揆, 亦隱然思以不腆之業, 爲志養之一端, 此並世雜史之所以作也."

53 趙龜命, 『東谿集』 권3, 「乳母李氏墓誌銘幷序」, "李氏名貴貞, 東谿居士趙龜命之乳母也. 戊戌夏, 遘癘沉綿, 以七月庚申卒, 年四十四. 始龜命食他母乳, 四歲而他母病, 母乃代之乳, 十歲而止."

54 같은 글, "龜命幼未痘, 日者言不宜家育. 故常奔避遷徙, 而惟母之依. 母旣備嘗艱難, 其丈夫李泰順, 以龜命故棄去. 母愈殫誠無厭倦. 龜命十一歲而痘. 始留於家, 母亦已再適韓夢說, 且夒居矣. 後七歲, 夢說以吾家得惠, 署庫直, 母遂展眉, 稍營資産, 立室家. 明年, 夢說死, 母復窮無賴. 而其夏, 龜命登司馬, 引倡優靑衿白牌, 過其室, 鄰里或榮之. 自是母飢寒寡弱益甚, 日望龜命之顯以庇其身. 而龜命喜韓文公旣榮顯, 歲時率妻子, 拜跪爲壽其乳母, 常以是期願於母. 顧至今落拓, 不能成科宦, 母則不待而死矣. 悲夫!"

55 같은 글, "銘曰: 生不能報以養, 死報以文. 文余媿退之子瞻, 曷云與二母而並傳? 書諸碗, 納諸墳, 尙及乎骨肉未化之前."

56 趙龜命, 『東谿集』 권9, 「祭從妹孺人文」, "大家全盛, 慶毓萃矣. 郞君秀偉, 名鬱藹矣. 父母寶愛, 當瑜珥矣. 兄弟森列, 若牙齒矣. 凡世之樂, 搏滿意矣. 如月之望, 圓而邁矣. 云何一朝, 舍如棄矣. 指彼冥漠, 甘自秘矣."

57 같은 글.

58 같은 글, "由爾號天, 又叩地矣. 號到聲摧, 叩手毀矣. 矧方欒欒, 血爲淚矣. 寧莫之恤, 重其偒矣. 爾貌光艶, 漣涌水矣. 漣不待衰, 風折墜矣. 爾德幽馨, 蘭有臭矣. 蘭不需佩, 霜凋委矣?"

59 趙龜命, 『東谿集』 권7, 「趙聖言詩集叙」, 若余則無子雲於世者也, 無已則自覺而以吾目爲一子雲, 自諷而以吾耳爲一子雲, 自舞自蹈, 而以吾手足, 各爲一子雲. 其於覽聖言之詩, 而閔恭甫之評也, 旣爲之歆艶, 而又以爲不必歆艶也.

60 朴趾源, 『燕巖集』 권3, 「繪聲園集跋」, "吾邦之趙寶汝嚔之曰: '吾讀吾玄而目視之, 目爲子雲, 耳聆之耳爲子雲, 手舞尼蹈, 各一子雲, 何必待千歲之遠哉?'"

61 趙龜命, 『東谿集』 권6, 「臨鏡贊」, "遠而望之, 鮮然綺紈之徒也; 迫而察之, 脩然山澤之臞也. 其顙頯, 似若忘是非榮辱之地者也; 其色溫, 似若無傷人害物之意者也. 云輔骨隆起挿天者, 閔斯文之相我也; 云眸子精彩射人者, 趙學士之狀我也. 弱不跨馬耳, 人將期我以征南將晉杜公也; 容不動冕耳, 人將視我以草玄者漢揚雄也. 見我之拱手徐趨者, 疑其效濂洛之賢也; 見我之忘形嗒坐者, 疑其窺莊列之玄也. 嗚呼! 知我七尺之軀者, 若而也; 知我一寸之心者, 有誰也? 上而皇天知我也, 下而錫汝知我也, 友而德重七八分知我也, 兄而稚晦五六分知我也. 老子曰: '知我者希, 則我貴也.' 嗚呼! 知一趙龜命者, 太多未也."

62 『書經集傳』 「虞書·堯典」의 "帝曰: '吁! 咈哉! 方命圮族.'"에 대한 주석에, "王氏曰: '圓則行, 方則止. 方命, 猶今言廢閣詔令也. 蓋鯀之爲人, 悻戾自用, 不從上令也. 圮敗族類也. 言與衆不和, 傷人害物, 鯀之不可用者以此也. 楚辭言鯀婞直, 是其方命圮族之證也'라 하였다.

63 『老子道德經』 70章, "吾言甚易知甚易行, 天下莫能知莫能行. 言有宗, 事有君, 夫唯無知, 是以不我知. 知我者希, 則我者貴, 是以聖人被褐懷玉."

64 趙龜命, 『東谿集』 권8, 「駁張天覺護法論」, "'知我者稀, 則我貴矣.' 此老子大我慢語也."

65 『경종수정실록』 1722년 9월 18일, "王世弟入學, 大提學趙泰億爲博士, 趙龜命爲將命."

66 李奎象, 『幷世才彦錄·文苑錄』, "趙選英廟入學將命. (…) 近世將命, 惟龜命不上第, 龜命多羸病, 爲文自遣."

67 아래 주석에 인용한 황경원이 쓴 조귀명의 묘지명에 "영조 2년 증광 문과 회시에 응시했다"고 되어 있어서 기존의 해제 및 연구에서 이를 인용하여 1726년으로 언급해왔으나, 그해에는 식년시만 있었고 증광시는 시행되지 않았다. 최두헌(2020), 「조귀명 策文 연구」가 『영조실록』, 『승정원일기』, 여타 서신 등 여러 자료를 근거 삼아서 조귀명이 응시한 증광시 회시는 1725년 10월 18일에 시행되었음을 밝혔다.

68 黃景源, 『江漢集』 권17, 「東谿趙公墓誌銘 幷序」, "英廟二年, 赴增廣文科會試. 主考官鄭公亨益, 見公對策, 立黜之. 參考官尹公心衡, 固爭曰: '此必文章之士也, 宜置之會試第一.' 鄭公不聽. 公由是不赴貢擧."

69 최두헌(2020)은 조귀명이 남긴 책문의 정치적 의미를 붕당 혁파를 통한 탕평 정치의 정립과 실천에 있었다고 분석했다.

70 趙顯命, 『歸鹿集』 권19, 「東溪小傳」, "盖君以親意, 始雖爲公車業, 然非其志也."

71 趙龜命, 『東谿集』 권10, 「答崔君實書」, "科業之累人, 古人亦以爲患, 而以學問言之, 則天下事有物必有則, 謂科業非物則已, 科業亦物也, 則亦惟求其所以爲則者而已. 是乃學也, 以文章言之, 自古文章之士, 未有不由科擧而進者, 獨明季陳眉公, 高麗林大年, 爲千百之一. 如僕者, 以命之窮才之不逮而止耳, 非謂其累人而爲解脫也."

72 같은 글, "承以一飯之先, 欲相從問字, 此在僕至榮也. 僕本空疎無所有, 而二三子猥以文字事見與, 前於足下之鄰比, 得林彦春·成子擎, 近者足下族子弘簡, 來寓一洞, 日以講論爲樂. 李子敬又有書, 致惓惓如足下. 此皆當世之奇才, 而僕一朝有之. 二三子無賴於僕, 而僕實有賴於二三子."

73 같은 글, "人生斯世, 不但爲飽食煖衣而已, 要當有事以不虛度此生. 釋氏所謂: '此身不向今生度, 更向何生度此身', 是也. 道德尙矣, 文章亦一大快事."

74 趙龜命, 『東谿集』 권1, 「贈宗姪汝範序」, "余性喜談文字, 自寓天嶺, 但屈首尋行數墨. 非無日與處者, 而其所言, 余不欲聽, 余有言, 彼又不肯聽, 嘿嘿視而已. 會汝範千里命駕以從, 相與揚扢上下文字. 事暇則聯袂逍遙於學士樓·小孤臺一間, 歌詠相屬. 凡留連數十日而去, 其喜可知也."

75 趙龜命, 『東谿集』 권2, 「遊西溪記」, "甲辰暮春將晦, 從二三子復遊於西溪之上, 杜鵑未落, 躑躅方殷, 淸川白石與春色相暎帶. 於是煮花作餠, 酌川添杯, 命諸妓歌以侑之, 折花投水, 以泅沐翔舞之節, 低仰酒政, 較柳州投籌, 尤奇韻. 或曰: '儒素而携妓遊, 無乃乖乎?' 余笑指石縫叢花曰: '蒼健如此, 而尙容灼者點綴, 造化之廣, 盖無所不有, 況於人歟?' 被酒枕石而卧, 微風吹水, 飛沫濺面, 灑然而醒."

76 같은 글.

77 趙龜命, 『東谿集』 권2, 「百日紅樹幹題名記」, "余隨伯氏至郡, 已二年矣. 郡務繁, 伯氏日敝神於簿牒之間, 而余乃曠焉無一事, 讀書著文自娛, 時徵琴歌, 遊山水, 以釋其磈磊不平之氣, 盖有其樂而無其苦也."

78 趙龜命, 『東谿集』 권2, 「遊智異山記」, "且是行也, 來往皆冒風雨, 而山巓盛夏亦風, 雜木拳曲, 無踰數尺. 廟宇板屋振搖, 不能支十年. 獨上山兩日, 日候特從容, 廟祝, 相賀以爲得未曾有. 余病者尤自幸."

79 趙顯命, 『歸鹿集』 권13, 「與錫汝書[第五書]」, "海印之遊可喜, 能作此勞役, 其康健可想, 尤喜尤喜."

80 이에 대해서는 박희수(2015), 「동계 조귀명 遊記 연구」 참조.

81 趙裕壽, 『后溪集』 권1, 「燈下檢把翠軒集, 浮白欲飮, 忽失手飜觴, 正瀉卷中戲賦」.

82 趙龜命, 『東谿集』 권6, 「題得而所藏把翠軒集寫本後」.

83 같은 글, "余謂: '欲藏翠軒集者, 當以剡溪藤紙, 倩安平·聽松書, 飾之以金玉之寶, 薰之以蘭桂之香, 斯爲稱之矣.' 今劣紙陋粧, 遍索俗腕浼汚, 不亦屈殺翠軒集乎? 雖然, 翠軒之詩所以高世者, 以其天眞爛漫, 不受拘束也. 得而病廢徵逐, 平生親故, 無以數相接焉, 則思以筆翰手蹟, 代其面目. 而此詩又其所甚喜也. 故聊以成之耳. 初非屑屑於字劃之妙, 裝池之工以爲重, 此其意眞法活, 深有合"

於詩之本色. 翠軒而有知, 當俯視撫掌, 謂得發揮三昧矣."

84 趙龜命, 『東谿集』 권9, 「祭伯氏文」, "世謂兄弟之篤於友愛者, 曰如父子. 然此言似矣, 而施于吾伯氏, 則猶有未盡也. 竊觀世之爲父者, 其愛之非不至也, 其心鮮有無所爲而愛焉. 爲其長而養我也, 爲其長而代我勞也, 爲其長而榮我也, 爲其長而收我也. 何以知其然也? 同爲吾之骨肉矣, 而女之愛薄於男, 孼之慈殺於嫡. 此其利害之私, 亦行于天倫者也, 而況於兄弟乎? 若龜命弱於筋力, 而不能服農畒; 短於才慮, 而不能任事務; 懶於進取, 而不能從仕宦. 且以伯氏之強旺未衰, 卒然之憂, 宜若不在乎福也之冲年, 則所謂養而代勞而榮而收之望, 固已絶於龜命矣. 而慈愛之情, 終始彌篤, 父母在而與父母等, 父母沒而使龜命忘其無父母焉. 蓋其有父之愛而無世之有所爲之私, 則殆惟伯氏一人而已."

85 趙龜命, 『東谿集』 권3, 「伯氏墓誌銘」, "嗚呼! 吾尙忍銘吾兄乎哉! 自吾喪吾父, 饑飽寒煖, 死生苦樂, 惟兄之寄, 而不自累者十八年于此矣. 兄今奄見背, 而一身孑然, 俯仰靡恃, 如嬰兒之失乳. 嗚呼! 吾尙忍銘吾兄乎哉!"

86 『승정원일기』 영조 9년(1733) 5월 12일, "羽良曰: '童蒙教誨之法, 關係最大, 國家所需, 專在於此. 從前士大夫之有才行學識者, 未嘗不由此而成就. 近來此法, 全然廢却. 所謂教官, 徒有虛名, 事之駭惋, 莫此爲甚矣.' 上曰: '童蒙教官之無據, 予所知也. 蔭仕之人, 皆以參奉, 爲奉事爲直長, 積仕之後, 方出六品, 而至於童蒙內侍教官, 王子師傅, 則在家無所事, 及至三十朔, 直出六品, 豈有如許道理乎? 童蒙教官則禮曹次知, 而禮判方入侍, 各別申飭, 考其勤慢而黜陟之, 或用下等, 可也.' 取魯曰: '此正所謂法久弊生, 近來時俗, 有異於前. 士夫子弟, 不肯就學於教官, 爲教官者, 求聚學徒而不可得矣.' 上曰: '不然. 事貴勤勉, 何論時俗?' 羽良曰: '卽今教官一人, 素以文學著稱, 善於教誨, 學徒多進, 頗有實效, 可謂不負職責矣.' 上曰: '其人誰乎?' 羽良曰: '趙龜命也.' 上曰: '曾爲將命, 而又爲侍直者乎?' 羽良曰: '其人矣.'"

87 『증보문헌비고』 권224, 「직관고職官考」; 여영기(2010), 「17세기 동몽교육 담당 교관직제 연구」.

88 『승정원일기』 영조 15년(1739) 6월 11일, "上曰: '教於家者, 未必勝於教官, 而近來爲父兄者, 只以象而教之, 有同良知良能, 此習非矣.' 光世曰: '教官亦豈必其不教之以時象也?' 上曰: '教官則必勝矣.' 履儉曰: '教官如趙龜命者善矣.' 上曰: '予亦聞之, 趙龜命稍優云矣.' 履儉曰: '國家之設置教官, 訓誨童蒙, 豈非美政? 而近來則名存實無, 不但童蒙初不往學, 至於該曹禮講之規, 亦廢而不行. 此宜有申飭之道矣.'"

89 『영조실록』 11년(1735) 4월 4일, "吏曹判書宋寅明亦言: '趙龜命有文學, 前縣監朴弼傅有經學, 士人申暻·尹得運以綺紈子, 有向學意, 亦宜調用.' 上從之. 廷燮·龜命素有文名, 遇沐卽鑕厚子, 有學識, 弼傅卽世采子, 暻, 昉弟, 得運, 遊子, 俱眛經術, 而混請調用, 人多竊笑."

90 『승정원일기』 영조 11년(1735) 4월 4일, "寅明曰: '趙龜命, 卽故相臣趙尙愚之孫, 有文學負才望, 亦不下於此兩人, 曾前廢除初職, 或出或不出, 今方爲教官, 而不欲出六, 又居中考, 故雖已準朔, 而今番大政, 亦不得出六矣.' (…) 上曰: '趙龜命, 卽入學時將命者, 日昨李奉朝賀, 纔言之矣. 予已知其爲人, 亦竝陞六.'"

91 『승정원일기』 영조 12년(1736) 1월 1일.

92 『영조실록』 12년(1736) 1월 21일, "命輔德趙漢緯‧翊贊趙龜命, 書進世子宮屛風二抄, 寫文王世子等編."

93 正祖, 『弘齋全書』 권16, 「顯隆園誌 己酉」, "丙辰, 立爲世子. 以三月十五日, 備儀衞, 行冊禮于養正閤. 筵臣趙顯命曰: '邸下克肖孝廟典型, 實宗社无疆之休也.' 英廟命宮官, 書文王世子篇于屛以進之. 及是, 已解字義, 見王字, 指英廟; 見世子字, 自指之. 又解天地父母等六十有三字."

94 최두헌(2020), 「동계 조귀명 〈烏圓子傳〉의 저술 동기와 주제 의식」.

95 이 책 4장 2절「적군마저 감동시킨 열사」참조.

96 趙龜命, 『東谿集』 권7, 「記話」, "今夏遊楓嶽, 入普德窟, 萬瀑爭流, 躑躅漫山, 就菴壁, 書'空山無人水流花開', 下註'今日始識東坡老子深悟禪理', 時微雨, 諸僧荷笠, 各據洞中磐石, 蔭躑躅花, 酌瀑水澆飯食之."

97 같은 글, "明日, 乘月遊三日浦. 天無點翳, 載歌琴別船, 使沿洄師子峰下, 自犧小艇丹書嚴望之, 隱隱如湘靈鼓瑟, 可聆而不可親. 此皆意會時爾."

98 『승정원일기』 영조 13년(1737) 9월 10일, "寅明曰: '朴弼溥, 卽玄石之孫, 而已爲臺侍者, 未通淸中, 徐命純‧趙龜命, 皆是淸潔可用之人.' 上曰: '趙龜命則予於其爲將命時見之矣.' (…) 上笑曰: '此則過矣. 此是漢高草創之智, 予亦有惜名之心, 豈爲是哉? 趙龜命, 何人乎?' 顯命曰: '卽臣之六寸弟也.' 上曰: '兪肅基, 何如人乎?' 顯命曰: '故判書命雄之子也.' (…) 出擧條, 寅明曰: '俄者以敦尙儒術之意陳達, 而歷擧徐命純‧趙龜命‧閔遇洙‧兪肅基四人名矣. 此人, 皆入於戊申別薦之中, 宜別爲調用, 而語無收殺, 將何以處之耶?' 光佐曰: '趙龜命, 亦淸潔文學之士矣.'"

99 『승정원일기』 영조 13년(1737) 9월 12일, "顯命曰: '頃因大臣陳達, 閔遇洙‧趙龜命‧徐命純‧兪肅基等四人, 先試外邑事, 命下矣. 閔遇洙‧徐命純‧趙龜命三人, 則已出六, 而兪肅基, 方爲直長, 姑未出六矣. 旣有除邑之命, 先付六品後, 仍爲除邑乎?' 上曰: '姑令外試, 意有所在, 兪肅基, 特爲陞六, 可也.'"

100 『승정원일기』 영조 15년(1739) 9월 27일, "顯命曰: '今日適是趙龜命亡日, 而騰於凶賊脣舌, 可怪矣.' 上曰: '龜命何人, 而出於誰招也?' 顯命曰: '眼龜招中, 所謂趙侍直, 卽龜命, 而此是聖上入學時將命也.' 在魯曰: '龜命業文佳士, 而早死矣.' 上曰: '今也則亡, 良可惜也.'"

101 黃景源, 『江漢集』 권17, 「東谿趙公墓誌銘 幷序」, "公容貌淸瑩如玉, 與人言, 體不勝衣, 而默默若不能語. 然叩其中, 則浩浩有不可窮者."

102 『영조실록』 49년 6월 24일.

2장

1 趙龜命, 『東谿集』 권7, 「病解 一」, "子無甚憂. 子之有病, 天相子也. 吾嘗熟子矣, 於天下之事, 必欲極其至者, 子之志也. 嗜色而好文者, 子之性也. 使子而無病也, 則其不幾求天下之色而窮天下之欲歟? 吾不得而知之也. 不然, 其將竭一生之精力, 而取必於遷, 固眉髮之間也. 夫由彼者, 不髓渴死, 則爲天下蕩子;

由此者, 不發狂疾, 必爲愚人, 子其殆矣. 今子惟病之愼, 疎於色而倦於文, 則使子不死不狂惟病, 免爲蕩子愚人惟病. 且於天下之事, 必欲極其至, 而不於色快, 不於文得, 則將驅其性而有所歸矣. 天之相子也, 亦弘矣, 嗟夫! 所謂病者, 只足以侵子之軀殼而已. 子之所以爲子者, 固自如也, 子何憂之甚?"

2 黃景源, 『江漢集』 권17, 「東谿趙公墓誌銘 幷序」, "四十年, 雖在城市, 而一室瀟灑幽靚, 類山澤隱居之士也."

3 趙龜命, 『東谿集』 권7, 「病解 二」, "八珍之味, 惟貧者食之, 知其爲異味也. 而富厚之子弟, 習於口, 未嘗以爲異. 異味而不以爲異, 則是實不知天下之味者也. 彼强健者亦然, 惟終身而無所痛苦, 故彼反恬於强健, 不謂其眞可喜也. 今夫癃疾之人, 一歲而或得一日健, 一日而或得一時蘇, 方其蘇而健也, 百骸調適, 手足宴安, 忽若忘身, 其幸無比. 如此佳境, 豈强健者之所能知乎?"

4 같은 곳, "於是無風之夕, 不雨之朝, 二三友朋, 杖屨逍遙. 東陌賞花, 西園翫月, 回較疇昔艱苦之狀. 白日昇天, 未足喩快, 如此好趣, 豈强健者之所能覺乎?"

5 같은 곳, "雖有人之所無有之苦, 而亦有人之所無有之樂."

6 南克寬, 『夢囈集』 乾, 「自敍」, "幽憂子, 弱歲有奇疾, 不省天地萬物, 獨殘書在眼, 心路乍開, 間有所觸, 發之言語, 殆夢囈也. 王右軍曰: '顚何預盛德事耶!' 嗟乎! 其知之矣. 癸巳除夕書."

7 趙龜命, 『東谿集』 권9, 「南生克寬哀辭」, "子思子曰: '天之生物, 必因其材而篤焉. 故栽者培之, 傾者覆之.' 始吾徒信其語, 而今也惑. 彼南氏之篤學而博文兮, 所謂栽者培之者, 捨此而孰歟? 今乃摧折之夭閼之, 必使無生而後已, 胡其理之錯也? 吾意上帝之至公而至仁兮, 不應忽若是其心性之反易, 豈有讒奸欺負嫉才戕善之魔居於左右, 蔽其聰竊其柄而行其胸臆也耶?"

8 같은 글, "乃者, 君嬰奇疾, 轉展沉痼, 殆不能爲人, 凡君之知舊, 莫不嗟惜. 而余獨以爲君以軒冕子, 挾翰墨才, 不幸而早有盛名, 其氣想如豪鷹駿馬, 無全兎無畏途矣. 苟如是耶, 其于任重而致遠也, 得無有不足乎? 夫天之生物, 必因其材而篤焉, 君之憂患困劣, 庸詎知非蒹葭之霜也? 是將有以陰摧其盛氣, 而玉成其爲人者乎? 則不足嗟而乃可慶矣, 已而, 或傳君自抱痾以來, 深自藏晦, 與世俗疎闊, 業逾日益勤, 文逾日益奇, 余益喜前言之驗矣."

9 成大中, 『靑城雜記』 권4, 「醒言」, "趙東谿集, 有與某人書, 人卽任瑞鳳也. 瑞鳳坐逆, 死於戊申亂, 故減其名也. 瑞鳳神醫也, 嘗爲趙相顯命, 命藥曰: '無論寒熱感泄, 惟服升麻葛根湯.' 趙相病則服之輒愈. 及其鼎貴, 醫集其門, 投以他藥, 竝無效, 乃曰: '無如用吾藥也.' 其他奇中者甚多. 其子應會, 坐累配南原, 亦以善醫稱"; 『영조실록』, 4년 3월 19일.

10 『승정원일기』, 영조 2년, 2월 17일

11 『승정원일기』, 영조 8년, 윤5월 11일.

12 『승정원일기』, 영조 3년, 8월 16일.

13 『영조실록』, 4년 3월 26일.

14 趙龜命, 『東谿集』 권10, 「與某醫書」, "龜命聞古之人有范公仲淹者, 宋儒所謂: '本朝第一人物也.' 其微時, 過古祠而禱也. 蓋曰: '願爲宰相, 而不得, 則願爲良醫焉.' 夫宰相者, 人主之所與共天位也, 而醫乃一雜技流耳. 貴賤若是其截, 而期願若是其班者, 何也?"

15 같은 글, "嗚呼! 於此有以見范公濟物之意重, 利人之心長, 一腔熱血, 眞至切迫, 非苟偸名利, 藉口高論者之比也. 天生斯民, 以主斯世, 非不欲長治而無亂, 常盛而不衰, 而陰陽推敚, 運氣消長, 國不能長治, 而有時乎亂; 人不能常盛, 而有時乎衰, 旣亂矣, 窮厄愁怨之歎, 生于下; 旣衰矣, 疲癃札瘵之患, 作于身. 於是乎宰相之賢者, 則政化以以响濡, 使向之窮厄愁怨者, 變而爲懽愉歌舞, 而亂可以治矣; 醫之良者, 則砭藥以濟救, 使向之疲癃札瘵者, 變而爲强健旺壯, 而衰可以盛矣. 由是觀之, 其位雖懸, 而其功均, 其爲事雖異, 而其利人則同. 其操術雖有大小之辨, 而其裁成輔相, 順天地生物之心, 一也. 此所以不爲宰相, 則寧爲醫, 而范公濟物利人之心, 眞至切迫, 非苟偸名利者之比也."

16 같은 글, "今有人於此, 出於末世衰俗之間, 而志高乎千古; 生於偏邦窮壤之中, 而心包乎四海, 使其卒有成就也, 則出而用于時, 雖未必其陶鑄三代之雍熙, 而韓富以下事業, 不屑爲也; 處而明其道, 雖未必其溯濂洛接洙泗, 爲命世之眞儒, 而若近世借耳備目之學所深耻也. 雖皆不得乎是, 猶將鞭鞳金石, 挑蕩宇宙, 洗東文腐爛之臭, 改明人險詭之轍, 追歐·蘇而上下矣, 而不幸夙罹奇疾, 支離尪羸, 呻呷奪乎詠誦, 藥裹多於方冊."

17 趙龜命, 『東谿誌』권3, 「李孺子墓誌」, "孺子名昌祚, 余婦翁監役諱誠躋之子. (監役公, 系出莊憲大王, 考曰留守諱彦紀, 祖曰持平諱伯麟, 曾祖曰監司諱時萬. 娶光山金氏, 參判槃曾孫, 大司憲益炅孫, 府使萬㙫女, 參判之考, 卽沙溪文元公也.) 丁亥, 余歸禽公門. 公惟一女, 年十七. 而公已無幸於生育之慶矣. 越二歲, 孺子迺生, 姿性明秀, 若將成立, 其父母之喜, 可知. 不幸, 十二歲而夭. 公悃禍福變遷之亟, 憾造化與奪之巧, 久而不勝其哀."

18 같은 글, "嗚呼! 不聞夫東門吳之說乎. 其子死而不憂, 相室曰: '公子愛子, 天下無有, 今死而不憂何?' 曰: '吾嘗無子而不憂. 今子死, 迺與無子時同, 奚憂焉. 且夫斯蠣爲鳳, 搏泥象人, 非不宛然肯矣, 毁之而無惋惜之心, 爲其幻也. 自達者觀之, 人物一泥蠣也. 死生一成毁也. 成之久者爲壽, 毁之速者爲殤. 均之造化之所幻戲. 而公之所遇, 幻之尤者也. 從而置欣戚於其間, 則不亦勞乎. 嗚呼! 從而欣戚者, 幻也. 余謂之幻, 亦幻也. 誌其幻, 埋之壙, 以破千古之幻, 誌亦幻也."

19 趙龜命, 『東谿集』권9, 「哀李童子文」, "兒之面貌, 常寄於吾夫婦之目; 兒之音聲, 常寄於吾夫婦之耳. 吾夫婦在, 而兒猶在也; 吾夫婦不在, 而誰復知有兒者? 吾則冥頑, 尙忍以兒平生之事, 發諸口而筆諸書矣. 乃其父, 寧其泯沒無傳, 而不忍發, 不忍筆也. 兒有才有識, 而勤於學. 吾婦人何知? 竊有聽於外者矣, 而其詳不可得以言. 今將問於其父, 而其父涕泣而已也."

20 이에 대한 분석은 박상영(2003), 「동계 조귀명 산문 연구」 참조.

21 宋伯玉, 『東文集成』권12, 「東谿趙先生集文抄引」, "東谿趙先生, 無意公車, 屢不就蔭路. 閉戶攻古, 文不爲險奇濃麗之調, 而平而辭達而止. 然自出機杼, 別建旗鼓, 嵬嵬獨立乎騷壇之上矣."

22 고연희(2013), 「'신사임당 초충도' 18세기 회화문화의 한 양상」 참조.

23 趙龜命, 『東谿集』권6, 「題宜鎭所藏申夫人畫帖」.

24 李珥, 『栗谷全書』권18, 「先妣行狀」, "慈堂平日墨迹異常. 自七歲時, 倣安堅所畫, 遂作山水圖, 極妙. 又畫葡萄, 皆世無能擬者, 所模屛簇, 盛傳于世."

25 趙龜命,『東谿集』권6,「柳汝範世模家藏書帖跋」,"余顧有所感焉. 幼少時亦嘗有此好, 至發夢想. 先祖考之借覽是帖也, 私竊數幅, 藏棄之. 覺而受撻, 汝範先府君, 亦爲之一笑矣. 思之如昨暮事, 而忽焉二紀, 余與汝範同抱孤露之悲, 嗚呼! 今欲如向時無度量之心, 復竊而受撻, 得乎? 雖然, 其後余亦覺悟思, 天下之事多大於書畵者, 恐無暇力以及乎此, 於是盡散其所有, 脫然不復自累. 悔心之萌, 未必不由於一撻, 則其有賴於是帖者, 大矣. 因幷識之."

26 趙龜命,『東谿集』권6,「題李安山秉淵所藏畫帖」,"蓄畫者, 期於翫賞而已. 翫賞而惬心, 主與客一也. 而始無哀聚之艱, 而終無散失之憂, 則主之勞又不如客之逸也. 故嘗以爲畫之者, 爲蓄之者役, 蓄之者, 爲賞之者惜. 余賞之者也, 暑日涼軒, 披覽竟夕, 天下之逸, 果無過乎? 余此言初不敢泄, 爲人人欲爲余, 而余無自以賞也, 今既飽賞之矣, 乃書."

27 趙龜命,『東谿集』권1,「習筆陣圖帖序」,"筆異乎文. 文以傳道也, 故不得已而工, 爲不工則不傳. 筆以傳文, 不以筆之拙而害文之傳, 則筆無事乎工矣. 然人不能無癖, 癖無大小, 若癖乎筆者, 無異乎欲其工."

28 趙龜命,『東谿集』권6,「時晦兄所藏東岡遺墨跋」,"凡學吾家書者, 必其才周而氣完而心正, 然後可學也. 才不周則流於周, 氣不完則趨於萎, 心不正則易於傾似. 始龜與時晦兄習之, 而晦常思固, 龜常患委, 斯其所以同卒於無成也."

29 趙龜命,『東谿集』권6,「題白下書帖」,"覽白下帖, 如入織坊, 閱文錦色色新巧. (…) 每見華人筆, 纖長而右贏, 百家一律, 尹筆短闊而左贏, 此其不合處爾. 華人善蹟結搆緊, 而筆勢便活, 如煙霏雲曳, 白下書雖佳, 竝覽之, 猶似隔塵, 當是風氣之限耳."

30 趙龜命,『東谿集』권6,「題從氏家藏遺教經帖五則」,"我朝書法, 大約三變, 國初學蜀, 宣仁以後學韓, 近來學晉, 規矱漸勝, 而骨氣耗矣. 今之晉體, 究極變態, 驟見之, 未有不以爲逼肖中華, 而其實摸擬眉髮."

31 趙龜命,『東谿集』권6,「題寶鼎齋帖」,"近來中州之文, 如天魔說法, 我東之文, 如俗僧守律, 各有短長, 大抵不甚相近, 而至於筆, 則殆世出世之間爾, 此如牛行泥上, 到底黏滯, 彼乃鳥投空中, 回翔自由."

32 趙龜命,『東谿集』권1,「貫月帖序」,"我東之稱小中華舊矣. 人徒知其與中華相類也, 而不知其相類之中, 又有不相類者存. 夫檀君之降, 有若攝提之初起, 於是乎始君臣上下矣, 而顧瞻神州, 乃勘華極隆之會. 漢世天下, 日就於雕琢, 遂開叔季門戶, 而赫居·朱蒙, 方且未脫乎上古之氣化. 此盖山川之所局, 風氣之所褊, 自不能無開塞先後之異. 譬如鄉村卅童索飯嬌癡之歲, 京華子弟, 已有嫁娶產育, 儼然長者步趣者也. 今學士大夫開口說:'我國世道極澆漓, 人心極蕭颯, 不可容挽回之力', 而其實顧不至如今日中華之淪爲夷狄, 化爲鬼魅, 而其使之變而至道也, 不啻齊魯之難易矣. 早盛者先衰; 晚榮者後悴, 固物之理也."

33 오행과 방위, 수의 관계는 다음과 같다.

오행	水	火	木	金	土
방위	北	南	東	西	中
수	1	2	3	4	5

34 趙龜命,『東谿集』권6,「題白下書帖」,"覽白下帖, 如入織坊, 閱文錦色色新巧. 我朝名筆, 當推三大家, 安平精神超詣, 石峰氣力雄渾, 白下故當以法與變態敵

爾. 詩有挹翠·蘇齋·三淵, 文有簡易·谿谷·農巖, 三藝俱成鼎足, 殆亦有符於
東方木三數歟!"

35 조나라 평원군의 문객들이 초나라 춘신군에게 사신 가면서 과시하려고 머리
　　에 대모로 만든 비녀를 꽂았는데, 춘신군의 문객들이 진주 신발을 신고 있는
　　것을 보고 무안해했다는 이야기를 끌어온 것이다. 『史記』권78 「춘신군열전
　　春申君列傳」.

36 趙龜命, 『東谿集』권6, 「題柳汝範家藏尹孝彦扇譜帖」, "我國文藝雖盛, 崛強海
　　外耳. 進之中州, 則趙客之玳簪也. 文章自金農巖兄弟, 書畫自尹孝彦, 始探
　　精奧而趨雅道, 然後彬彬, 質有其文, 可與中州人, 揖讓先後矣, 彼以耳食者, 輒
　　言古今不相及, 何足道哉? 孝彦澹蕩多藝, 又得竹塢柳公, 澹軒李子, 爲鑑賞友.
　　造次揮灑, 爲之品題評贊, 宛然晉宋間事."

37 趙龜命, 『東谿集』권6, 「伯氏山水畫贊 其一」.

38 趙龜命, 『東谿集』권6, 「伯氏山水畫贊 其二」, "絶壁約高千尺, 上頭平闊. 大池
　　涵涵渟澹, 溢而爲縣瀑, 輕雲纖霧半其腰而冪之. 有人引舟, 緣崖而去. 自下而
　　望之, 不見水而但見舟行, 眞天下獨擅之奇觀也. 盖乃義臨池云. 贊曰: '水性就
　　下, 在山則耶? 山上有澤, 咸之象邪!'"

39 趙龜命, 『東谿集』권6, 「伯氏山水畫贊 其一」, "蒼壁斗起, 雲樹蒙鬱, 其上遠近
　　峰巒, 隱暎於煙霞之外, 暗有環護之意, 有髧髮小童, 箕股坐其巓, 向月吹笛, 孤
　　奇甚有致."

40 趙龜命, 『東谿集』권7, 「權察訪聖揆家畫鶴障子歌」.

41 趙龜命, 『東谿集』권6, 「題十二兄所藏海嶽圖屛」, "萬瀑洞. 削萬束玉以爲峰,
　　碎千斛珠以爲瀑, 是造物者, 自暴其無盡藏也."

42 같은 글, "三日浦. 桑下三宿, 猶爲禪門之戒, 況三日留連於淡粧濃抹, 比西子之
　　湖耶? 四僊, 於是乎損三年道心矣."

43 金光國, 『石農畫苑』拾遺, 「玄齋萬瀑洞圖 跋」, "萬瀑洞, 楓嶽八潭之總名. 余
　　旣不能蹋其地, 又安可論其勝第? 是玄齋晩年作, 殊有雄渾之氣, 可佳."

44 金光國, 『石農畫苑』拾遺, 「玄齋高城三日浦圖」, "六六峰外, 十洲森矣. 澈灔
　　平湖, 宛在中央. 此四僊亭之爲妙也. 遊三日不厭, 留六字不減, 豈凡情可容題
　　品?";「題」, "三日湖, 如絶色美人, 意態種種具足. 所欠者, 白沙一帶, 亦太眞微
　　肌處, 若得香山雪堂輩, 以樓臺花木, 粧點如西子湖, 亦足補缺也."

45 趙龜命, 『東谿集』권6, 「題畫扇」, "畫以肖物爲至, 今之畫家重排布, 非也. 天之
　　爲山爲水爲草木, 何嘗有意排布哉? 故排布愈巧, 而愈不肖. 夫至畫者, 信筆而
　　寫之, 或爲山或爲水或爲草木, 而山之高低·水之闊狹·草木之位置, 皆不容吾
　　之私智, 而唯神之行, 然後始可語奪造化爾."

46 趙龜命, 『東谿集』권6, 「題畫」, "人恨畫之水不流, 風不吹, 木葉不凋. 吾爲畫
　　訟: 能有能水而使之不流, 有風而使之不吹, 有葉而使之不凋者, 此造化之所不
　　能, 而畫能之. 笛人日日弄笛, 而無成虧, 此又昭文氏之所不及也."

47 『莊子·齊物論』, "有成與虧, 故昭氏之鼓琴也; 無成與虧, 故昭氏之不鼓琴也.
　　昭文之鼓琴也, 師曠之枝策也, 惠子之據梧也, 三子之知幾乎, 皆其盛者也. 故
　　載之末年. 唯其好之也, 以異於彼. 其好之也, 欲以明之. 彼非所明而明之. 故以
　　堅白之昧終, 而其子, 又以文之綸終, 終身無成. 若是而可謂成乎, 雖我亦成也;

若是而不可謂成乎, 物與我無成也."

48 趙龜命, 『東谿集』 권6, 「題畫帖 六則」, "責眞山水以似畫, 責畫山水以似眞, 似眞貴自然, 似畫尙奇巧, 是則天之自然, 固爲法於人, 而人之奇巧, 亦有勝於天耶? 每過山村幽勝處, 駐驂踟躕, 羨其人如畫中人, 及就而叩之, 未嘗自以爲樂, 然則起畫中人, 而問其樂, 亦未必如吾之知彼之樂也."

49 같은 글, "公侯家墻壁, 多挂山村野莊隱淪漁樵圖, 夫以眼觀之則樂, 以身處之則愁, 豈非惑耶?"

50 같은 글, "殊不知天地, 大素功也, 造化, 大畫史也, 華葉以丹靑之, 霜雪以水墨之, 古今世界, 祇是一幅活畫障子耳. 使有大眼孔, 從旁賞翫, 則高車駟馬, 短簑瘦筇, 其品第高下, 當何在也?"

51 趙龜命, 『東谿集』 권6, 「題畫扇(爲遇命作)」.

52 같은 글, "爾知是畫以手以心, 若以心畫, 我觀畫時, 濃者近勢, 淡者遠勢, 點之爲樹, 抹之爲山, 我心了然, 知和如此, 逮將下筆, 手不相應, 則是畫者不在於心, 而在於手. 若復手爲, 使彼畫師當槃礴時, 目數飛鴻, 耳節鳴鼓, 雜用其心, 而以手畫一葉二花, 猶不可成, 況復人物山水排置, 則是畫者不在於手, 而在於心. 當知是畫非心非手, 卽心卽手, 心使手行, 合은生畫."

53 趙龜命, 『東谿集』 권6, 「李弟君叙所藏李澄畫鷙障子二軸贊」.

54 같은 글, "畫鳶透鳶理, 畫魚參魚禪. 是故方畫鳶, 自心卽爲鳶. 聳身直其翅, 飛而戾于天. 翅如是而飛, 飛如是而便. 啄如是而飽, 摶如是而全. 如鳶具自相, 如鳶用自身, 東西投所向, 無不得鳶眞."

55 같은 글, "如是乃至它, 龍蛇虎豹神. 鸞鶴鷗鷺閑, 牛馬大羊馴. 幽之則爲神, 明之則爲人. 繁華若城市, 流峙若山川. 所見無不透, 所透無不臻. 所臻無不畫, 所畫無不工."

56 같은 글, "伸紙又拈彩, 振筆乃見成. 手與心相應, 法與理俱融. 無事於安排, 無事於經營. 如雲蒸霧布, 莫能以言形."

57 같은 글, "觀者見其然, 便謂學所能. 若是學所能, 只可得其形. 焉能於形外, 傳神而寫生? 縱復能寫生, 可一不可二. 況可風雨驟, 筆下生萬類? 種種隨所變, 一毫無錯僞."

58 같은 글, "吾觀李虛舟, 墨畫逐兎鷙. 聞作此畫時, 興發急索紙. 主人無它本, 不泡紙以授. 頃刻揮灑盡, 圓就二障子."

59 같은.

60 같은 글, "惟其透理極, 胸中有成物. 所以造次間, 眞兎起鵑落. 咄彼俗師輩, 不曉透理法. 不知理旣透, 不煩丹靑習."

61 같은 글.

62 趙龜命, 『東谿集』 권6, 「題畫帖 六則」, "平生嶔崎, 獨於山水有分, 陟頭流, 賞伽倻, 尋三洞, 遊四郡, 俱不自期而獲. 今秋, 欲入華陽洞未果, 而天廼以此卷餉其臥遊, 八幅幻境界, 未必讓一區眞境界也. 如有曰, 奚論多少, 則當對曰, 奚辨眞幻."

63 蘇軾, 「記承天寺夜遊」, "元豊六年十月十二日夜, 解衣欲睡, 月色入戶, 欣然起行. 念無與爲樂者, 遂至承天寺尋張懷民. 懷民亦未寢, 相與步於中庭. 庭下如積水空明, 水中藻荇交橫, 蓋竹柏影也. 何夜無月? 何處無竹柏? 但少閒人如吾兩人者耳.”

64 趙龜命, 『東谿集』 권1, 「華谷集序」, “華谷居士, 詩人也, 乃請余序其稿. 余素不
能詩, 於窺居士之稿也, 茫然眩惑, 殆如鸝鷗之饗鐘鼓. 又奚能按其音節, 辨其
淸濁, 以發揮其指歸哉? 抑嘗聞詩文二矣, 而理則一, 吾姑以吾之論文, 而移之
論詩, 可乎?”; 같은 책 권7, 「趙聖言詩集叙」, “一朝贊其詩於余, 求一言爲誶, 余
顧文而不詩, 非聖言之子雲也, 且一恭甫多矣, 何事於余?”; 같은 곳, 「書贈汝
範」, “汝範諷賞以爲有濂洛諸詩遺意, 余素不能詩, 不知格調之近於何作.”

65 일찍이 강민구(1997), 「영조대 문학론과 비평에 대한 연구」에서 『간천고』의
평점이 소개되었으며, 강민구(2010), 『조선후기 문학비평의 실제』를 통해 비
평 양상이 전체적으로 분석되었다. 이후 서울대학교 규장각한국학연구원에
서 『간천고』를 영인 출간하였고, 이 책에 실린 김수진의 해제(2011) 및 김수진
(2011), 「간천고 평점비평 재론」에서 진전된 논의를 살필 수 있다.

66 趙龜命, 『東谿集』 권1, 「贈羅生沈序」, “余嘗謂今世之文章, 惟所謂韓歐者誤之
也. 韓歐蓋欲祖述六經, 而其言不足以發揮奧妙. 其體渾而平, 渾者, 流而爲凡;
平者, 流而爲淺. 凡以淺而爲今世之文章.”

67 趙龜命, 『東谿集』 권10, 「又答林彦春書」, “作文之訣有三: 曰意, 曰氣, 曰法. 意
以實之, 氣以行之, 法以飾之. 意者, 文之帥也, 駕乎氣而成乎法, 是故意爲之本
而重, 法爲之末而輕. (…) 探透物理於未形之初, 涵養識解於無文之先, 使目之
所攬·心之所藏, 窮其妙而極其玄, 則其發之也, 口靈手慧, 紙神墨化, 而其文
自佳, 不惟合乎古人之法, 古人之法, 乃不能違乎吾. 彼古人之文, 亦何嘗鑿鑿
於法? 乃後世見其佳而強名之法耳.”

68 같은 글, “雖然文之有法, 猶繩墨規矩也, 而今之才, 非古之才, 則豈可廢是而不
省哉? 但審其本末輕重之序而已.”

69 趙龜命, 『東谿集』 권10, 「答敬大書」, “書辭富博, 意思亦好, 比來功夫之勤篤可
驗. 但中間博換到山水無味處, 精神昧而不章, 節拍邃而不婉, 此固安排未熟之
致, 而亦坐於見識之不了然也. (…) 夫能了然於心, 而不能了然於口與手, 無
是理也. 故讀其文而黯晦蒙冒, 錯亂而不整者, 必其中無實見, 強張于外也.”

70 趙龜命, 『東谿集』 권1, 「贈羅生沈書」, “夫韓歐以法勝; 蘇氏以意勝. 法有定而
意無窮, 有定故局其同; 無窮故活而新也.”

71 趙龜命, 『東谿集』 권10, 「答趙盛叔書」, “若不伝之意, 其盛衰之係乎時代者, 顧
無如之何. 惟當騁吾見之所極, 快吾心之所樂, 雖本之六經, 而不死於六經之
章句, 旁採先秦漢唐, 而不爲先秦漢唐所縛, 推移上下, 以應時義.”

72 趙龜命, 『東谿集』 권10, 「與李季和書」, “竊欲搏千古之學術列之於前, 而不拘
其名目; 櫛千古之文章攬之於手, 而不計其等級. 但以吾之見識解悟, 探索乎其
中, 合者取之, 不合者舍之. 要千古學術文章, 爲吾之裁, 而不能裁吾, 爲吾之
役, 而不能役吾. (…) 所爲法度者何物, 而繩墨者何狀歟! 孰爲正宗, 而孰爲閏
位歟! 吾自言吾之言, 而人將奈何吾歟!”

73 趙龜命, 『東谿集』 권1, 「贈鄭生錫儒序」, “古之文章, 以己之言, 發己之理, 文其
辭於千載之上, 而顯其心於千載之下.”

74 趙龜命, 『東谿集』 권10, 「答稚晦兄書」, “吾所謂文, 非立言之文, 而乃翰墨小技
之文. 聊以自快於一時之間, 亦非有待於後世之子雲. 夫三代以上, 文與道爲一,

而秦漢以後, 便成二途, 故程朱諸夫子, 德可配於伊周孔孟, 而不能爲伊周孔孟之文, 韓柳反與其嫡傳焉, 凡今學者動稱文與道一者, 皆强自壯也. 兒童之不可欺, 故文自文道自道, 不可以相混. (…) 夫道若是其大, 文如彼其小, 而不足以爲吾害則之文也嗜之可也. 不嗜之可也."

75 趙龜命, 『東谿集』 권10, 「復答趙盛叔書」, "盖文章之妙, 如泉之溫, 火之寒, 石之結綠, 金之指南, 要其有獨稟之氣, 而又必濟之以自得之見, 非必伊·周·孔·孟公共之理也."

76 趙龜命, 『東谿集』 권10, 「答林彦春書」, "古人之文, 所以垂不朽耀無窮者, 以其獨見常人所未見之奧, 獨發常人所未發之妙. 吾言之未出也, 天下之人爲聾爲瞽, 而未始知有此理; 吾言之旣出也, 天下之人聾者聽瞽者視, 若此理由吾言而有, 而怪向之同有耳而不能聽人之聽, 同有眼而不能視人之視也. 六經四書, 毋論已彼, 周秦以下, 諸子百家之不廢而至于今者, 雖有醇有疵有全有偏, 而其各執悟解, 發揮其意也則一."

77 趙龜命, 『東谿集』 권1, 「贈羅生沈書」, "文章何爲而設也? 天下之事有棼而錯者矣; 天下之理有深而賾者矣. 而天下之人, 未必人人而知之, 吾則幸而知之矣, 心乎知矣, 而不言之於口, 則無以覺夫後覺者也; 口乎言矣, 而不筆之於文, 則天下之廣, 恐無以家喩, 而後世之遠, 恐無以不死而族之也."

78 趙龜命, 『東谿集』 권10, 「答敬大書」, "識莫如眞, 理莫如窮, 或謂: '三代以下文章之士, 豈皆理之窮而識之眞哉?' 夫自道學律之, 彼盖理有所不窮, 而識有所不眞矣; 自其人言之, 則各有其理, 而未嘗不窮, 各有其識, 而未嘗不眞. (…) 譬如饞人評味, 浪子說情, 理雖非正, 而境則實眞, 自足以動人心腸也. 是之謂自得, 自得之深, 無論正偏高下, 而文皆好."

79 趙龜命, 『東谿集』 권10, 「又答林姪彦春書」, "惟自得乎悟解而明其意也, 則左猶書, 史猶左, 象亦象, 翼亦象. 自得而宜大則大, 自得而宜小則小, 自得而宜長則長, 自得而宜短則短, 自得而宜儉淡則儉淡, 自得而宜濃華則濃華, 自得而宜樸而古則樸而古, 自得而宜雕而今則雕而今. (…) 滑稽之累, 僕誠有之. (…) 吾亦惟發吾自得之意而已, 顧其自得者淺爲吾憂也. 滑稽而可發, 則斯現滑稽身矣."

80 趙龜命, 『東谿集』 권1, 「贈羅生沈序」, "蘇氏者, 其言雖違正理, 乃己言而非古人之言, 乃胸中獨得之見識, 而非道聽塗說之比也."

81 趙龜命, 『東谿集』 권10, 「答敬大書」, "平生爲文, 無它長, 顧獨有契乎此意. 凡臨題目, 非所嘗講究之理與所嘗抱負之識, 則不敢發. 雖視左右逢原, 迎刃而解者, 有媿矣, 而其出而書之也, 亦不至爲無意拈拾之文. 嗚呼! 發深眇之理於造次之間, 藏靈悟之解於尋常之中, 意愈奇而體愈正, 論愈險而文愈易, 此吾所夢想於坡公者, 而未尋其蹊逕也."

82 趙龜命, 『東谿集』 권6, 「題際卿遇命所藏東坡詩卷」, "余嘗謂: '退之之文, 如賢妻敬之至待之厚, 而終不敢以私情相加; 子瞻之文, 如美妾極知曼容蕩辭, 不足移丈夫之性, 而欲逞開闔, 自爾食不甘, 寢不安也.' 其詩亦不乏調格, 而意到篇成, 姿態橫生, 街談巷說, 咸爲材料, 叱咤嬉笑, 俱成文理. 信乎! 佛印之言! 子瞻牙頰中, 有點鐵化金底一副鑪鞴也."

3장

1 趙龜命,『東谿集』권12,「雪後得月」.

2 趙龜命,『東谿集』권7,「春帖」.

3 趙龜命,『東谿集』권1,「續蘭亭會序」, "人生貴在適意耳. 事事欲模倣古人者. 固失之贗. 而必欲自刱新格於古人之外者, 亦見其勞矣. 惟倣古而適意, 斯倣之矣. 刱新而適意, 斯刱之矣."

4 趙龜命,『東谿集』권1,「兵學大成序」, "今覽柳君重臨所撰兵學大成, 其猶有意於學者乎! 裒輯之勤, 而首尾具焉; 櫛刷之精, 而枝葉刊焉. 間復自附註疏, 發明疑晦, 用工亦專且深矣. 由是以進, 其至於自得而爲不竭之用也, 審矣. 亦可以矯東國人之陋乎! (…) 甚矣! 東國人之陋. 芒芒乎無所事而生, 漂漂乎無所底而死. 特其有耳目鼻口, 與人坐與人起, 而命之爲人, 豈不大哀乎?"

5 趙龜命,『東谿集』권2,「書室前小庭種花木記」, "自大門逶迤而右, 由小夾門而入, 有向東而隔, 隔外架欄者, 乾川子書室也. 欄前小庭, 方不逾丈, 而新種紅色牡丹五本. 宅後, 舊有盆松高尺餘者, 而老不知年, 纔已移置東墙下, 旁列二怪石, 一盖山骨, 一乃用滑石駢成, 而族父生員君所爲記者. 依北墻, 曾植石榴一樹, 冬埋春復, 晚春紫葉當花, 仲夏花事爛漫, 所少者, 實不成耳. 又有叢竹, 間松榴而結根, 春夏之交, 新筍拔地, 大如指圍, 小猶筆鋒. 已復撑解葉舒, 碧玉參差, 風過露滴, 琮琤有韻. 花竹松石之列, 略如曲尺形, 而除其西南一席地, 爲小畦, 種蔥蒜, 環其外兩面, 各虛廣三四武, 容人散步. (…) 乾川子無所嗜於花木, 乃從游者童稚輩, 强而設此也. 然而乾川子, 亦不之禁, 而旣成之後, 反以爲樂. 盖其心自有所樂, 無花木亦樂, 有花木亦樂也."

6 같은 글, "乾川子晝則讀書于室中, 暮則起而逍遙乎欄之上, 下庭雖小, 恰受一兩更明月. 每月色滿庭, 雜樹交影, 朗咏'積水空明, 藻荇交橫'之喩, 未嘗不欣然骨騰, 旋恨生晩, 使子瞻小生, 先占此妙語也."

7 蘇軾,『東坡全集』권101,「志林·記承天寺夜遊」, "元豐六年十月十二日夜, 解衣欲睡, 月色入戶, 欣然起行. 念無與爲樂者, 遂至承天寺尋張懷民. 懷民亦未寢, 相與步於中庭. 庭下如積水空明, 水中藻荇交橫, 蓋竹栢影也. 何夜無月? 何處無竹栢? 但少閒人如吾兩人者耳."

8 趙龜命,『東谿集』권2,「書室前小庭種花木記」, "或曰: '子之園圃不已小乎?' 乾川子曰: '不然. 吾嘗登乎高山之上, 四望而天水相接乎, 則心悶焉隘塞, 有憾於乾坤之太窄矣. 夫天下之物, 未大於乾坤, 而乾坤猶且爲窄, 則吾將安往而求其大乎? 雖然, 於斯庭也, 吾不見其小而以爲足, 不惟爲足而以爲大, 何也? 盖嘗大吾之心以觀物, 天地等乎塵沙, 小吾之心以觀物, 容膝之外, 便爲餘地, 物豈有大小哉. 吾之心爲之大小焉爾."

9 같은 글, "且人之患, 在舍己之小, 而求人之大. 故貧而或求乎富也, 賤而或求乎貴也, 卑而或求乎尊也. 今吾以吾之弊廬, 當齊雲·落星之高華, 以吾小庭之殘花小草拳大之石, 當金谷園圃之美·平泉花石之富, 以吾之拙句蕪篇, 當李·杜·韓·柳之吟咏記述, 彷徨乎其側, 嘯歌乎其中, 豈不大可樂哉, 而亦何羨慕之有?"

10 같은 글, "傳曰: '素其位而行, 不願乎其外.' 詩曰: '優哉遊哉, 聊以卒歲.' 乾川子

以之."

11 趙龜命, 『東谿集』 권2, 「保愚堂記」, "今夫有二人焉. 其事同, 其所犯之罪同, 世皆責智不責愚曰: '是其心無他也.' 責與不責, 而禍福歧. 夫智者禍, 愚者福, 則雖謂智愚而謂愚智可也. 則子之保愚, 乃所以保智, 而號子謂保智可也."

12 唐庚, 『眉山詩集』 권4, 「醉眠」, "山靜似太古, 日長如小年. 餘花猶可醉, 好鳥不妨眠. 世味門常掩, 時光簟已便. 夢中頻得句, 拈筆又忘筌."

13 羅大經, 『鶴林玉露』 권4, "余家深山之中, 每春夏之交, 蒼蘚盈堦, 落花滿徑, 門無剝啄, 松影參差, 禽聲上下. 午睡初足, 旋汲山泉, 拾松枝煮, 苦茗啜之, 隨意讀『周易』『國風』『左氏傳』『離騷』『太史公書』及陶・杜詩・韓・蘇文數篇, 從容步山徑, 撫松竹, 與麛犢共偃, 息於長林豐草間, 坐弄流泉漱齒濯足. 既歸竹窓下, 則山妻稚子, 作筍蕨供麥飯, 欣然一飽, 弄筆窗間, 隨大小作數十字, 展所藏法帖筆蹟畫卷, 縱觀之. 興到則吟小詩, 或艸玉露一兩段, 再烹苦茗一杯, 出步溪邊, 解后園翁溪友, 問桑麻, 說秔稻, 量晴校雨, 探節數時, 相與劇談一餉, 歸而倚杖柴門之下, 則夕陽在山紫綠萬狀變幻頃刻, 恍可人目, 牛背笛聲, 兩兩来歸, 而月印前溪矣."

14 趙龜命, 『東谿集』 권2, 「靜古軒記」, "嘗見鶴林玉露擧唐子西詩: '山靜似太古, 日長如少年.' 因自叙其日所爲事以註之: '財半日耳, 而其爲目十三. 午睡一; 煮茗二; 讀書三; 步山徑四; 弄流泉五; 飽笋蕨供麥飯六; 弄筆七; 展法帖圖卷八; 吟詩草玉露九; 再烹茗十; 步溪十一; 與園翁溪友劇談十二; 倚杖柴門, 聽牛背笛十三.'"

15 같은 글, "滯境則心牽於物, 轉境則物閧於心. 牽物則心勞, 物閧則心逸. 苟其逸也, 雖立朝廷之上, 而御百官萬民之衆, 臨戰陣之不測, 決生死於呼吸, 視之若太空之浮雲. 不然, 世所稱寂寞之濱無何有之鄕, 而此心不勝其役役. 是之謂動亦靜, 靜亦動."

16 같은 글, "嘗見『鶴林玉露』擧唐子西詩'山靜似太古, 日長如少年', 因自叙其日所爲事以註之, 財半日耳, 而其爲目十三. 午睡一; 煮茗二; 讀書三; 步山徑四; 弄流泉五; 飽笋蕨供麥飯六; 弄筆七; 展法帖圖卷八; 吟詩草玉露九; 再烹茗十; 步溪十一; 與園翁溪友劇談十二; 倚杖柴門, 聽牛背笛十三."

17 같은 글, "余啞然笑曰: '良苦世之馳聲利者, 計日所爲事, 未必每至於十三, 審如是也, 又何異於袞袞馬頭塵, 匆匆駒隙影耶?'"

18 같은 글, "且人於事, 樂而爲之, 常患日之不足; 不樂而後, 始覺日長. 故凡處靜而言日長者, 必不樂乎靜者也. 今爲是十三事也, 不知其樂乎不樂也, 樂則不宜言日長, 不樂而日長而可也."

19 같은 글, "惟隨遇而安, 無入而不自得焉, 則動亦靜, 靜亦靜, 靜而太古亦靜, 動而叔季亦靜. 殀壽之齊矣, 又烏知日之長短? 心境之泯矣, 又烏擇事之苦樂?"

20 趙龜命, 『東谿集』 권5, 「倭驢說」, "河生澄, 大丘人也. 其隣有馬, 而形尨且矮, 不中騎, 欲賣則又蹇不售者. 生歸三百錢, 試取養之. 逾年蹇飢已, 而其材顧有異也, 騎而之京師, 踔七百里, 財四日至焉. 凡入逆旅, 客之同休秣者, 皆旋視, 以爲異觀. 或曰馬也, 或曰驢若騾也, 靳靳焉爲之生. 生則故戲之曰: '是名倭驢, 買諸倭舘者.' 皆竦然, 問其價則故翔騰之曰: '幾緡.' 皆曰: '唯.' 請買則又故靳之, 爲甚惜也者, 皆恨然而去. 及至京, 京之士大夫, 日相從, 其問一如逆旅人,

나만이
알아주는
나

生之答之, 亦如之. 於是, 爭買者相屬, 累十日不止. 旣而, 生度諸人之眞相信不疑也, 乃以實吿, 皆憮然媿其見欺. 自是, 立之廁終日, 客不復顧而去矣."

21 같은 글, "河生曰: '世之好名而易欺也如是夫! 謂之馬也不之貴, 而謂之驢也則貴之; 土之産也不之異, 而倭之産也則異之. 是厖而矮者而冒之以倭驢之名, 靡然者, 唯恐其不我賣也. 向使我如賤丈夫之惟利之視, 厭然從求而賣之, 有不永受欺者乎?'"

22 같은 글, "東貉居士聞之而笑曰: '子獨不聞夫沂陽猪之說乎? 昔蘇子瞻聞沂陽猪肉至美, 遣人買焉. 使者醉失之, 以它猪進, 與之食者, 皆不知也, 大詫以爲非它産所及. 以耳食之患, 盖自古而然矣. 況厖而矮焉而其形信, 日馳數百里而其才信, 不唯止於沂陽之名之可信而已乎?'"

23 같은 글, "雖然, 余則以爲食之而實美則斯食之, 奚必沂之猪哉? 騎之而實駿則斯騎之, 奚必倭之驢哉? 彼不但貴日馳數百里之實, 而必以倭驢之名而買之者, 固過矣. 而其懲於失倭驢之名, 而並與日馳數百里之實而棄之者, 尤見其陋也. 且夫是馬也, 誠有千里之能, 斯可名烏騅·赤兎矣; 有三萬里之能, 斯可名綠駬·黃駷矣, 豈特倭驢之稱乎哉? 實之苟無所媿, 名或借儗而無嫌. 故所謂烏騅·赤兎·綠駬·黃駷者, 盖多取諸上古良馹之名, 而在於人也, 趙御冒王良之號, 盧醫假扁鵲之聲, 當世顧不以假冒而謂之欺也. 由是觀之, 子未始欺乎世, 而世亦未始受欺乎子也. 欺之實, 惟市之枙蠻其鞭, 五萬售而一擊折者, 當之矣.'"

24 趙龜命, 『東谿集』 권10, 「答林彦春書」, 이 책 2장 3절의 「자신만의 깨달음을 담는 것이 문학이다」 참조.

25 이 책 1장 2절의 「젊은 날의 독서와 글쓰기」 참조.

26 趙龜命, 『東谿集』 권7, 「讀史」, "漢文欷不得頗·牧爲將, 而不能救魏尙之罪, 則馮唐主臣; 晉武恨不得諸葛爲臣, 而不能直鄧艾之寃, 則樊建稽首."

27 같은 글, "宋殷孝祖建麾自標, 卒死於敵; 周王思政破衣弊甲, 敵不得傷."

28 趙龜命, 『東谿集』 권11, 「楚論」, "人之彊暴而可奪其心者, 理勢以喩之也. 夫旣彊暴矣, 天下之事, 惟予欲之是極, 孰恤夫所謂理勢者? 惟其理勢之所安而利隨焉, 理勢之所不安而害加焉. 利害切於彼身, 則不得不爲吾理勢之奪也. 神鬼之冥, 可以理動; 禽獸之毒, 可以勢制. 況於人乎?"

29 같은 글, "大王所爲拘楚王者, 將以市於其國也, 使楚王而無恙也. 而彼不更立新君以待之, 則彼固朝暮急其君, 如救焚拯溺矣. 不然而立新君, 則新君固太子也, 亦將朝暮急其父, 如救焚拯溺矣. 雖盡其國之地, 以爲秦之郡縣; 竭其國之財, 以充秦之府庫, 苟有以成其願, 彼不敢辭矣. 事乃有不可期者, 楚王年老憤毒深, 不幸卒然以死, 則楚固無賴于秦, 而其沫血飮泣, 切齒裂眥, 凡以逞君父之讐者, 靡不至矣. 夫刦人執千金之子, 利在生不在殺. 苟殺之, 則吾亦隨手俱碎矣. 何利之敢市? 且楚雖無與立, 必有與斃. 異時諸侯拱手而麦於秦者, 以其信秦而無所激也. 秦嘗吿天下曰: '爾能事吾, 吾不爾侵, 爾之社稷宗, 而君臣安樂矣.' 今乃以好會諸侯, 而無故執而殺之, 是示天下以不信, 而激天下之怒. 夫六國幷力, 足以呑秦而有餘, 特患不能幷耳. 今挾一死王, 而集六生王之怒, 左提右挈, 門于函谷, 鳴鐘鼓而責楚王之處, 臣恐秦國君臣食之旰也."

30 같은 글, "臣聞明君聖主, 因敗爲功, 轉禍爲福. 王不如延楚王而謝曰: '寡人之留大王, 乃慕大王之高義, 願受一日之敎. 今有流言過疑寡人, 以干玉帛之禮,

是寡人罪也.' 改館禮于庭而歸之. 此先君繆公之所以大造於晉. 彼喜於徵死,
將德大王之不暇, 世世相戒, 爲南服不侵不叛之臣. 設有異圖, 彼乃孼鳥也, 聞
虛弦而下矣. 諸侯畏大王之威, 而歸大王之仁, 相率而朝於章臺, 願大王熟計
之.'

31 趙龜命,『東谿集』권7,「好士」, "孟嘗君中立爲諸侯, 大城薛, 治宮室, 發使告諸
國之大夫公子, 願與共落之, 諸國之大夫公子, 恐懼不敢不往. 旣至而觴, 平原
君·信陵君·春申君爲上賓. 孟嘗君於是欲以好士雄天下, 士之垂玉珮跕珠履,
立於堂上者三千人, 其蓬頭突鬢瞋目撫劍於下者, 又六萬有餘. 孟嘗君中酒, 顧
三君而言曰: '以文之陋, 士之不棄而辱文之門下者, 至於此多, 三公子好士名
天下, 其所致必有以傾文者矣.'"

32 같은 글, "魏國小矣, 無忌不肖, 其致客誠無足言者. 然而臣之客, 有毛公·薛公
者, 方無忌救趙而獲罪於魏也, 恐懼不敢歸十年, 秦兵圍大梁, 國之不亡一髮
耳, 魏使冠盖相屬以請, 無忌愚迷自匿, 終不知反, 毛公·薛公捨其博醬, 慷慨立
談, 遂使無忌, 得留面目, 以自立於天下. 無忌以爲是二客者, 賢於君六萬三千客
遠矣."

33 趙龜命,『東谿集』권7,「侯公說項王辭」, "蘇子瞻補侯公說項王辭, 曼衍齟齬,
不足以動敵國之聽."

34 같은 글, "侯公至楚軍門, 稱漢王使, 求上謁, 項王按劍瞋目以待之. 侯公徐趨
而入, 再拜曰: '漢王使臣某, 請於大王, 迎太公歸. 願大王命之.' 項王仰天笑曰:
'爾不聞陸賈之口呿走乎? 爾智如子贛, 辯如蘇秦, 太公則不歸而已.' 侯公曰:
'臣固知太公之不歸也. 大王以漢王爲何如人?' 項王曰: '堅忍譎詐人也.' 侯公
曰: '大王仁惠浹於士卒, 而神武震於四海, 漢王是二者, 皆不如大王, 而與大王
爭天下四年, 天下折而入於漢者十七. 大王知其所以然乎?' 項王嘿然曰: '不知
也.'"

35 같은 글, "項王大悅曰: '微公, 吾幾失天下矣.' 引侯公爲上客, 召太公, 置酒高會
三日而歸之. 太公·呂后旣至, 漢王軍皆呼萬歲. 封侯公平國君曰: '此天下辯士,
所居傾國, 故號平國君.'"

36 항우는 스스로 서초패왕西楚霸王이 되면서 초회왕楚懷王을 추대하여 명목
만 제왕인 '의제義帝'로 삼았다. 그러고는 이듬해에 구강왕九江王 경포黥布에
게 의제를 죽이도록 지시했다.

37 같은 글, "彼仁惠不如大王, 威武不如大王, 而所以網羅天下之人心而屬之己
者, 徒以名義之假借也. 夫德, 內也; 名, 外也. 蓄之內者, 喩於人也遲, 暴之外
者, 欺於俗也速. 漢王之於義帝也, 非有父兄事之之恩而委質不二心之願, 使
漢得天下, 義帝固爲其弁髦矣. 彼見九江王之戕義帝, 而天下冤之也, 則謂此可
以爲號於天下, 遂負大王以弑君之名, 而自處以討逆之義, 攘臂抗顏, 愚天下
之耳目. 不然, 彼奚嚴於罪大王, 而寬於待九江王, 收之以爲爪牙, 惟恐其失之
哉? 甚矣, 天下人之易愚於名也! 今其請太公歸也, 亦名耳. 彼其於父母妻子, 睊
然無不忍之心, 分羹之對, 大王實臨之. 使是語之反而挑大王之怒, 而汙大王
之鼎鑊也, 則彼固將縞素而哭軍中, 曰: '項王無道, 殺其君之不足, 而又殺諸侯
之父, 是非盡天下之君父以快其心, 不止也. 吾非報吾私讐, 爲天下之君父報讐
也.' 又以此爲號而激天下之怒. 此其計不惟愚天下, 實以愚大王, 天誘大王之

衷而幸不聽之也. 今爲大王畫者, 不如收天下之名, 反之於楚, 以陰奪天下之機而已. 屬羣臣而告之曰: '夫執人之父而市其子, 非義也. 吾豈利天下而棄吾義哉?' 禮太公, 載以安車, 謹衛而歸之漢. 彼漢雖不仁, 畏天下之議, 而識天下之勢, 不得不屈首而聽命, 束甲而歸國矣. 不然, 彼固中大王之計, 處大王於義, 而自處於不義, 失其所以爲名者, 天下將誰與? 暴之外者旣移, 而蓄之內者固不如矣, 一戰而擒大王禽矣. 善棊者一着而以敗局爲勝局, 此大王以敗爲勝之着也. 然而大王方當局而迷, 臣固知太公之不歸也."

38 朱熹, 『論語集註』, "范氏曰: '攻專治也. 故治木石金玉之工曰攻. 異端非聖人之道而別爲一端, 如楊墨是也. 其率天下, 至於無父無君, 專治而欲精之, 爲害甚矣.' ○ 程子曰: '佛氏之言, 比之楊墨, 尤爲近理, 所以其害爲尤甚. 學者當如淫聲美色以遠之, 不爾則駸駸然入於其中矣.'"

39 『論語正義』何晏(193~249)의 注, "善道有統, 故殊塗而同歸. 異端, 不同歸也."

40 朴世堂, 『思辨錄』 권3,「論語·爲政」, "范氏謂: '攻, 專治也. 專治異端, 爲害甚矣.' 註從之, 或謂: '攻伐也, 已止也. 攻治異端, 害可以止.' 二說不同, 而皆病於淺陋. 夫治異端而爲害, 與伐異端而害止, 不待費說, 愚夫猶知, 聖人何爲於此? 且孰有知其爲異端, 而欲專治之者? 夫子嘗曰: '人而不仁, 疾之已甚, 亂也.' 愚意恐此章之義, 亦如此. 雖異端而若攻擊之太過, 則或反爲害也. 然亦不敢自信其必然耳."

41 丁若鏞, 『論語古今注』 권1,「爲政 下」, "百家衆技, 凡不在性命之學·經傳之教者, 皆異端. 雖或有補於民生日用者, 若專治此事, 斯亦有害於君子之學也, (非謂楊墨佛老之類.) (…) 斯害也已者, 輕輕說也, 輕輕禁之, 非大聲疾言以禁之也. 異端, 豈今之所謂異端乎? 樊遲請學稼, 孔子斥之爲小人. 衛靈公問陳於孔子, 對曰: '軍旅之事未嘗學.' 夫兵農之學, 亦經世之實務, 君子不可以不知, 然學者專治此事, 其於身心性命之學, 終有些害. 此夫子所以輕輕說弊, 欲其旁通, 不欲其專治也. 所謂異端, 不過如斯."

42 박세당은 『사변록』의 서문에서 주희의 경서 해석을 높이 평가하여 비로소 표준이 세워졌다고 했다. 다만 경서의 말이 근본은 하나이지만 실마리가 여러 갈래이므로 조그마한 해석을 보태는 것도 의미가 있다는 생각에 저술했음을 밝혔다. 『思辨錄』,「序」, "及宋之時, 程朱兩夫子興, 乃磨日月之鏡, 掉雷霆之鼓, 聲之所及者遠, 光之所被者普, 六經之旨於是而爛然復明於世, 曩之迂僻者旣無足以膠人慮而濡人意, 其近似者又不能以假之名而借之號, 邪遁之煽誘遂絶, 坦夷之準的有在, 究其所以至此者, 亦莫非操末探本沿流沂源以得之, 則是於子思所言之指, 眞有深合而妙契者乎! 經之所言, 其統雖一, 而其緒千萬, 是所謂一致而百慮, 同歸而殊塗, 故雖絶知獨識, 淵覽玄造, 猶有未能盡極其趣而無失細微, 必待乎博集衆長, 不廢小善, 然後粗略無所遺, 淺邇無所漏, 深遠精備之體乃得以全."

43 崔昌大, 『昆侖集』 권8,「論思辨錄疏」.

44 金昌翕, 『三淵集』 권22,「與李德壽」.

45 李宜顯, 『陶谷集』 권28,「陶峽叢說」.

46 崔錫鼎, 『明谷集』 권11,「宇宙圖說」; 南克寬, 『夢囈集』 乾,「端居日記」.

47 南九萬, 『藥泉集』 권29,「丙寅燕行雜錄」; 南鶴鳴, 『晦隱集』 권5,「雜說風土」;

南克寬,『夢囈集』坤,「謝施子」.

48 黃景源,『江漢集』권5,「答趙翊衛」;「答趙翊衛第二書」. 이 책 1장 1절의 「서문을 써주지 않은 이유」 참조.

49 이 책 1장 2절의 「나를 아는 이 누구일까」 참조.

50 趙龜命,『東谿集』권7,「讀老子」,"世之學者, 常並稱曰老莊, 不知其道本源之不相混. 莊子儒而激者也, 老子則別於儒矣. 老子特明於盈虛乘除之分, 知盈之樂, 而常就其虛; 知乘之榮, 而常處其除. 夫天地之理, 無盈而不虛, 無乘而不除. 己先違其盈, 則天地之所不能虛; 己先避其乘, 則天地之所不能除. 如是, 則天地之權, 失於我矣. 其範圍將不得以收我, 其運數將不得以約我. 斯其爲修煉者竊之, 而有長生久視飛昇幻化之術歟? 莊子妙於論心, 老子深於觀物. 老子之學, 幾而已."

51 趙龜命,『東谿集』권8,「靜諦·人身」,"察於幾而有乘有除, 故怕處於盛, 其功至於奪造化, 而造化不能制其命者, 老也; 察於幾而有乘有除, 故隨遇而安, 其功至於奪造化, 而造化不能變其節者, 儒也."

52 趙龜命,『東谿集』권9,「李士固哀辭」,"士固, 名思重, 韓山人. 士固識余面, 余不及識士固面, 要之爲路人也. 路人而哀其死, 何相知心也? 士固之知余, 因洪仲經, 因金遠卿, 因李宜叔, 而余之知士固也, 因李宜叔. 士固五歲少余, 而其識解晩而始進. 故士固之知余早, 而余之知士固晩, 不得於交仲經遠卿之日, 而交宜叔也而後得. 雖然, 士固亦得于宜叔而知余者, 爲益審矣."

53 같은 글, "士固死, 余弔宜叔. 宜叔曰: '子盍以文哀之?' 夫宜叔知余之宜不哀而哀, 而不知余之宜哀而實不哀也. 雖然, 實不哀而反哀之, 是其所以乃也."

54 黃景源,『江漢集』권20,「李士固墓表」,"士固嘗讀老子書, 喜其玄妙, 或頗疑之. 南文淸公聞而笑曰: '士固辨於臧否, 周於運用. 是豈爲老子者耶?' 景源以爲: '士固之學, 內儒術, 非老子所能詘也.' 文淸公謂景源曰: '子眞知士固而信其學者也.'"

55 南有容,『雷淵集』권18,「李士固哀辭」,"李士固之卒也. 其友李宜叔謂余曰: '固也通, 弗滯於物. 使其得行志焉, 能經務者也.' 黃淵父謂人曰: '固也通而能靜, 蓋善爲黃老者也.' 或曰: '能經務者, 不必爲黃老; 爲黃老者, 不以經務稱. 李子之言, 則黃子未爲知士固; 黃子之言, 則李子未爲知士固也.' 余曰: '是皆知士固者也. (…) 夫士固將以其澹泊寧靜者, 而發而爲務者也. 合二子之言以觀士固, 知士固矣."

56 黃景源,『江漢集』권19,「通政大夫敦寧府都正李公墓碣銘 幷序」,"初參奉有士友望, 與李公天輔·南公有容·吳公瑗及余, 相好也. 吳公嘗言: 李士固, 明於天下之機, 今之奇才也."

57 같은 글, "士固爲人, 外循繩墨而內蘊玄悟, 甚明於乘除消長之分. 其觀也大, 故世之貴賤榮辱美惡毀譽, 漠然無足以攖其心者. 其道近於老子, 而其學師心而獨造, 其知余而有所取亦以此."

58 司馬遷,『史記』권63,「老子韓非列傳」,"鳥吾知其能飛, 魚吾知其能游, 獸吾知其能走. 走者可以爲罔, 游者可以爲綸, 飛者可以爲矰. 至於龍, 吾不能知其乘風雲而上天. 吾今日見老子, 其猶龍邪!"

59 『周易』,「乾卦」,"用九, 見群龍, 无首, 吉."

60 趙龜命,『東谿集』권8,「靜諦·靜坐」, "老子其猶龍乎!', 非仲尼不能爲此贊. '用九, 見羣龍, 無首', 老子以."

61 趙龜命,『東谿集』권8,「靜諦·學之」, "老子其異端之聖乎! 其文類繫辭."

62 『周易』,「繫辭傳 下」, "天下何思何慮? 天下同歸而殊塗, 一致而百慮, 天下何思何慮?"

63 趙顯命,『歸鹿集』권19,「東溪小傳」, "君有貞疾, 平居多杜門, 不接人事, 日夜究心, 爲古文辭, 浸淫涵蓄, 盖三十餘年, 而其文益大肆, 妙悟玄解, 務發己見, 不規規於古人繩墨之內."

64 같은 글, "君自言得之南華經者爲多, 而以蘇長公爲歸云."

65 趙龜命,『東谿集』권6,「畫贊·松梢獨鶴」.

66 『莊子·齊物論』, "南郭子綦, 隱机而坐, 仰天而噓, 嗒焉似喪其耦. 顏成子游, 立侍乎前, 曰: '何居乎? 形固可使如槁木, 而心固可使如死灰乎! 今之隱机者, 非昔之隱机者也.' 子綦曰: '偃不亦善乎, 而問之也! 今者, 吾喪我, 汝知之乎?' (…) 物無非彼, 物無非是, 自彼則不見, 自知則知之, 故曰: '彼出於是, 是亦因彼.'"

67 박희수(2019)는 이를 '우열관'이라는 용어로 설명하여 인식에서 미감에 이르는 조귀명 문학 이해의 원리를 모색했다.

68 趙龜命,『東谿集』권7,「書鏡匣」, "鏡不留形, 故照衆形而不昧; 心不著物, 故應萬物而不礙."

69 같은 글, "鏡能照形, 而不能照不照之形. 日月亦然, 以形照也. 心者以神照也, 故過去而千歲可致, 未來而百世可知, 俛仰之間, 而再撫四海之外."

70 『莊子·在宥』, "女愼無攖人心. 人心排下而進上, 上下囚殺, 淖約柔乎剛彊, 廉劌彫琢, 其熱焦火, 其寒凝冰, 其疾俛仰之間而再撫四海之外, 其居也淵而靜, 其動也縣而天. 僨驕而不可係者, 其唯人心乎!"

71 趙龜命,『東谿集』권7,「讀老子」, "莊子妙於論心, 老子深於觀物."

72 趙龜命,『東谿集』권8,「靜諦·天與」, "達人水不能溺, 火不能熱, 寒暑不能害, 禽獸不能賊. 非不溺, 不受溺; 非不熱, 不受熱; 非不害, 不受害; 非不賊, 不受賊, 非身不受, 心不受. 莊子謂: '謹於去就, 莫之害,' 旨斯下矣."

73 『莊子·秋水』, "知道者, 必達於理; 達於理者, 必明於權; 明於權者, 不以物害己. 至德者, 火弗能熱, 水弗能溺, 寒暑弗能害, 禽獸弗能賊, 非謂其薄之也. 言察乎安危, 寧於禍福, 謹於去就, 莫之能害也."

74 趙龜命,『東谿集』권8,「靜諦·人身」, "迷則神奇臭腐, 悟則臭腐神奇; 迷則臭腐神奇, 悟則神奇臭腐."

75 『莊子·知北遊』, "生也死之徒, 死也生之始, 孰知其紀? 人之生, 氣之聚也, 聚則爲生, 散則爲死, 若死生爲徒, 吾又何患? 故萬物一也, 是其所美者爲神奇, 其所惡者爲臭腐, 臭腐復化爲神奇, 神奇復化爲臭腐, 故曰: '通天下一氣耳.'"

76 趙龜命,『東谿集』권8,「焚香試筆」, "世人常言'好事多魔', 人惟以好事爲好事, 故好事多魔耳. 如有人性顚倒, 以不好事爲好事, 則不好事, 必又多魔也."

77 趙龜命,『東谿集』권8,「靜諦·天與」, "設令亨者心常樂, 窮者心少樂. 惟其常樂, 故習樂而恬於味, 如魚之生息於醎水而不知醎. 少樂, 故遇樂則深於樂, 如人厭蔾藿而後知粱肉之味. 故少樂之樂之深, 亦可以敵常樂之樂之淺也."

78 趙龜命, 『東谿集』권8, 「靜諦·學之」, "美事不厭其遲, 等不多得, 毋寧遲受而遲過? 惡事不厭其速, 等不終免, 毋寧速行而速已? 於惡事則遷延姑息而留之, 於美事則躁迫急遽而求之者, 顚心人也."

79 趙龜命, 『東谿集』권8, 「靜諦·學之」, "人之用心爲身計者, 如魚之浮水而搖鬐簸尾. 夫搖鬐簸尾, 猶是浮, 不搖鬐不簸尾, 猶是浮, 奈何勞其身而爲也?"

80 趙龜命, 『東谿集』권8, 「靜諦·哀樂」, "喜事者事閒, 厭事者事煩, 非事之擇人而爲閒爲煩. 喜事則其心常忘於煩, 而覺於閒, 故常若閒; 厭事則其心常忘於閒, 而覺於煩, 覺於煩, 故常若煩."

81 趙龜命, 『東谿集』권5, 「鏡匣銘」.

82 趙龜命, 『東谿集』권8, 「原佛」, "余讀佛氏書, 其文辭儘奇以辯矣, 其義理儘玄以妙矣, 其用功儘精以有次序矣, 其所謂定慧, 卽吾儒之知行雙進也, 其所謂禪律, 卽吾儒之身心兼修也, 其所謂一切世間諸有爲相, 皆我菩提妙明元心, 卽吾儒之言萬理具於一心者也, 但吾儒爲之而所歸宿明白可見, 佛氏爲之而所歸宿恍惚難知."

83 같은 글, "佛氏之示歸宿曰: '肉身斷滅, 而法身不壞, 不入輪回, 超然自在.' 余未知所謂法身不壞者, 其形象何如. 有乎無乎? 有則無辨於肉身, 無則亦龜毛兎角而已. 彼必曰: '非有非無, 非非有非非無.' 天下之事, 無則無, 有則有, 烏有非有非無而非戲論也哉?"

84 같은 글, "夫天地之生物也以一氣, 其死也氣復返於天地, 物有生有死, 氣無始無終. 佛氏有見乎此, 而潛襲取之, 指天地之公氣, 爲一身之私心, 摩尼以喩其明, 金剛以喩其堅, 持而號於天下曰: '吾身者, 心之逆旅也, 暫寓而不爲其所有, 一解軀殼, 隨願往生於極樂世界, 若無淨願, 想多輕擧, 情重沉下, 循其造業, 輪廻受報焉.' 死生之理茫茫昧昧, 自非明識不惑之士, 鮮不眩耀. 且夫酒色之慾至重也, 百年之壽至促也, 尙以縱慾而損壽, 而有斷酒屛色者, 況其忍一時之苦而博浩刦之樂, 捨有限之生而取無量之壽, 而人不從乎哉?"

85 같은 글, "然則佛之示寂也, 其法身與肉身, 同歸於斷滅, 而彼支提脫闍之間, 往往有靈迹異應者, 何也? 盖人之死, 精魄有不卽隨散者, 不獨佛爲然, 而人心之所感鬼, 物或憑之, 芻狗之得夢, 物理無怪, 則亦非必佛之靈也."

86 같은 글, "昔有問于畫者曰: '畫孰難易?' 對曰: '牛馬難, 鬼神易.' 牛馬見而鬼神不見故也. 儒其爲牛馬之難, 而佛則鬼神之易也夫!"

87 趙龜命, 『東谿集』권8, 「與定慧禪師書」, "翹師名德之日雅矣. 昨隨家兄來任所, 而適聞師瓶錫住在此方, 望外之幸也. 龜誠鹵莽, 于文墨無所底, 而區區尙賢之心, 不以方內外而間焉. (…) 敢冀下山一賁, 少發胸中礙滯."

88 趙龜命, 『東谿集』권2, 「遊龍遊潭記」, "甲辰八月初吉, 伯氏發行, 向智異, 余及遇命·載福從焉. (…) 是夜, 與定慧師, 宿君子寺. 師云: '昔有馬迹祖師, 結夏于潭上, 爲水響之妨於聽講, 怒其龍, 鞭而逐之, 其負痛閃挫, 而形于石者如此.'"

89 趙龜命, 『東谿集』권2, 「遊尋眞洞記」, "去年定慧師之移錫此寺也, 與之有一宿談禪之約, 師今入金剛坐禪, 聲響不可接, 而其門徒, 亦散寄他菴矣. 所宿適其講室, 撫迹惆悵者久之."

90 趙龜命, 『東谿集』권8, 「答萬薰禪師書」, "華嚴迫於遷徙, 廑看廿餘品, 重重法界, 祇歸於理事無礙, 事事無礙, 如是歡而已矣. 趙文若絕肉持經, 趙錫汝不絕

肉不持經, 譬如一室兩燈, 光明不相奪, 然後方爲眞無礙, 方爲讀華嚴矣. 呵呵."

91　『金剛般若波羅密經』, 「應化非眞分」, "一切有爲法, 如夢幻泡影, 如露亦如電, 應作如是觀."

92　정병삼(2020), 『한국불교사』 참조.

93　趙龜命, 『東谿集』 卷8, 「定慧大師所贈維摩詰經偈」, "惟佛之道, 爾我不有. 在爾非捨, 在我豈受. 如左掌物, 傳之右手. 左掌右手, 猶立對偶. 無去無來, 無左無右. 如是觀者, 不二不否?"; 「謝定慧禪師贈大慧書偈」, "惠我普覺書一部, 報以精好紙五束. 五束雖無一箇字, 葉葉具足五千軸. 所以者何心所脫, 此心卽是如來藏. 三藏豈外如來藏, 較勝空書只金剛."

94　趙龜命, 『東谿集』 卷8, 「答萬薰禪師書」, "生非求出世法者, 特以世之儒學專昧三敎源頭, 蹈襲前人言句, 爲吠聲之犬. 妄意不捉眞贓, 不能服人罪, 比頗參究內典, 以勘其案而已."

95　趙龜命, 『東谿集』 卷8, 「又與泰宇禪師書」, "龜年幼時, 略涉儒家辨異端文字, 便謂佛道, 衹是以寂滅學, 駕因果說耳. 比來閑居, 頗縮閱內典, 參證本末, 始知紛紜指斥者, 類多罵東向西."

96　趙龜命, 『東谿集』 卷8, 「答泰宇禪師書」, "平生參過叢林, 知識非一再矣. 其所自矜棒喝者, 大抵是隔靴爬痒, 今蒙反覆啓牖, 直指全體本根, 索性漏逗, 無所回互, 卽靈山頓敎, 衹應如是耳, 欽歎欽歎, 但區區鈍滯, 猶夫前日迷雲未開, 疑氷轉凝, 不得不披露呈似, 來諭大旨. 盖有三端. 其一曰: 逾城出家, 削髮被緇, 所以作爲標指, 除其妄習. (…) 其二曰: 以變化無方之活用, 直證無量聖身而後, 始可行世間(問)逆順事. (…) 其三曰: 開闢之初, 人固化生, 雖無交會之事, 豈空世界而滅人道哉?"

97　李穡, 『牧隱集・文藁』 卷13, 「跋護法論」, "宋丞相張天覺護法論一篇, 殆萬餘言. 釋僧俊以幻菴普濟大禪師之命, 重刊于忠之靑龍寺, 旣訖携墨本, 求予跋其尾. 予觀其辭, 率不可解, 然喜闢韓・歐氏. 韓・歐氏, 吾所師也, 吾實駁焉. 雖然, 五濁惡世, 爲善未必福, 爲惡未必禍, 非佛何所歸哉? 嗚呼! 護法論, 宜其盛行於世也."

98　趙龜命, 『東谿集』 卷8, 「駁張天覺護法論」, "歐公所謂: '佛者, 善施無驗不實之事者', 蓋有見乎權敎而斥之也. 佛氏權敎, 如因果報應・神通瑞應之說, 大抵與南華寓言無異, 所以形道理之體, 推吉凶之幾, 而起衆生歆羨恐怖之心耳. 故曰: '佛無實法與人', 而其徒認權爲實, 於方便生粘縛, 乃爾張皇, 不覺爲自誣其師, 而外道邪魔之歸. 余嘗以爲佛之道, 不過欲遏慾存理收心體性, 惟其未聞中國聖人之敎, 橫拗過越, 以至如此, 自朱子以前, 蓋無曉攻佛之門者, 而其徒之自辨, 亦多在皮膜外, 如護法論是已. 賢者過之四字, 足爲訟佛之公案, 有物有則一句, 足爲救佛之良方."

99　趙龜命, 『東谿集』 卷8, 「答泰宇禪師書」, "所謂三界六趣, 大抵爲黃葉金錢耳. 法華之爲實敎, 僕亦非不知, 而所云云者, 盖謂理則歸實, 而語皆借權, 如大通多寶, 龍女妙音, 把作實境, 則便滯言句筌蹄矣, 況陀羅尼說呪驅魔, 尤爲淺冗非實耶?"

100　『中庸』, "道之不行也, 我知之矣. 知者過之, 愚者不及也. 道之不明也, 我知之矣. 賢者過之, 不肖者不及也. 人莫不飮食也, 鮮能知味也."

101 『詩經·大雅』,「烝民」,"天生烝民, 有物有則."

102 趙龜命,『東谿集』권8,「無說軒記」.

103 趙龜命,『乾川藁』책6,「無說軒記」, 首批(紅色), "善發題旨." 首批(靑色), "記中當屬第一."

104 趙龜命,『東谿集』권8,「無說軒記」, "如來現廣長舌, 發和雅音於阿僧祇劫, 講海墨不盡書之法門. 是其口如無扃戶, 常啓而不閉; 言如有源水, 常流而不停, 天下之有說者, 宜無過乎如來. 然而其敎, 乃以無說爲主, 何也?"

105 같은 글, "吾所謂無說, 非無說, 無說相也; 非無說相, 無念也."

106 『莊子·寓言』,"言無言, 終身言, 未嘗言; 終身不言, 未嘗不言."

107 趙龜命, 앞의 글, "莊生曰:'言無言, 終身言, 未嘗言; 終身不言, 未嘗不言.' 故有意於言, 雖不言猶言也, 無意於言, 卽八萬四千爍迦羅首, 各具一喙, 同時說法, 猶未嘗說法也."

108 같은 글, "其在吾儒亦然. 無爲而爲之爲義; 有爲而爲之爲利, 曾·閔之孝, 伊·周之忠, 苟有一毫有爲之念, 非義也. 是故, 孔子絶四, 無意無必無固無我. 而易之名卦, 在咸去心, 所以戒憧憧往來之私也, 此豈非無相無念之明證耶?"

109 趙龜命,『東谿集』권10,「答載遇書」, "眼前境界, 頭頭神訣, 色色妙詮, 又何必鍾離道人也. 天下事無大無小, 要皆一誠字做得, 靠錫汝做不得, 靠子元做不得, 除是自家自靠自做, 始得做得來. 開眼處左右前後, 皆逢錫汝子元. 誰爲遠去, 誰爲在千里外, 誰爲敎, 誰爲不敎? 呵呵! 適倦筆硯, 戲作禪語以謝, 恕之."

110 黃景源,『江漢集』권5,「答趙翊衛書」, "然竊觀執事之學, 務欲合三氏之道而一之, 何其謬也? (…) 華嚴之文·道德之文, 與詩書六藝之文, 竝陳于前, 而交誦於口曰:'我非浮屠之徒也, 非老子之徒也, 非釋氏之徒也. 合浮屠·老子·孔氏之道而一之者也.' 嗚呼! 其亦雜矣, 吾未見其能一也."

111 『周易·繫辭傳下』,"子曰:'天下何思何慮? 天下同歸而殊塗, 一致而百慮, 天下何思何慮?'"

112 『論語·子罕』,"子絶四, 毋意毋必毋固毋我."

113 趙龜命,『東谿集』권8,「又與泰宇禪師書」, "以龜所見, 佛祇是儒耳. 其所謂了妄卽眞者, 卽吾儒之遏慾存理也; 其所謂觀慧止定者, 卽吾儒之省察存養也. 於念無念, 於動無動, 無住無着者, 正與周易何思何慮, 論語無意無必無固無我, 一般消息, 而入得世間出世無餘智者. 亡心不除境, 則又何嘗捨器界而爲道."

114 趙龜命,『東谿集』권8,「答泰宇禪師書」, "所以不亂不轉不走不着者, 誠以物各有則, 事各有節, 審其則守其節, 而吾心閑而無事矣. 此眞所謂變大地爲黃金, 攪長河爲酥酪, 而鑊湯爐炭裏避回避底妙術, 無過於此. 咄早知燈是火, 飯熟已多時, 枉生受釋迦老子也, 拍手拍手. 說得一丈, 不如行得一寸. 入頭處, 祇是誠. 儒卽釋, 釋卽儒, 敢不勉旃."

115 같은 글, "咄! 江北成枳江南橘, 春來都放一般花, 須知孰爲橘孰爲枳, 本來非二, 畢竟非一. 旣非二, 非有眞假, 旣非一, 非無眞假, 惟枳與橘, 是一是二, 孰眞孰假? 試喚一聲:'主人公, 惺惺着!'"

116 趙龜命,『東谿集』권8,「焚香試筆」, "乙未, 遭大故後七八日, 夢先子, 衣舊着深靑袍, 坐本第內廳中央, 神色不怡, 若方待盡. 前置煎藥爐, 藥鐺忽自傾, 藥盡

出. 先子指曰: '命矣.' 龜命慟哭曰: '佛氏三生之說, 誠有之耶? 安得速滅入輪回, 復爲父子續不盡之緣?' 復曰: '借使償此願, 悠悠人世, 多不過爲四五十年父子, 初不如不爲之爲愈也.' 先子意亦慘悽. 此實心所蘊結, 而發乎夢寐爾."

117 「분향시필」의 저작 연도와 기간은 밝혀져 있지 않다. 그러나 1722년 구안와사를 앓은 기록이 보이는 것으로 미루어 최소한 그보다는 뒤에 기록했음을 알 수 있고, 『동계집』 권8의 배열 순서 및 여러 문인을 비평한 내용으로 미루어볼 때 저작 시기는 30대 후반 이후로 추정된다. 아버지를 꿈에서 본 이 조목은 「분향시필」의 맨 마지막에 실려 있다. 확언할 수는 없지만 『동계집』의 편찬이 대체로 저작 시기순임을 감안할 때 이 조목은 만년에 기록했을 가능성이 높다.

4장

1 『論語』, 「先進」, "才不才, 亦各言其子也. 鯉也死, 有棺而無槨."

2 蘇軾, 『東坡文集』 권10, 「答劉沔都曹書」, "某窮困本坐文字, 蓋願刳形去皮而不可得者. 然幼子過文益奇, 在海外, 孤寂無聊, 過時出一篇見娛, 則爲數日喜, 寢食有味."

3 소식은 앞의 글 서두에서 자신이 평소 문장 덕분에 세상에 알려졌지만 문장 때문에 사람들에게 미움을 받기도 해서, 벙어리처럼 침묵하는 사람이 되고자 했다고 하였다. 蘇軾, 같은 글, "軾平生以言語文字, 見知於世, 亦以此取疾於人, 得失相補, 不如不作之安也. 以此常欲焚棄筆硯, 爲瘖黙人, 而習氣宿業, 未能盡去, 亦謂隨手雲散鳥沒矣."

4 趙龜命, 『東谿集』 권1, 「並世雜史序」, "先君一生呻楚之苦, 甚於海外竄謫之憂, 而早歲治鉛槧, 中乃以病廢之, 則其恨又不止如畏毁譽思瘖默者而已. 顧以不肖之妄, 有意於斯文, 庶幾能繼述綸緖, 猥嘗慰藉而鼓舞, 即有著述, 樂賜指教, 又數數徵其所有. 不肖誠不自揆, 亦隱然思以不腆之業, 爲志養之一端. 此並世雜史之所以作也."

5 같은 글, "其爲是書也, 十竄百易, 盡鼓鑄刻削之工, 核之以傳其詳, 裁之以致其簡, 抑之以嚴其氣, 揚之以宕其神. 句章篇法, 罔敢或忽, 其有不及則才也. 間多雜以微瑣無取之事, 幽怪詭經之說, 盖其歸在於紀異而非傳信, 名爲稗史而非正史也. 然每一篇出, 先君反復撫覽, 時雖見詆以語怪, 而爲之解頤者亦屢."

6 같은 글, "余又有所感者, 此非有凡例次序也, 惟隨聞而記之. 故書之始, 始於朴氏子事曰: '朴氏子臨死, 請其父執筆, 口占詩曰: 「生世十一歲, 未酬父母慈. 臨死區區願, 更爲父母兒.」' 先君覽之, 愀然曰: '何首此不祥語?' 爲手自剔去, 編之于下矣."

7 같은 글, "乙未夢中之語, 宛然一口出焉, 而類爲符讖. 然其後一轉, 所謂'不如不爲父子'者, 又朴氏子之所不能覺道. 悲夫! 朴氏子, 徒知其身之死之爲悲, 而不知余悲之又非其悲之比也. 悲夫! 朴氏子之悲, 視余爲不悲也夫!"

8 趙絅, 『龍洲遺稿』 권21, 「左議政春城府院君市北南公神道碑銘」 참조.

9 趙龜命,『東谿集』권5,「南重河傳」, "君則詡詡笑, 拂衣出門, 去尋酒朋. 極飮
酣呼, 已則舍而之他, 非寢食, 無移晷在其家時也. 然所取人, 多澹泊不營名利
如己性者. 其人或貧, 不設酒, 卽淸坐相對, 有言卽言, 否卽睡. 吾家以親戚, 故
素昵, 而與余兄弟, 尤相愛, 居又隣比, 日相從. 余常讀書, 倦應對, 君至則輒枕
肘橫臥於側以睡. 睡久臀肉麻, 左右易以休, 數三易而日已暮矣. 余兄弟每戲謂
'今日睡幾臀耶?' 又戲號爲裴皮睡, 君亦怡然也."

10 같은 글, "君旣窮窘甚, 而不問家有無, 平居不見有蹙眉憂歎之容. 嘗闔家癘疫,
不通人, 三日不擧火, 家人德能不能興, 君迺負手逍遙于庭, 若常日."

11 같은 글, "祖父汲禁營, 以君爲敎鍊官, 後例調越松萬戶. 金有慶之尹灣, 以幕裨
從, 察其廉, 特差團練使, 往瀋陽. 是役也, 例多得金賄, 君以須帶往興臺者, 不
自賦, 金益賢之, 其爲海西伯, 亦與俱焉."

12 같은 글, "貧富窮通命也, 不可幸而致均之. 不可致歟, 與其戚戚而勞, 毋寧優
優而安. 死生亦由是已, 生不可悅而就, 死不可惡而避, 故吾心安焉, 無所累也.
吾平生喜飮酒與色, 若使我日有三大杯酒入腹, 一佳冶女在傍, 卽樂而死可也."

13 같은 글, "嗚呼! 古之列禦寇·莊周所吃吃稱有道之人, 不過如是矣, 豈貴耳賤
目者所識哉?"

14 趙龜命,『東谿集』권9,「金遠卿遺事」, "余得士於擧世未知名之日者三, 錦城林
德重, 光山金遠卿, 高靈朴子醇也. 德重, 子醇, 今皆爲時名人, 不爲余所私. 遠
卿獨懷奇抱珍, 葆其光而不顯, 遂奄然以沒, 終於世之不知, 嗚呼惜哉!"

15 같은 글, "君兄弟五人, 其叔濟卿及君, 與余齒相近, 相與追逐遊憺甚適. 濟卿
氣豪喜談論, 每抵掌上下古今, 窮日夜不厭, 君顧退然其側, 若無所曉. 評畫一
語, 忽露微斑, 乃復深叩, 果然言必有中之君子也. 後與時晦兄論濟卿, 余曰:
'濟卿固賢, 遠卿, 尤奇詭也.' 時晦猶不信."

16 같은 글, "余嘗夢遇濟卿見, 問以當世第一人. 余曰: '第一人不必外求, 君家遠卿
是已. 若論其品, 如白玉一塊, 刻畫道峰峰巒耳.' 及祭君文曰: '我夢評子, 窹所
未思. 豈子靈心, 感我發機?' 記實也."

17 韓愈,『韓昌黎文集』권17,「與崔群書」, "至於心所仰服, 考之言行而無瑕尤, 窺
之閫奧而不見畛域, 明白純粹, 輝光日新者, 惟吾崔君一人."

18 趙龜命, 앞의 글, "余性雅癖文字, 凡與余遊者, 未有不讀其文, 而交君十餘年,
至相密耳, 君顧未嘗以是自售, 余亦未嘗以是求君. 聞君新作自知庵上樑文, 始
欲求見, 旋復止之曰: '此非交遠卿本色. 昔韓退之謂人曰:「崔大敦詩, 豈不聰
明博識人哉? 相從二十年, 未嘗言及文字.」後世以此爲譏敦詩, 而余意不然. 此
盖以心交而不以文字者也.' 由是言之, 雖謂: '余之心交, 擧世而獨一遠卿', 可
也."

19 趙龜命,『乾川藁』책6,「遠卿遺事」, 首批, "模寫不放尺寸, 而說相知處, 令人隕
涕."

20 『인조실록』15년 정축(1637) 5월 26일.

21 『숙종실록』33년 정해(1707) 11월 7일;『영조실록』17년 신유(1741) 9월 14일;
『영조실록』31년 을해(1755) 12월 20일.

22 『승정원일기』고종 4년 정묘(1867) 9월 15일.

23 宋徵殷,『約軒集』권13,「外王考金井察訪贈弘文館校理李公行狀」.

24 이에 대한 상세한 비교 분석은 송혁기(2019) 참조.

25 趙龜命, 『乾川藁』 책8, 「李參謀傳」, 首批(紅色), "論次, 較前篇, 更精細." 首批(靑色), "二篇頓挫可喜, 不宮長一格."

26 이정섭은 이 문장에 방점을 찍고 "하나의 구절로 단정한 것이 매우 좋다—一句斷, 尤佳"라는 평을 달아두었다.

27 趙龜命, 『東谿集』 권5, 「李參謀傳」, "尙載登糧積上, 彎弓射賊, 矢不虛發, 所殺傷甚衆, 賊不敢近. 流矢中胸及肩, 自拔鏃, 射如故. 矢旣盡, 虜又射之, 中頂始仆. 有驛隷一人, 不離傍, 抱矢以繼之, 尙載死, 投積尸中以免, 述所見如此云."

28 같은 글, "尙載弟在家, 聞尙載從軍, 撫膺曰: '軍若敗, 兄必不苟生. 虜退, 自往求尸, 久不得. 忽夢尙載見曰: 吾足寒矣.' 仰視, 血痕自頂流至鼻. 後聞其婦家奴, 得尸已藁葬. 啓視之, 一如所夢者."

29 宋徵殷, 『約軒集』 권13, 「外王考金井察訪贈弘文館校理李公行狀」, "上峙糧所, 彎弓射賊, 所殺傷甚衆, 賊相戒不敢近, 流矢連犯於肩胸, 而公怡然拔鏃, 射之如舊. 及箭盡力竭, 竟中賊矢, 遂不起. 痛哉! 公家累避盜, 留落嶺南, 公尸久暴沙場, 公聘家蒼頭春男, 以軍伍, 降自南漢, 始殮屍藁垕."

30 맹자가 왕도정치를 설파하면서 임금이 어진 정치를 하면 아랫사람들이 윗사람을 친근하게 여기고 어른을 위해 목숨을 바치게 된다고 했다. 『孟子 · 梁惠王下』, "君行仁政, 斯民親其上, 死其長矣."

31 趙龜命, 앞의 글, "外史氏曰: '險川之戰, 將三 · 參謀一 · 別掌軍務二 · 審藥一 · 出身從者一百四十 · 軍二千四百三十二人, 無一人免者. 使皆如李參謀言, 殺一賊而死, 豈遽至是哉? 走果可以避乎? 不走者, 以走者殲, 可悲也哉! 此其咎士不素練, 而親上死長之義蔑也. 李參謀小年書生, 能激厲以就大節, 奇矣! 參謀外裔洪應恒, 慷慨士也, 恐其事蹟久而泯沒, 屬余作傳傳之云."

32 같은 글, "俄而大陣潰, 尙載大呼曰: '今日一死, 走可避乎? 男兒寧無殺一賊膽氣耶?' 敗卒稍稍聚."

33 같은 글, "明日昧爽, 虜從後襲擊. 我軍皆烏合不知戰, 後陣先潰, 營將崔震立死之."

34 같은 글, "進兵至水原山城, 時虜兵三十萬, 號百萬, 方圍南漢. 尙載與世規議曰: '我提孤軍二千, 犯勁敵, 其勢必立破, 無益於國, 不如退據險阻, 觀勢而進.'"

35 『승정원일기』 영조 4년(1728) 4월 21일.

36 『영조실록』 5년(1729) 6월 1일.

37 『영조실록』 23년(1747) 11월 28일.

38 『영조실록』 5년(1729) 7월 23일; 26년(1750) 3월 2일; 45년(1769) 3월 21일; 『정조실록』 11년(1787) 12월 16일; 『순조실록』 14년(1814) 8월 24일; 『헌종실록』 14년(1848) 1월 10일; 『승정원일기』 고종 2년(1865) 6월 10일; 고종 8년 신미(1871) 3월 16일.

39 金道洙, 『春洲遺稿』 권2, 「洪霖傳」.

40 金元行, 『渼湖集』 권20, 「三忠傳」.

41 黃景源, 『江漢集』 권18, 「贈嘉善大夫戶曹參判兼同知義禁府事, 五衛都總府副總管洪君墓誌銘 幷序」.

42 趙龜命, 『東谿集』권5, 「烈士洪霖傳」, "趙子曰: 余經戊申之亂, 而悲世之號爲
舊家大族世受國厚恩者, 陷於黨論, 反覆沉迷, 流弊至於叛君父, 身蹈惡逆, 而
微賤無識草莽之人, 廼反不失其秉彝之天. 彼其平日讀聖人書, 抗脣舌談天下
義理, 使與若人齒, 不恥於色, 則怒於言矣. 今其膏血腥穢, 不足以飽若人之畜
犬豕, 豈不痛哉!"

43 같은 글, "都巡撫之出師也, 有珍山御營軍金愁骨伊者, 老而病且死, 主將愍焉,
强之歸, 奮曰: '吾祖死於險川之役, 踵吾祖而死王事, 吾願也. 今以老且病歸,
何以見吾祖於地下?' 涕泣不肯去. 事平, 上聞之, 賜號忠義軍."

44 같은 글, "湖西人有投賊爲鎭川縣監者. 將上官, 過其子婦宿. 婦夜灑掃, 盛備饌
觴其舅曰: '竊聞大人以榮宦行, 敬擧此酒賀.' 因爲問曰: '大人遠處田野, 何以得
此恩於朝廷也?' 舅曰: '非然也. 方今朝廷亂而草昧, 羣雄叛, 吾幸而同事, 故爲
此官.' 曰: '夫叛國者, 名爲逆賊, 大人之官, 乃賊授, 非朝廷授也. 妾聞爲逆者
誅. 赤族之禍今至矣, 雖欲長侍大人得乎? 妾請先死敬復擧此酒.' 舅低首良久,
大悟, 遁去不赴. 玆豈非所謂不失其秉彝之天者乎?"

45 같은 글, "洪霖之名, 不在於朝籍錄, 錄褊裨之列, 與主將, 無雅素倚信腹心之
義, 而一朝遭患難, 捐軀命以酬, 蹈白刃而不悔, 尤卓犖千古矣."

46 朴趾源, 『燕巖集』권3, 「擬請疏通疏」, "以近事觀之, 洪霖一屠孽, 白頭闒幕,
凄凉口腹之計, 而猝然殉難, 凜然有烈士之風. 朝廷不惜褒贈之典, 雖加以非常
之職, 與其生爲百夫之長, 屹然臨城, 則其固圉捍患, 豈特幕府一死也哉!"

47 趙龜命, 앞의 글, "趙子曰: 余至淸州, 好問邑隷軍校, 言變亂事, 人人殊. 至於
霖, 萬口一談, 皆爲咨嗟流涕, 及言德浦, 又無不戟手以罵者. 嗟乎! 彼面貌同職
任同, 乃其所報於主者, 若此之異, 何哉? 抑天之生德溥, 所以益彰霖之烈也?"

48 같은 글, "時霖守工庫, 在營外. 聞變急起, 奪從卒戰笠戴, 拔劍趨入, 營妓之
同眠者名海月, 驚惶抱持曰: '變不測, 奈何獨入死地?' 霖罵曰: '主將危矣. 我有
七十老母, 不顧而死, 豈爲若言而不死耶?' 推之而出, 門闔矣. 撫其壁, 十指皆血.
庭中劍戟如束, 咆聲動天地, 索兵使急. 霖直入, 大呼曰: '我乃兵使也.' 賊執焉.
有認兵使者曰: '非兵使.' 舍之. 已而, 得兵使於營後竹林中, 將斬之, 霖走伏兵
使上曰: '我乃眞兵使也.' 賊捽去, 起而蹴賊, 奪其劍, 擊數人. 賊前縛之, 誘以
利使降, 瞋目曰: '若斬耳. 我豈降若以求活耶?' 賊以劍亂斫, 斫輒剚以降, 罵愈
狠. 賊皆嘖嘖曰: '此忠臣也, 卽欲無殺, 恐傷我, 故殺之. 然事成當錄汝後.' 嘻
曰: '我故無子. 卽有之, 我子豈爲而叛賊用耶?' 遂死."

49 趙龜命, 『乾川藁』책8, 「龍驤衛上護軍鄭公墓碣銘」, 首批(紅色), "頭辭甚好,
銘極佳." 首批(靑色), "起頭甚冗長, 非合作."

50 趙龜命, 『東谿集』권3, 「龍驤衛上護軍鄭公墓碣銘」, "史之體, 善惡幷書, 而銘
則主於褒善. 後世君子, 遂不復致嚴乎碑碣. 其子孫務餙其疑似髣髴之說, 以
納父祖於令名, 而不知其遺魄之永包羞于土中. 受而銘之者, 又一切備書, 以順
適子孫之私意, 而不知是非之公, 不可撓以毫髮, 一辭之差, 上欺天而下誣人
也. 旣護其短矣, 於其長也, 而亦歸之曲筆, 旣進其不肖矣, 於其賢也, 而亦疑
其有所私. 夫護短而掩長, 進不肖而病于賢, 爲子孫者, 何所甘心, 銘之者, 又何
快也?"

51 같은 글.

나만이
알아주는
나

352

52 같은 글, "公天姿粹美. 少就學, 日書忠孝二字曰: '學問之道, 自忠孝生, 此二字, 不可斯須忘也.'"

53 『禮記·祭義』, "孝子如執玉如奉盈. 洞洞屬屬然如弗勝, 如將失之."

54 趙龜命, 앞의 글, "事親生養死祭, 殫極誠敬, 事兄如父, 撫兄弟子如己子, 宗黨多化之, 長子晛, 尤以孝行稱, 世名其所居里曰孝友村."

55 같은 글, "宣廟壬辰, 乘輿播遷. 公慷慨涕泣, 仗劍將赴霽峰軍, 病作不能行. 於是傾家困, 募死士, 使晛代將之往."

56 같은 글, "余曰: '夫君子之澤五世而斬. 子猶不能記己之祖之詳, 而余何從徵之哉? 抑難諛者公議也, 而士林俎豆之享, 百年而尚不廢, 不容僞者天也, 而子之宗族繁衍, 往往力文術爲飭士, 以持門戶, 此其可徵也. 夫然後, 余可以書也夫!'"

57 『孟子·離婁下』, "君子之澤, 五世而斬; 小人之澤, 五世而斬."

58 趙龜命, 위의 글, "自以國讐之未報爲平生恨, 絶意世事, 構小廬龍山之下, 扁以向北, 聚諸生, 講學其中. 每念忠孝大節, 反覆致意, 兵戈搶攘, 而皐比不撤."

59 趙顯命, 『歸鹿集』권3, 「華谷老人趙爾昌, 錫汝文交也. 忽來訪, 飮以酒, 贈之. 又次」, "世無奇士我安適, 今年得與華翁識. 華翁八十痛飮酒, 口吐長虹橫碧落. 吏文學官是何官, 乾坤落落頭空白. 朝饑曳屨歌出石, 自有詩書撑拄腹."

60 趙龜命, 『東谿集』권5, 「一竹翁說」; 권10, 「答趙盛叔書」; 「復答趙盛叔書」; 권12, 「古人行次華谷韻」; 「偶塞行次華谷韻仍遺靑色花牋」; 「與趙華谷諸詞伯登望偓樓呼韻」; 「挽趙盛叔母」.

61 趙龜命, 『東谿集』권1, 「華谷集序」, "今居士之詩, 一集之內, 有頓挫雄鷙者, 有淸逸豪放者, 各極其趣, 並行而不相悖. 夫頓挫雄鷙者, 杜也; 淸逸豪放者, 李也. 豈非所謂稟才之得其全而用功之臻其難乎? 抑今人之不能爲古, 非才也氣也. 氣詘以淺矣, 學杜而病于澀, 學李而病于浮. 此近世諸家之所不免. 居士老白首矣, 窮餓海濱, 寂寥與魚鼈爲伍. 而氣蜂勃愈壯, 歌咏裂金石, 目煌煌如曙星. 故其發乎詩者, 不澀不浮, 連章累篇, 而常有餘力. 乃其所以尤難也.

62 자운은 한나라 학자 양웅楊雄의 자字다. 이 책 1장 2절의 「나를 아는 이 누구일까」참조.

63 趙龜命, 앞의 글, "居士曰: '世不我知, 當藏此以竢後世之子雲.' 余曰: '子雲之有竢於後, 猶以太玄之傳也. 向使太玄, 眞覆醬瓿, 卽朝暮一子雲, 無如玄何. 今之文章, 惟有力者得傳, 子何力而使之傳以期千百載之遠耶?'"

64 같은 글, "居士瞿然曰: '然則奈何?' 余復解之曰: '患不玄耳. 果玄也, 知亦玄, 不知亦玄, 傳而金口木舌, 不爲玄益, 不傳而覆醬瓿, 不爲玄損. 且子已子雲矣, 尙笑竢子雲哉?' 居士大笑. 遂錄之以爲序."

65 금금과 아래에 나오는 슬슬을 각각 거문고와 비파로 옮기는 것은 실상과 차이가 있다. 다만 마땅한 대역어가 없어서, 이 책에서는 차이가 있다는 단서를 달고 거문고, 비파로 옮기고자 한다.

66 趙龜命, 『東谿集』권5, 「夢琴銘」, "余夢見焦尾琴, 客有言者曰: '某處有古瑟, 其爲材也不見焦, 其爲器也終見寶. 夫焦尾之見焦也, 盖有愧于彼瑟哉!' 余曰: '士固有困阨而才始見者, 斯尤奇矣. 何乃焦之爲愧也?'"

67 같은 글.

68 趙龜命,『東谿集』권7,「記夢」, "丙辰九月十一日夢, 有問余者曰: '龜處泥塗而
爲介虫之長, 與四靈之列, 何也?' 余曰: '子覘今之龜, 而未覘古之龜也. 古者以
龜卜以決天下之疑, 故聖人神之, 龜之長尺二, 命之曰守寶, 王者藏于廟而禮焉.
余嘗以爲: 老子其猶龍乎! 聖人已言之矣. 佛猶麟而僭猶鳳, 麟性慈而鳳遐擧,
俱非世用也. 若龜則有似乎吾夫子, 生困乎泥塗, 而死爲天下有開物成務之功.
盖天地之數, 固有相應者也. 今也, 龜卜廢, 龜失其所以爲靈矣. 然而脫於屠割
之苦, 而無鑽灼之煩, 自放於江湖之上, 而天下猶不奪其四靈之號. 此殆其幸
之命於天者然也.' 問者唯唯而覺."

69 趙龜命,『東谿集』권5,「蓮輪說」, "昔者, 林子謂趙子曰: '蓮者托於淤泥而不汚,
子之所已能也; 輪者行於道路而不滯, 子之所未能也. 吾將與子以蓮而勉子以
輪, 可乎?' 趙子有亭, 俯蓮沼而輪其趾, 是類象之者. 於是自號曰蓮輪道人. 蓮
輪之釋, 曰蓮曰輪可也, 曰以蓮爲輪可也. 蓮之葉, 其形似輪也. 今夫以木爲輪
則重, 重則滯. 若能以蓮爲輪, 則駃乎風而行乎空, 飄飄搖搖, 升而不礙, 墜而不
傷. 雖然蓮猶有形也, 未若無形之輪之爲益輕. 夫無形之輪, 造之以不費之工,
藏之以不戒之局, 行之以不策之驅, 駕莽眇翼鴻蒙俯仰之間, 而往反乎咸池之
西, 扶桑之東. 夫孰有物而滯之哉?"

70 趙龜命,『東谿集』권5,「李採字聖博說」, "學之術, 博其採而已. 不博無所採, 不
採亦奚用夫博. 上採之堯舜三代, 下採之漢·唐·宋·明, 近採之師友交遊, 遠採
之天地萬物, 以之聲入而心通, 目擊而道存, 無往而不逢其原, 斯爲採之博而
學之至於聖也. 詩曰: '參差荇菜, 左右采之', 左右則非一方也. 又曰: '采采芣苢,
薄言采之', 采采而又采, 則非一采也. 採乎! 字汝以聖博.

71 趙龜命,『東谿集』권7,「書載遇乙卯志慶帖」, "一鑑之亭, 默溪之樹, 每拜謁從
容, 輒見遇垂髫可念, 挾書呫唔於側者, 僅如昨日事. 今頭角崢然, 儼爲老成進
士. 而永峽之丘木, 久已拱矣. 人事變遷, 俯仰愴懷. 遇與諸兄之感, 可知也."

72 趙龜命,『東谿集』권5,「會之字說」, "族子載遇, 資醇而操正, 志高而勉於學,
盖居今世而慕古人之行者也. 其字曰會之, 以其偶似於宋相檜之字也, 儕友爲
之斷斷焉. 遇以問於余."

73 같은 글, "余曰: '毋苦易也. 古人之事有可法有可戒, 而善之可法, 常不如惡之可
戒之切. 今夫擧堯舜之事以勉於人曰:「爾爲是云爾」, 未有不欲然而縮已, 而擧
桀跖之事以戒於人曰:「爾勿爲是云爾」, 亦未有不奮然而肯. 夫其勿爲桀·跖也
審, 則斯爲堯舜矣, 而縮與肯異效焉. (…) 今爾以檜之字字, 凡處而在家, 行己
處事, 有不直者, 輒自訟曰:「得無同歸於古之會之歟?」出而立朝, 行己處事, 有
不忠者, 輒自訟曰:「得無同歸於古之會之歟?」務去其不忠不直者而爲忠且直者,
務去其同於古之會之者而爲其異於古之會之者, 則會之之不爲古之會之也, 實
爾之字使然, 又焉用易之?'"

74 같은 글, "抑嘗謂:「今天下華夷混而陰陽舛, 以禮義之邦, 臣妾於犬羊. 君子之
極功, 要在廓淸寰宇, 明春秋之大義」會之而能是乎? 則將與古之會之對立, 而
居善惡之極, 使後史論之曰:「同爲會之也, 古也如此, 今也如此」此豈特不爲
古之會之而已哉? 文字之行於天下也, 亦有幸不幸焉. 由其有古之會之也, 會之
二字, 蒙汗辱久矣. 若得今之會之而加之洗滌焉, 不惟爲會之之幸, 亦會之二字
之幸. 以是言之, 有能洗滌桀·跖之惡也者, 宜又名之以桀·跖, 而使天下, 遂無

不幸之字也."

75 이 책 3장 2절의 「한 걸음 더 내딛어 열리는 시야」 참조.

76 丁範祖, 『海左集』 권20, 「震澤申文初六十六歲壽序」. "子欲襲明朝人盛爲壽序, 浮辭諛語, 贊揚人德美, 如狀若銘誌者之爲歟? 我東先輩之絶不爲壽序, 有以也. 雖然, 獨吾有可以壽文初者矣. (…) 以此壽文初, 非浮辭也諛語也."

77 김우정(2013), 「한국 한문학에 있어서 수서壽序의 전통과 문학적 변주 양상」 참조.

78 趙龜命, 『東谿集』 권1, 「叔父后溪先生七十四歲壽序」. "丙辰十二月朔朝, 我叔父后溪先生七十四歲懸弧之辰也. 胤子承旨公, 方出知長湍府, 自府備洗腆之需, 乃以初四日癸亥, 就新村別業, 追進壽觴. 而從姪龜命, 屬有疾病, 不獲與焉. 禮旣卒, 親賓會者, 各賦詩章, 以申頌禱, 先生曰: '序則宜命龜命.' 承旨公歸而致先生意以託焉."

79 洪良浩, 『耳溪集』 권30, 「后溪趙公墓碣銘 幷序」. "癸亥, 赴禮部覆試, 農巖金公昌協爲考官, 適便旋歸, 見一落券, 滿紙塗抹, 亟取來拭去朱抹, 大讀曰: '此詩非吾輩所及.' 遂擢置魁. 己巳, 坤宮遜于邸, 公厭京洛, 走湖曲, 遨嬉山水間. (중략) 金三淵昌翕嘗曰: '曾聞某一年作一詩, 今見其詩, 眞奇才也, 必傳無疑.' 崔昆侖昌大曰: '以若才格, 不脫陳黃門路, 豈局於年代風氣歟?' 李西堂德壽曰: '某雖以詩名世, 文亦甚好, 短引小跋, 極似老杜文.'"

80 『東谿集』에는 수록되어 있지 않고, 『乾川藁』 책6의 「夢林銘」과 「題從氏家藏 遺敎經帖」 사이에 별도의 제목 없이 다음과 같이 적어두었다. "后溪公詩·乾川子文, 當冠吾宗, 不特吾宗, 當冠一世. 盖后溪公前, 無后溪公, 而自后溪公刱后溪詩; 乾川子前, 無乾川子, 而自乾川子刱乾川文."

81 趙龜命, 『東谿集』 권1, 「叔父后溪先生七十四歲壽序」. "自古文章之士, 稟天地之所命, 而懷至寶於一身, 所患者, 獨不得其壽爾. 蓋材成於老練; 而業富於持久. 千尋之木, 非一日之長; 而萬金之藏, 非朝夕之致. 壽固居五福之首, 而有文者, 尤不可以無年也."

82 같은 글, "旣壽矣, 又有患焉. 人生斯世所不免者, 窮達二塗. 達者, 縻於職役; 疲於籌畫, 藁目胼足, 以憂天下之事, 求得暫時之暇, 享閒逸之趣, 而有不能也. 其窮者, 則饑寒之切身, 而弊縕疏食之是急, 戚戚焉若不可以終日, 又奚能娛心自適於筆墨之間哉?"

83 같은 글, "夫文章者, 非直耀乎人, 而所以樂乎己也. 其樂而有或奪之, 則其享之也不全, 此歐陽公思穎之詩, 愈久愈苦. 而讀淵明子美諸什, 常不能忘情于貧富, 若不知至寶之在躬焉者, 豈不爲可恨哉. 是故 文章之士, 旣不可以窮, 又不可以達. 而窮而有養身之具; 達而兼閒適之樂, 此又事理之所能有; 而人謀之所不能及也."

84 趙龜命, 『乾川藁』 책8, 「叔父后溪先生七十四歲壽序」, 旁批(紅色), "說得有地位."

85 1732년 아들 조적명이 홍문관 교리가 됨에 따라 당시 70세였던 조유수는 통정대부通政大夫의 품계에 올랐다. 『승정원일기』 영조 8년 1월 11일.

86 趙龜命, 앞의 글, "造物者, 乃獨委曲經營, 以厚我先生焉. 先生之達, 不達于躬而達于子. 不達于躬也, 故超然無當世之責, 而晩歲卜築郊坰, 剔巖石; 疏瀑流,

355

以供翫賞, 優游放曠, 以發吟哦, 其閒適至矣. 而達于子也, 故承旨公歷敭華顯, 推榮封誥, 今復爲便養 出守圻輔, 庖人之繼甘旨者, 若以家廚平取之, 養身之具, 蓋無所不備矣."

87 같은 글, "世故有不窮不達一線便宜之塗, 前後文章之士, 所未嘗幸焉者, 而先生得以置其身也. 彼世之以不第而謂先生窮, 以推榮而謂先生達者, 孰知其窮而非窮, 達而非達? 而又孰知先生之壽所以成其材而富其業, 不止爲尋常五福之首也?"

88 趙龜命, 『乾川藁』책8, 「叔父后溪先生七十四歲壽序」, 旁批(紅色), "收結極有力."

89 趙龜命, 앞의 글, "先生之文章, 尤長於詩, 其摹情寫事, 似白香山; 化腐爲新, 似蘇長公. 而鑱畫鼓鑄之妙, 蓋亦有自得者, 惟其探之深而擇之精, 故發之者戞而鮮. 至其眞積力久, 擬議變化之熟 則沛然若行其無事. 而年及大耋, 聰明不衰, 篇章之盛, 始水涌而山出, 自今以往, 其爲頤爲期, 而先生之身, 日以閒; 先生之養, 日以豐, 而先生之卮言, 亦日出而不窮矣. 請以是爲先生壽."

90 趙龜命, 『東谿集』권2, 「追記東峽遊賞 丹丘」, "閏月戊午, 遊丹丘. 閔生就良·黃生順昌·德老·叔福姪偕"; 「追記東峽遊賞 月嶽」, "甲子, 同伯氏·閔生·德老·遊遮日巖."

91 趙龜命, 『東谿集』권2, 「觀愛亭記」, "松竹軒主人, 以雅操厚行, 自好於鄕黨, 溫溫思試, 而竟以布衣窮, 優遊田野, 從社中友, 飲酒歌呼, 以爲樂而已."

92 같은 글, "旣老, 傳家政于子, 自搆小亭以處, 溫室凉檻, 厪可容膝, 前鑿方塘, 引活水注之, 植芙蕖十數本, 扁之曰觀愛, 取孟子觀水, 濂溪愛蓮語也. 有妾善釀, 有孫能唱, 每東峰月出, 開戶受澄輝, 引滿命曲, 彈琴以和之, 夜分不寐, 曰: '此足以忘世矣.' 以求記於余."

93 『孟子·盡心上』, "觀水有術, 必觀其瀾. 日月有明, 容光必照焉. 流水之爲物也, 不盈科, 不行; 君子之志於道也, 不成章, 不達."

94 周敦頤, 『周元公集』권2, 「愛蓮說」, "予獨愛蓮之出於淤泥而不染, 濯淸漣而不夭, 中通外直, 不蔓不枝, 香遠益淸, 亭亭淨植, 可遠觀而不可褻翫焉."

95 孫命來, 『昌舍集』권3, 「觀愛亭記」, "亭何在? 在晉治西十許里菁江上遊筥谷坊. 亭何以觀愛名? 亭臨兩小塘, 一養魚, 魚遊樂可觀; 一種蓮, 蓮花香可愛. 登是亭也, 江山環擁, 松竹蔭翳, 烟雲雪月, 四時之賞夥矣. 而必觀於魚與蓮之是愛何? 魚在水, 撥剌悠揚, 天機自得, 有相忘之樂, 而觀之令人心境俱寂, 萬念都捐, 莊惠濠梁之評可見已. 而蓮爲花中之君子, 不與桃杏爭春, 晚節淸香, 暗暗偪人, 故濂溪氏愛之, 爲著說若干字, 卽與太極圖幷傳. 況亭爲塘而起, 塘爲魚若蓮而鑿爾乎!"

96 趙龜命, 『東谿集』권2, 「觀愛亭記」, "余曰: 天地萬物, 惟靜者能觀之, 觀之而得其妙, 卽諺所謂糞壤蛣蜋轉亦可觀者, 不虛耳."

97 같은 글, "彈琴翫月之夜, 亦試以是觀之."

98 蘇軾, 『東坡全集』권33, 「赤壁賦」, "逝者如斯, 而未嘗往也; 盈虛者如彼, 而卒莫消長也. 蓋將自其變者而觀之, 則天地曾不能以一瞬; 自其不變者而觀之, 則物與我皆無盡也, 而又何羨乎?" 김수진(2011)은 이정섭이 「관애정기」를 두고 범속하다고 평가한 것은 "「적벽부」를 모방해 누구나 다 아는 주제를 다루

있다고 판단'했기 때문이지만, 「관애정기」는 소식의 「적벽부」의 관점을 일부 취했으되 정자의 특수성에 맞추어 내용을 환골탈태시켰다"고 보았다.

99　趙龜命, 『乾川藁』 책6, 「觀愛亭記」, 首批(紅色), "命旨凡俗"; 旁批(紅色), "此段, 恐有牽强之病."

100　趙龜命, 『東谿集』 권10, 「答敬大書」. 이 책 2장 3절의 「그래서 나는 이렇게 쓰런다」 참조.

101　趙龜命, 『東谿集』 권2, 「觀愛亭記」, "嘗喜柳子厚書'望靑天白雲以自適.' 靑天白雲, 初非望以自適者, 而嗒然以臥, 仰視其起滅萬態, 則誠有以心忘而神融. 子厚有此靜眼, 所以蠻方瘴癘, 稍忘其牢騷. 今夫子之觀水而愛蓮也, 樂而至於忘世, 不亦宜乎?"

102　같은 글, "且池水之小也, 而芙蕖藻荇魚鼇蝦蜊, 以滋以息, 不猶世界之載萬物乎? 蓮之微也, 而或開或落, 或榮或瘁, 有夭而不苗者, 有折而破者, 有借以爲瓶花而摘去者, 不猶人生升沈窮達之不齊乎?"

103　같은 글, "世界無窮, 人生有涯, 以一世之升沈窮達, 較之於百世之後, 不猶臨池而較花? 而人惟自私, 故有羡厭欣戚耳. 列一身於萬物, 同觀其始終, 則俯仰之間, 所遇百變, 泥蟠天飛, 流行坎止, 其奇詭可笑, 未始異於物, 而均爲一戲劇也. 夫子果能達觀乎此, 而以世界爲池, 以人生爲花, 以吾身爲花中之一蕚而已乎?"

104　박상영(2003)은 앞의 질문이 송죽헌 주인을 유종원과 연관시켜 높인揚 것임에 비해, 여기서는 그가 향유하며 망세忘世할 만한 것이라고 말하는 감각적 쾌를 누르고抑, 진정한 의미의 망세는 불가능하다는 견해를 개진한 것으로 이해했다.

105　趙龜命, 『東谿集』 권3, 「李孺子墓誌」, "自達者觀之, 人物一泥蠟也. 死生一成毁也. 成之久者爲壽, 毁之速者爲殤, 均之造化之所幻戲."이 책 2장 1절의 「죽음의 슬픔에서 건져 올린 문학」 참조.

106　趙龜命, 앞의 글, "月有盈虛, 而其盈也陰晴開蔽之殊候, 則月亦與花同也; 琴有成虧, 而其成也五音·六律迭爲君臣而相乘, 則琴亦與花同也. 月也琴也, 無往而非人生也, 無往而非吾身也. 彈琴翫月之夜, 亦試以是觀之."

107　趙龜命, 『乾川藁』 권6, 「觀愛亭記」, 首批(靑色), "就題面, 發幽渺之思."; 旁批(靑色), "未見其病也."

108　趙龜命, 『東谿集』 권2, 「達觀亭記」, "今錦城宰李公營亭於所居之華淸崗. 崗之勢, 自西而南進而北出, 是爲亭基, 斗絶以臨大野, 川流淨其趾, 田疇暢其望. 東直營府, 撲地千戶, 鼓角相聞, 北眺鳳藪, 林木鬱然, 遠屬頭陀之松樺, 棠城以雄氣勢, 牧庵以疎點綴, 凡數十里間, 可觀之景, 不移席而皆攬之. 公曰: '是實通矚, 通矚曰達觀, 亭其以是名乎.' 役將始而屬記於龜命."

109　같은 글, "竊念通矚者, 目之任也, 達觀者, 心之爲也, 目與心殊物, 而理則同焉. 今夫作亭於斯, 開戶而數十里間山川雲煙樓臺花木之觀, 極公目力之所至, 而公之見非伸而長也. 閉戶而所見不過屛帳几案咫尺之近, 而公之見非縮而短也. 境有通塞, 而見未始變."

110　같은 글, "世之眛者, 恒以達觀之名, 歸之棲遯淡泊無所拘束之人, 而如公之鞅掌於職役, 綜理於事務者, 不樂以是許焉, 殊不知達者拘之反也. 能靜而不能

動, 能閑而不能忙, 是乃拘於觀而非達也. 惟所謂澹然者, 不撓則動靜閑忙, 同
囿於達觀之中, 卧華嶺而爲魚鳥之君長, 猶是達也, 泣錦城而應一境赤子之饑
啼寒呼, 亦猶是達也."

111 같은 글, "古之達觀者, 無窒亨, 無險夷, 視得喪爲一轍, 合今古爲一體, 御百官
萬民之衆, 而簡淡無間於丘壑, 臨干戈戰陣之危, 而安閑不改於衽席, 莛楹廣
施, 彼其以境接者無窮, 而吾之觀之, 常通而爲一, 澹然而主於內者, 初未嘗有
撓. 蓋其審知天地萬物所以詘信乘除浮沈榮悴, 其理一故耳."

112 趙龜命, 『東谿集』 권2, 「十足堂記」, "古之至人, 於凡外物, 不見其足, 亦不見其
不足, 適然而足而不以爲足, 偶然而不足而不以爲不足. 無足也, 無不足也, 又焉
有樂與不樂? 然後天下之物, 皆無能以役吾, 而吾常優遊超脫, 獨往獨來, 方爲
眞無累矣."

113 趙龜命, 『東谿集』 권8, 「靜諦·天與」. 이 책 3장 3절의 「격분한 유자가 논하는
마음」 참조.

114 『莊子·在宥』, "出入六合, 遊乎九州, 獨往獨來, 是謂獨有."

115 黃景源, 『江漢集』 권17, 「東谿趙公墓誌銘 幷序」.

116 趙顯命, 『歸鹿集』 권19, 「東溪小傳」, "君無子而顯命則有六子, 君諷之曰: '乾
卦六陽, 變三爲履可乎?' 未幾, 君將死, 顯命許以其第三子子之, 而名之曰載履,
字子三, 用君乾卦之說也."

117 趙龜命, 『東谿集』 권6, 「臨鏡贊」. 이 책 1장 2절의 「나를 아는 이 누구일까」
참조.

118 趙顯命, 앞의 글, "嘗自著畫像贊曰: '友而德重, 七八分知我也; 兄而稚晦, 五六
分知我也. 老子曰: 知我者希, 則我貴也.' 稚晦者, 其從祖兄顯命也. 顯命待之
以師友, 嘗言吾雖擧世非之, 得錫汝一言之可足矣."

119 같은 글, "旣又汎濫於老佛二家之說, 於一切世故泊然, 若無所累其心. 然其言
議平正溫厚, 必根於倫理, 居家篤於孝友, 事丘嫂如母, 終身不異居曰: '吾幼而
養於親, 壯而養於嫂, 老則養於姪, 可也.' 晚而就仕, 蓋亦爲嫂屈也. 君爲人淸
瑩如冰玉, 長益瀟灑幽靚, 類不食煙火者, 卽之體不勝衣, 溫溫若不能言, 然叩
其中, 則浩浩有不可窮者."

120 朴趾源, 『燕巖集』 권3, 「繪聲園集跋」. 이 책 1장 2절의 「나를 아는 이 누구일
까」 참조.

121 李圭景, 『五洲衍文長箋散稿』 권18, 「小華叢書辨證說」.

122 李圭景, 같은 책 권60, 「牛人辨證說」.

123 유한준의 도문분리론이 드러나는 「答朴叔書」는 조귀명의 「答稚晦兄書」,
「答趙盛叔書」 등을 종합하여 재구한 것으로 보인다. 상세한 비교는 박경남
(2009), 「유한준의 도문분리론과 산문 세계」 참조.

124 兪晩柱, 『欽英』 권4, 1781년 7월 29일; 권6, 1786년 9월 24일.

125 李夏坤, 『頭陀草』 책11, 「板橋店送趙愼汝之任咸陽」, "愼汝弟龜命錫汝有文名.
方從其兄南遊, 結之之."; 李德壽, 『西堂私載』 권9, 「沈淑人墓誌銘」, "盖淑人內
外俱名族, 贊成公賢而有重望, 旣嫁而僉正公又賢, 有孝友至行, 兩子又賢, 而
龜命尤以文著名."; 成大中, 『靑城集』 권10, 「洪公晦哀辭」, "北谷相公雅量鎭物,
厚德裕昆, 風範被於江漢之間, 愛懶公承之, 布素而儲重望, 文識與趙東溪龜

命齊稱." 그 외 이 책 1장 4절의 「천거로 세상에 나가다」에 인용된 영조 때의 『실록』 및 『승정원일기』 참조.

126 趙龜命, 『東谿集』 권6, 「題白下書帖」; 「題柳汝範家藏尹孝彦扇譜帖」. 이 책 2장 2절의 「조선의 서화를 평하고 꿈꾸다」 참조.

127 趙龜命, 『東谿集』 권8, 「焚香試筆」, "余嘗與仁老叔論文, 以爲: '毋論正偏高下, 一洗東方膚率單陋之習而勞襲中州者, 三百年來, 三淵一人而已.' 仁老叔曰: '汝可謂惑於三淵者, 此特小說批評體耳.'"

128 조귀명의 모친 심 부인이 이덕수와 고종사촌 간이다.

129 辛敦復, 『鶴山閒言』, 「三淸洞勝會」, "李德壽似蒼朴, 其如一松木片, 何哉?"(임형택 편역, 『한문서사의 영토』 재인용).

130 趙龜命, 『乾川藁』 책6, 「施耐菴水滸傳序」.

131 正祖, 『日得錄』 권1, "龍洲之文效莊子, 東谿之文效長蘇, 此是文苑中一部鼓吹. 譬如俗樂中龍女之笛, 步虛之詞, 雖未能盡合雅譜, 亦自悅耳, 好堪一聽."

132 金澤榮, 『韶濩堂集』 권8, 「雜言 四」, "如吾韓黃江漢, 頗長於記事, 而他體皆短. 趙東谿·洪沆瀣, 雖皆能跳出於陋, 而矯枉過直, 病於佻淚. 故選不及之矣."

133 李奎象, 『幷世才彦錄·文苑錄』, "爲人淸修而善文. 文極有妙理, 理趣意氣, 酷描東坡. 立意綴藻, 一洗膚率陳餒態. 其得意處, 往往怡人神解."

134 宋伯玉, 『東文集成』 권12, 「東谿趙先生集文抄引」, "東谿趙先生, 無意公車, 屢不就蔭路, 閉戶攻古文, 不爲險奇濃麗之調, 而平易辭達而止. 然自出機杼, 別建旗鼓, 嵬嵬獨立乎騷壇之上矣. 先生嘗自言, 得之南華經者居多, 而以蘇長公爲歸. 且蘊繹性理之學, 汎濫佛老之說, 間出乎左氏之富艷·馬史之高潔, 矯東文一變而至於華, 華一變而至於古. 故其文, 以意勝而洗脫陳腐, 不期法而脗合繩尺, 自多雅馴靈悟之識. 余讀畫贊及雜題, 直欲鏗鏘鼓舞, 而羅漢題贊, 較坡翁, 頌之半而才亦半. 總之, 後坡翁六百年, 惟趙東谿乎!"

135 趙顯命, 『歸鹿集』 권19, 「東溪小傳」, "君自言得之南華經者爲多, 而以蘇長公爲歸云."

136 趙龜命, 『乾川藁』 책6, 「讀八大家文抄」.

137 趙龜命, 『東谿集』 권1, 「贈鄭生錫儒序」, "至皇明有天下, 世代益降, 文章益卑, 則學士大夫, 思有以振之, 而不得其術也. 於是攟摭乎左傳·國語之句, 塗改乎馬史·班書之字, 揭以爲之於天下曰: '此古文也.' 溶源於蛩峒, 揚波於弇州滄溟, 鼓天下之文章, 而相與爲探囊肷篋之習."

138 趙龜命, 『東谿集』 권7, 「讀錢牧齋集」.

139 趙龜命, 『東谿集』 권10, 「答崔君實書」, "自古文章之士, 未有不由科擧而進者, 獨明季陳眉公, 高麗林大年, 爲千百之一."; 권6, 「題十二兄所藏海嶽圖屏」, "此石公記中語耳. 所謂: '雷奔海立, 孤騫萬仞, 忽焉橫曳, 東披西帶者, 爲得膚·得骨·得趣, 試問諸瀑."; 권7, 「書花陣綺言袁中郎序後」. 왕사임에 대해서 조귀명이 직접 언급한 자료는 없지만, 박희수(2015)에 의해서 조귀명의 유기遊記에 그의 영향이 보인다는 사실이 밝혀졌다.

140 趙龜命, 『東谿集』 권7, 「書花陣綺言袁中郎序後」, "明末文士, 視行檢如弁髦, 以淫慾爲茶飯, 便一吒枳羅世界矣. 夫艷情之書, 例匿纂編者名, 猶見羞惡之天, 而玄道何人, 奮筆大書于序末? 且曰: '勝三墳五典, 何啻萬萬?' 是殆具包天

膽渾鐵面皮矣."『화진기언』에 달린 서문은 누군가가 책의 판촉을 위해 원굉도의 명성을 사칭하여 쓴 것으로 보이지만, 조귀명의 원굉도에 대한 관점을 확인하는 근거로서는 의미가 있다.

141 이에 대해서는 강명관(2007), 박희수(2015)에 의해서 면밀하게 분석되었다.

142 趙龜命,『東谿集』권1,「贈鄭生錫儒序」, "平淮碑, 似書; 毛穎傳·張中丞叙, 似司馬遷; 董晉狀, 似左氏. 其餘有似莊周, 似戰國策, 似劉向, 至於似柳宗元·樊宗師·孟郊."

143 같은 글, "魏晉以後, 無文章, 韓昌黎始以古文倡於唐. 然而其文不爲摹擬, 務自己出."

144 같은 글, "此皆游戲偶然. 然就其篇中, 求一句一字之假竊蹈襲, 不可得也. 其後歐陽公, 似司馬遷; 蘇東坡, 似莊周; 曾南豐, 似劉向. 要其氣味之相近, 不期學而學, 非强爲摹擬也."

145 趙龜命,『東谿集』권10,「與李季和書」. 이 책 2장 3절의 「문학적 전범은 필요할까」 참조.

146 趙龜命,『東谿集』권1,「贈羅生沉冗序」, "蘇氏者, 其言雖違正理, 乃己言而非古人之言, 乃胸中獨得之見識而非道聽塗說之比也."

147 이 책 2장 2절의 「취미는 취미일 뿐이다」와 2장 3절의 「도문일치의 관념을 부정하다」 참조.

148 趙龜命,『東谿集』권10,「復答趙盛叔書」, "盖文章之妙, 如泉之溫, 火之寒, 石之結綠, 金之指南, 要其有獨稟之氣, 而又必濟之以自得之見, 非必伊·周·孔·孟公共之理也."

149 葛洪,『抱朴子·論仙』, "水性純冷, 而有溫谷之湯泉; 火體宜熾, 而有蕭丘之寒燄."

150 茅坤,『唐宋八大家文抄』,「總叙」, "蓋天生賢哲, 各有獨稟. 譬則泉之溫, 火之寒, 石之結綠, 金之指南. 人於其間, 以獨稟之氣, 而又必之專一, 以致其至. 伶倫之於音, 神竈之於占, 養由基之於射, 造父於御, 扁鵲之於醫, 遼之於丸, 秋之於奕, 彼皆以天縱之智, 加之以專一之學, 而獨得其解. 斯固以之擅當時而名後世, 而非他所得而相雄者."

151 趙龜命,『東谿集』권1,「贈鄭生錫儒序」, "其後歐陽公似司馬遷, 蘇東坡似莊周, 曾南豐似劉向."

152 趙龜命,『東谿集』권1,「贈鄭生錫儒序」, "古之文章, 以己之言, 發己之理, 文其辭於千載之上, 而顯其心於千載之下." 이 책 2장 3절의 「자신만의 깨달음을 담는 것이 문학이다」 참조.

153 趙龜命,『東谿集』권10,「答敬大書」, "譬如饞人評味, 浪子說情, 理雖非正, 而境則實眞, 自足以動人心腸也. 是之謂自得, 自得之深, 無論正偏高下, 而文皆好."

154 趙顯命,『歸鹿集』권19,「東溪小傳」, "君有貞疾, 平居多杜門, 不接人事, 日夜究心, 爲古文辭, 浸淫涵蓄, 盖三十餘年, 而其文益大肆, 妙悟玄解, 務發己見, 不規規於古人繩墨之內."; 黃景源,『江漢集』권17,「東谿趙公墓誌銘 幷序」, "其爲文章, 敏妙遒宕, 有蘇文忠公之氣, 而議論必自己出, 未嘗與古人之言相襲也."

155 趙龜命,『東谿集』권10,「答羅人伯書」, "人見其觀心而有省悟, 則疑爲禪也, 而

我則非禪也; 見其辨於物之幾, 而游於有物之始, 則疑爲老莊也, 而我則非老莊也. 蓋我與我周旋久矣, 故其發以爲文而承之以筆也, 深者不使疏而淺也, 淺者不使掘而深也, 小者不使引而大也, 大者不使削而小也."

156 趙龜命,『東谿集』권10,「與李季和書」, "天地生斯人也, 各具耳目, 而千萬人之耳目, 無一同焉; 各有意態, 而千萬人之意態, 無一同焉. 是使千萬人者, 各身其身, 而不與人模擬; 各意其意, 而不爲人管攝者也. 故同視一物, 而吾未嘗借人之視; 同聽一聲, 而吾未嘗借人之聽, 則獨於見識解悟, 屈首爲古人之奴僕, 抑何爲哉? (⋯) (要使千古學術文章, 爲吾之裁而不能裁吾, 爲吾之役而不能役吾,) 其皆不合于吾, 則寧學吾學文吾文, 別建旗鼓, 橫馳旁騖, 使天下後世, 知有不儒不釋不韓不柳, 嵬嵬獨立之乾川子爾."

157 趙龜命,『東谿集』권1,「兵學大成序」, "探原窮委之謂學, 專心致志之謂工, 超然自得之謂眞, 用之不竭之謂成. 甚矣! 東國人之陋也. 芒芒乎無所事而生, 漂漂乎無所底而死. 特其有耳目鼻口, 與人坐與人起, 而命之爲人, 豈不大哀乎? 余聞海西有爲潮學者, 朝而往暮而歸. 蓋六十年於海岸矣, 然後始著書二編, 明己見. 世咸怪之, 以爲弊精神於無用之地, 而余獨歎息, 謂非東國人也. 今覽柳君重臨所撰兵學大成, 其猶有意於學者乎! 裒輯之勤, 而首尾具焉; 櫛刷之精, 而枝葉刊焉. 間復自附註疏, 發明疑晦, 用工亦專且深矣. 由是以進, 其至於自得而爲不竭之用也, 審矣, 亦可以矯東國人之陋乎!"

158 이 책 3장 1절의「내 마음에 맞는 길에서 만나는 새로움」참조.

159 趙龜命,『東谿集』권10,「又答林彦春書」, "自得則小猶可貴, 況爲其大乎; 卑猶可敬, 況爲其高乎? 玉固珍於石, 而毋爲贋玉, 贋玉不如眞石之不欺; 驥固駿於駑, 而毋爲畫驥, 畫驥不如生駑之可策."

1693 │ 계유 숙종 19년, 1세
     │ 12월 29일에 태어나다.

1699 │ 기묘 숙종 25년, 7세
     │ 스스로 글을 깨우치다.

1703 │ 계미 숙종 29년, 11세
     │ 수두를 앓기 전까지는 집에서 키우지 말라는 관상쟁이의 조언
     │ 에 따라 유모의 집에 얹혀살다가, 이때 수두를 앓고 나서 집으
     │ 로 돌아와 지내다.

1705 │ 을유 숙종 31년, 13세
     │ 과거시험에 응시하여 수천 글자에 이르는 대책문對策文을 짓다.

1707 │ 정해 숙종 33년, 15세
     │ 김성제金誠躋의 딸과 혼인하다.

1711 │ 신묘 숙종 37년, 19세
     │ 생원시에 합격하다.

1713	계사 숙종 39년, 21세

「습필진도첩서習筆陣圖帖序」와 「백씨산수화찬伯氏山水畫贊」을 지어 서법書法을 논하고 그림을 품평하다.
「임경찬臨鏡贊」을 지어 거울에 비친 자신을 스스로 평하다.

1714	갑오 숙종40년, 22세

「남북기론南北氣論」과 「혁과제책革科制策」을 지어 역사와 제도에 대한 자신의 견해를 입론하다.

1715	을미 숙종 41년, 23세

부친 조태수趙泰壽(1658~1715)의 상을 당하여 행장을 짓다.
조현명趙顯命(1690~1752)과 서신으로 문학을 논하다.

1717	정유 숙종 43년, 25세

족형 조원명趙遠命, 조택명趙宅命 등의 제문을 짓다.

1718	무술 숙종 44년, 26세

부친의 언행을 담은 62조목의 『과정록過庭錄』을 편찬하다.
부친의 권유로 당대의 일화를 서술한 30여 조목의 『병세잡사並世雜史』 편찬을 마치다.
불교의 이치를 분석한 「원불原佛」을 짓다.
조부 조상우趙相愚(1640~1718)의 상을 당하다.

1719	기해 숙종 45년, 27세

1만3700여 자 분량의 조부 행장을 짓다.
의원 임서봉任瑞鳳에게 치료를 부탁하는 편지를 보내면서 자신의 문학적 자부를 밝히다.
여러 편의 서화 제발을 짓고, 상이한 시대의 역사에서 공교로운 연관성을 찾아서 60여 조목의 사례를 정리한 「독사讀史」를 짓다.

1720	경자 숙종 46년, 28세

윤두서尹斗緖, 박동보朴東普, 김창석金昌錫 등 우리나라 여러 문인의 서화작품을 모은 『관월첩貫月帖』의 서문을 짓다.
구양수의 작품을 개작한 「홍앵무부紅鸚鵡賦」를 짓다.

1721	신축 경종 1년, 29세
	가상의 책문策文 5편을 묶은 「책경策經」을 지어 인사 문제와 관료 운용, 공론 개혁 등의 시무를 논하다.
	『서경書經』의 문체로 관조적 세계관을 우의적으로 표현한 「화왕본기花王本紀」를 짓다.
	『산해경山海經』을 연구하고 선록하여 『산경절선山經節選』을 편찬하다.
	이익간李益翰에게 보내는 편지에서 자신이 도학에는 성취가 없고 문학에서 그나마 진전이 있음을 밝히다.

1722	임인 경종 2년, 30세
	여름, 구안와사를 앓아 집 안에 칩거하다.
	「남중하전南重河傳」, 「매분구옥랑전賣粉嫗玉娘傳」을 짓다.
	9월, 세제世弟(훗날의 영조)가 태학에 입학할 때 장명생將命生으로 추천받아 참가하다.
	영희전永禧殿 참봉에 제수되었으나 나아가지 않다.

1723	계묘 경종 3년, 31세
	함양咸陽 군수로 부임하는 형 조준명趙駿命(1677~1732)을 따라 함양으로 이주하다.
	조재호趙載浩(1702~1762)에게 보낸 서신에서 자기 생각을 담은 문학이 지니는 가치를 역설하다.

1724	갑진 경종 4년, 32세
	8월, 조준명, 조우명趙遇命, 권상경權尙經 등과 함께 용유담龍遊潭, 지리산 등을 유람하고 기문을 짓다.
	함양에 머물며 나침羅沉, 조석하趙錫夏, 신사진申思晉(1697~?) 등과 교유하다.
	가상의 책문 3편을 묶은 「책위策緯」를 지어 변란 시의 대책과 군대 운용, 성곽 건축 등의 시무를 논하다.
	정혜定慧(1685~1741), 태우泰宇(?~1732), 만훈萬薰 등의 승려들과 교유하며 이후 몇 년간 서신으로 불교의 교리를 논하다.

| 1725 | 을사 영조 1년, 33세 |

조이창趙爾昌과 교유하며 화운시와 기문, 설 작품, 문집 서문 등을 써주고, 왕복 서신을 통해서 도학과 문학을 분리하여 보아야 한다는 입론을 세우다.
10월, 증광 문과 회시에 참여했으나 낙방하다.

| 1726 | 병오 영조 2년, 34세 |

12월, 함양에서 청풍清風으로 부임하는 조준명을 따라가 단양 인근 사군四郡을 비롯한 동협東峽 일대를 유람하다.
원굉도袁宏道가 쓴 것으로 알려진 『화진기언花陣綺言』의 서문을 비판하다.
정석유鄭錫儒(1689~1756)에게 준 글에서 '자기 생각을 자기 말로 표현한 문장'을 문학의 이상으로 제시하다.

| 1727 | 정미 영조 3년, 35세 |

모친상을 당하다.

| 1729 | 기유 영조 5년, 37세 |

1726년 12월에서 1727년 3월 사이의 단양 일대 유람을 추후에 기록한 「추기동협유상追記東峽遊賞」을 짓다.
이정섭李廷燮(1688~1744)의 원고에 비평을 하고 서신을 주고받으며, 학술과 문장에서 자신이 주체가 되어야 함을 천명하다.
조계명趙啓命에게 보낸 서신에서 높은 식견이 있으면 신묘한 언어가 따르기 마련이라고 하여, 담긴 생각이 중요하지 평이한 문체가 표준이 되어야 하는 것은 아니라고 주장하다.
문인화가 윤용尹愹(1708~1740)과 교유하고, 여러 화첩에 제발문을 남기다.

| 1730 | 경술 영조 6년, 38세 |

청주 목사로 부임하는 형 조준명을 따라 청주로 이주하다.
이천보李天輔(1698~1761)를 찾아가 교유하다.
이정섭에게 보낸 서신에서 전통적인 작법보다 독자적인 생각이 중요함을 역설하다.
인척 조카인 임상원林象元(1709~1760)과 왕복 서신을 통해서 문학 창작에서 모방하지 않고 자신의 견해와 깨달음을 담아야 함을 강조하다.

173 | 신해 영조 7년, 39세
봉림鳳林을 유람하고 기문을 짓다.
춘추 시대 사마양저司馬穰苴의 병법서 『사마법司馬法』에 보주補註
를 달다.
삼충사, 청주향교, 상당산성 남문루 등 청주 지역 건물의 상량
문과 중수기를 짓고 여러 편의 기우제문祈雨祭文을 대신 짓다.

1732 | 임자 영조 8년, 40세
4월 28일, 형 조준명이 죽다. 서울의 간천동으로 돌아오다.
조준명의 행장과 묘지명을 비롯하여 조학명, 조두수 부인, 조
상우 부인, 조계명 부인 등 집안의 묘지명을 맡아서 짓다.
고양이를 의인화한 「오원자전烏圓子傳」을 짓다.
해악도海嶽圖, 무우도舞雩圖 등 여러 서화에 제발문을 짓다.

1733 | 계축 영조 9년, 41세
동몽교관童蒙教官의 직분을 맡아서 서울 지역의 학생을 가르치다.
「속난정회서續蘭亭會序」에서 '자기 생각'에 부합하는가가 유일한
기준이 되어야 함을 역설하다.
조윤趙綸의 시집에 서문을 지으며 자신만이 자신의 지기知己임
을 밝히다.
최수성崔守誠, 나삼羅蔘, 김진대金鎭大 등과 서신으로 문학을 논
하다.
「가의론賈誼論」, 「곽광론霍光論」 등의 역사 논평문을 짓다.
조상개趙相槩, 조태수趙泰壽, 이지번李枝蕃, 권익문權益文, 임상덕林
象德 등의 묘지명과 묘표, 행장을 짓고, 김유련金流連의 전기를
짓다.

1734 | 갑인 영조 10년, 42세
권보형權保衡, 이후강李後絳, 권순형權舜衡, 홍명필洪命弼, 조담수趙
聃壽, 이창발李昌發 등 여러 인물의 묘지명과 묘표를 짓다.
원경하元景夏(1698~1761), 유세모柳世模(1687~?), 조재일趙載一
등이 소장한 서화와 윤덕희尹德熙(1685~1776) 등의 그림에 제발
을 쓰다.

1735	을묘 영조 11년, 43세

4월, 송인명宋寅明(1689~1746)이 '문학이 있는 선비'로 천거해 사축서司畜署 별제別提에 오르고, 곧 공조 좌랑으로 옮기다.

태인泰仁 현감에 제수되었으나 부임하지 않았고, 대신의 천거로 개녕開寧 현감이 되었으나 역시 부임하지 않다.

의원 유중림柳重臨(1705~1771)이 지은 병법서 『병학대성兵學大成』의 서문을 짓다.

1736	병진 영조 12년, 44세

1월, 익위翊衛가 되다. 왕명으로 『예기禮記·문왕세자文王世子』의 글을 병풍으로 써서 세자궁에 올리다.

4월부터 지병이 심해져서 병상에 누워 있는 날이 많다.

9월 병상에 누워 있을 때 남유용南有容(1698~1773)과 황경원黃景源(1709~1760)이 방문하여 함께 이인상李麟祥(1710~1760)의 그림에 제발문을 남기다.

정선鄭敾(1676~1759), 윤순尹淳(1680~1741) 등의 그림과 글씨에 비평을 남기다.

이천보, 남유용, 황경원에게 자신의 문집인 『동계집』에 서문을 달아달라고 청했으나 모두 거절당하다.

김진대金鎭大에게 보낸 서신에서, 진정으로 스스로 깨달은 생각이 있는지가 유가와 이단의 구분보다 더 중요하다고 역설하다.

1737	정사 영조 13년, 45세

『주역』, 『대학』, 『중용』에 대한 자신의 견해를 담은 설說을 짓다.

9월, 송인명의 천거를 받다. 상이 지방관을 맡겨보도록 명했으나, 같은 달 27일에 사망하다. 광주廣州 청계산淸溪山에 장사 지내다.

이천보와 남유용이 제문을 지어 조문하다.

1741	신유 영조 17년

삼종형 조현명이 활자로 문집을 간행하다.

1752	임신 영조 28년

황경원이 경주 부윤慶州府尹으로으로 부임하여 문집을 복각하고 묘지명을 짓다.

나만이
알아주는
나

368

1773 계사 영조 49년
6월 영조가 문집의 서문을 지어 내리다.

저작 연도에 따른 작품 목록

※작품명 우측의 *는 『乾川藁』에만 있고 『東谿集』에는
실리지 않은 작품을 표시한 것이다.

1712년 (壬辰, 20세)
乳母李 *
遊山說 *
偶誦家語丹漆之喩… *
祭權都事文 *
夜深無眠黔也拈韻促賦 *

1713년 (癸巳, 21세)
習筆陣圖帖序
不苟說
惺惺喚心杖銘
伯氏山水畫贊(二)
臨鏡贊
祭趙參判(泰東)文代作
釣而不綱論
丙吉論
北方有佳人賦
次山谷集演雅體韻與稚晦聯句
同學諸生拈農巖集述懷詩韻共賦
余亦作戲語次之

擬代疏
春帖(二) *
漫錄(夢說) *
臣服君喪議(代作) *
不殺蟣蝨辨 *

1714년 (甲午, 22세)
書室前小庭種花木記
列女屏八幅贊
　新婦作羹
　賢妻進警
　斷機勵夫
　升堂乳姑
　挽車同歸
　鎰畝相敬
　分閫示別
　剪髮供饌
李監司(震壽)家所藏孝寧大君筆蹟
帖跋(代作)
題畫扇

題際卿(遇命)所藏東坡詩卷
權察訪(聖揆)家畫鶴障子歌
病解(二)
南生克寬哀辭(代作)
與金濟卿(弘澤)書
南北氣論
革科制策
雪後得月
元氏家藏先代試卷帖跋(代作) *
題懋大所藏東坡詩卷 *
日涉亭記 *
漢陽古意(次長安古意韻) *
沈兄夢良遺事(幷序) *
題稚晦扇(伯氏畫蘭菊) *
以家間病患婢僕輩禱于關王廟口
占祝文與之 *
我懷寄黃生 *
朴兄師淹挽辭 *
三一齋記 *
琴銘(爲林德重象鼎作) *
春帖 *

1715년 (乙未, 23세)
始祖高麗侍中平章事公墓省掃錄
序(代作)
先考通訓大夫行司䆃寺僉正府君
行狀
林德重朴孝娘傳贊
祭權弟聖在(舜衡)文
答稚晦兄書
復答稚晦兄書 *
祭沈孺人文(宋徵啓妻) *
燕飛奉贈蘭齋先生(族兄泰徵) *
題畫扇(伯氏所寫) *
葱麥窩記 *

見聖巖齋舍營建勸趙氏在鄉諸宗
施捨文 *
先府君畫像新成奉安几筵側告祝
*

省洞山裁穴始末 *

1716년 (丙申, 24세)
答時晦兄書

1717년 (丁酉, 25세)
祭十三兄觀叟(達命)文
祭十四兄祉叔(宅命)文
祭族兄蘭齋先生文
直長宗兄(復命)氏畫像贊(二) *
讀八大家文抄 *
別稚晦兄往臨陂序 *

1718년 (戊戌, 26세)
過庭錄序
並世雜史序
家乘序
觀叟兄墓誌銘(幷序)
乳母李氏墓誌銘(幷序)
夢琴銘(幷序)
題成甫兄詩稿
題畫扇(伯氏以墨刀寫) *
題畫扇(爲遇命作)
題族弟揚命扇
復題伯氏所畫扇 *
題曹弟(命愼)扇(金兄錫大畫) *
點綴東坡與賈耘老尺牘戲題戚姪
盧慶采扇 *
小像自贊 *
又題絹本小像
讀錢牧齋集

毛穎之命
原佛
祭祖考右議政府君文 *
祖妣贈貞敬夫人遷祔時祭文
祭外祖母貞夫人李氏文 *
孺人平山申氏哀辭(幷序) *
與金生聖守書
次東山相公尹趾完韻却呈(二, 代
作, 尹趾完)
別朱橫還北
成甫兄咏畫扇詩序(二) *
檀越報信帖序(代作) *
海城君檍挽(幷序) *
養正除積萬全丹說 *
答沈姪書 *

1719년 (己亥, 27세)
祖考東岡府君行狀
時晦兄所藏大學贊
畫贊十二
　崩崖倒樹
　松梢獨鶴
　春水漁艇
　臨陽別墅
　柴桑歸棹
　赤壁泛舟
　秋江晚笛
　蕭寺暮雪
　李廣射石
　湘靈鼓瑟
　浣花林塘
　廬山瀑布
成甫兄畫像贊
李弟君敍所藏李澄畫鷺障子二軸
贊

時晦兄所藏東岡遺墨跋
題南草帖 *
題寶鼎齋帖
送洪丈(重聖)宰石城序 *
讀史
祭從妹孺人文宋翼輝妻
與某醫書
與宋春閞(堯和)書
摠戎廳教鍊官祭韓城君李基夏文
(爲庶叔德壽作) *

1720년 (庚子, 28세)
貫月帖序
倭驢說
慕顯齋銘)幷小序
鏡匣銘
膽伯夷傳小跋
祭權兄聖任(保衡)文
答李弟君敍(彝憲)書
紅鸚鵡賦)幷序

1721년 (辛丑, 29세)
山經節選序
送茂長宰李而準(巨源)序
安岳啓文谷倡學齋記
族子載順墓表(代作)
張公藝百忍說(代時晦兄作)
龜巖樂窩銘)幷序(爲徐敬居作)
時晦兄所藏東宮宣賜心經跋
題東坡承天寺步月圖
復題步月圖
讀山海經
花王本紀
答李生益榦書
策經一 道學

策經二 事功
策經三 公論
策經四 士習
策經五 官方
幽懷賦
洪仲經(濟猷)挽(五首)
除夕諸兄會飮歷次東坡簡齋劍南
牧齋守歲韻余亦以古體效嚬(三首)

1722년 (壬寅, 30세)
一草亭詩板序
南重河傳
賣粉嫗玉娘傳
祭尹景任(得衡)文
哀李童子文
與元華伯(景夏)書

1723년 (癸卯, 31세)
贈泰仁宰朴質甫(光秀)序
春暉堂序
李孺子墓誌
書算銘
題李安山(秉淵)所藏畫帖
與定慧禪師書
答敬大書
答金遠卿(玄澤)書
學士樓次登樓賦韻
次敬大(載浩)元朝志感詩韻

1724년 (甲辰, 32세)
拙齋遺訓序
贈羅生沇序
贈宗姪汝範(錫夏)序
遊西溪記
許五萬死孝記

百日紅樹棪題名記
保愚堂記(爲宗姪起夏作)
笠掛村泉石竹林記
遊龍游潭記
遊智異山記
梳室銘
好士
咸陽郡諸面下帖(代作)
定慧大師所贈維摩詰經偈
謝定慧禪師贈大慧書偈
答萬薰禪師書
祭一蠹先生墓文(代作)
白雲山龍湫祈雨祭文(代作)
智異山白龍湫祈雨祭文(代作)
澹軒哀辭
答申進甫(思晉)書
答時晦兄書
答申進甫書
答宋時偕(益欽)書
楚論
策緯一 心術
策緯二 法制
三遊西溪賦
海印寺走筆次孤雲韻
詠畫(三首)
頭流歌次李詹韻
次際卿述懷韻(五首)
古意
守申歌次際卿韻

1725년 (乙巳, 33세)
華谷集序
宗姪汝範詩稿序
西溪書齋重修記
野老堂記

一竹翁說
題伯氏南行錄後
與泰宇禪師書
祭金遠卿文
白龍湫祈雨祭文(代作)
白雲山龍湫祈雨祭文(代作)
答趙盛叔(爾昌)書
復答趙盛叔書
策緯三 顯慮
題美人圖二
思古人行次華谷韻
俉塞行次華谷韻仍遺青色花牋

1726년 (丙午, 34세)
贈鄭生錫儒序
遊尋眞洞記
書花陣綺言袁中郞序後
駁張天覺護法論(九則)
無說軒記
又與泰宇禪師書
答泰宇禪師書(三)
答萬薰禪師書
金遠卿遺事
答載遇書
答朴泰仁(光秀)書
待月賦 *

1727년 (丁未, 35세)
舟窩記
柳汝範(世模)家藏書帖跋
走次金僉知韻
申進士季直李進士汝淨幷轡來訪
酒席呼韻
答林川宗中通文 *

1728년 (戊申, 36세)
祭從妹孺人文(韓命龍妻)

1729년 (己酉, 37세)
送徐質甫(命彬)赴燕序
送宋參判(成明)赴燕序
茱萸軒詩畫帖序(爲尹愹作)
黃鶴樓記 *
觀愛亭記(爲閔就良作)
追記東峽遊賞
  漱玉亭
  風水穴
  寒碧樓
  桃花洞
  龜潭
  丹丘
  月嶽
  義林池
  金屑泉
族子載望墓誌銘
水原改葬誌
孝子姜公(涵)墓表
先姊(趙泰壽妻)行狀
題淸州討捕營題名案
題畫帖(六則)
題唐畫帖(十則)
復題茱萸軒詩畫帖(二則)
畫帖跋 *
題畫簇(二, 爲成甫兄作) *
復題唐畫帖 *
耽羅異聞
與李季和(廷燮)書
答士心書

1730년 (庚戌, 38세)

達觀亭記(爲李錦城衡坤作)

烈士洪霖傳

靜勝熱銘(幷序)

李龍眠羅漢圖贊

題從氏家藏遺敎經帖(五則)

題西泠女子馮玉貞畫幷題簇

題文徵明書帖

題思任堂畫帖 *

左準(十篇)

　齊衛鄭來戰于郎我有辭也

　鄭伯之命

　釋左驂以公命贈孟明

　三命命先且居將中軍

　伐沈誓

　絳縣人辭仕之使助爲政

　子皮授子産政

　陳桓子請許晏子毁室反宅人

　晉侯許伍擧請昏

　苟躒對景王

讀老子

寧陵親祭文(代作)

祭庶祖母廉氏文

爺孃山祈雨祭文(代作)

上黨山祈雨祭文(代作)

學眞明亡子文

答兪君弼(彦國)序 *

答林姪彦春(象元)書

又答林彦春書

與趙華谷諸詞伯登望仙樓呼韻

望仙樓與任伯新兄賞月次族姪
汝範韻

第二疊賦挹淸堂

登上黨山城

望仙樓歌次華谷韻(二)

贈定平詩妓翠連序 *

夢牀銘 *

題扇求尹熔畫 *

生木綿半臂銘 *

題華谷哀趙光路(禧彬)詩後 *

悼宋副學(眞明)亡子文 *

書箒箕 *

施耐菴水滸傳序 *

1731년 (辛亥, 39세)

十足堂記(幷詩, 爲申必涵作)

淸州鄕校重修記

遊鳳林記

上黨山城南門樓重修記

會之字說

淸州三忠祠上樑文

司馬法補註

代伯氏祭忠淸兵使金重呂文

九龍山祈雨祭文(代作)

五潭祈雨祭文(代作)

臥牛山祈雨祭文(代作)

社稷祈雨祭文(代作)

申進甫哀辭

代伯氏與李叔(德壽)別紙

四寅刀賦

元日六章和成子擎(天柱)

羅億齡江墅八詠

　鳳頭春花

　龜尾晚帆

　雪峯放鷹

　草坪牧馬

　遠岫朝雲

　孤村暮煙

　圓沙宿雁

　曲灣釣叟

1732년 (壬子, 40세)
靜古軒記
伯氏墓誌銘
季母淑人李氏墓誌銘
從弟學生墓誌銘
庶祖母廉氏墓誌銘
孺人李氏墓誌銘
殤從妹壙銘
伯氏行狀
烏圓子傳
南氏短劍銘(幷序)
李季常(顯世)八高祖圖跋
題舞雩圖
題十二兄(迪命)所藏海嶽圖屛
斷髮嶺望金剛
　長安寺
　萬瀑洞
　內山摠圖
　海山亭
　佛頂臺觀瀑
　百川橋出山
　三日浦
題金吾酬唱錄後
書贈汝範
春帖(二)
進誡贈宗弟箕訪
祭伯氏文

1733년 (癸丑, 41세)
續蘭亭會序
送錦城宰具性五(宅奎)序
左氏精英序
劉村隱希慶旌孝記
松石亭記
叔祖軍器寺正府君墓誌銘(幷序)

水原墓表
資憲大夫李君(枝蕃)墓碣銘
義禁府都事贈吏曹參議權公(益文)行狀
弘文館校理林公(象德)行狀
金流連傳
李採字聖博說
題成甫兄所藏畫簇
題鄭元伯扇畫石鍾山(爲柳煥文作)
趙聖言(綸)詩集敍
祭朴子醇(舒漢)文
李士固哀辭
答崔君實(守誠)書
答羅人伯蓼書
答金生鎭大書
賈誼論
霍光論
挽趙盛叔母二首

1734년 (甲寅, 42세)
舞雩圖小記
月川齋記
權兄聖任(保衡)墓誌銘
知中樞府事李君(後絳)墓誌銘
權弟聖在(舜衡)墓誌銘
夢良兄墓誌銘
庶叔父通德郎墓表
李生(昌發)墓表
普運大師浮圖碑
外祖母贈貞敬夫人李氏傳
華伯家所藏寧陵御硯銘
畫贊(二)
　湖上觀魚
　瀑下入定
題柳汝範家藏尹孝彦扇譜帖

題黃孤山墨蹟
題得而(載一)所藏把翠軒集寫本後
(三則)
題尹敬伯畫扇(爲兪君弼作)
題畫
答羅人伯書

題李麟祥扇畫南德哉(有容)黃大卿
(景源)題語後
題白下書帖(六則)
題家藏周易
記話
記夢
讀黃憲外史
祭外舅文
答金容甫(鎭大)書

1735년 (乙卯, 43세)
送二兄出守安邊序
兵學大成序
洗藏菴記
靜學齋記
林原君(李杓)墓誌銘
淑夫人趙氏(權益文妻)墓誌銘
紫霞洞誌
豐原兄所藏遺墨帖跋
侯公說項王辭
書載遇乙卯志慶帖
書鏡匣
書水原墓表後
果川宰祭露梁六臣墓文

1737년 (丁巳, 45세)
崔孺子墓誌銘
黃聖齊(璣)行狀
易說
大學說
中庸說
萬曆宣賜續通鑑跋
衛門擊磬汾亭鼓琴兩圖跋
題宜鎭所藏申夫人畫帖
題槎川李公秉淵晬集唱酬詩後
題扇復求尹愹畫
祭士心文
題美人圖 *

1736년 (丙辰, 44세)
贈兪君弼往覲金化序
賀判中樞府事李公致仕序
叔父后溪先生七十四歲壽序
龍驤衛上護軍鄭公(遵一)墓碣銘
朴將軍(永緒)傳
李參謀(尙載)傳
蓮輪說
李君美(箕彥)家藏連枝會圖跋
題鄭美仲(夏彥)滌胸錄
題鄭元伯浙江觀潮圖
題畫(六則)
題彭祖觀井圖

趙龜命,『東谿集』,『한국문집총간』 215, 한국고전번역원.

_____ ,『乾川藁』, 규장각 소장본; 서울대학교규장각한국학연구원(2011),
『乾川藁』.

金光國(1727~1797),『石農畫苑』, 유홍준·김채식 역(2015),『김광국의 석농
화원』, 눌와.

金道洙(1699~1733),『春洲遺稿』, 한국문집총간 219, 한국고전번역원.

金元行(1702~1772),『渼湖集』, 한국문집총간 220, 한국고전번역원.

金履萬(1683~1758),『鶴皐集』, 한국문집총간 속65, 한국고전번역원.

金昌協(1651~1708),『農巖集』, 한국문집총간 161~162, 한국고전번역원.

金昌翕(1653~1722),『三淵集』, 한국문집총간 165~167, 한국고전번역원.

金澤榮(1850~1927),『韶濩堂集』, 한국문집총간 347, 한국고전번역원.

南九萬(1629~1711),『藥泉集』, 한국문집총간 131~132, 한국고전번역원.

南克寬(1689~1714),『夢囈集』, 한국문집총간 209, 한국고전번역원.

南有容(1698~1773),『䨓淵集』, 한국문집총간 217, 한국고전번역원.

南鶴鳴(1654~1722),『晦隱集』, 규장각 소장본.

朴世堂(1629~1703),『思辨錄』; 권오돈 외 역(1966),『국역 사변록』, 한국고
전번역원.

朴趾源(1737~1805),『燕巖集』』, 한국문집총간 252, 한국고전번역원.

朴泰輔(1654~1689),『定齋集』, 한국문집총간 168, 한국고전번역원.

成大中(1732~1809),『靑城雜記』, 한국고전종합DB, 한국고전번역원; 김종

태 외 역(2006), 『국역 청성잡기』, 한국고전번역원.

孫命來(1664~1722), 『昌舍集』, 한국문집총간 속54, 한국고전번역원.

宋伯玉(1837~1887), 『東文集成』, 국학자료원.

宋徵殷(1652~1720), 『約軒集』, 한국문집총간 163~164, 한국고전번역원.

申昉(1685~1736), 『屯菴集』, 『平山申氏文集』 5, 평산신씨대종중.

申維翰(1681~1752) 『青泉集』, 한국문집총간 200, 한국고전번역원.

申靖夏(1681~1716), 『恕庵集』, 한국문집총간 197, 한국고전번역원.

申欽(1566~1628), 『象村稿』, 한국문집총간 71~72, 한국고전번역원.

李匡德(1690~1748), 『冠陽集』, 한국문집총간 209, 한국고전번역원.

李圭景(1788~1856), 『五洲衍文長箋散稿』, 한국고전종합DB, 한국고전번역원.

李奎報(1168~1241), 『東國李相國集』, 한국문집총간 1~2, 한국고전번역원.

李奎象(1727~1799), 『幷世才彦錄』; 임형택 외 역(1997), 『18세기 조선인물지: 幷世才彦錄』, 창작과비평사.

李德壽(1673~1744), 『西堂私載』, 한국문집총간 186, 한국고전번역원.

李宜顯(1669~1745), 『陶谷集』, 한국문집총간 180~181, 한국고전번역원.

李珥(1536~1584), 『栗谷全書』, 한국문집총간 44~45, 한국고전번역원.

李廷燮(1688~1744), 『樗村集』, 한국역대문집총서 2569, 경인문화사.

李天輔(1698~1761), 『晉菴集』, 한국문집총간 218, 한국고전번역원.

李夏坤(1677~1724), 『頭陀草』, 한국문집총간 191, 한국고전번역원.

林象德(1683~1719), 『老村集』, 한국문집총간 206, 한국고전번역원.

任相元(1638~1697), 『恬軒集』, 한국문집총간 148, 한국고전번역원.

林象元(1709~1760), 『三一錄』, 여강출판사 영인본.

林象鼎(1681~1755), 『自娛錄抄』, 국립중앙도서관 소장본.

丁範祖(1723~1801), 『海左集』, 한국문집총간 239~240, 한국고전번역원.

丁若鏞(1762-1836), 『論語古今注』, 『定本 與猶堂全書』 8~9, 다산학술문화재단; 이지형 역주(2010), 『譯註 論語古今註』, 사암.

鄭齊斗(1649~1736), 『霞谷集』, 한국문집총간 160, 한국고전번역원.

正祖(1752~1800), 『弘齋全書』, 한국문집총간 262~267, 한국고전번역원.

趙絅(1586~1669), 『龍洲遺稿』, 한국문집총간 90, 한국고전번역원.

趙文命(1680~1732), 『鶴巖集』, 한국문집총간 192, 한국고전번역원.

趙裕壽(1663~1741), 『后溪集』, 한국문집총간 속55, 한국고전번역원.

趙顯命(1691~1752), 『歸鹿集』, 한국문집총간 212~213, 한국고전번역원.

崔錫鼎(1646~1715), 『明谷集』, 한국문집총간 153~154, 한국고전번역원.

崔昌大(1669~1720), 『昆侖集』, 한국문집총간 183, 한국고전번역원.

洪良浩(1724~1802), 『耳溪集』, 한국문집총간 241, 한국고전번역원.

黃景源(1709~1787), 『江漢集』, 한국문집총간 224, 한국고전번역원.

『朝鮮王朝實錄』, 한국사데이터베이스, 국사편찬위원회.
『承政院日記』, 한국사데이터베이스, 국사편찬위원회.
『新增東國興地勝覽』, 한국고전종합DB, 한국고전번역원.
『增補文獻備考』, 한국사데이터베이스, 국사편찬위원회.

『周易傳義大全』, 程頤 傳, 朱熹 本義, 胡廣 編, 學民文化社.
『詩傳大全』, 朱熹 集傳, 胡廣 編, 學民文化社.
『書傳大全』, 蔡沈 集傳, 胡廣 編, 內閣本, 學民文化社.
『道德經』, 王弼 注, 文淵閣四庫全書, 臺灣商務印書館.
『論語注疏』, 阮元 校刻, 十三經注疏, 中華書局.
『論語集註大全』, 朱熹 集註, 胡廣 編, 成均館大 大東文化研究院.
『莊子集釋』, 郭象 注, 陸德明 釋文, 成玄英 疏, 郭慶藩 輯, 中華書局.
『孟子集註大全』, 朱熹 集註, 胡廣 編, 成均館大 大東文化研究院.
『禮記集說大全』, 陳澔 集說, 胡廣 編, 學民文化社.
『中庸章句大全』, 朱熹 章句, 胡廣 編, 成均館大 大東文化研究院.

葛洪, 『抱朴子』, 文淵閣四庫全書, 臺灣商務印書館.
唐庚, 『眉山集』, 文淵閣四庫全書, 臺灣商務印書館.
羅大經, 『鶴林玉露』, 文淵閣四庫全書, 臺灣商務印書館.
茅坤, 『唐宋八大家文鈔 校注集評』, 高海夫 主編, 三秦出版社.
班固, 『漢書』, 文淵閣四庫全書, 臺灣商務印書館.
司馬遷, 『史記』, 文淵閣四庫全書, 臺灣商務印書館.
蘇軾, 『蘇東坡全集』, 世界書局.
揚雄, 『太玄經』, 文淵閣四庫全書, 臺灣商務印書館.
張商英, 『護法論』, 『諸子集成』19, 四川人民出版社; 성열 역주(2013), 『불
    교를 위한 변명: 장상영의 호법론』, 문화문고.
周敦頤, 『周元公集』, 文淵閣四庫全書, 臺灣商務印書館.
陳壽, 『三國志』, 文淵閣四庫全書, 臺灣商務印書館.
韓愈, 『韓愈文集彙校箋注』, 劉眞倫·岳珍 校注, 中華書局.

강명관(2007), 『공안파와 조선 후기 한문학』, 소명.
강민구(1990), 「동계 조귀명의 문학론과 산문 세계」, 성균관대학교 석사학
    위논문.
_____(1997), 「영조대 문학론과 비평에 대한 연구: 조귀명·임상정·이천

보·이정섭을 중심으로」, 성균관대학교 박사학위논문.

_____(2010), 『조선후기 문학비평의 실제』, 보고사.

강수진(2015), 「동계 조귀명의 글쓰기 연구: 병에 대한 인식과 극복을 중심으로」, 『문학치료연구』 34, 한국문학치료학회.

고연희(2013), 「'신사임당 초충도' 18세기 회화문화의 한 양상」, 『미술사논단』 37, 한국미술연구소.

권오영(1997), 「조선후기 풍양 조씨의 관력과 정치활동 ─회양공파를 중심으로─」, 『춘천의 세거씨족 풍양 조씨 淮陽公派 연구』, 豊壤趙氏慈孝會.

금장태(2006), 『한국유학의 노자 이해』, 서울대학교출판부.

김광년(2017), 「조선 후기 문인들의 『山海經』 인식과 수용」, 『일본학연구』 52, 단국대학교 일본연구소.

김광섭(2018), 「조귀명이 제시한 靜觀의 관찰 방법과 滑稽의 修辭」, 『동양고전연구』 72, 동양고전학회.

김민학(2014), 「동계 조귀명 문장론의 변모와 산문 연구」, 성균관대학교 석사학위논문.

_____(2018), 「동계 조귀명의 蘇軾 문학 수용과 변용 양상 연구」, 『대동한문학』 55, 대동한문학회.

_____(2023), 「동계 조귀명 산문 연구」, 성균관대학교 박사학위논문.

김수진(2011), 「간천고 평점비평 재론」, 『고전문학연구』 39, 한국고전문학회.

김우정(2013), 「한국 한문학에 있어서 수서(壽序)의 전통과 문학적 변주 양상」, 『한국한문학연구』 51.

김창룡(1991), 「오원자전 평석」, 『한성어문학』 10, 한성어문학회.

김학수(1997), 「풍양 조씨 회양공파의 학통에 관한 고찰」, 『춘천의 세거씨족 풍양 조씨 淮陽公派 연구』, 豊壤趙氏慈孝會.

김형술(2012), 「동계 조귀명의 시문학 연구」, 『한국한시작가연구』 16, 한국한시학회.

나종면(2000), 「조귀명의 문예론에 관한 연구」, 『한문학보』 3, 우리한문학회.

박경남(2008), 「조귀명 도문분리론의 변화와 독자적 인식의 표현으로서의 문학」, 『국문학연구』 17, 국문학회.

_____(2009), 「유한준의 도문분리론과 산문 세계」, 서울대학교 박사학위논문.

_____(2010), 「18세기 문학관의 변화와 '개인'과 '개체'의 발견(1): 정주학적 이념의 해체와 '개인' 중심 문학관의 출현」, 『동양한문학연구』 31, 동양한문학회.

박상영(2003), 「동계 조귀명 산문 연구」, 고려대학교 석사학위논문.

_____(2009), 「동계 조귀명의 육체적 질고와 현실 초극」, 『고전과해석』 6, 고전문학한문학연구학회.

박희병(1999), 『한국의 생태사상』, 돌베개.

박희수(2015), 「동계 조귀명 遊記 연구」, 서울대학교 석사학위논문.

_____(2019), 「조귀명의 우열관과 산문의 특성에 관하여」, 『민족문화』 53, 한국고전번역원.

백진우(2008), 「영조조 집권 노론계 문인의 자기검열 양상에 대하여-황경원·남유용·이천보를 중심으로-」, 『한국한문학연구』 42, 한국한문학회.

송혁기(2003), 「18세기 초 산문이론의 전개양상 일고-이의현·신유한·조귀명을 중심으로-」, 『한국한문학연구』 31, 한국한문학회.

_____(2006), 『조선후기 한문산문의 이론과 비평』, 월인.

_____(2019), 「조귀명 산문의 작가의식과 구현 양상」, 『한문학논집』 52, 근역한문학회.

심경호(1997), 「損齋 趙載浩의 삶과 문학」, 『춘천의 세거씨족 풍양 조씨 淮陽公派 연구』, 豊壤趙氏慈孝會.

_____(2013), 『한문산문미학』, 고려대학교출판부.

여영기(2010), 「17세기 동몽교육 담당 교관직제 연구」, 『교육사학연구』 20-1, 교육사학회.

오세현(2018), 「조선중기 풍양조씨 증장령공파의 도봉구 정착과 청교조씨」, 『인문과학연구』 27, 덕성여자대학교 인문과학연구소.

유호선(2002), 「17C 後半~18C 前半 京華士族의 佛敎受容과 그 詩的 形象化: 金昌翕, 崔昌大, 李德壽, 李夏坤, 趙龜命을 중심으로」, 고려대학교 박사학위논문.

_____(2006), 『조선후기 경화사족의 불교인식과 불교문학』, 태학사.

유홍준(1998), 『조선시대 화론 연구』, 학고재.

유홍준·김채식 역(2015), 『김광국의 석농화원』, 눌와.

이근호(2009), 「조현명의 현실인식과 국정운영론」, 『한국사상사학』 32, 한국사상사학회.

_____(2012), 「탕평의 이론가, 조현명」, 『내일을 여는 역사』 49, 내일을여는역사재단.

이상배(2012), 『서울의 누정』, 서울특별시 시사편찬위원회.

이연숙(2014), 「18~19세기 풍양조씨의 대종중 형성과 족보간행」, 『민족문화』 43, 한국고전번역원.

이종호(1990), 「18세기 초 사대부층의 새로운 문예의식: 동계 조귀명의 문예 인식과 문장론」, 『한국 근대문학사의 쟁점』, 창작과비평사.

이태희(2000), 「조귀명의 산문 연구」, 한국학중앙연구원 석사학위논문.

_____(2017), 「동계 조귀명의 소동파 수용 양상」, 『한문고전연구』 35, 한국한문고전학회.

이홍식(2001), 「동계 조귀명의 主意論的 글쓰기와 奇의 미학」, 한양대학교 석사학위논문.

_____(2004), 「동계 조귀명의 〈花王本紀〉 연구」, 『한국언어문화』 26, 한국언어문화학회.

_____(2005), 「동계 조귀명의 가전문학 연구」, 『어문연구』 127, 한국어문교육연구회.

임준철(2012), 「한국 화상자찬의 전형과 변주」, 『한문교육연구』 38, 한국한문교육학회.

임형택(2012), 『한문서사의 영토: 실사와 허구 사이』, 태학사.

전상모(2011), 「동계 조귀명 서화인식의 老莊美學的 고찰」, 『서예학연구』 19, 한국서예학회.

정병삼(2020), 『한국불교사』, 푸른역사.

정순희(2013), 「동계 조귀명의 산문을 통해 살펴보는 碑誌·傳狀類의 향방 시론」, 『동방한문학』 54, 동방한문학회.

정은진(2009), 「18세기 서화제발 연구(2) - 숙종·경종시대: 식산 이만부와 동계 조귀명을 중심으로」, 『한국한문학연구』 44, 한국한문학회.

정하정(2019), 「'역사적 사실'과 '문학적 진실' 사이 - 동계 조귀명의 역사 소재 산문 연구-」, 『민족문화연구』 84, 고려대학교 민족문화연구원.

조남권(2004), 『풍양조씨문헌고』, 오늘의 문학사.

최두헌(2020), 「동계 조귀명 〈烏圓子傳〉의 저술 동기와 주제 의식 - 정치 상황 및 정치관과의 관련을 중심으로-」, 『동양고전연구』 80, 동양고전학회.

_____(2020), 「조귀명 策文 연구」, 『한국한문학연구』 80, 한국한문학회.

풍양조씨세보소(2006), 『豊壤趙氏世譜: 六重刊 2006年 丙戌譜』, 豊壤趙氏大宗會.

荒木見悟, 심경호 역(2000), 『佛敎와 儒敎: 성리학, 유교의 옷을 입은 불교』, 예문서원.

인명

ㄱ

구양수歐陽修 102~103, 118, 145~
146, 223~224, 311
권성규權聖揆 122, 125
김광국金光國 108, 110, 125, 127~
128
김성제金誠躋 103
김창협金昌協 37, 119, 121, 145, 287,
308
김창흡金昌翕 119, 129, 288, 308
김택영金澤榮 309
김현택金玄澤 199, 246~248

ㄴ

남구만南九萬 99, 194
남극관南克寬 54, 95~99, 194
남유용南有容 19~23, 28, 77,
87~88, 200, 228

남중하南重河 242, 244~245
노수신盧守愼 119

ㅁ

만훈萬薰 73, 218~220, 231
모곤茅坤 311, 315
민취량閔就良 292, 297

ㅂ

박세당朴世堂 193~195, 204
박지원朴趾源 55, 264, 307

ㅅ

소식蘇軾 44, 52, 83, 90, 102~103,
129, 134, 136, 140~141,
156~157, 167~168, 171, 188,
205, 236~237, 296, 311, 313,
315
손명래孫命來 294
송백옥宋伯玉 27, 286, 310~311

송시열宋時烈 37, 60, 194~195
송요화宋堯和 144
송인명宋寅明 40, 79, 86
송징은宋徵殷 249, 252
신사임당申師任堂 108~110, 125, 305
신유한申維翰 46, 145
신정하申靖夏 72
신흠申欽 46
심사정沈師正 121, 125, 127~128

ㅇ —————————

안평대군安平大君 119
양웅揚雄 54~56, 150, 275~276, 307, 317, 321~322
영조英祖 27, 32, 59, 61, 77~80, 82, 86~88, 100, 259~261, 307, 317
원경하元景夏 77, 87, 122
원굉도袁宏道 312
유만주俞晚柱 308
유상柳瑺 165
유세모柳世模 77, 110~111, 121~122
유종원柳宗元 150, 168, 297, 311~312, 317
유중림柳重臨 165~166, 319~320
유한준俞漢雋 307
윤덕희尹德熙 77, 121, 221
윤두서尹斗緒 120~121
윤순尹淳 77, 117~119, 122, 305
윤심형尹心衡 60~61
윤용尹熔 121
이규경李圭景 307
이규보李奎報 46
이규상李奎象 27, 309
이덕수李德壽 288, 308

이병연李秉淵 112, 288
이사중李思重 199~201
이상재李尙載 249, 251~258, 305
이석구李錫九 122
이세원李世愿 54~55
이인상李麟祥 77, 122
이정섭李廷燮 72~73, 144, 226, 249, 256, 267, 273, 290~291, 296, 301
이진수李震壽 122
이징李澄 134~138
이채李採 283
이천보李天輔 19~22, 28, 72, 77, 87~88, 144, 199~201, 226, 248~250, 255, 267, 273, 301
이하곤李夏坤 40, 121, 129
임상덕林象德 76, 194, 240
임상정林象鼎 48, 56~57, 91~94, 116, 144, 282, 306
임서봉任瑞鳳 99~100
임성주任聖周 144

ㅈ —————————

장유張維 119
전겸익錢謙益 311
정석유鄭錫儒 72
정선鄭敾 77, 84, 121, 288
정약용丁若鏞 193
정조正祖 27, 80~81, 261, 309
정준일鄭遵一 267, 270~272, 305
정형익鄭亨益 60~61
정혜定慧 73, 218, 220
조계명趙啓命 72~73, 76, 239, 307
조기하趙起夏 170~171
조상우趙相愚 31, 35, 37~40, 50, 76, 87, 110, 113~114, 125, 239

나만이
알아주는
나

조우명趙遇命 67, 70

조유수趙裕壽 70, 72, 287~288, 290~291, 305

조윤趙綸 54~55

조이창趙爾昌 44, 72, 274~276

조재우趙載遇 283~286

조재일趙載一 72, 77

조재호趙載浩 72

조적명趙迪命 128, 287

조준명趙駿命 30, 39, 41, 43, 63, 67~68, 75~76, 82, 122, 239, 259

조태수趙泰壽 31, 38~39, 49, 76, 236~237, 239

조현명趙顯命 28, 32~33, 35, 43, 56~57, 61, 68, 70, 80, 82, 86~87, 99, 116, 151, 205, 246, 259~260, 274, 305~307

조희보趙希輔 32, 34

주돈이周敦頤 57, 294, 296~297

주희朱熹 192~194

진계유陳繼儒 62~63, 312

ㅊ

최립崔岦 119

최석정崔錫鼎 194

최수성崔守誠 62~63, 76

최창대崔昌大 194, 288

ㅌ

태우泰宇 73, 218, 222~223, 230

ㅎ

한유韓愈 49, 51~52, 102, 146, 150, 168, 223, 248, 311, 313, 315, 317

한호韓濩 119

허목許穆 145

홍임洪霖 74, 259~266

홍제유洪濟猷 199

황경원黃景源 19~20, 23, 25~29, 77, 87~88, 196, 199~200, 228, 230, 261, 307

서명

ㄱ

『과정록過庭錄』 50

『금강경金剛經』 219

ㄴ

『노자老子』 25, 43~44, 204

『논어論語』 192, 230

『능엄경楞嚴經』 44~45

ㄷ

『대혜서大慧書』 220

『동문집성東文集成』 27, 310

ㅂ

『병세잡사並世雜史』 50, 237

『병세재언록幷世才彦錄』 27, 309

ㅅ

『사기史記』 44, 180, 184, 186~187, 202, 310~311

『사마법司馬法』 181

『산경절선山經節選』 47

『산해경山海經』 44, 46~47

『서경書經』 25, 49, 57, 312

『석농화원石農畵苑』 108~110, 125,

128
『시경詩經』25, 168, 283

ㅇ ─────────────────

『여한구가문초麗韓九家文鈔』309
『원각경圓覺經』44~45
『유마힐경維摩詰經』44, 220

ㅈ ─────────────────

『자치통감資治通鑑』181
『장자莊子』44, 57, 131, 205, 208,
　210~212, 223~224, 310
『주역周易』202, 204, 227, 230
『중용中庸』97, 168

ㅊ ─────────────────

『춘추좌씨전春秋左氏傳』44, 181,
　310~311

ㅌ ─────────────────

『태현경太玄經』54, 56, 275

ㅎ ─────────────────

『호법론護法論』222~224
『화엄경華嚴經』25, 218, 220
『화엄소초華嚴疏抄』220

작품명

ㄱ ─────────────────

「가의론賈誼論」76, 181
「경갑명鏡匣銘」215
「곽광론霍光論」76, 181
「관애정기觀愛亭記」240, 292~293,
　302~303

「관월첩서貫月帖序」119
「권찰방가화학장자가權察訪家畫鶴障
　子歌」123
「기몽記夢」279, 282
「기화기話」83
「김원경유사金遠卿遺事」246

ㄴ ─────────────────

「남생애사南生哀辭」98
「남중하전南重河傳」243

ㄷ ─────────────────

「달관정기達觀亭記」240, 302
「답경대서答敬大書」156
「답만훈선사서答萬薰禪師書」218
「답임언춘서答林彦春書」153, 160
「답재우서答載遇書」229
「답치회형서答稚晦兄書」150
「답최군실서答崔君實書」62
「답태우선사서答泰宇禪師書」231
「독노자讀老子」44, 197
「독사讀史」47, 179
「독산해경讀山海經」47

ㅁ ─────────────────

「매분구옥랑전賣粉嫗玉娘傳」48
「모영지명毛穎之命」49
「몽금명夢琴銘」276
「무설헌기無說軒記」226

ㅂ ─────────────────

「백씨산수화찬伯氏山水畫贊」122
「병세잡사서並世雜史序」236
「병학대성서兵學大成序」165
「병해病解」43, 91~94
「보우당기保愚堂記」170, 240

「분향시필焚香試筆」 212, 229, 231~
232, 307

ㅅ ─────────

「서경갑書鏡匣」 207
「서실전소정종화목기書室前小庭種花
木記」 167~168
「설후득월雪後得月」 161
「속난정회서續蘭亭會序」 76, 164~
165
「숙부후계선생칠십사세수서叔父后溪
先生七十四歲壽序」 288
「습필진도첩서習筆陣圖帖序」 114~115
「십족당기十足堂記」 240, 303

ㅇ ─────────

「여모의서與某醫書」 100~102
「여이계화서與李季和書」 148~149,
316~317
연륜설蓮輪說「연륜설蓮輪說」 282
「열사홍임전烈士洪霖傳」 240, 261
「오원자전烏圓子傳」 76, 82
「왜려설倭驢說」 49, 175, 286
「용양위상호군정공묘갈명龍驤衛上護
軍鄭公墓碣銘」 267~268
「우답임언춘서又答林彦春書」 147,
321
원불原佛
「유모이씨묘지명(병서)乳母李氏墓誌銘
(并序)」 50~51
「유서계기遊西溪記」 64
「이사고애사李士固哀辭」 199
「이유자묘지李孺子墓誌」 103~104
「이제군서소장이징화지장자이축찬
李弟君叙所藏李澄畫鷙障子二軸贊」 134
「이참모전李參謀傳」 249~250

「임경찬臨鏡贊」 43, 55~56

ㅈ ─────────

「정고헌기靜古軒記」 173
「정체靜諦」 22~23, 210~212, 229,
307
「제득이소장읍취헌집사본후題得而
所藏挹翠軒集寫本後」 71
「제백하서첩題白下書帖」 117
「제십이형소장해악도병題十二兄所藏
海嶽圖屛」 128
「제유여범가장윤효언선보첩題柳汝範
家藏尹孝彦扇譜帖」 119~121
「제의진소장신부인화첩題宜鎭所藏申
夫人畫帖」 109
「제이인산소장화첩題李安山所藏畫帖」
111~112
「제종매유인문祭從妹孺人文」 52
「제화題畫」 108~110, 129, 131, 205,
288
「제화선題畫扇」 129~130
「제화선題畫扇(위우명작爲遇命作)」 133
「제화첩題畫帖」 132, 140

ㅊ ─────────

「책경策經」 61
「책위策緯」 61
「초론楚論」 182
「추기동협유상追記東峽遊賞」 68, 312
「춘첩春帖」 164

ㅎ ─────────

「혁과제책革科制策」 49, 61
「호사好士」 184
「화곡집서華谷集序」 276
「화왕본기花王本紀」 49

「화찬畫贊」206
「회지자설會之字說」284
「후공세항왕사侯公說項王辭」187

나만이 알아주는 나

조귀명 평전

1판 1쇄 2021년 5월 31일
1판 2쇄 2024년 5월 24일

지은이 송혁기
펴낸이 강성민
편집장 이은혜
마케팅 정민호 박치우 한민아 이민경 박진희 정유선 황승현
브랜딩 함유지 함근아 고보미 박민재 김희숙 박다솔 조다현 정승민 배진성
제작 강신은 김동욱 이순호

펴낸곳 (주)글항아리 | 출판등록 2009년 1월 19일 제406-2009-000002호

주소 10881 경기도 파주시 심학산로 10 3층
전자우편 bookpot@hanmail.net
전화번호 031-955-2689(마케팅) 031-941-5158(편집부)
팩스 031-941-5163

ISBN 978-89-6735-906-5 03900

- 이 저서는 2016년 대한민국 교육부와 한국학중앙연구원(한국학진흥사업단)의 한국학총서사업의 지원
  을 받아 수행된 연구임(AKS-2016-KSS-1230008)

geulhangari.com